북한 젊은이들을 위한

경영학원론

전준수 박경규 김순기
하영원 서창적

博 英 社

머 리 말

그동안 저희 서강대학교 경영대학 교수님들은 북한의 젊은이들을 위해서 우리가 할 수 있는 일이 무엇이 있을까? 오랫동안 생각해 왔습니다. 세계는 눈부시게 변화하고 모든 나라들이 잘 살아보자는 의욕이 넘치는 요즈음 우리 민족도 이런 세계적 대세에 뒤쳐져서는 안되겠다는 절박감에 저희 경영대학의 박경규, 김순기, 하영원, 서창적 교수님들과 함께 「북한 젊은이들을 위한 경영학원론」을 쓰기로 하였습니다. 바쁘신 일정에도 많이 생각하여주시고 시간을 내서 각기 맡은 전공분야를 집필해 주신 교수님들께 다시 한번 감사드립니다.

본 책은 북한 젊은이들에게 꿈을 심어주기 위한 것이 가장 중요한 목적입니다. 현재의 어려운 처지 속에서도 미래를 꿈꾸고 그것을 준비하고 기회가 왔을 때 그 기회를 놓치지 않기 위해 기본적인 경영학 지식을 함양할 수 있게 도와주는 것입니다.

북한 젊은이들의 눈높이에 맞추려고 노력했습니다만 사실 그 곳 실정을 잘 알지 못하기 때문에 많이 부족합니다. 경영학 자체가 국제적 사고방식과 용어가 많이 사용되기 때문에 쉽게 쓰는 데도 한계가 있었습니다. 그러나 처음 시도한다는 자체가 의미 있는 일이라고 생각합니다.

우선은 그 곳 사정을 아는 학생인 저희학교 경영학과의 정충실, 이현옥 학생의 도움을 많이 받았습니다. 깊은 감사의 마음을 전합니다. 그리고 실무책임을 맡아 처음부터 끝까지 수고해 준 박사과정에 재학중인 세 제자 조용현 군에게도 심심한 감사의 말씀을 전합니다.

끝으로 이 책의 발간에 도움을 주신 배동진 사장님과 박영사 안종만 회장님께도 감사의 말씀을 전합니다.

저자대표 **전 준 수**

차 례

제 1 부 무역분야

제 1 장 무역의 의의

제 2 장 무 역 리 론

제 3 장 무역거래

제 4 장 관 세

제 5 장 무역거래의 교섭단계

제 6 장 수출입절차

제 7 장 무역운송 및 해상보험과 클레임 및 상사중재

제 2 부 마케팅 분야

제 1 장 마케팅 관리의 개요

제 2 장 마케팅 관리 철학의 개념

제 3 장 마케팅 기능과 마케팅 관리

제 4 장 전략적 마케팅 계획

제 5 장 마케팅 환경분석

제 6 장 소비자 구매행동

제 7 장 마케팅 믹스 전략

제 3 부　인사관리분야

제 1 장　인사관리의 학문적 구조

제 2 장　직 무 관 리

제 3 장 인력확보

제 4 장 인력개발

제 5 장 인력보상

제 6 장 인력유지

제 7 장 인력방출

제 4 부 생산관리분야

제 1 장 생산관리의 전략적 의의

제 2 장 서비스 운영관리

제 3 장　품 질 경 영

제 4 장　제품·서비스의 설계와 개발

제 5 장 공급능력계획 및 입지선정

제 6 장 공급사슬경영(SCM)

제 5 부 회계원리분야

제 1 장 회계란 무엇인가

제 2 장 재 무 제 표

제 3 장　기업거래의 측정과 기록

제 4 장 기업리익의 측정

제 5 장 재무관리-자본구조

01부

무역분야

- 제 1 장 무역의 의의
- 제 2 장 무역리론
- 제 3 장 무역거래
- 제 4 장 관 세
- 제 5 장 무역거래의 교섭단계
- 제 6 장 수출입절차
- 제 7 장 무역운송 및 해상보험과 클레임 및 상사중재

Chapter

01 무역의 의의

제 1 절 무역의 의의

1. 무역의 정의

무역은 물건을 사고파는 상거래를 의미한다. 무역이 물품의 매매를 의미하지만 한 국가 내에서 이루어지는 것을 무역이라고 하지는 않는다. 무역은 한 국가와 다른 국가 사이에 이뤄지는 상거래를 말한다. 즉 외국과의 상거래를 무역이라고 한다.

초기 무역은 각 국가가 가지고 있는 물품을 서로 물물교환하는 것에 제한되어 있었으나, 오늘날에는 이러한 단순 물물교환뿐만 아니라 눈에 보이지 않는 기술이나 용역(노동력) 혹은 자본의 이동까지도 무역으로 포함하고 있다.

2. 무역의 특징과 혜택

(1) 무역의 특징

1) 국가 경제적 성격

무역은 국가 간에 이루어지는 거래행위이므로 국가경제에 영향을 미치게 된다. 특히 자국이 지니고 있는 자원이 빈약하거나 부족한 경우일수록 대외무역에 대한 의존도가 높을 수밖에 없다. 이런 경우 무역의 중요성이 강조되는 것은 당연한 결과라고 볼 수 있다. 특히 남한의 경우 국토도 협소할 뿐만 아니라 지니고 있는 천연자원도 부족한 편이어서 경제성장의 돌파구로 무역을 선택했고, 국가 정책에서 있어서도 상당히 중요시 해왔다.

한국과 여건이 비슷한 대만, 홍콩, 싱가포르는 한 때 아시아의 네 마리 용으로 불리울 정도로 수출을 통한 고도의 경제성장을 이루었다. 반면, 국토가 넓고 자원도 풍부한 멕시코, 브라질, 아르헨티나 등은 국내시장에 치중하는 경제정책을 시행해왔다. 앞서 언급한 아시아의 국가들은 가지고 있는 자원도 부족하고, 국토도 좁았기 때문에 국내에서 제품을 판매하기 위해선 크기도 작고, 효율적인 제품을 생산해야 했고, 이러한 제품들을 또한 해외에서도 판매를 해야만 했다. 결국 국내에 부족한 자원과 좁은 국토에 대한 문제를 해결하기 위해 로력한 결과 세계적인 품질의 제품을 생산할 수 있는 원동력이 되었던 것도 사실이다.

2) 무역의 관리

무역은 일국 경제에 큰 영향을 미치므로 국가에서 대외무역을 통제, 관리하는 것이 일반적이다. 대부분의 국가들이 수출을 장려하고 수입을 억제하기 위해 로력한다. 이러한 목적을 달성하기 위한 수단으로 가장 쉽게 사용되는 수단이 관세, 비관세 장벽이다. 관세는 자국으로 수입되는 물품에 부과되는 세금이다. 결국 수입을 할 때 세금을 부담하게 해 수입을 줄이는 방법으로 가장 손쉬운 방법 중 하나이다. 즉 관세가 무거운 만큼 국내에서 판매되는 제품의 가격은 그 만큼 오를 수밖에 없게 된다. 하지만 관세로 인해 세계무역에 안좋은 영향을 미친다는 판단아래 여러 국가들이 이를 조금씩 낮추기로 합의를 했었다. 하지만 각국 정부들은 이러한 손쉬운 수단을 놓칠 수만은 없어 비관세 장벽을 주로 사용하게 된다. 이는 직접적인 세금을 통한 수입억제가 아니라 수입되는 물품의 수량을 제한하거나 수입되는 물품에 대한 검사를 까다롭게 한다거나 수입되어 들어오는 물품의 수입절차를 까다롭게 하는 방법 등으로 수입을 억제하고자 로력을 했었다. 바로 이러한 직접적인 관세가 아닌 방법으로 수입을 제한하는 방법을 비관세 장벽이라고 한다. 이는 무역 상대국가의 보복정책을 불러일으키게 된다.

3) 사회 문화의 차이

국내에서 물건을 생산해서 판매하는 일반적인 거래와 달리 국제무역은 다른 국가에서 물품을 판매해야 하고 상대국가도 다른 국가에서 물품을 판매해야한다. 결국 거래를 하는 국가 간의 정치체제가 서로 달라 거래가 이루어지지 못하는 경우도 있으며, 행정적인 정책의 차이로 인해 거래가 이루어지지 않는 경우도 있다. 지금은 예전에 비해 많은 거래가 이루어지고 있으나, 여전히 남한과 북한과의 거래는 정치적 영향을 많이 받고 있다.

또한 국제무역을 하게 되면 서로 다른 언어와 관습에 부딪히게 된다. 우리나라의 대표적 무역 상대국가인 중국, 미국, 일본 등의 경우, 단순히 경제 규모가 큰 국가일 뿐만 아니라, 오랜 기간 이들과 접촉을 하고 거래를 하면서 서로 간의 언어, 관습, 문화 등을 이해할 수 있었기 때문에 우리에게 가장 큰 교역 상대국이 될 수 있었다. 유럽의 국가들 중 경제규모가 큰 독일과 프랑스의 경우, 우리와 교역금액이 상당히 낮다는 것을 생각해 본다면 이러한 문제의 중요성을 설명해주는 좋은 례가 된다.

4) 통화제도

세계의 수많은 국가들은 그들 나름의 화폐를 사용하고 있다. 무역거래를 하게 되면 자연스럽게 환율[1]문제로 여러 가지 경제적 위험에 처하게 된다. 례를 들어 우리나라의 수출업자가 미국의 수입업자와 계약할 당시 환율이 1달러에 1,000원이었고, 우리나라의 수출업자가 900원의 원가를 들여 제품을 생산하고 수출했다. 그런데 환율이 1달러에 900원으로 떨어지게 되면 수출업자는 결국 손해를 보게 된다. 무역거래에는 이러한 환율로 인한 위험이 늘 존재하게 된다.

(2) 국제무역의 혜택

1) 전문화 가능

각 국가가 다른 나라에 비해서 비교적 값싸게 만들 수 있는 상품들이 존재하므로, 각 국가들은 그러한 제품의 생산을 특화하게 된다. 이러한 제품을 꾸준히 만들어가면서 각 국가들은 이러한 제품을 좀 더 낙은 가격으로, 더 좋은 품질의 제품으로 생산할 수 있게 되는 장점을 가지게 된다.

2) 생산비용의 감소

각 국가들은 특정 제품에서 다른 국가들 보다 더 좋은 제품을 더 낙은 가격에 만들어 낼 수 있게 되는데, 이를 바탕으로 생산량을 늘려가게 된다. 즉 국내 시장만을 대상으로 판매를 하게 되면, 생산량에는 한계가 있을 수 밖에 없지만, 해외시장에도 생산을 해서 판매를 해야 한다면, 생산량은 늘어나게 된다. 경제법칙 중에 규모의 효과라는 것이 있다. 이는 쉽게 이야기해 많이 만들면 만들수록 생산단위당 원가가 떨어진다는 것이다. 즉 국내에서만 한정해 제조하는 것보다 더 많이 만들어서 해외시장에도 팔게 되면 자연스럽게 제품의 원가는 떨어지게 되고 가격 또한 더 떨어지게 된다는 것이다. 이렇게 되면, 그 제품을 수출하는 기업은 다른 경쟁기업의 제품보다 낙은 가격으로 해외에서 판매할 수 있으니 리득이 되고, 국내에 있는 소비자들 역시 동일한 제품을 더 낙게 구입할 수 있는 혜택을 누릴 수 있게 된다.

1) 1국 통화와 타국 통화와의 교환비율.

3) 고용(일자리)의 증가

무역을 하게 되면, 이러한 무역을 수행하기 위해 많은 기업들이 필요하게 된다. 기업을 운영하기 위해서는 인력이 필요하게 되고, 자연스럽게 고용이 증가하게 된다. 우선 무역을 통해 생산량이 늘어나게 되고, 기업은 증가한 생산량에 적합한 인력이 필요하게 된다. 무역을 하기 위해서는 상품을 구입한 국가에 실어 나르기 위한 운송회사가 있어야 하고, 또한 그 물품이나 선박이 항해 도중 입게 될 손실에 대비해 보험[2)]을 들어야 한다. 이를 위해서는 보험회사가 필요하게 된다. 또한 항구에서 선박에 물건을 실어 나르기 위한 기업과 회사가 필요하게 되고, 선박으로 물건을 실어 나르기 위해 선박에 필요공간을 중간업자가 대신 구매해 수출업자와 선박회사를 연결해 주기도 하는데, 이 역시 이러한 일을 전문적으로 중개해주는 기업들과 인력이 필요하게 된다. 수출대금을 외화로 받아오게 되면, 이 외화를 수출업자가 필요로 하는 금액으로 바꿔 줄 수 있는 은행이 필요하게 되고, 물품을 수출하는데 관련된 물품을 검사하는 기관과 인력도 필요하게 된다. 간단하게 살펴봐도 무역과 관련된 부수적인 일들이 많이 있으며, 이러한 일을 수행하기 위해선 이를 전문적으로 수행하는 기업과 인력들이 필요하게 되어, 고용은 자연스럽게 증가하게 되는 것이다.

세계 여러 나라에서 국제무역의 금액이 큰 나라들이 잘 사는 이유는 물건사고 파는 것으로 얻는 리득뿐만 아니라 이러한 부수적인 일들로 많은 사람들이 직장을 갖게 되고, 여기에서 받은 대가로 생활하게 되면서 경제가 더욱 좋아지는 것이다.

4) 국민 생활의 리익 증대

무역을 하지 않으면, 우리에게 꼭 필요한 석유를 가져올 수도 없을 뿐

---

2) 재해나 각종 사고 따위가 일어날 경우의 경제적 손해에 대비하여, 공동된 사고의 위협을 피하고자 하는 사람들이 미리 일정한 돈을 함께 적립하여 두었다가 사고를 당한 사람에게 일정 금액을 주어 손해를 보상하는 제도.

만 아니라, 해외에서 더 눅은 제품을 두고서 비싼 국내제품을 써야 하는 경우도 발생할 수 있다. 무역을 통해 우리가 직접 생산하는 것보다 더 눅은 가격으로 우리 반대편에 있는 나라에서 생산되는 커피와 각종 과일들을 먹을 수 있다. 또한 국내에서 사먹는 것보다 훨씬 가격이 눅은 외국의 돼지고기를 눅은 가격에 먹을 수도 있고, 최근에는 중국에서 아주 값이 눅은 옷이나 공장제품 등을 수입해 와서 저렴한 가격에 사 쓸 수 있게 되었다.

이렇듯 무역을 통해 일국의 국민들은 국내에 있는 제품보다 더 눅은 제품을 사먹을 수 있고, 다양한 제품을 사서 쓸 수 있는 기회를 갖게 되는 것이다.

Chapter

02 무역리론

제 1 설 고전적 무역리론

1. 절대생산비설

이 이야기를 가장 먼저 한 사람은 스코틀랜드 출신의 아담 스미스(Adam Smith)라는 사람이다. 이 사람은 자신이 쓴 「국부론」이라는 책에서 이 절대생산비설을 주장하였다. 각국은 두 가지 상품 중에서 하나를 그들의 무역상대국 보다 더 낮은 실질비용으로 생산한다면, 각국은 절대우위에 있는, 즉 다른 나라 보다 더 낮은 실질생산비로 생산할 수 있는 제품에 특화해 그 제품을 만들어 수출을 하고 그렇지 않은 제품은 수입을 하자는 것이다. 이렇게 되면, 무역 거래를 하는 양쪽 국가 모두 리익을 볼 수 있다는 것이다. 여기서 말하는 실질생산비라는 것은 한 상품의 생산에 소요되는 실제 노동시간을 의미한다. 례를 들어 바지 하나를 만들어 내는 데 10시간의 노동이 필요하고, 가방 하나를 만드는 데 20시간의 노동이 필요하다면, 바지 두 벌과 가방 하나가 교환된다.

이것을 화폐가격으로 나타내어도 마찬가지이다. 바지 하나가 10달러($)라면, 가방은 바지 두 벌에 해당하는 20달러($)가 되는 것이다.

절대생산비설의 례를 들어보면 다음과 같다.

우선 한국에서 바지 1단위를 만드는 데 10명이 필요하고, 철강 1단위를 만드는 데 5명이 필요하지만, 중국에서는 바지 1단위를 만드는데 4명, 철강 1단위를 만드는 데 8명이 필요하다고 하자. 이렇게 되면 한국은 철강 생산에 대해 절대우위가 있게 되는 것이다. 즉, 중국보다 더 눅게 철강을 만들어낼 수 있다. 중국은 오히려 바지를 생산하는 데 한국에 비해 절대우위가 있다. 이런 상황이라면 한국은 바지를 만드는 데 소요되는 인력을 철강으로 투입해서 철강 생산에 특화를 하고, 중국은 반대로 철강에 소요되는 인력을 바지를 생산하는 데 투입해서 한국과 중국이 철강과 바지를 교환한다면 서로에게 리득이 된다.

스미스의 이러한 절대생산비설은 국제분업의 원리를 통해 최초로 자유무역정책의 리론적 기초를 제공했다는 의의를 가지고 있다.

2. 비교생산비설

절대우위론과는 달리 실질생산비의 차이만 있어도 두 나라는 무역을 통해 리익을 얻을 수 있다는 것이 비교생산비설 즉, 비교우위론이다. 즉 한 나라가 다른 나라보다 두 재화 모두에서 실질생산비가 낮더라도 교역상대국과의 무역을 통해 리득을 볼 수 있다는 것이다. 한국과 일본에서 비단과 술을 생산하는 데 단위당 생산비가 다음과 같다고 하자.

한국은 비단을 만드는 데 90명, 일본은 100명이 필요하고, 술을 만드는 데 한국은 80명, 일본은 120명이 소요된다고 가정하자. 이렇게 보면, 한국은 비단과 술에서 모두에서 일본에 비해 우위에 있다.

그러나 두 상품의 생산비를 자세히 보면, 한국이 갖는 우위의 정도는 옷감의 경우보다 술의 경우가 더 큰 것을 알 수 있다. 즉 한국은 일본에서의 생산비 2/3(=80/120)만 들이면 술을 만들 수 있지만, 비단의 경우에는 9/10(=90/100)의 생산비가 든다. 즉, 한국은 술의 생산에 비교우위가 있고,

일본은 비단에 비교우위가 있다고 할 수 있다. 이러한 상황이라면, 한국과 일본은 자신에게 좀 더 비교우위가 있는 제품을 만들어내서 수출하고, 그 대가로 다른 상품을 수입하게 되면 리익을 얻을 수 있게 된다. 이것이 일반적으로 흔히 이야기하는 '비교우위리론'이다.

만약 한국과 일본이 교역을 하기 전이라면, 한국에서는 비단 1단위가 9/8단위의 술과 교환되고, 일본에서는 1단위의 비단이 5/6단위의 술과 교환될 것이다. 그런데 이런 상황에서 한국과 일본이 서로 무역을 하게 되었다고 가정해 보자. 조건은 비단 1단위에 술 1단위의 비율로 물물교환을 통해서 거래를 하는 것이다. 한국은 이제 비단 1단위를 얻기 위해 9/8단위의 술을 지불해야 했지만 이제는 술을 1단위만 지불하면 된다. 한국의 입장에서는 비단 1단위당 1/8단위의 술이 절약되므로 리익이다. 한국은 이제 술 생산에 특화해서 술을 만들고, 이걸 바탕으로 일본의 비단과 교환하려고 할 것이다. 역시, 일본도 동일하게 비단생산에 특화를 해서, 이것을 한국의 술과 교환하게 되면 더 적은 비용으로 술을 마실 수 있다.

이러한 리론을 바탕으로 하게 되면 무역의 본질적 리익을 리해하는데 도움이 된다.

우선, 한국과 일본만 전세계에 존재한다고 가정해보자. 그리고 무역 전, 후와 관계없이 로동력은 고정되어 있다고 보자. 앞서 이야기 했던 례를 바탕으로 보면, 한국은 170명의 로동자가 있고, 일본은 220명의 로동자가 있다. 우선 교역 전을 생각해보자. 이 국가들이 생산해 내는 총 단위는 4단위밖에 되지 않는다. 즉 각 나라가 비단과 술을 한 단위씩, 총 2단위이니까 한국과 일본을 합치면 결국 4단위 밖에 되지 않는다. 그러나 교역을 하게 되면 이야기는 달라진다. 우선 한국은 술에 비교우위가 있으니까 술에 특화를 해서 비단에 투입된 인력을 술 생산에 투입하게 되면 170명이 되고, 한국에서는 술 1단위를 생산하는데 80명이 필요했으니까 결국은 2.125단위를 생산하게 된다. 이런 식으로 일본에도 적용을 하게 되면, 이제 일본은 220명의 인력을 비단에 투입할 수 있게 되고, 비단 1단위 생산에 100명이 필요했으므로 2.2단위를 생산할 수 있게 된다. 즉, 로동자의 수는 변화가 없음에도 전세계적으로 술 0.125단위, 옷감 0.2단위 만큼 총생산량이 늘어나게 되었다.

또한 특화 후에 생산량을 늘이지 않고, 유지하겠다고 한다면, 한국에서는 160명만 투입하면 되고, 일본에서는 200명만 투입을 하면 된다. 그럼 각 나라에서는 10명, 20명의 인력이 남게 된다. 그럼 이들은 여가시간을 즐기거나, 다른 일을 할 수 있는 것이다.

제 2 절 근대적 무역리론

1. 요소부존리론

앞서 살펴봤던 비교우위리론은 무역의 발생원인을 생산비의 상대적 차이에서 찾고 있지만, 생산비의 차이가 왜 발생하는지는 설명하지 못하고 있다. 이에 반해, 요소부존리론은 국가 간의 비교생산비의 차이를 각 국가가 가지고 있는 부존된 생산요소의 차이에서 찾고 있다. 쉽게 말해 어떤 나라가 상대적으로 다른 나라에 비해 로동력이 풍부하고, 반대로 또 다른 나라는 상대적으로 자본이 풍부하다는 것에 대한 차이를 말한다. 즉, 중국과 일본을 례를 들어 보면, 중국은 로동력이 풍부해서 임금이 일본에 비해 상대적으로 낮을 것이고, 일본은 중국에 비해 자본이 풍부해서 리자율[1]이 상대적으로 낮을 것이다. 상품의 경우, 어떤 제품은 로동력이 더 많이 드는 것이 있을 것이고, 또 어떤 상품은 자본이 더 많이 드는 경우가 있다. 그렇다면, 상대적으로 로동이 풍부한 나라는 로동이 많이 필요로 하는 상품에 집중을 해서 그러한 상품을 다른 나라에 비해 더 눅게 만들 수 있을 것이고, 반대

1) 원금에 대한 리자의 비율을 가리킨다. 리율은 원금에 대한 백분율로 표시하는 것이 일반적이다.

로 자본을 상대적으로 풍부하게 갖고 있는 나라는 자본이 많이 드는 상품을 상대적으로 눅게 만들 수 있으므로 그러한 상품에 집중을 할 것이다. 이렇게 해서 각자 비교우위가 있는 상품을 만들어서 수출하게 된다는 것이다. 이러한 리론을 주장하고 발전시킨 사람들이 바로 헥셔와 오린이라는 사람이다. 그래서 이 두 사람의 이름을 따서 헥셔-오린정리(Hecksher-Ohlin theorem)라고 부르기도 한다.

하지만 한 가지 생각해 될 부분이 있는데, 앞서 언급한 것처럼 중국에서는 로동이 풍부해서 섬유와 관련된 제품에 집중을 해서 생산을 하고, 일본에서는 자본이 많이 소요되는 항공기를 생산한다고 했을 때, 중국은 일본에 섬유관련 제품을 수출하게 되고, 일본은 항공기를 수출하게 된다. 하지만, 만약 중국에 섬유관련 제품의 수요가 너무 많다면 오히려 중국은 로동력이 풍부한 나라이지만, 섬유관련 제품을 수입할 수도 있게 된다. 이러한 경우가 발생할 가능성도 있지만, 그 가능성이 매우 드문 일이라고 덧붙임으로써 리론을 정당화 했다.

2. 요소가격 균등화정리

앞서 봤던 내용처럼 서로가 풍부한 부존자원을 바탕으로 상품에 집중을 해서 수출을 하게 된다. 그런데 로동이 상대적으로 풍부한 국가와 자본이 상대적으로 풍부한 국가가 무역을 하게 되면, 로동에 대한 필요는 더 늘어나게 되고 결국은 임금이 오르게 된다는 것이다. 마찬가지로 자본이 풍부한 국가도 자본 집약적인 상품에 대해 집중을 해 상품을 만들게 되면, 자본의 필요량을 더 늘어나게 될 것이고, 그럼 자연스럽게 리자율이 다시 오르게 된다는 것이다. 결국은 이렇게 풍부했던 생산요소가 오르게 되고, 무역을 하던 두 나라 간의 요소가격이 같아진다는 것이다. 이것을 요소가격 균등화정리라고 한다.

제 3 절 새로운 무역리론

1. 대표적 수요리론

소득수준이 비슷하거나, 수요형태가 유사한 나라들은 대부분 요소부존 비율이나 공업의 발전단계도 비슷하다는 것을 알 수 있다. 그렇다면, 이러한 나라들 간에는 무역이 발생하지 않는가? 앞서 우리가 이야기했던 리론들로는 설명하기에 부적합하다. 특히 여러 가지 조건들이 유사한 선진국들 간에 발생하는 무역들은 우리가 지금껏 이야기한 리론들로는 설명이 불가능하다는 것이다. 하지만 린더(S. B. Linder)라는 사람이 주장한 대표적 수요리론(theory of representative demand)을 적용하면 이러한 상황을 쉽게 설명할 수 있다. 그의 주장은 한 나라의 특정상품을 수출하기 위해서는 우선 국내에 그 상품에 대한 커다란 내수시장에 존재해야 한다는 것이다. 시장의 크기가 크면 많이 생산해서 판매를 할 수 있게 된다. 생산량이 많다는 것은 그 만큼 많이 생산함으로써 생산단가를 낮추게 되는 규모의 경제를 누릴 수 있게 된다. 생산단가가 낮아지면 가격을 낮출 수 있고, 이것을 바탕으로 해외시장으로 수출할 수 있다는 논리이다. 이러한 효과를 달성하기 위해서는 바로 자국 시장의 크기가 커야한다는 것이다. 이와 같은 국내시장을 배경으로 한 어느 정도의 큰 수요를 '대표적 수요'라고 한다. 한국이 자동차 수출을 하게 된 것도 국내경제발전으로 국내판매가 30만대가 넘어선 1986년부터 비로소 가능하게 되었다.

하지만, 대표적 수요리론 역시 기호나 규모의 경제가 중요시 되는 공산품 무역에만 적용가능한 것이어서 1차 산품, 즉 쌀이나 밀과 같은 농산물과 원유나 구리와 같은 광산물의 경우에는 이 리론으로는 설명이 불가능해 요소부존에 의해 무역형태가 결정된다는 점을 인정하고 있다.

2. 연구·개발요소리론

이 리론은 무역형태를 결정짓는 것은 연구개발과 관련된 요소라는 것이 핵심이다. 례를 들어 연구개발과 관련된 인력이나 기술자, 숙련 로동자와 같은 우수한 인력을 많이 보유하는 산업이 수출산업으로 국제적 우위를 누릴 수 있기 때문에 이러한 제품을 수출하게 된다. 신제품을 만들어 시장에 선보일 수 있는 연구, 개발요소가 우수하고 풍부할수록 국제경쟁력이 높다는 것을 키싱(D.B. Keesing)이라는 학자가 실증적인 연구로 밝혀낸 바가 있다. 또 그루버(W. Gruber)는 오늘날 선진국의 무역행태를 들여다보면, 대부분 연구, 개발에 의해서 결정되고 있다고 주장하고 있다. 그는 1960년대 미국의 수출산업이 국제적으로 비교우위를 차지할 수 있었던 이유는 기존 제품의 생산비 절감과 신제품 개발을 위한 활발한 연구개발과, 이를 뒷받침하는 우수한 인력들이 풍부했고 이러한 것들을 기업화하는 데 성공했기 때문이라고 주장하고 있다.

3. 제품수명주기리론

제품도 사람과 마찬가지로 수명이 있고, 일정한 발전형태를 지니고 있다. 제품의 발전형태에 따라 공산품의 국제무역형태가 변화한다는 것이 바로 제품수명주기리론이다. 제품은 도입기, 성장기, 성숙기, 쇠퇴기로 시간의 흐름에 따라서 변화한다는 것이다. 그런데 이러한 주기는 나라마다 각기 다르고, 제품을 생산한 국가들은 이 흐름에 따라 무역의 형태가 달라지게 되며 그 특징은 다음의 <표 2-1>과 같다.

신제품이 최초로 개발되어 출시되면, 우선 자국의 시장을 상대로 판매를 하게 된다. 그리고 이 단계에서는 기업은 높은 리익을 남길 수 있다. 이러한 제품을 판매하는 기업의 수가 많지 않아 경쟁이 약하기 때문이다. 그러나 처음 제품이 시장에 도입될 때는 판매량은 많지 않다. 그리고 이러한 신제품의 경우 주로 선진국에서 처음 만들어지게 되고 점차 기타 선진국 등에 알려지게 되면서 시장이 커지면서 자국 시장과 시장조건이 유사한 국가들, 즉 다른 선진국으로 제품을 수출하게 되고, 경쟁자들이 등장하기 시작한다. 이 단계를 성장기라고 한다. 성숙기에 접어들게 되면, 많은 경쟁자들이 출현하게 되고, 기업들은 가격을 무기로 시장에서 경쟁하게 된다. 이 단계에서는 가격이 중요하고 수요도 정점에 이르렀기 때문에 경쟁이 치열한 단계이다. 이 단계에 접어들면, 낮은 가격을 유지하기 위해 임금이 눅은 개도국 등으로 생산기지를 이전하여, 여기서 만들어진 제품을 다시 시장에 출하하게 된다. 결국 수요가 정점에 이르고 난 후, 판매량은 가파르게 하락세를 보이기 시작한다. 이 단계에서는 기업들이 시장에서 더 이상의 리익을 내는 일이 쉽지 않으므로 철수를 시작한다.

그리고 이러한 제품수명주기리론에서 한 가지 생각해 볼 수 있는 것은 특정국가에서는 최신 제품이고 소비자들이 그 제품을 수용할 만한 여건을

〈표 2-1〉 제품수명주기에 다른 각 요인의 변화

수명주기	도입기	성장기	성숙기	쇠퇴기
경쟁상태	소수기업참여	경쟁기업출현	약세기업탈락	경쟁기업퇴출
무 역	없음	수출증대	수입대체시작	수입증가

[그림 2-2] 제품수명주기와 판매량

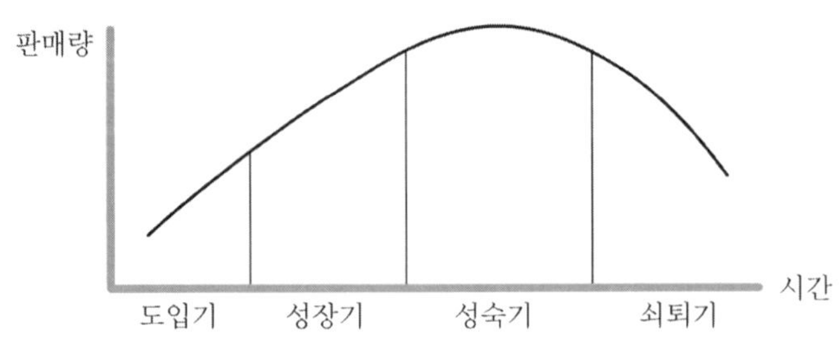

갖추어 그 제품이 소비가 되지만 어느 정도 수요가 충족하게 되고 시간이 지나면 그 제품은 더 이상 자국에서 신제품이 아니다. 하지만, 이러한 제품주기는 각 국가마다 조금씩 상이하게 나타나므로, 그 제품을 자국보다 조금 수준이 낮은 국가에 판매함으로써 제품의 수명을 연장할 수도 있다. 례를 들어 한국에서 제품수명주기가 종료된 흑백TV를 제품수명주기상 성장단계에 접어들고 있던 베트남에 수출하여 제품수명주기를 연장시킬 수 있게 되는 것이다.

4. 산업내 무역리론

헥셔-오린의 리론에 따르면, 국가 간의 요소부존도의 차이에 따라 발생되는 서로 다른 산업 간의 무역만을 설명하고 있다. 하지만, 동일 산업내에서도 무역이 발생하고 있다. 이러한 동일 산업내의 무역 현상을 설명하기 위한 리론이 산업내 무역리론이다. 이 리론은 동일 산업내에서도 무역이 발생할 수 있는 요인은 운송 및 저장비용, 규모의 경제, 제품차별화 등의 이유로 동종산업 간에도 무역이 발생한다는 것이다.

산업내 무역이 발생할 수 있는 근거는 국경무역의 경우, 채소나 청과물 우유 등과 변질되기 쉬운 제품의 경우 자국 내에서 멀리 떨어진 곳에 있는 이들 제품을 가져오는 것보다 오히려 운송비용이 적게 드는 인근 국가의 제품을 수입해오는 경우도 생각해 볼 수 있다. 그리고 해외가공 및 생산의 경우를 생각해 볼 수 있다. 요즘 대부분의 기업들이 자신의 최종 제품에 들어가는 부품과 원료를 가장 저렴한 곳에서 소달해서, 이를 다시 인건비가 가장 저렴한 곳에서 생산해서 최종제품을 다시 다른 시장에 판매한다. 이런 부품, 반제품, 최종제품을 동일 산업으로 본다면, 이러한 것들도 하나의 근거가 될 수 있다. 그리고 마지막으로 앞서 언급한 것처럼, 동일한 제품이지만 상표 등에 차별화 되어 있거나, 생산에 있어서 규모의 경제가 존재하는 경우 두 제품은 각국이 동시에 생산하는 것보다 하나의 제품에 특화하여 생산하는 것이 유리한 경우를 생각해 볼 수 있다. 례를 들어 미국이 많은 자동차를 수출하고 있지만, 반대로 일본이나 독일에서 만들어진 차들도 수입하고 있다. 일본이나 독일 자동차의 경우 소비자들이 각 제품을 다르게 느끼고 있기 때문이다. 일본 자동차는 내구성이 좋고, 독일 자동차는 품질이 우수하다거나, 믿음이 가는 상표(브랜드)를 가지고 있고 이를 소비자들이 인식하고 있다면 이러한 제품차별화가 동종 산업내 무역을 발생시키는 한 요인이 될 수 있다.

Chapter

03 무역거래

제 1 절 무역거래

1. 무역거래의 의의

무역에 대한 개념은 1장에 살펴봤던 것처럼, 서로 다른 나라가 물건을 사고파는 행위를 일컫는다. 그리고 무역을 크게 구분하자면 물품을 다른 나라로 판매하는 수출과 다른 나라의 물품을 사게 되는 수입으로 구분할 수 있다.

(1) 수출의 정의와 구분

수출은 물품을 외국에 판매하는 행위를 말한다. 하지만 한국의 무역관련 법에서는 다음과 같이 좀 더 폭넓은 의미로 수출을 정의하고 있다.

우선 물건을 사고 판매하는 것, 물건을 서로 교환하는 것, 물건을 빌려주는 것, 물건을 다른 나라에 무상으로 주는 행위로 국내에 있는 물품을 이동하는 모든 것을 수출로 정의하고 있다. 또한 유상[1]으로 외국에서 외국으

1) 어떤 행위에 대하여 보상이 있는 것으로 돈을 주고받는 것을 말함.

로 물품을 인도하는 것도 수출로 규정하고 있다. 례를 들어 외국의 창고에 있는 우리의 물품을 다른 나라로 판매하는 것도 수출로 규정한다는 것이다. 외국에 있는 물건을 수출하기 위해 다시 자국으로 가져와서 해외판매하게 되면 운송비용과 시간이 많이 걸리고 불합리하므로 거리적으로 가깝거나 편리에 의해서 다시 해외에서 해외로 판매하는 것도 수출로 규정하고 있다. 그리고 요즘은 정보통신이 발달하여 소프트웨어,[2] 음악, 영화와 같은 전자적 형태의 무체물을 정보통신망을 통하여 전송하는 것도 수출로 규정하고 있다.

이렇듯, 한국에서는 수출을 외국으로 물품이 이동하는 것으로 정의하면서, 물품을 사고파는 매매뿐만 아니라 사용대차, 교환, 증여 등도 수출의 범위에 포함시키고 있다. 사용대차라는 것은 당사자의 한쪽이 무상[3]으로 사용한 후 돌려주기로 약속하고 상대방으로부터 물품을 인도받는 계약을 말한다. 무상이라는 점에서 임대차와 구분할 수 있다. 례를 들어 그림을 빌려서 전시회를 한 후에 반환하는 것은 사용대차에 해당된다고 볼 수 있다.

그리고 외국에서 채취 또는 포획된 광물이나 수산물을 해외로 바로 매매하는 것도 포함된다. 례를 들어 태평양 지역에서 잡은 참치를 태평양 인근지역의 나라로 판매하는 것도 수출로 볼 수 있다.

또한 거주자가 비거주자에게 용역(동원로력)을 제공하는 것도 수출로 볼 수 있다. 례를 들어 경영상담업, 법무관련 서비스업, 회계 및 세무관련 서비스, 엔지니어링 서비스, 디자인, 컴퓨터 시스템(체계) 설계 및 자문업, 문화산업진흥기본법에 의한 문화산업에 해당하는 업종 등이 포함된다. 그리고 지식과 관련된 의장권, 저작인접권, 특허권 등도 용역(동원로력)으로 간주하고 있다. 의장권이라는 것은 상품의 형상, 모양, 색채 등으로 미적감각을 일으키는 아이디어(구상)를 독점적으로 사용할 수 있는 권한을 말하며, 저작인접권은 직접적인 저작권은 아니지만 저작물의 실제공연, 방송물 등에 대해 저작물에 준하는 권리를 말한다.

---

2) 컴퓨터 프로그램 및 그와 관련된 문서들을 통틀어 이르는 말.

3) 어떤 행위에 대하여 아무런 대가나 보상이 없는 것으로 돈을 받지 않는 것을 말함.

마지막으로 거주자의 비거주자에 대한 전자적 무체물의 전송이 있다. 소프트웨어 등 디지털 방식으로 제작하거나 처리한 자료, 정보 등의 전자적 형태의 무체물을 거주자가 비거주자에게 전송하는 것도 수출에 해당된다.

(2) 수입의 정의와 구분

수입은 앞서 언급한 수출과는 반대로 물품을 외국에서 구매해 오는 것을 말한다. 한국의 무역관련 법에서는 다음과 항목을 수입으로 정의하고 있다.

물건을 외국에서 사오는 행위와 물건을 교환하는 행위, 물건을 빌려오는 행위, 물건을 다른 나라에서 무상으로 가져오는 행위를 모두 수입으로 규정하고 있다. 그리고 외국에서 채취 또는 포획된 광물이나 수산물을 해외에서 바로 구매하는 것도 포함한다. 례를 들어 한국의 국경을 벗어난 동해의 공해상에서 중국 선박이 잡은 오징어를 바로 한국의 선박이 사오는 것도 수입으로 볼 수 있다. 혹은, 한국의 건설업체가 중동의 두바이에서 건물을 짓기 위해 인근 이라크의 도시에서 사용하던 건설기계를 바로 구매해서 두바이에서 사용하는 것도 수입으로 볼 수 있다는 것이다. 앞서 이야기한 것처럼 거주자가 비거주자에게 용역(동원로력)을 제공하는 것이나 전자적 형태의 무체물을 정보통신망을 통해서 전송받아 구매하는 행위도 모두 수입으로 볼 수 있다. 즉, 수입으로 인정되는 범위 역시 수출의 그것과 동일하고 볼 수 있다.

2. 무역거래의 특징과 절차

(1) 무역거래의 특징

무역거래는 크게 다음과 같은 특징을 가지고 있다.

우선, 부역위험이 발생할 수 있다. 국내에서 이루어지는 거래에 비해 국제거래는 위험이 높은 편이다. 거래를 하는 사람들이 지리적으로 상당히 멀리 떨어져 있는 경우가 일반적이기 때문에 운송 중에 도난, 분실, 파손 등과 같은 위험이 발생할 수 있고, 수출대금의 회수가 국내거래보다 어려운 점이 있다. 또한 환율변동에 따른 환위험이 수반되고, 각 국가들이 가지고 있는 수입제한이나 환거래제한 등의 정책변동으로 인한 비상위험이 발생할 수 있다.

둘째, 무역보조수단이 필요하다. 무역이 제대로 이뤄지기 위해서는 운송, 보험, 금융 등 여러 보조수단을 필요로 하며, 무역은 해상운송과 더불어 발전해 왔지만 오늘날에는 육상운송, 항공운송, 컨테이너 운송 등 모든 운송수단이 무역거래에 리용되고 장거리 운송에는 앞서 언급한 여러 가지 위험들이 존재하므로 이러한 위험에 대한 보험 조치가 필요하다. 또한 금융기관은 공신력을 리용하여 수출업자와 수입업자 간의 대금결제가 원활하게 이뤄지도록 한다.

셋째, 국제통일규칙의 준수가 필요하다. 국제간에 이뤄지는 무역에는 정치, 행정, 언어, 상관습 등의 차이로 여러 가지 마찰과 분쟁이 발생할 가능성이 크다. 이러한 문제를 해결하고자 UN, 국제상업회의소(ICC) 등 여러 국제기구들은 그동안 무역거래에서 보편화된 상관습을 바탕으로 통일규칙을 제정하고 이를 당사자들의 합의에 의해 사용하도록 권고하고 있다. 만약 이러한 통일규칙이 없다면, 각 거래마다, 각 거래상대자마다 거래가 일어날 때 마다 각기 다른 기준과 상이한 근거로 거래를 해야 하므로 여러 가지 불합리하고 불편한 점이 많을 수밖에 없다. 따라서 오늘날의 무역거래는 이러한 국제통일 규칙을 근간으로 수행되고 있다.

마지막으로, 서류에 의해 이뤄지던 무역거래들이 정보통신기술의 발달로 인해 전자무역이 확대되고 있다. 무역거래의 많은 부분이 인터넷, 전자문서교환 등 전자적 수단에 의해 수행되고 있다. 인터넷을 리용하여 해외시장정보를 얻고, 거래를 제의하고, 체결하기도 한다. 그리고 오늘날 대부분의 선진국들은 전자문서교환방식의 수출입통관을 시행하고 있다.

(2) 무역거래의 절차

무역거래의 절차는 일반적으로 다음과 같은 순서로 행해진다.

① 해외시장조사와 오퍼[4] → ② 무역계약의 체결 → ③ 수출통관 및 수출대금의 회수 → ④ 수입통관 및 수입물품의 입수 → ⑤ 클레임[5] 및 상사중재

첫 번째 단계에서는 우선 내가 가지고 있는 물건을 적정한 가격에 팔 수 있거나, 저렴한 가격으로 구입할 수 있는 시장인가를 확인해야 한다. 그리고 여러 가지 조건에서 가장 좋은 시장인지를 파악하게 된다. 이러한 절차를 걸쳐 가장 적합한 거래상대자를 찾고, 그 거래상대자에게 거래를 제의하게 된다. 내가 보낸 거래 제의에 상대방이 긍정적으로 회신을 하게 되면, 이제 구체적인 조건을 제시하고 조율하게 된다.

두 번째 단계인 무역계약의 체결은, 거래 양쪽이 서로 거래조건에 대한 합의가 끝나게 되면 정식 무역계약을 체결하게 된다.

세 번째 단계에선, 무역계약이 체결되고 수출업자는 계약물품을 정해진 기일 내에 생산, 확보하여 수출통관을 마친 후 이를 수입업자에게 선적해 보내게 된다. 계약물품에 대한 선적이 완료되면 수출업자는 관련 은행 등으로부터 수출대금을 회수하게 된다.

네 번째 단계에선 수출업자가 계약물품을 선적해 보내면 수입업자는 수입대금을 결제하고 수입화물을 입수한 후 수입통관을 필함으로써 모든 수입절차를 마치게 된다.

다섯 번째 단계에서는 수출대금의 회수와 수입물품의 입수가 끝나면 무역거래는 일단 종결되지만 만약 상대방이 클레임을 제기하게 되면 이의

4) 오퍼(offer)란, 신청자(offerer)가 피신청자(offeree)에게 일정조건을 제시하며 매매계약을 체결하겠다고 하는 의사표시를 말한다. 상행위에서 매매계약의 성립은 쌍방간의 의사교환을 통해 이루어지는데, 의사표시는 오퍼(offer)와 승낙(acceptance)의 형태로 나타난다. 이 부분은 뒤에서 자세하게 다룬다.

5) 무역계약이행이나 인도된 상품에 잘못이 있을 경우 보상을 요구하는 것.

해결과정이 남게 된다.

제 2 절 무역관리

1. 무역관리의 의의

대부분의 국가들은 수출 촉진 및 수입을 적절히 조정하여 국제수지 균형 내지 개선을 도모해서 외화보유고[6]를 적정선 수준에서 유지하고자 로력하고 있다. 이러한 이유는 1장에서 언급했던 것처럼 무역이 일국의 경제에 미치는 영향이 매우 크기 때문이다.

주로, 국내 유치산업 보호 및 성숙산업의 국제경쟁력 강화를 위해 수출진흥 정책이나 수입제한 등과 같은 정책을 통해 대외무역을 관리하고 있다. 그리고 국내 물자수급을 원활하게 운영하고 소비형태의 건전화를 위해 관리하고 있으며, 환율의 안정과 재정수입의 확보 등을 위해 무역을 관리하고 있다. WTO[7]체제의 출범으로 인해 정부의 적극적인 무역의 개입보다는 각 국제기구들이 허용하고 있는 범위 내에서 효율적으로 공동관리하고 있는 게 전세계적인 추세이다.

궁극적으로 각 국가는 무역관리를 통해 대외무역을 진흥하고 공정한 거래질서를 확립하여 국제수지의 균형과 통상의 확대를 도모함으로써 국민경제의 발전에 이바지하기 위해 관리를 하고 있다. 앞서 언급했던 것처럼 이러한 관리가 일정부분 필요하기는 하지만 국가 주도의 무역관리는 더 이

6) 한 나라에서 가지고 있는 외국돈의 보유량.

7) World Trade Organization으로 흔히 세계무역기구라고 한다. 이 국제기구는 1948년에 발족한 '관세 및 무역에 관한 일반협정'(GATT)을 대체해 1995년 출범했으며, 세계무역질서를 세우고 UR(Uruguay Round of Multinational Trade Negotiation: 우루과이라운드)협정의 이행을 감시하는 국제기구.

상 큰 효력이 없는 상황이 되었다. 이에 정부는 정책 및 조정자로서 무역이 활발하게 잘 이뤄질 수 있는 장을 제공하는 역할에 치중하고 있으며 민간기업이 효율적으로 운영하과 활동할 수 있도록 로력하고 있다. 보호 및 규제의 정부주도형으로부터 경쟁과 자율의 민간주도형으로 전환되고 있다.

2. 무역거래자

(1) 간접수출방식

간접수출이란 국내 혹은 국외에 입주한 수출입중간상을 통해 수출하는 방식을 말한다. 즉 물건을 만든 업체가 직접수출을 하는 것이 아니라 중간에서 수출을 대신해주는 업체나 업자를 활용하는 방식을 말한다. 이러한 방식을 리용함으로써 수출업체는 해외시장에 대한 지식이나 무역에 필요한 전문적인 지식을 가질 필요 없이 이들을 통해 쉽게 수출을 할 수 있다는 장점을 가질 수 있다. 국내수출중간상을 크게 두 가지로 구분하면 국내수출대리점과 국내수출상으로 구분할 수 있다.

1) 국내수출대리점(Domestic export agent)

제품이나 서비스에 대한 소유권을 가지지 않은채 단지 중개나 주선에 의한 수수료의 획득을 주목적으로 하는 것을 말한다. 국내수출대리점의 유형은 크게, 판매대리점, 중개업자로 구분할 수 있다. 중개업자가 단지 수출업체와 수입업자의 중개로 자신의 임무를 종결시키는 반면에, 판매대리점의 경우 중개 및 주선뿐만 아니라 주문청약(offer), 신용장개설, 계약체결 등의 포괄적인 업무까지 대행하는 것이 일반적이다.

2) 국내수출상(Domestic export merchant)

자신이 수출업체로부터 물품을 직접 구입하여 수입업자에게 판매함으로 그에 따르는 매매차익의 획득을 목적으로 한다. 이러한 형태의 대표적 수출상으로는 무역상사를 들 수 있다. 이들은 해외시장에 많은 판매망을 구축해 다양한 시장정보를 바탕으로 많은 물품을 취급하고 수출입업무의 대행과 적극적인 마케팅[8] 활동을 펼치기도 한다. 한국에서는 이러한 업체를 크게 두 가지로 구분할 수 있는데, 하나는 종합무역상사이고 나머지 하나는 전문무역상사가 있다. 종합무역상사의 경우 대규모의 자본력을 가진 무역업자로서 무역거래 이외 자원개발, 현지생산판매, 합작투자, 첨단기술연구개발 등을 수행하는 대형 무역상사를 말한다. 그리고 한국에는 정보통신분야와 생명공학분야 등 첨단산업제품의 해외시장 진출을 지원하기 위해 무역거래자 등에서 일정요건을 갖춘 자를 전문무역상사로 지정하고 있다. 이러한 무역상사를 통해 수출과 해외진출에서 성공을 거둔 대표적인 나라로는 한국과 일본이 있다. 하지만 최근 이러한 종합무역상사는 각 기업들의 무역에 대한 지식과 전문성이 점차 증가함에 따라 조금씩 쇠퇴하고 있는 실정이다.

그리고 대표적인 외국 중간상으로는 바이어(buyer)라고 부르는 수입상이 있다. 수입대행 전문 바이어의 경우 보통 수출업체와 현지 도매유통업자나 소매업자를 연결시켜 주는 대가로 수수료(수속비)를 취한다. 이러한 소극적인 바이어 외에도 자신의 책임으로 직접 물품을 구입, 리익을 붙여 도매상이나 소매상들에게 직접 공급해주는 수입상, 즉 바잉 오피스(buyung office)도 있다. 이들 수입상들은 스스로 상품을 기획하여 외국 수출업자에게 생산을 의뢰하기도 한다. 또한 최종 소비자들의 수요 상황에 맞추어 적시에 물품을 원활하게 공급할 수 있도록 재고관리[9]를 위한 창고를 보유하기도 한다.

---

8) 생산자가 상품 또는 서비스를 소비자에게 유통시키는 데 관련된 모든 체계적 경영활동.

9) 상품을 저장하고 판매와 연결된 적정량을 유지, 관리하는 활동.

3) 간접수출 방식의 장단점

간접수출의 가장 큰 장점은 해외판매 경험이나 무역에 대한 전문적인 지식이 없어도 손쉽게 수출을 할 수 있다는 것이다. 그리고 물건을 만든 제조업체가 직접 해외진출을 하기 위해서는 많은 시장개척비용과 수출업무에 따른 비용이 소요되지만 간접수출방식을 리용하면 이러한 비용과 위험을 경감시킬 수 있다.

하지만, 간접수출을 통해 해외시장에 진출하게 되면, 직접수출을 하면서 배우고 얻을 수 있는 해외시장에 대한 지식을 쌓을 수 없게 되며, 내가 해외 판매한 제품에 대해 그 시장에서 물건을 더욱 많이 팔기 위해 할 수 있는 여러 방법들을 사용할 수 없게 된다. 그리고 간접수출을 하게 되면서 물건을 만들어 판매하는 데 있어 리익이 제한될 수도 있다.

(2) 직접수출방식

앞서 언급한 국내의 중간상 등의 제3자의 개입 없이 물건을 만든 기업이 직접 그 물품을 해외에 판매하는 방식을 말한다. 즉, 수출업체가 직접 해외의 유통업자나 에이전트(대리인)와 판매계약을 체결하거나 또는 현지에 자신이 직접 판매지사나 법인을 설립해 직접 유통하는 방식을 말한다. 직접수출방식을 선택하게 되면 판매계약부터 통관, 선적에 이르기까지 모든 업무를 스스로 해결해야 한다. 결국 간접수출방식보다 더 많은 위험과 비용에 노출되지만, 장기적으로 더 많은 정보와 지식을 축적할 수 있고, 현지 시장에서 제품을 판매한 데 있어서 자유롭게 조정 · 통제할 수 있다는 장점이 있다.

1) 현지 에이전트(대리인)(foreign agent)

에이전트란 현지 시장에서 수출업체를 대리하는 독립적인 중간업자를 말한다. 흔히 브로커(broker)라고 하기도 한다. 에이전트는 수출업체의 제품을 다른 중간상(도매상, 소매상 등)이나 최종 소비자들에게 유통시키는 판매원의 역할을 띤다. 보통 에이전트는 직접 자신이 물품을 구입해서 판매 마진[10]을 챙기기 보다는 수출업자와 구매자를 연결해주고 판매량에 따른 일정 수수료(수속비)를 취하게 된다.

에이전트(대리인)는 특정지역 내에서의 독점적 판매권한의 유무에 따라 특약점(Sale agent)이나 독점대리점/총대리점(sole agent/exclusive agent)으로 구분되거나, 어느 특정회사의 제품만 취급하는 직판점과 타 회사의 제품도 취급하는 복합대리점으로 구분된다. 보통 수입 총대리점은 특약점을 통해 도매상에게 상품을 공급한다. 대표적인 수입 총대리점으로는 무역상사, 전문수입상 등을 들 수 있다.

수입 에이전트와 거래시 수출업자는 에이전트 계약을 통해 판매가격, 판매전략, 판매영역, 지급조건 등 주요 마케팅 정책에 대한 통제를 견지할 수 있는 리점이 있는 반면, 재고유지, 반품, 수금, 미결제 등 높은 관리비용과 위험부담이 따르기도 한다.

2) 도매유통업자(distributor)

도매유통업자는 수출업체로부터 직접 물품을 구매하여 일정 리익을 붙여 소매상이나 최종 소비자들에게 다시 판매하는 조직을 말한다. 도매유통업자는 판매위험부담을 지는 동시에 금융, 재고관리, 촉진, 신용관리, 물류관리, 제품유지 및 수리 등의 업무부담을 갖게 되고, 창고를 보유하고 있어야 한다. 특정상권을 중심으로 다수의 딜러(판매원)를 확보하고 있어야 하고, 애프터서비스(판매후 수리, 부품조달 등)의 제공과 자금력을 갖추고 있어야 한다.

도매유통업자와 거래를 하게 되면, 수입 에이전트와의 거래에서 부담하게 되는 높은 비용과 위험을 지지 않는 대신에, 가격결정, 판매전략 등과 같은 마케팅 정책에 대한 통제권한은 약화되는 단점이 있다.

---

10) 마진(margin)이란, 구입가격과 판매가격의 차이, 즉 리익을 말한다.

3) 소매상(retailer)

소비자에게 최종적으로 물건을 판매하는 역학을 하는 조직들을 말한다. 크게 리테일러(retailer)와 넌 리테일러(non-retailer)로 구분된다. 리테일러는 매장을 보유한 소매업체로 자체적으로 상품을 진열하고, 가격 등을 결정한다.

넌 리테일러(non-retailer)는 상점 없이 일반 소비자가 아닌 호텔이나 학교 기업, 공공기관을 고객으로 삼는 것을 특징으로 한다.

4) 현지 판매지사/법인(local branch/subsidiary)

이들은 본국에 있는 본사를 대신해서 현지에서 계약을 하고 판매촉진 등의 수출업무를 직접 수행한다. 현지 판매지사를 통해 현지인 영업사원을 채용해서 현지 시장 상황에 적합한 각종 전략을 구사할 수 있다. 또한 현지 도매상들과 직접 경쟁하면서 자연스럽게 양질의 서비스를 손님에게 제공할 수 있고 자사와 자사의 브랜드(상표) 이미지를 높이는데 도움이 되기도 한다.

무엇보다 가장 큰 장점은 현지 시장의 소비자가 요구하는 점들을 신속하게 파악해 반영할 수 있다는 것이다. 그리고 직접 판매함으로써 다른 수단에 비해 높은 리익을 확보할 수 있다. 하지만 이러한 것들을 운영하기 위해서는 역시 비용이 많이 든다.

지사와 법인의 가장 큰 차이는 법적인 문제에 따라 구분된 것이다. 지사는 법적으로 본사에 종속된 일종의 지점의 자격이지만, 법인은 본사와는 법적으로 관계가 없는 현지의 독립된 하나의 별개의 회사이다.

5) 직접수출의 장단점

우선 스스로 시장을 개척하고 통제함으로써 적극적인 시장 개척이 가능하고 확고한 시장 기반을 구축할 수 있다. 또한 자사가 가지고 있는 상표와 특허권, 영업권 등을 보호할 수 있고, 직거래를 통한 높은 리익을 확보할 수 있다. 하지만 고도의 수출업무관리에 대한 능력과 경험이 필요하고, 시장 개척에 따른 비용과 유통망 구축시 유지비용도 동시에 수반된다. 또한 직접 판매하고 운영하는 데에 따른 높은 사업위험부담을 안게 되는 단점도 가지고 있다.

제 3 절 무역의 형태

1. 유형무역과 무형무역

유형무역은 눈에 보이고 만질 수 있는 상품을 수출입하는 것을 말한다. 보통 우리가 말하는 무역의 형태가 바로 유형무역이다. 유형무역은 반드시 수출입통관 절차를 거치게 되어 상품수지로서 한 나라의 국제수지[11]에서 가장 중요한 항목에 해당된다.

무형무역은 자본, 로동 등의 생산요소나 용역(동원로력) 등을 거래하는 서비스 무역을 말한다. 즉, 형태가 없어 눈으로 보고 만질 수 없으므로 수출입 통관을 거치지 않는다. 리자, 수수료(수속비), 운임, 보험료, 여행경비, 기술사용료 등을 지급하거나 받는 것은 모두 무형무역에 해당된다. 국제수지 표상에서는 서비스 수지 혹은 자본수지 항목으로 구성된다.

2. 제 3 국과 관련된 무역

중계무역은 원제품을 수입해서 가공하지 않고 원형 그대로 다시 제3

11) 일정 기간 동안(보통 1년) 일국이 다른 나라와 행한 모든 경제적 거래를 체계적으로 분류한 것을 말하고, 이를 표로 나타낸 것을 국제수지표라고 한다.

국으로 수출하는 것을 말한다. 이러한 형태는 수입가격과 수출가격의 차이를 통해 리익을 실현한다. 일단 물품의 소유권이 중계무역업자에게 넘어온 후 다시 최종적으로 물건을 수입하고자 하는 이에게 넘어가게 된다. 주로 해상운송이 자유롭고 관세가 부과되지 않는 자유항에서 이루어지며, 대표적으로 싱가포르, 로테르담 등과 같이 지리적으로 물품이 모일 수 있는 있는 지역에 주로 위치한다.

중개무역은 쉽게 이야기해 자신이 가지고 있는 정보망 등을 리용해서 수출업자와 수입업자 간의 거래를 알선하고 중개수수료(수속비)를 받음으로써 리익을 실현한다. 이때 중개무역업자에게 물건의 소유권이 넘어오지 않는다. 다만, 중개를 함으로써 그에 대한 수수료(수속비)로 받는다.

3. 연계무역

이런 무역의 형태는 무역을 행하는 당사국들 모두 또는 한 나라가 만성적인 외환부족상태에 있을 때 주로 행하여지는 무역형태이다.

연계무역은 물물교환, 구상무역, 대응구매, 제품환매의 형태에 의하여 수출, 수입이 연계되어 이뤄지는 무역을 말한다. 주로 수출과 수입이 연계된 무역거래로서 거래당사자국간의 수출입의 균형을 유지하거나 통삽협력의 수단으로 활용되기도 한다. 예전에 동구권 국가와 서유럽 국가들간에 주로 활용되어 사용되기도 했다

(1) 물물교환(Barter Trade)

현금 흐름 없이 물품간의 교환을 통해 이루어지는 거래를 말한다. 대표적인 례로는 인도네시아의 고무와 캐나다의 전동화차, 영국의 항공기와 에콰도르의 바나나 교환 등을 들 수 있다. 과거 한국과 타이완 사이에도 거래가 있었는데, 한국의 사과와 타이완의 바나나가 물물교환의 형태로 무역이

이루어지기도 하였다.

(2) 구상무역(compensation trade)

구상무역은 수출입 물품의 대금을 그에 상응하는 수입 또는 수출로 상쇄하는 무역거래를 말한다. 어떤 형태로든 수출과 수입이 연계되는 무역거래를 일컫는다. 구상무역과 물물교환의 가장 큰 차이점은 구상무역의 경우 환거래가 발생하고 대응수입의무를 제3국에 전가할 수 있다는 점이다.

4. 가공무역

가공무역은 원자재를 들여와 가공을 하고 이를 다시 수출하면서 가공에 따른 가득액을 얻기 위한 무역형태를 말한다. 가공무역 중에서 원료를 위탁받아 가공하여 이를 위탁자 또는 그가 지정하는 자에게 수출하는 가공무역을 수탁가공무역이라고 하고 그 반대되는 형태를 위탁가공무역이라고 한다.

(1) 수탁가공무역

수탁가공무역은 원료의 전부 혹은 일부를 외국으로부터 수입하고, 이를 가공해서 다시 물품의 가공을 의뢰했던 당사자가 수출하는 무역방식이다. 원료의 조달방법에 따라 유환수탁가공무역과 무환수탁가공무역으로 구분하기도 하는데, 유환수탁가공무역은 원료에 대한 대가를 지불하고 수입한 후 가공해서 완제품을 수출하는 방식이고, 무환수탁가공무역은 대상원료에 대한 대가의 지불 없이 수입해서 가공에 대한 대가만 받고 다시 수출하는 방식이다.

(2) 위탁가공무역

수탁가공무역의 반대 개념으로 보면 된다. 즉 위탁가공무역은 가공임을 지급하는 조건으로 가공할 원료의 전부 또는 일부를 외국의 거래 상대방에게 수출(위탁)한 후 가공완제품을 다시 수입하는 거래를 말한다. 수탁가공무역의 반대개념이다. 자국에 비해서 가공임이 저렴하거나 기술이 상대적으로 발달한 국가로부터 원료를 수출하고 가공해줄 것을 위탁하는 경우가 많다.

5. 수위탁판매무역

대금을 지급하지 않고 물품 수입 또는 수출하여 판매된 범위 안에서 수출대금을 회수하고, 수입대금을 지급하는 방식을 말한다.

(1) 위탁판매수출

위탁자가 무환으로 수출하고 현지국에서 판매된 판매대금만 회수하게 된다. 그리고 판매하고 남은 물품은 반품하게 된다. 만약 지정가격을 정하면 그 이하로는 판매를 할 수 없다. 만일 그 이상가격으로 판매하면 리윤은 수탁자의 몫(본 · 지사간이나 신용도가 있는 거래선에 사용)이 된다. 수출업자는 자기의 비용과 위험 부담으로 물품을 위탁, 수출하므로 물품의 소유권은 수출업자에게 있게 된다.

이러한 위험과 비용을 무릎 쓰는 이유는, 새로운 시장의 개척이나 신규상품을 시장에 자리잡게 하기 위함이다. 즉 수출대상지역의 시장성을 시험해 본 후 본격적인 거래를 시작하게 되고 상품의 가격변동이 심할 경우 정식으로 수출계약을 체결하지 않고 위탁판매를 의뢰해서 가격이 가장 유리할 때 판매하도록 하기도 한다.

하지만 일정 기간에 전량 판매되지 않을 경우 남은 물품을 처리해야 하므로 이에 따른 비용이 소모될 수밖에 없다. 그리고 수출대금이 현지 시장에서 판매된 후 결제되므로 대금회수에 있어 수출업자에게 상당히 불리한 조건이라고 볼 수 있다.

(2) 수탁판매수입

위탁판매수출을 수탁자의 입장에서 본 무역거래방식으로, 우선 대금을 지급하지 않고 수입한 후 현지시장에서 판매한 후 그 금액을 수입대금으로 결제한다. 위탁판매수출을 수출업자의 입장에서 보면 수탁판매수입이 된다.

수탁자(수입업자)는 판매대리인으로서 위탁자가 지정한 조건에 따라 상품을 시판하고 그 판매대금에서 경비, 수수료(수속비) 등을 공제한 잔액을 송금한다. 그리고 잔여분은 위탁자에게 반송하게 된다. 결국 수입업자는 수입에 따른 자금에 대한 부담도 판매에 대한 부담도 가질 필요가 없다.

6. 임대차무역

(1) 임대수출

임대수출은 임대계약에 의해서 물품 등을 수출하여 일정 기간 후 다시 수입하거나 그 기간이 끝나거나 그 기간이 끝나기 전, 후에 물품 등의 소유권을 넘겨주는 수출을 말한다. 임대방식에 의한 수출이라고 하기도 한다. 시설, 기자재 등은 가액이 높기 때문에 임대기간 동안 임대료를 분할·지급받는 조건의 방식으로 많이 수출된다.

임대조건으로 수출하면 수입업자의 자금부담이 가벼워져서 시설, 기자재 등의 수출판매 경로가 확대되는 장점이 있다. 또한 이러한 시설, 기자재를 운영하는 데 필요한 기술제공에 따라 거래를 맺은 양 국가 간에 경제협력체제를 이룰 수도 있다. 그리고 인건비, 원료 등 기타 생산여건이 불리할 경우 이들 조건이 유리한 국가로 시설, 기자재 등을 이전하고 동 시설을 리용하여 생산된 완제품을 수입할 수 있다.

(2) 임차수입

임차수입은 임차계약에 의해서 물품 등을 수입하여 일정 기간 후 다시 수출하거나 그 기간에 끝나기 전, 후에 물품의 소유권을 돌려받는 수입을 말한다. 임차방식에 의한 수입이라고 하기도 한다.

7. 외국인도수출과 외국인수수입

(1) 외국인도수출

외국인도수출은 국내에서 통관되지 않은 물품을 외국에서 외국으로 넘겨 수출하고 그 대금은 국내에서 받는 거래방식을 말한다. 주로 외국에 있는 우리나라 물품을 외국으로 직접 수출할 때 리용된다. 쉽게 이야기해 중동 두바이에서 대형 건물을 건축하고 그 현장에서 사용했던 중고시설 기자재를 다시 국내로 반입하지 않고 이를 다시 인근에 건설을 하고 있는 이라크의 또다른 건설현장에 기자재를 매각해서 이라크로 바로 인도해주는 것을 말한다. 그러나 수출대금은 바로 국내에 있는 회사에서 받게 된다.

혹은 항해중이거나 어로작업중인 선박을 현지에서 매각할 경우 이 방식의 수출거래가 리용된다.

(2) 외국인수수입

외국인도수출 방식에서 수입업자의 입장을 생각하면 된다. 국내에서 수입대금을 지급하지만 물품은 외국의 사업 현장으로 직접 운송되도록 거래방식이며 해외건설, 해외투자, 위탁가공 등 해외의 사업현장에 필요한 기자재를 외국에서 수입할 때 많이 리용된다. 앞서 언급했던 것처럼, 해외에서 필요한 물품을 우리나라로 운송했다가 이를 현지로 보내려면 시간과 비용이 많이 들기 때문에 수입대금은 국내에서 지급하고 물품은 외국에서 사업현장으로 직접 운송되도록 한다.

8. 기타무역거래

(1) 주문자 상표 부착방식(OEM: Original equipment manufacturing)

외국 수입업자의 주문에 의해 제품을 생산해서 주문한 수입업자의 상표를 부착해서 수출하는 방식을 말한다. 이때 수입업자가 제품의 생산에 관련된 모든 기술이나 도면 등 기술적인 부분을 제공하고 수출업자는 수입업자의 요구에 따라 생산하게 된다. 수출업체는 품질과 납기만 맞추면 되고, 수입업자가 수입통관 및 판매를 책임지게 된다. 수출업자 입장에서는 최저의 위험부담으로 수출할 수 있다. 그래서 고유상표의 인지도가 취약한 수출업체나 해외경험 부족한 중소기업에서 많이 실시된다. 하지만 장기적인 관점에서 수출업체에게 좋은 것만은 아니다. 시장의 변화에 취약하고 제품의 통제력 없으며 공고한 시장기반 구축이 힘들다는 단점이 있다. 초기 한국의 기업들이 수출정책을 펼때 많은 중소기업들이 이러한 방식을 통해 해외로 수출했다.

(2) 주문자 개발생산/제조업자 설계생산(ODM: Original Development/Design Manufacturing)

앞서 언급한 OEM과 달리 자체 개발력을 갖춘 제조업체가 판매망을 갖춘 유통업체에 상품 또는 재화를 제공하는 생산방식을 말한다. OEM의 경우 제품의 설계나 디자인에 대해서는 수입업자가 관련된 기술을 제공하는데 반해, ODM의 경우는 제조업체가 보유하고 있는 기술력을 바탕으로 제품을 개발해서 유통업체에 공급한다는 점이 가장 큰 차이라고 볼 수 있다. 수입업자인 유통업체는 자사에 맞는 제품을 선택함으로써 유통에 핵심역량을 집중할 수 있다는 점에서 기존의 OEM과 역시 구별된다. 수입업자인 판매업자가 요구하는 기술을 자체 개발해서 납품하기 때문에 부가가치가 높은 편이다. OEM 방식은 주문자가 건네준 설계도에 따라 단순히 생산만 하기 때문에 ODM에 비해 부가가치가 낮을 수밖에 없다. 그리고 수출업체가 제품을 설계하고 디자인했기 때문에 개발 로열티[12) 획득이 가능하고 이를 바탕으로 원가절감이 가능하다는 장점을 갖는다. 즉, 자체 개발해서 생산하기 때문에 해외시장에 판매할 경우 개발 로열티를 받을 수 있고, 부품을 구매할 때도 제조업체인 수출업체가 주도적으로 참여할 수 있어 원가를 낮추는 데도 도움이 되는 등 고부가가치형 생산체제라고 할 수 있다. 한국의 경우 주로 대기업들이 이 방식을 도입했으나, 2001년에 들어서는 중소기업에서도 적극 도입해 시행하고 있다.

(3) 현지조립방식(Knock-Down method)

완제품으로 수출하는 것이 아니라 부품이나 반제품을 현지국으로 수출한 다음, 현지국에서 다시 조립해서 완제품으로 완성해서 판매하는 방식이다. 이러한 현지조립방식은 완전현지조립방식과 부분현지조립방식의 두 가

---

12) 로열티(royalty): 개발한 기술을 남에게 사용하게 하고 그 대가로 받는 기술에 대한 사용료를 말한다. 일반적으로 판매금액의 일정 비율(%)로 받는 것이 보통이다.

지로 구분할 수 있다. 우선 완전현지조립방식(Complete knock-down method: CKD)은 부품 전체를 그대로 수출하여 실수요지에서 조립하여 완제품을 만드는 방식을 말하고 부분현지조립방식(Semi knock-down method: SKD)은 일부는 부품으로 수출하고 일부는 상대국에서 생산한 부품으로 조립하여 완제품을 만드는 방식을 말한다.

제 4 절 외국환과 환율

1. 외국환의 개념

(1) 외국환의 정의

환(換, exchange)은 교환을 뜻하는 것인데, 특히 무역거래에 있어 거래당사자들이 먼 거리에 떨어져 있는 경우가 일반적이다. 앞서 언급한 것처럼, 무역이 곧 국제적의 상거래 행위임으로 채권과 채무관계를 해결하는 것이 중요한 문제라고 할 수 있다. 이러한 문제를 해결하기 위해 직접적인 현금의 이동 없이 지급위탁 등의 방법을 통해 결제하는 수단을 외국환, 외환이라고 지칭한다.

다시 말하면, 수출업자는 수입업자에게 물품에 대한 대금을 받아야 하고, 수입업자는 물품에 대한 대가를 지불해야 한다. 이러한 채권, 채무관계를 해결하기 위해서는 무역거래에 외국환 거래가 뒤따르기 마련이다.

한국과 중국이 무역거래를 하게 되면, 한국에서 사용하는 화폐단위인 '원'화와 중국에서 사용하는 '위안'화 처럼 화폐가 단위가 다름을 알 수 있다. 또한 한국의 원화와 중국의 위안화의 화폐자체에 대한 가치가 다르기 때문에 환율이라는 것이 발생하게 되는 것이다. 쉽게 이야기하면 한국 원화

1,000원을 주면 중국 위안화 7위안과 교환하는 비율이 발생하게 되는 것이다. 그리고 직접적인 현금으로 이동하는 것이 아니고 긴 시간이 소요되므로 그에 따른 금리 문제가 따라 오게 된다. 마지막으로 국제적으로 널리 사용되지 않거나, 경제적 상황이 열악한 국가의 화폐는 다른 국가에서 사용하기를 꺼리게 된다. 즉, A라는 국가에 전쟁이 발생할 가능이 높다면, 수출업자는 물품의 대금을 A나라의 통화로 받기를 꺼리게 된다는 것이다. 그럼 A라는 나라가 다른 나라와의 통화로 교환할 때 더 많은 돈을 줘야 다른 나라의 통화로 교환할 수 있게 된다.

2. 외환시장

(1) 외환시장의 개념

수출업자, 수입업자뿐만 아니라 자금을 국제적으로 이동하는 일들은 우리 일상생활에서도 빈번하게 발생하고 있다. 이러한 외환 매매의 중개역할을 해주는 곳이 바로 외국환 은행이고, 거래가 일어나는 곳을 외환시장(foreign exchange market)이라고 부른다.

1980년대부터 외환에 대한 규제가 상당부분 풀리기 시작했고 정보통신의 급격한 발달로 인해 컴퓨터 네트워크를 통해 더욱더 쉽고 빠르게 거래가 이뤄지기 시작했다. 특히 이러한 네트워크는 24시간 외환거래가 가능하게 했다. 호주의 시드니 외환시장이 개장하게 되면, 곧 일본의 동경, 홍콩, 싱가포르, 바레인, 런던, 뉴욕의 외환시장이 순차적으로 열리게 된다. 그리고 다시 호주 시드니 시장이 다시 개장하게 된다.

외환시장의 주된 목적은 상품이나 용역(동원노동)에 대한 대가를 결제하기 위한 것이었다. 하지만 오늘날에는 이러한 용도뿐만 아니라 단기성 투기자금을 활용하기 위해 사용되기도 한다. 실질적으로 무역과 국제투자를 위해 거래되는 외환은 약 10% 뿐이고 나머지는 환위험 회피나 투기 또는 재정거래 등을 통해 환차익을 노리는 거래가 차지하고 있다. 하지만 이러한 거래가 반드시 부정적인 것만은 아니다. 이들은 특정시장에서 환율이 다른 시장과 다를 경우, 이러한 틈을 노려 거래를 하기 때문에 환율은 순식간에 다른 시장과 동일한 환율을 유지하게 된다. 즉, 환율을 안정적으로 이끄는 역할을 하기도 한다.

(2) 외환시장의 참여자

1) 고　객

외환을 시장에서 사거나 파는 자로 외국환은행 입장에서 본다면, 고객은 수출입회사, 해운회사 등의 기업이 될 수 있고, 해외여행을 위해 외환을 사거나 파는 관광객, 즉 개인이 있을 수 있다. 또, 해외투자가나 정부 등이 고객이 될 수 있다.

특히 수출업자가 수출을 하고 받은 외화를 자신이 소재한 국가의 화폐로 교환하거나 수입업자가 물품의 대금을 지급하기 위해 특정통화로 교환하는 경우를 생각할 수 있다.

2) 외국환은행

외환시장에서 가장 중요한 역할을 하는 참가자가 바로 외국환은행이다. 앞서 언급한 고객들의 외환거래 중개자로서의 역할을 수행할 뿐만 아니라 은행자체의 외화자금을 관리하기 위해 외환거래를 수행한다. 고객과의 거래를 통해 발생한 외환이 많거나 부족한 경우 이를 조정하고 관리하기 위해 외환거래를 필연적으로 필요하게 된다. 또한 외환거래를 통해 리익을 얻기 위해 투기적 목적으로 적극적으로 매매에 참여하기도 한다.

3) 환 중개인

외국환은행 간의 외환거래를 중개하는 참여자가 있다. 이들은 은행들로부터 주문을 받아 외환매매를 중개하는 역할을 한다. 한국에는 현재 서울 외국환 중개회사와 한국자금중개회사 두 곳이 환 중개인으로서의 역할을 담당하고 있다.

4) 중앙은행

환율의 안정성을 위해 외환시장에 개입하는 정부은행을 말한다. 이들은 국내에서 외환이 너무 많아지거나 부족해지는 것을 막고 적정수준에서 환율의 안정을 위해 정책적 목적으로 시장에 개입하게 된다.

3. 환 율

(1) 환율의 개념

환율이란 한 나라의 통화와 또 다른 나라 간의 교환비율을 말한다. 례를 들어 금 100g과 쌀 100g이 같은 비율로 교환될 수 없는 것처럼, 각국의 화폐도 특정한 비율로 교환되게 된다. 외국환 은행이 외국환을 서로 사고파는 형태로 이뤄지기 때문에 외국환이라는 상품의 가격이라고 볼 수도 있다.

또 한 가지 생각할 수 있는 것은, 한 나라의 통화의 가치는 그 화폐의 구매력(purchasing power)으로 대표되기도 한다. 즉 그 통화가 외국에서 가지는 구매력이 대외가치가 될 수 있다. 이러한 대외가치는 양국가 간의 경제력 차이에 의해 결정된다고 볼 수 있다.

(2) 환율의 표시방법

환율을 표시하는 방법은 크게 두 가지로 구분할 수 있는데, 자국통화를 기준으로 하는 것과 외국통화 1단위를 기준으로 하는 것이 있다.

1) 직접표시방법(Direct Quotation)

직접표시방법은 외국환 1단위 혹은 100단위의 기준이 되는 자국통화와 외국통화의 교환 대가를 표시하는 방법으로 방화표시환율이라고 하기도 한다. 례를 들어 한국에서 환율을 US $ 1=₩970으로 표시하는 것을 직접표시방법, 방화표시법이라고 한다. 흔히 이러한 방법을 지급계정시세(pence rate, giving quotation)라고도 한다. 이러한 표시방식이 한국을 비롯한 대부분의 국가에서 널리 사용되는 방법이다.

2) 간접표시방법(Indirect Quotation)

간접표시방법은 앞서 봤던 직접표시방법과는 정반대로 자국통화 1단위 혹은 100단위를 기준으로 외국통화의 교환대가를 표시하는 방법이다. 즉, 자국 통화 1단위(혹은 100단위)를 주면 얻을 수 있는 외국통화의 단위를 나타내는 방법이다. 흔히 이러한 표시방법을 수취계정시세(currency rate, receiving quotation)라고 부르기도 한다. 주로 영국, 호주 등지에서 사용하고 있으며 영국은 전통적으로 환율을 파운드 중심으로 표시하고 있다. 즉, Stg. ￡=US$ 2.015식으로 표시하는 간접표시방법을 사용하고 있다.

3) 미달러 표시방법

미화 1달러에 대해 각국의 통화의 교환대가를 나타내는 환율표시방법을 미달러 표시방법이라고 한다. 미달러가 국제기준통화의 성격을 지니고 있기 때문에 국제금융시장에서는 관례적으로 미달러를 기준으로 환율을 표시하고 있다.

(3) 환율의 종류

1) 매입률과 매도율

외국환 은행이 고객에게 외국환을 팔 때 적용하는 환율을 매도율(offer

rate)이라고 하고 반대로 고객에게 외환을 구입할 때 적용하는 환율을 매입률(bid rate)이라고 한다. 즉 이 매입률과 매도율은 고객입장이 아닌 외국환은행의 입장에서 보는 것이다.

2) 현물환율과 선물환율

현물환율은 현물환 거래시에 적용되는 환율로 현재 거래할 때 쓰이는 환율을 말한다. 선물환율은 지금의 교환비율이 아니라 3개월 후, 혹은 6개월 후에 기대되는 환율을 말한다. 일반적으로 환율이라고 하면 현물환율을 말한다고 생각하면 된다. 그리고 선물환율이 현물환율보다 높을 때는 프리미엄(premium), 낮을 때 디스카운트(discount), 같을 때는 플래트(flat)라 한다.

3) 재정환율

한국에서는 미달러를 기준통화로 사용하고 있다. 우리나라 원화는 미달러와의 환율을 기준환율(basic rate)로 하고 이 기준통화와 제 3 국통화의 교차환율에 따라 세계 주요통화와 원화와의 교환비율을 산출하고 있다. 즉 기준통화에 대한 다른 제 3 국 통화의 환율을 교차환율(cross rate)라고 하고 이 교차환율에 의해 정해진 제 3 국통화와 원화의 교환비율을 재정환율

[그림 3-1] 기준환율과 재정환율

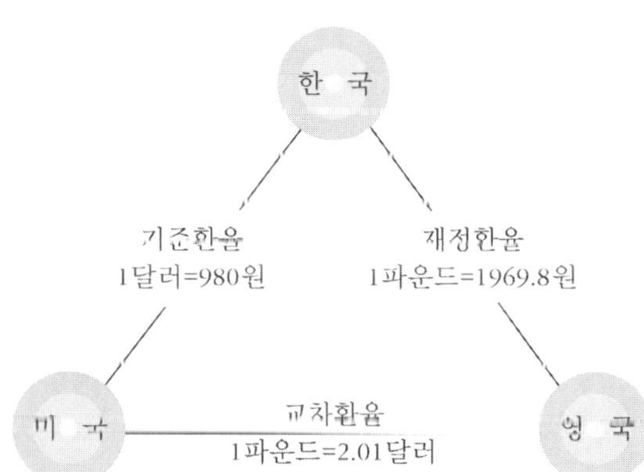

(arbitrated rate of exchange)이라고 한다.

4) 은행간환율과 대고객 환율

국제외환시장에서의 외환거래는 은행 간 거래를 의미하는데 은행 간 거래에서 자유롭게 형성될 수 있는 외환시세를 은행간환율(inter-bank rate)이라고 하고 외국환 은행과 고객(손님) 간의 외환거래에서 적용되는 환율을 대고객환율(customer rate)라고 한다.

Chapter

04 관　　세

제 1 절 관세의 개념

관세는 한 나라의 관세선을 통과하는 물품에 대해서 부과되는 조세를 말한다. 특수한 경우를 제외하고는 관세선과 국경선이 일치한다고 봐도 무방하다. 특수한 경우는, 한 나라 내에서도 자유항[1]이나 자유지역은 관세선이 다르고 유럽연합(EU)과 같은 관세공동체의 성격을 띠는 경우 역내의 관세선이 전혀 없는 것은 아니지만 역외의 물품에 대해서는 동일 관세선을 갖는 것과 다름없다. 그리고 관세는 조세의 성격을 가지므로 법률에 의해 정해지게 된다.

1) 자유항: 자유무역항이라고도 한다. 이것은 영유국의 관세권 밖에 위치하는 경제적 국제지역의 일종으로 설치되었다. 자유항에서 일반 시민이 거주・생활을 허용하고 있는 자유항시(市)는 홍콩・싱가포르 등이 있다. 이러한 곳은 항구를 관세 행정 구역 밖에 두어 관세를 면제해서 외국화물이 자유롭게 드나들고 가공・제조를 할 수 있어 많은 화물이 이 지역으로 집중되기도 한다. 이러한 자유항은 많은 화물이 모여들어 관세를 부과하지 않아도 다른 경제적 효과가 크게 발생해 큰 경제적 리득을 취할 수 있다.

제 2 절 관세의 종류와 효과

1. 관세의 종류

(1) 관세의 기회에 의한 분류

관세의 기회에 의해 구분하자면, 크게 수입관세와 수출관세로 구분할 수 있다.

수입관세는 국내 생산상품의 가격경쟁력을 위해 물품이 해외에서 국내로 들어올 때 관세를 부과하게 된다. 앞서 언급한 것처럼 관세는 조세의 성격을 가지고 있으므로 국회를 통과한 관세율표에 의해 부과하게 된다. 이에 반해 수출관세는 OPEC[2]나 콜럼비아의 커피, 인도의 홍차 등과 같이 독점적 공급체계를 갖고 있는 제품이나 국가 재정수입에 큰 자원이 될 수 있는 물품에 대해 수출세를 부과하고 있다.

(2) 관세의 목적에 의한 분류

관세의 목적을 크게 두 가지로 구분하면 국고수입과 자국의 특정산업 보호 목적으로 구분할 수 있다. 우선 국고수입 확보에 목적이 있는 관세를 재정관세 또는 세입관세라고 한다. 하지만 일단 관세가 부과되면 수입물가에 영향을 주어 수입수량이 줄어든다든지 또는 국내산업보호 효과가 발생하지만 그것들은 어디까지나 부수적인 것이고, 주된 목적이 국고수입에 있기 때문에 재정관세라고 할 수 있다.

---

2) OPEC(Organization of Petroleum Exporting Countries / 석유수출국기구): 석유를 생산하는 산유국들의 연합으로 생산량과 원유수출가격을 협의하여 결정하는 기구.

보호관세는 자국의 특정산업을 보호할 목적으로 부과하는 관세를 말한다. 주로 많은 노동력이 투입되는 산업이나, 정부에서 정책으로 육성하는 산업을 보호하기 위해 보호관세를 부과할 수 있다. 특히 개발도상국인 나라들의 경우 이러한 보호관세가 없다면 자국의 산업을 현실적으로 육성할 수 없다. 하지만 고율의 관세를 부과하게 되면 실질적으로 수입이 금지되어 수입 감퇴로 재정수입마저 줄어들 가능성도 생길 수 있다.

(3) 관세의 방법에 의한 분류

관세의 방법을 크게 구분하면, 종가세, 종량세, 선택세로 구분할 수 있다.

종가세는 수입물품의 가격을 기준으로 부과하는 관세를 말한다. 실질가격에 대해 관세를 부과하므로 상품가격에 따른 균등하고 공평하게 과세할 수 있다. 대부분의 국가에서는 종가세를 부과하고 있다. 종가세액은 수입물품의 가격에 관세율(%)을 곱한 것으로 산출된다.

종량세는 상품의 수량을 기준으로 부과하는 관세로, 개수, 중량, 길이 등을 확인하여 수입관세율표상 표시된 해당 품목의 세액을 적용하게 된다. 종량세액은 과세물건수량에 단위수량당 세액을 곱해서 산출하게 된다.

마지막으로 선택세는 한 품목에 대해서 종가세와 종량세를 동시에 적용하여 그 중에서 높은 쪽을 부과하는 것을 말한다. 대체로 품질이 우수하거나 시세가 상승할 때는 종가세를, 저가품이나 시세가 하락할 경우에는 종량세를 적용하는 방식을 말한다. 한국의 경우 우루과이 라운드 협상에서 마늘 등 63개 품목에 대한 종가, 종량 선택세를 관철시킨 사례가 있다.

(4) 관세의 성격에 의한 분류

관세의 성격으로 구분하자면 크게 국정관세와 협정관세로 구분할 수 있다.

국정관세는 자국의 법령에 의해 부과하는 관세를 국정관세라고 하고, 이는 자국의 주권과 관련된 문제이므로 외국으로부터 아무런 제약을 받지 않는다. 이를 관세주권주의라고 해서 자국의 정책상 필요에 따라 부과되는 기본관세를 말한다. 물론 법률에 의해서 관세가 부과되지만, 경제상황이 급변함에 따라 신속하게 관세를 부과해야 할 경우를 대비해 법률에 의하지 않고도 일정한 범위에 내에서 임의로 관세를 부과할 수도 있다.

그리고 협정관세라고 하는 것이 있는데 이는 외국과의 통상조약 또는 관세조약에 의하여 부과하는 관세를 말한다. 주로 국정관세율보다는 낮은 편인데, 이는 양국가가 서로 협의를 통해 관세를 낮춰 서로에게 리익을 주고자 하는 이유 때문이다.

(5) 세율조정관세(탄력관세)

앞서 언급한 것처럼 관세는 일반적으로 법률에 의해 부과되고 집행되는 것이 일반적이다. 하지만, 경제상황의 급격한 변동에 대해 신속하게 대응하고 국내산업을 보호하고 국민경제를 안정시키기 위해 일정 범위 내에서 세율의 인상 혹은 인하를 주무부처인 행정부에 위임하고 있다.

1) 덤핑방지관세(anti-dumping duties)

외국으로부터 수입되는 물품의 가격이 국내에서 생산된 물품의 가격보다 월등히 저렴해서 일반관세로는 국내산업의 보호가 어렵다고 판단되는 경우 수입국의 정부가 자국에서 정상가격과 덤핑수출가격의 차액만큼 관세를 부과하는 제도이다.

덤핑 판정의 기준은 수입물품의 가격이 국제시장가격보다 낮을 경우, 수입물품의 가격이 생산원가보다 낮을 경우, 수입물품의 가격이 수출국의 국내시장가격보다 낮을 경우 덤핑으로 판정하는 것이 일반적이다.

2) 상계관세(countervailing duties)

수출국의 기업이 수출품을 생산하거나 수출하는 과정에서 자국 정부로부터 보조금을 받게 되면 가격이 낮아져서 그 물품을 수입하는 국가의 입장에서는 큰 타격을 받게 된다. 이러한 경우 수입국 입장에서는 이러한 물품에 대해 보조금에 해당하는 만큼의 금액을 관세로 부과하는 것을 상계관세라고 한다.

3) 보복관세

보복관세는 자국의 수출품에 대해서 상대방 국가가 부당하게 고율의 관세를 부과하거나, 자국의 선박, 항공기 등에 대해서도 불리하거나 차별적인 대우를 하는 경우, 상대방 국가의 물품, 선박, 항공기 등에 대해서도 똑같이 불리한 대우를 하기 위해 부과되는 관세를 말한다.

4) 긴급관세

특정물품의 갑작스러운 수입증가로 인하여 국내의 동종 물품 또는 직접적인 경쟁관계가 있는 물품을 생산하는 국내산업이 심각하게 피해를 볼 경우, 이를 구제하기 위해 긴급관세가 발동될 수 있다. 즉, 특정 물품의 수입에 대한 긴급대응조치로서 추가로 부과되는 관세를 말한다.

2. 관세의 효과

(1) 긍정적 효과

우선 관세로 인해 가격이 상승하면서 수입물량이 줄어드는 효과를 볼 수 있다. 일단 수입세품의 국내가격이 상승하게 되어 가격경쟁력이 떨이지게 된다. 그리고 수입되는 외국의 물품에 대해 관세를 부과함으로써 해당

물품의 국내 생산을 증가시켜 국내산업을 보호하는 효과를 볼 수 있다. 그리고 관세를 통해 국가의 재정수입을 안정적으로 확보할 수 있는 장점이 있다. 그리고 관세는 수입물품의 소비억제를 통해 수입억제효과를 가져오게 되고 이는 국제수지 개선효과로 연결된다.

(2) 부정적 효과

관세로 인해 가격이 상승하게 되고 소비자들은 저가격의 제품의 선택권을 박탈당하게 되는 결과를 가져오게 된다. 그리고 관세를 부과하고 징수하기 위해서는 역시 비용이 발생하게 되는 문제점이 있다. 그리고 관세로 인해 그 물건을 수출하는 국가와 통상마찰을 겪게 될 가능성이 있다. 무엇보다 관세로 인한 가장 큰 문제점은 관세로 인해 보호받게 되는 국내산업의 경쟁력이 장기적으로 약화될 가능성이 있다는 것이다. 경쟁력을 갖추기 위해 끊임없이 기술혁신을 한다거나 생산과정에서의 혁신의 꾀하지 않게 된다. 관세로 인해 자국 시장에서 안전하게 보호를 받는 것은 이러한 문제점을 안고 있다.

제 3 절 비관세장벽

1. 비관세장벽의 개념

관세를 제외한 모든 인위적인 규제를 비관세 장벽이라고 한다. 관세장벽과 달리 비관세 장벽의 경우 실질적인 관세부과를 통해 수입을 억제하는 것이 아니라, 관세를 제외한 다양한 수단을 통해 수입을 억제하게 된다. 초기 보호무역주의가 팽배했을 때, 대부분의 국가들이 관세를 통해 수입을 억제하고 수출을 장려했으나, 관세를 통한 보호무역주의가 전세계 경제에 득보다는 실이 많다는 것을 인지하고 관세장벽을 조금씩 낮추기 시작했다. 하지만 여전히 자국의 입장에서는 수입을 억제할 수단이 필요했고, 이를 이행하기 위해 관세를 제외한 여러 수단들이 등장했다. 이렇듯 관세를 제외한 수입을 억제하는 모든 수단을 일반적으로 비관세 장벽이라고 부른다.

2. 비관세장벽의 종류

비관세장벽의 수단과 종류에는 여러 가지가 있을 수 있으나 크게 구분해서 본다면, 수량제한과 수입절차상의 제한, 정부의 관여, 기술 및 표준과 관련된 장벽 등으로 구분할 수 있다.

(1) 수량제한

1) 수입할당(Quota)

수입을 제한하는 데 있어 가장 효율적인 수단 중의 하나로 일정 수입량을 정하고 그 이상의 수량에 대해 수입을 허가하지 않는 방법이다. 특정 품목에 대해서 전 세계적으로 수입할당량을 정하고 그 물량이 소진될 때까지 어떤 국가에서든 수출할 수 있게 해주는 글로벌쿼터(Global quota)가 있고, 각 나라별로 해당품목의 기존실적 혹은 과거 일정 기간 동안의 수출실적에 비례해서 할당하는 선별쿼터(Selective Quota)가 있다.

2) 수출자율규제(VER: Voluntary Export Restraint)

수출국이 예상되는 수입규제를 회피하기 위하여 자율적으로 수출을 규제 하는 것으로 수입국의 압력에 의해 보통 발생하게 된다. 앞서 언급한 수입할당 적용을 피하기 위하여 수출국과 수입국 업계에서 수출량을 제한하는 제도이다. 사실 이 제도는 수출국의 자율적인 의사보다는 대부분 수입국의 요구에 따라 이뤄지기 때문에 비관세장벽으로 분류되며, 그 동기나 효과면에서 할당제도와 거의 다를 바가 없다.

(2) 통관절차(Customs Clearance Procedure)

대표적인 방법으로 통관지체를 사용하는 것을 들 수 있는데, 수입통관규정을 자주 바꾼다거나 갑작스럽게 바꿔 통관을 지체시키는 방법이다. 이러한 방법을 사용하게 되면 재고비용[3]을 수출업자가 고스란히 안게 되어 비용상의 문제를 떠안을 수밖에 없게 된다. 혹은 물품검사에 과다한 수수료(수속비)를 징수하거나 멀리 떨어진 세관을 지정해 통관을 지연시키기도 한다.

그리고 또한 한 가지 방법으로는 관세평가(Customs Valuation)를 리용하는 것으로, 수입품에 부과되는 관세액을 산출하기 위해 과세가격을 결정하는 데 있어 수출업자에게 불리한 쪽으로 관세를 부과하는 방법이다. 관세율이 아무리 일정하다고 하더라도 어떤 시점에서의 가격을 기준으로 평가하느냐에 따라 실제 관세액이 많은 차이가 나기 때문이다.

(3) 정부의 개입 또는 정책

정부나 지방자치단체에서 국산품, 즉 자국의 제품을 우선 구매하도록 한다. 이런 방법을 쓰면 외국 수입제품들은 차별을 받게 된다.

그리고 가장 손쉬운 방법 중 하나로 수출입 면허제가 있다. 이것은 정부가 수출입시 대상자 또는 대상물품에 허가를 내주는 것으로 가장 직접적인 규제수단이 될 수 있다. 간접적으로 규제하는 대표적 방법 중의 하나로는 생산보조금 정책을 들 수 있다. 이것은 수출을 촉진하고 국내산업을 육성하기 위해 장려금을 지원, 보조하는 방법이다. 그리고 마지막으로 개발도

---

3) 재고비용: 상품을 창고에 쌓아놓고 관리, 유지하는 비용으로 상품값이 비쌀수록 이 비용은 높아지게 된다.

상국에서 가장 흔히 쓰이는 방법으로 외환관리를 통해 수입을 억제하는 것이 있다. 특히 저개발국은 수입외환배정을 수출과 연계시켜 수출한 금액과 비례해서 그 금액만큼 수입을 할 수 있도록 하는 방법이다. 한국도 초기 공업화를 장려하고 수출을 장려할 때 실제로 이 방법을 쓰기도 했다. 그리고 자국의 통화가치를 낮게 유지하여 수출을 장려하고 수입을 억제하는 방법이 있다. 이것은 최근까지 중국정부가 이러한 방법을 고수하고 있다. 통화가치를 낮게는 유지한다는 것은 통화의 가치가 저평가되어 있다는 것이다. 그럼 물건에 가진 가치보다 훨씬 더 눅은 가격으로 제품을 구매할 수 있다는 이야기가 된다. 하지만 반대로 통화가치를 낮게 유지하는 나라가 수입을 할 때는 수입하는 물건에 더 많은 대가를 지불해야 하므로 가격이 비싸게 되고 이러한 현상은 자연스럽게 수입을 억제하는 효과를 가진다. 마지막으로 복수환율제도를 통한 억제방법이 있는데, 수출과 수입의 환율을 각기 다르게 적용하는 방법이다. 중국도 한때 복수환율제도를 사용하기도 했으나 현재는 폐지한 상태이다.

(4) 엄격한 기준의 적용

포장이나 상표에 대해 일정한 규정을 두어서 수입국의 규격에 맞는 것만 수입하도록 하는 것이다. 호주의 경우 포장재가 재활용할 수 없는 성분으로 만들어진 것에 대해서는 수입을 못하도록 규제하고 있다. 그리고 제품의 원산지에 대해서 일정한 규제를 두어 수입을 못하도록 하는 경우도 있다. 아랍국가의 경우 원산지가 이스라엘이나 포르투갈 등에서 만들어진 제품에 대해서는 수입을 못하도록 규제하고 있다. 마지막으로 위생, 안전, 공업표준 규정 등을 엄격하게 적용하기도 한다. 례를 들면, 유전자 변경제품이나 함유성분에 관한 규제를 해 수입을 못하게 규제하는 경우도 있다. 그리고 건축자재, 전기부품, 냉・난방장치에 대한 각국의 건축법규, 전기제품 표준화제도 등의 규정이 각 나라마다 매우 다양하기 때문에 이러한 것들이 수입을 억제하는 하나의 요인으로 작용하기도 한다.

Chapter

05 무역거래의 교섭단계

제 1 절 무역거래의 교섭과정

무역거래를 크게 세 가지로 구분하면 우선 해외시장조사단계, 예비교섭단계, 그리고 계약성립단계로 구분할 수 있다. 첫 번째 단계는 거래를 하기에 적합한 시장을 찾는 일이고, 두 번째 단계는 선정된 거래처와 거래교섭을 하는 단계, 그리고 마지막으로 계약성립단계로 일방의 당사자가 청약을 하고 이에 대해 상대방이 승낙함으로써 계약이 성립되는 단계로 구분할 수 있다.

무역거래의 성립과정을 보면 다음의 그림과 같이 나타낼 수 있다.

[그림 5-1] 무역거래 성립과정

품목선정 → 해외시장조사 → 목적시장결정 → 거래처 물색 → 거래제의 → 거래조회 → 조회회신 → 신용조사 → 청약 또는 주문 → 승낙 또는 주문승낙 → 계약성립 → 계약서 작성

1. 해외시장조사단계

우선 어떤 물건을 살 것인지, 혹은 팔 것인지를 결정해야 한다. 그리고 그 물품이 어느 시장에서 잘 팔릴 수 있는지, 혹은 어느 시장에서 가장 낮은 가격으로 살 수 있는지를 찾아야 한다. 결국 이러한 시장을 찾기 위해 여러 시장을 조사하게 된다.

2. 거래교섭단계

이제 시장이 결정되었으면, 이제 그 시장에서 누구와 거래를 할 것인가를 결정하여야 한다. 여러 거래처를 찾은 후, 그 거래처들에게 거래권유장(circluar letter)이라는 것을 발송한다. 이를 받은 상대방이 거래를 하겠다는 의사표시인 조회(inquiry)를 해오면, 이에 대해 거래조회에 대한 회신을 하고 상호간 신용조사를 하게 된다. 여기서 신용조사란 내가 거래할 업체의 상태를 조사하는 것을 말한다. 이 부분은 뒤에서 다시 자세하게 이야기하도록 하자.

3. 계약성립단계

거래상대방의 신용을 조사해본 결과 신용이 양호하고 큰 문제가 없다고 판단되면, 이제 계약을 성립시키기 위해 거래상대방에게 청약(offer)의 의사표시를 하게 된다. 이 청약에 따라 거래상대방이 승낙(acceptance)하게 되면, 계약이 성립하게 된다. 물론 이 과정에서 청약(offer)과 대응청약(counter offer)[1]을 통해 가격과 매매조건에 관한 협상을 거치게 된다.

1) 청약받은 내용에 청약을 받은 쪽에서 특정조건을 다시 수정해서 보내는 것을 대응

청약과 승낙의 과정을 거치지 않고 거래상대방이 주문을 해오는 경우, 매도인(수출업자)이 이 주문에 따라 주문승낙을 한다면 계약은 성립하게 된다.

제 2 절 해외시장조사

1. 해외시장조사의 의의

국내에서 제품을 사거나, 팔 때와는 달리, 해외에서 물건을 사고, 파는 것에는 여러 가지 어려움이 존재할 수밖에 없다. 우선 언어가 다르고, 문화와 관습이 다르다. 또한 지리적으로 상당히 떨어져 있어, 여러 가지 위험과 어려움이 존재한다.

결국, 이러한 위험을 최소화하고 리익을 극대화시키기 위해 꼼꼼한 해외시장조사는 필수사항이다.

수출업자 입장에서는 자신의 제품을 가장 많이, 가장 비싸게 팔 수 있는 시장을 찾는 것이 가장 중요한 일일 것이다. 그리고 이 시장이 향후에도 성장할 수 있는 여건을 가지고 있는 시장이면 더욱더 좋을 것이다. 수입업자 입장에서는 가장 저렴하게 자신이 구입하고자 하는 제품을 사는 것이 가장 중요한 일이 될 것이다.

결국 수출업자, 수입업자 모두 위험을 최소화하고 리익을 극대화하기 위해 무엇보다도 우선해서 시장조사를 하게 된다.

청약(counter offer)이라고 한다.

2. 해외시장조사의 내용

해외시장조사에 대한 내용을 크게 두 가지로 구분하면 수출입국의 환경을 조사하는 일반조사와 자신이 수출하거나 수입하고자 하는 제품에 대한 조사로 구분할 수 있다.

(1) 일반조사

첫째, 지리적 조건에 대한 조사를 할 때 기본적으로 그 국가의 위치, 면적, 기후, 운송거리 등을 파악해야 한다. 만약 수출업자가 판매하는 제품이 계절적 특성을 타는 제품이라면, 이러한 조사를 통해 1년 365일 제품을 판매할 수 있는 기회를 갖게 된다. 그리고 아무리 좋은 조건의 시장이라고 하더라도 지리적으로 너무 먼 곳에 위치해 있으면 운송비 등의 문제로 인해 그 매력이 떨어질 수도 있다.

둘째, 사회적 조건에 대한 조사가 필요하다. 여기에서는 문화, 인구 및 증가율, 종교, 인종, 언어 및 교육정도 등에 대한 파악이 필요하다. 수출업자가 판매하는 제품이 저가의 제품인 경우 소득수준보다 인구가 중요한 변수가 될 수 있다. 그리고 종교적으로 금기하는 제품들이 있을 수 있으므로 이러한 부분에 대한 고려도 필요하다. 특히 이슬람이나 힌두교들이 많이 거주하는 국가의 경우, 돼지고기나 소고기 혹은 술 등을 금기시 하므로 이러한 제품을 판매하는 수출입자라면 이 부분이 중요한 부분이 될 수 있다. 그리고 수출업자가 제품사용이 복잡한 제품을 판매할 경우, 제품사용을 위한 설명서가 필요한데, 교육수준이 낮을 경우, 문맹률이 높아 글을 읽지 못하는 국민들이 많다면, 활자로 된 설명서보다는 그림으로 된 설명서가 유용할 수도 있다.

셋째 경제적 조건을 들 수 있는데, 이 부분에서는 국민소득, 경제성장율, 임금, 물가, 무역량, 관세 및 정부관여도, 결제방법, 상관습 및 도덕 등이 있다. 수출업자가 판매하는 제품이 고가의 경우 국민소득이 높은 국가로 진출하는 것이 적합한 방법이 될 수 있을 것이다. 하지만 국민소득의 경우 평균 수치이므로 이 곳에도 함정이 존재할 수 있다. 즉 중국이나 인도의 경우 평균 국민소득은 매우 낮은 편에 속한다. 하지만, 이들 나라의 부유층들은 그 어떤 국가의 부유층보다도 소득이 높고, 그 수도 많기 때문에 매력적인 시장이 될 수 있다. 그러므로 단순히 국민소득만을 기준으로 시장을 선정할 때 신중할 필요가 있다.

마지막으로 정치적 조건을 들 수 있다. 정치체제, 정치적 안정도, 정치적 위험 발생가능성 등에 대해서 조사를 해야 한다. 특히 정치적 조건의 경우 예측하기 상당히 힘들고 이러한 부분에서의 위험이 한번 발생하면 그 영향이 다른 것에 비해 크므로 더욱더 신중히 조사하고 접근할 필요가 있다. 아무리 매력적인 시장이라도 정치적으로 불안하게 되면 수출대금을 회수하는데 큰 어려움을 겪을 수도 있다.

(2) 제품조사

수출업자가 수출하고자 하는 제품이 현지에서 어느 정도의 경쟁력을 가지고 있는지 분석해야 한다. 특히 선진국으로 제품을 수출하고자 하는 경우, 이미 많은 경쟁업체들이 존재하고 있으므로 신중한 접근이 필요하다. 특히, 품종, 품질, 가격, 디자인, 상표, 포장, 특허 등에 대한 조사가 뒤따라야 하고, 진출하고자 하는 시장에서의 생산구조 및 유통과정, 제품을 판매한 후 부품의 수급이나 수리 및 판매촉진 등에 대해서 조사가 필요하다. 유통과정의 경우 현지국내에 할인매장, 백화점, 특약점 등 유통기구의 현황에 대한 조사가 필요하다. 일반적으로 고가의 제품이나 전문적인 제품의 경우 전문특약점이나 백화점으로, 가격이 저렴한 경우 할인매장 등으로 진출하는 것이 일반적이고 안정적인 방법이라고 할 수 있다.

3. 해외시장조사방법

크게 구분한다면, 1차 자료를 바탕으로 하는 조사와 2차 자료를 바탕으로 하는 방법으로 구분할 수 있다. 1차 자료를 바탕으로 하기 위해선 현장조사가 필요하다. 즉 수출업체가 직접 현지시장으로 가서 조사를 하는 것을 말한다. 여기에는 표본을 추출하고 설문지를 만들고 면담을 하는 등의 1차 자료를 바탕으로 하는 조사와 이미 기존에 만들어진 자료나 통계수치 등의 2차 자료를 바탕으로 조사가 있다.

(1) 2차 자료

앞서 언급한 것처럼, 2차 자료는 다른 용도를 위해 이미 만들어져 있는 자료이므로 1차 자료에 비해 적은 비용과 시간으로 구할 수 있다는 장점이 있다. 하지만 수출업체가 필요로 하는 정확한 자료를 찾기가 쉽지 않다는 단점이 있다.

대표적으로는 국제경제기국의 통계자료를 들 수 있다. UN에서 발표하는 무역통계월보나 IMF에서 발간하는 자료, OECD의 통계월보 등이 있다. 그리고 한국에는 무역협회나 대한무역투자진흥공사 등에서 각 국가별로 다양한 자료와 간행물을 발간하고 있다. 그리고 국내외 은행이나, 경제연구소 등에서 구할 수 있다. 그리고 이러한 자료들은 인터넷을 통해서도 쉽게 구할 수 있다.

(2) 1차 자료

이러한 자료는 흔히 직접 현지조사를 통해 얻을 수 있으므로 흔히 현지조사라고도 한다. 앞서 언급했듯이 2차 자료에 수출업체가 필요로 하는 모든 자료가 있는 것은 아니다. 2차 자료를 통해 필요한 자료를 얻을 수 없거나, 제품이나 사업의 특성에 따라 직접 현지국으로 가서 조사할 수도 있다. 대표적인 례로 일본의 혼다자동차사 자동차 개발을 위해 두 팀의 조사단을 해외에 파견해서 각국의 도로상태에서부터 운전습관에 이르기까지 세밀한 조사를 실시했던 적이 있다. 1970년 당시 혼다자동차의 기술자들은 미국에 가서 미국 고속도로의 조각들을 채취해 도로의 특성을 연구했던 사례가 있다.

이러한 현지조사는 무엇보다 그 기업이 필요로 하는 딱 맞는 자료를 획득할 수 있는 장점이 있으나 2차 자료를 얻는 것에 비해 많은 시간과 경비 그리고 전문적인 조사기술 등이 요구되는 단점이 있다.

4. 신용조사

무역거래를 시작하기 전에 수출업자와 수입업자가 서로 얼굴을 맞대고 상대방을 알기란 현실적으로 불가능하다. 대부분의 서류상의 검토를 통해 계약이 성립되므로 상대방의 신용조사는 매우 중요한 단계라고 할 수 있다. 특히 국적이 다를 뿐만 아니라 서로 멀리 떨어져 있어 그 상대 기업에 대해 알기도 쉽지 않다.

앞서 언급한 시장조사를 통해 몇 개의 거래처들로 압축되면 이제 그들에 대한 신용조사를 해야 한다. 이때 주로 조사하게 되는 것으로 성격(Character), 능력(Capacity), 자본(Capital) 등이 파악하게 된다. 흔히 이 세 가지 요건의 앞 영문 첫 글자를 따서 “3C′s”라고 부르기도 한다.

성격은 상대방의 개성, 성실성, 영업태도, 평판, 계약이행의 열의 등은 거래에 임하는 상대방의 신뢰도와 관련된 사항이고, 능력은 영업형태, 연간 매출액, 경력 등과 관련한 상대방의 거래능력을 의미하는 것이다. 마지막으로 자본은 상대방의 재무상태, 부채비율, 자기자본비율 등과 관련된 채무(빚)이행능력을 판단하는 기준이 된다. 위의 세 가지 요건이 가장 기본적으로 파악하는 내용이다.

신용조사는 은행조회, 상대국 거래처를 통한 동업자 조회를 가장 많이 리용하게 된다. 그리고 이러한 신용조회를 전문적으로 하는 국제적인 기업들을 통해서 조사를 하기도 한다. 이러한 기업들은 전세계에 많은 지사를 가지고 있어 손쉽게 상대 거래기업의 신용을 조사할 수 있다. 한국의 경우에는 대한무역투자진흥공사, 한국수출보험공사, 한국신용보증기금 등이 이러한 업무를 대행해주기도 한다.

Chapter

06 수출입절차

제 1 절 거래의 제의와 청약

이제 우리는 앞에서 실질적인 무역거래가 일어나기 전에 일어나는 일들에 대해서 간략하게 봤다. 무역거래에 대한 절차를 보면 [그림 6-1]과 같다. 거래를 하기 위한 사전 단계로 시장조사를 하고, 거래제의를 거친 후, 신용조회를 하는 사전단계가 있고 본격적으로 계약의 성립단계로 청약과 승낙을 거치는 단계가 이뤄지면서 실질적인 계약관계가 시작되게 된다. 그리고 계약의 이행단계로 수출절차, 수입절차를 밟게 된다.

이러한 단계를 이제부터 하나씩 보도록 하자.

1. 거래 제의방법

(1) 권유장(Circular Letter)

전통적으로 거래를 시작할 때 가장 일반적으로 먼저 쓰는 방법이다. 거래를 맺을 가능성이 있는 거래선에게 자신이 수출하고자 하는 제품과 자신의 회사에 대해 간략하게 소개하는 내용을 담고 있는 권유장(circular letter)

[그림 6-1] 수출입절차 흐름도

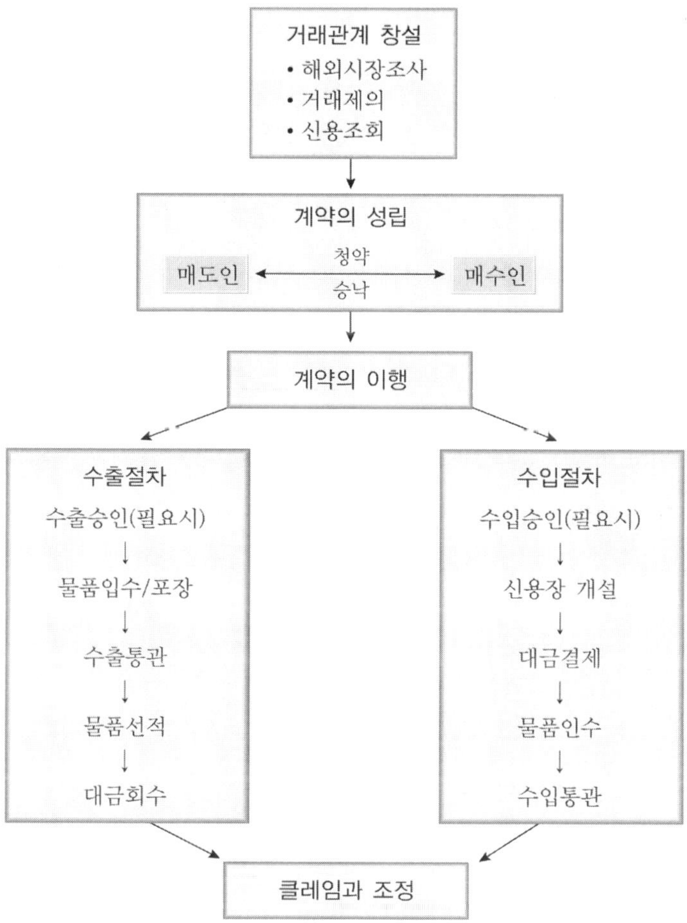

을 상대방, 즉 수입업자에게 보내는 것이다. 이 단계가 바로 무역거래 의사의 첫 표현이라고 할 수 있다.

권유장을 보낼 거래선의 명단은 각 지역의 상공회의소와 같은 단체가 발행하는 상공인명부를 통해서 알 수 있으며, 이 상공인명부에는 업종별 업체명, 주소, 연락처 등이 기재되어 있다. 한국의 경우, 한국무역협회, 대한무역투자진흥공사, 대한상공회의소에서 쉽게 구할 수 있다. 또한 이러한 정보는 인터넷을 통해서 쉽게 구할 수 있다.

권유장을 발송하고 상대방이 조회하는 단계를 정리하면 다음과 같다.

우선 각종 단체를 통해 거래를 할 만한 상대를 파악한다. 그리고 수출업자가 수입업자에게 구매의도를 문의하게 된다. 즉 권유장을 발송하게 된다. 이 권유장을 받아본 수입업자가 수출업자가 보낸 권유장의 내용에 관심이 가면 이에 대해 수입업자가 구체적인 청약(offer)을 해줄 것을 요청(Inquiry)하게 된다. 청약에 대한 내용은 본 내용의 뒤에서 다시 자세하게 설명한다.

(2) 조회(Inquiry)

앞서 이야기 했듯이 권유장을 받은 수입업자가 그 권유에 관심이 있거나 물품에 대한 구매의사가 있을 경우 이 사항에 대해 구체적으로 문의를 하는 것을 조회(inquiry)라고 한다. 즉, 수입업자가 보내는 최초의 의사표시인 셈이다.

조회의 경우 가격변동이 심할 경우 빠른 통신수단을 리용하게 되고 조회를 할 때는 가격표, 오퍼(offer), 또는 견본을 동시에 요청하는 것이 일반적이다.

2. 청약(offer)의 발행과 승낙

청약(offer)이라는 것은 구체적인 판매조건을 명시해 상대방에게 제안하는 것을 말한다. 즉 수입업자가 관심을 가지고 구체적인 거래조건에 대해 조회를 해오면 수출업자는 대부분 이 청약(offer)을 발행하게 된다. 청약자인 수출업자가 피청약자인 수입업자에게 특정물품을 일정한 조건으로 판매하겠다는 내용의 의사표시를 하는 것이다. 반대로 수입업자가 먼저 수출업자에게 일정한 조건으로 구매하고 싶다고 의사표시를 하는 것도 청약이다.

청약받은 내용에 청약을 받은 쪽에서 특정조건을 다시 수정해서 보내는 것은 대응청약(counter offer)이라고 한다. 중요한 것은 이렇게 대응청약을 보내게 되면, 이전에 보냈던 청약은 모두 무효가 된다. 결국 몇 차례의 대응청약이 상호간 보내고 받는 과정을 거치더라도 마지막 청약이 유효한 청약이 되는 것이다.

청약은 크게 두 가지로 구분할 수 있다. 우선 Firm Offer라고 해서 확정청약이라고 한다. 이 청약은 상대방이 이 청약내용에 대해 승낙(Acceptance)하게 되면 자동적으로 계약이 체결되는 청약을 말한다. 그리고 Free Offer라고 해서 미확정 청약이라는 것이 있다. 이것은 상대방의 승낙이 있어도 이러한 내용을 확인하고 확정짓는 수출업자의 확인이 필요한 청약을 말한다.

이 청약에는 몇 가지 조건들이 있는데 우선 청약의 유효기간과 선적기일이 반드시 명시되어야 하고, 이 유효기간 안에 다른 곳에 추가 청약을 보내지 못한다. 그리고 청약에는 주요 기재사항이라고 해서 일반적인 무역거래에서 기재되는 내용은 <표 6-1>과 같다.

〈표 6-1〉 청약의 주요 기재사항

* 구체적인 판매조건(품명, 규격, 가격, 원산지, 단가, 대금결제방법, 포장방법, 선적일, offer 발행일자와 유효기간) - 품명(commodity name) : 혼돈이 없도록 정확한 명칭을 기재해야 함 - 규격(grade or specification) : 질과 규격에 따라 가격의 차이가 큼 - 원산지(origin) : 가격과 밀접한 관련이 있음 - 발행일자(offer date) 및 유효기간(validity) : 1차 상품처럼 국제시세의 등락폭이 큰 상품의 경우 유효기간이 중요하며, 통상 발행일로부터 1주일 이내 - 선적일(shipdate) : 선적가능일을 명시(계절상품의 경우 매우 중요) - 포장방법(packing method) : 개장, 내장, 외장 등에 대한 구체적 표시 - 수량(quantity) : 개수, 무게, 길이, 용적 등에 대한 수량단위 기재 - 단가(unit price) : 단가 표시의 경우 화폐단위 명시가 중요 - 대금결제방법(payment condition) : 신용장, D/P or D/A 또는 일람불 or 기한부

〈서식 6-1〉 오퍼장(Offer Sheet)

Sogang Co.Ltd July, 2008

#1, Shinsu-dong, Mapo-gu, Seoul

121-742, South Korea

Dear Sirs,

We are pleased to offer you as follows :

SUPPLIER : Sogang Corporation

ORIGIN : Republic of Korea

PACKING : Export Standard Packing

SHIPMENT : Within 2 month after the date of contract sheet

INSPECTION : Seller's Inspection to be final

PAYMENT : By an irrevocable L/C at sight in our favor

VALIDITY : By the end of December, 2008

REMARKS : Subject to our final confirmation

H.S.	Item No.	Description	Quantity	Unit Price	Amount
	V3517TU	Notebook Computer	500	FOB Pusan @ us 1,140	

Yours very truly,

Sogang Corporation

Managing Director

제 2 절 무역계약

1. 무역계약의 의의

무역계약은 국가 간에 이뤄지는 물품매매계약으로 매도인인 수출자와 매수인인 수입자가 간에 맺게 되는 계약이다. 매도인인 수출업자가 물품을 선적해서 보내주고, 수입업자가 소유권을 이전받고 계약에 따른 금액을 지급하겠다고 상호 약속하는 것을 말한다.

앞서 언급한 청약은 특정조건을 거래를 하고 싶다는 상호간의 의사표시일 뿐이지 법적으로 구속하는 것은 아니다. 이에 반해 무역계약은 당사자들을 법으로 묶는 행위로 청약(Offer)부터 승낙(Acceptance)까지의 내용을 총정리해, 상품매매에 따른 모든 내용을 포함해야 한다. 이를 통해 상호간 의도하는 바를 법률적으로 명확히 정립하고, 당사자들을 구속하는 규칙을 설정해서 불필요한 분쟁을 사전에 방지하는 목적이 있다.

끝으로 완성된 계약서에 상호간 서명함으로써 계약은 성립된다. 이 계약서는 2부씩 작성한 후 각각 1부씩 보관하게 된다.

무역계약서를 작성하고 체결함으로써 따라서 국제무역거래에서 무역계약서의 작성은 반드시 지켜져야 할 업무이고 과정이라고 할 수 있다.

2. 무역계약서의 작성방법과 종류

(1) 무역계약서의 작성방법

무역계약이 구두로 성립되기도 하지만, 앞서 언급한 분쟁의 소지를 없애기 위해 가능한 양 당사자가 거래조건에 대해 확인하고 서명한 계약서를 작성하는 것이 일반적이고 바람직한 일이다. 무역거래에서는 크게 네 가지의 서류가 계약서로 사용되고 있는데, 판매서, 구매서, 앞서 봤던 오퍼장, 각서 등이 있다. 국제적으로 이러한 계약서에도 영어가 사용되고 국제무역을 하는데 있어서 영어는 필수적으로 배워야 한다.

판매서(sales note)는 수출업자가 작성해서 수입업자에 보내게 되는데, 이것은 특정물품의 구매확인서이다. 최종적으로 수락된 청약의 내용과 동일하게 작성된 판매서 2통을 작성해서 정식으로 서명한 후 수입업자에게 보내고, 이를 받은 수입업자가 내용을 확인하고 서명한 후 1통은 자신이 보관하고 나머지 한통은 다시 수출업자에게 보낸다.

구매서(purchase note)는 판매서와는 반대로 수입업자가 특정한 물품을 특정한 조건으로 구매하겠다는 일종의 주문서이다. 판매서와 반대의 흐름으로 가게 된다.

청약장(Offer sheet)은 일반적으로 오퍼장이라고 부르기도 하는데, 주로 거래조건이 기재되어 있기 때문에 별도의 계약서를 작성하지 않고 이 청약장을 역시 계약서로 사용할 수 있다. 역시 이 경우도 2통을 작성하여 서명을 하고 1통씩 나눠 갖는다.

마지막으로 각서는 앞서 언급한 내용과는 달리 수출업자·수입업자가 한곳에 모여 모든 매매조건을 합의하여 계약서를 작성하는 경우가 있는데, 이런 형식의 계약서를 흔히 각서라고 한다.

(2) 무역계약의 종류

무역계약에 있어 종류를 구분하면 크게 개별계약, 포괄계약, 독점계약 세 가지로 구분할 수 있다.

우선 개별계약(case by case contract)은 거래가 성립될 때마다 작성하는 것을 말한다. 여기에는 앞서 봤던 판매서, 구매서, 오퍼장 등이 이 개별계약에 해당된다. 계약마다 거래조건을 법적으로 분명히 해서 훗날 있을지도 모를 분쟁을 미리 막을 수 있는 장점이 있다.

포괄계약(master contract)은 장기간 단골거래일 때 개별계약의 번거로움을 없애기 위해 일정 기간 또는 연간계약을 하고 필요할 때마다 선적하는 것을 말한다. 주로 동일 품목을 반복해서 거래할 경우에 사용되며 매 거래시마다 거래조건을 확인해야하는 개별계약보다 편리한 리점이 있다.

마지막으로 독점판매계약(exclusive contract)은 수출자와 수입자가 각자의 권익을 보장하기 위해 다른 경쟁자와의 계약을 하지 않기로 하는 계약을 체결하는 것을 말한다. 독점판매계약을 맺게 되면 지정수입업자 외에는 수출해서는 안 되고, 특히 다른 명의나 제 3 자를 통해서도 그 시장에 진출해서는 안 된다. 역시 수입업자도 수출국의 다른 기업으로부터 동일한 품목을 수입해서도 안 된다.

3. 무역계약의 약정사항

무역계약의 약정사항은 크게 일반거래조건이라고 하는 주요 약정사항과 기본약정사항, 혹은 개별약정사항이라고 하는 무역계약의 8대 기본조건이 있다. 8대 기본조건은 품질, 수량, 가격, 선적, 보험, 대금결제, 포장, 분쟁해결방안 등으로 개개의 거래내용을 구체적으로 합의한 것으로 계약서의 앞면에 기재가 되고 앞서 언급한 일반거래조건이라고 하는 주요 약정사항인 매매당사자의 의무, 불가항력, 클레임 제기, 중재 및 분쟁의 해결, 준거법 등은 계약시 이면에 인쇄된다. 그래서 이것을 이면계약이라고도 한다.

(1) 품질조건

1) 견본 매매(Sales by sample)

견본을 보여주고 계약하는 것으로 주로 일반 공산품을 거래할 때 일반적으로 쓰이는 방법이다. 견본에 의해 상품의 품질을 결정하는 방법이다.

이 방법에서는 주로 매도인이 쓰기도 하지만 매수인인 수입업자가 희망하는 품질의 견본을 먼저 보내기도 한다.

2) 규격 매매 또는 등급 매매(Sales by grade)

상품의 규격이 국제적으로 정해진 경우나 수출국에서 공식적으로 인정하는 규격이 있을 경우 그러한 규격이나 등급으로 품질을 결정하는 방식이다. 국제적으로 통용되는 기준으로는 ISO(International Organization for Standardization)가 대표적이고, 한국에서는 KS(Korea Standard)가 있다.

3) 표준품 매매(Sales by standard)

주로 농산물이나 수산물 등의 1차 산품에서 주로 사용되는 방식으로 이러한 산품들은 해당 년도의 표준품에 의해서 품질이 결정되는데 크게 평균중등품질조건(FAQ), 판매적격품질조건(GMQ), 보통품질조건(USQ)으로 분류할 수 있다.

① FAQ(Fair Average Quality) 조건 : 곡물, 과실 등 농산물 매매시 수출지에서 해당 계절품의 평균 중등품을 표준으로 하여 계약하는 방법이다.

② GMQ(Good Merchantable Quality) 조건 : 외관으로는 품질을 결정하기 어려운 목재나 냉동어류의 경우 수입지에서 판단하여 상품가치를 유지해야 하는 것을 기준으로 하는 방법이다.

③ USQ(Usual Standard Quality) 조건 : 면화, 인삼 등 공인검사기관의 품질 또는 성분 검사를 거쳐 일정 수준 이상을 기준으로 하는 방법이다.

4) 상표 매매(Sales by brand)

누구나 아는 상표로 품질을 대신하는 것으로 보통 세계적으로 유명한 탄산음료수 코카콜라, 로렉스와 같은 유명한 시계, 만년필의 파커와 같은 유명상표는 그 자체로 품질을 인정받게 된다.

5) 명세서 매매(Sales by specification)

섬유류(20수, 40수)나 기계류(20마력 모터) 등과 같이 구조나 성능에 대한 명세를 표시하여 품질을 결정하는 방법이다. 주로 상품의 재료, 구조, 성능 등을 자세히 설명한 명세서, 설명서, 청사진 등에 의해서 품질을 결정하는 것이다. 이러한 방법을 쓰는 이유는 선박이나 철도, 차량, 기계류, 의료기구 등과 같은 상품은 견본으로 품질을 결정하기 어려운 점이 있기 때문이다.

6) 점검 매매(Sales by inspection)

수출지에서 매수인의 대리인이 검사 후 계약체결하는 방법이다. 이 경우는 수입업자의 대리인이 수출국에 상주할 경우에 가능하다. 보세창고도 거래에서는 수입업자가 보세창고에서 상품의 품질을 확인할 수 있다.

(2) 수량조건

수량조건은 크게 중량, 길이, 용적, 개수포장단위 등으로 구분할 수 있다.

1) 중 량

중량의 경우 크게 English ton이라고 하는 Long ton, America ton이라고 하는 Short ton, Kilo Ton이라고 하는 Metric Ton이 있다. 흔히 자기 나라에서 흔히 쓰는 톤이라고 해서 모든 나라에서 그러한 톤을 기준을 쓰는 것은 아니다. 위에서 언급한 세 가지 톤의 경우 실제 중량이 조금씩 다르게 때문에 주의를 기울일 필요가 있다.

〈표 6-2〉 중량 비교

English ton(Long ton)	=	1,1061㎏	=	2,240Lbs
America ton(Short ton)	=	907㎏	=	2,000Lbs
Kilo Ton(Metric Ton)	=	1,000㎏	=	2,204Lbs

중량의 측정방법은 크게 총중량, 순중량, 법적중량 등으로 분류할 수 있다.

① 총중량(gross weight) : 상품을 포장한 상태의 중량을 말하는 것으로 상품의 무게와 포장의 무게를 합한 총무게를 말한다.

② 순중량(net weight) : 포장의 무게를 제외한 순상품의 무게를 말한다.

③ 법적중량(legal weight) : 상품의 무게와 법적으로 인정되는 포장무게를 합한 중량을 말한다. 낱개로 된 포장무게를 말하는 것으로 비누, 치약 등과 상품이 소매로 판매될 때 사용되는 포장의 무게를 말한다.

2) 길이와 용적

길이는 일반적으로 생사, 직물, 전선 등의 제품을 거래할 때 주로 쓰이고, 일반적으로 사용되는 단위로는 meter, yard, foot, inch 등이 사용된다.

용적은 석유 등 액체는 barrel, gallon, liter를, 곡물에는 bushel이라는 단위가 사용되고 목재에는 cubic meter(㎥; CBM), cubic feet(cft), super feet(SF) 등의 단위가 사용된다.

3) 개수와 포장단위

일반상품의 개수는 piece, set 등이 사용되고 연필이나 양말에는 dozen, 핀, 조화 등 가격이 저렴한 잡화제품에는 gross를 단위로 사용한다.

〈표 6-3〉 개수와 포장단위

1 dozen = 12 pieces
1 gross = 12 dozen(12 × 12 pieces)
1 small gross = 10 dozen (12 × 10 pieces)
1 great gross = 12 gross (12 × 12 × 12 pieces)

포장단위의 경우 면화, 밀가루, 시멘트, 비료, 통조림, 유제품 등의 거래에 bale, bag, case, can, drum 등의 포장용기가 단위로 사용된다.

4) 과부족 용인조건

공산품의 경우 수량이 포장단위나 개별품목의 개수로 명시되어 정확한 수량을 측정할 수 있다. 하지만 곡물, 광산물의 경우 운송과정에서 수분이 증발해서 도착지에서 측량을 하게 되면 선적을 했을 때 보다 더 가벼워지는 경우도 있고, 선적과 하역을 할 때도 조금씩 남는 것들이 있어 계약서상에 있는 정확한 중량이 인도될 수 없다. 그래서 이러한 산적화물(bulk cargo)의 경우 약간의 허용치를 두게 된다. 이러한 것을 과부족 용인조건(more or less clause : MOL Clause)이라고 하고, 통상 계약된 중량에서 5%내에서 넘치거나 부족한 부분을 인정해준다.

(3) 가격조건

무역거래조건을 의미하는 것으로 수출입과 관련된 비용과 위험을 누가 부담할 것인가를 정하는 조건이다. 가격조건에는 총 13가지의 조건이 있고 이러한 사항은 Incoterms2000에서 규정하고 있다. 관련된 내용은 다음 절에서 자세하게 다루도록 하겠다.

(4) 보험조건

국제무역거래를 하게 되면 필연적으로 장거리 운송이 불가피하다. 주로 해상운송을 쓰는 것이 일반적이지만, 제품의 특성이나 여러 가지 여건에 의해 항공, 육상으로 운송되기도 한다. 이러한 장거리 운송으로 인해 여러 가지 위험노출에 대해 보험[1]을 들게 된다. 이때 보험의 조건을 정하는 것을 말한다.

(5) 포장조건

국제무역거래에서는 장거리 운송이 불가피 하므로 물품을 안전하게 보관하고 상품의 가치를 유지시키는 것이 중요하다. 이러한 역할을 수행하는 것이 바로 포장인데, 수출화물의 포장은 견고하면서도 가벼우면서 비용도 저렴해야 한다. 그리고 화물을 쉽게 알아볼 수 있도록 하는 것도 중요한 역할 중의 하나이다.

포장방법은 개별적으로 포장하는 개장, 개방된 물품을 취급하기 편하게 하기 위해 일정한 수량을 묶어 한번에 포장하는 내장, 운송도중 파손이나 도난방지와 하역작업을 편리하게 하는 외장 등이 있다.

그리고 운송관계자나 수입업자가 화물을 쉽게 알아볼 수 있도록 하는 화인(shipping marks)이 있다. 주로 기호나 번호 등으로 계약물품을 표시하게 된다.

(6) 선적조건

선적시기를 결정할 때는 선적일을 확정하는 것이 아니라 보통 최종선적일 혹은 선적월을 정한다. 선적월을 지정하게 되면 그 정해진 달 내에 선

---

1) 해당상품이 파손되거나 멸실되었을 때 보험회사가 보상해주는 것으로 이러한 대가로 보험회사는 보험료를 받는다. 사고가 발생하지 않을 때는 돌려받을 수 없다.

적을 하면 된다.

분할선적(partial shipment)은 특별히 금지한다는 내용이 없으면 통상 허용된다. 이 분할선적이라는 것은 한번에 물량을 실어 보내는 것이 아니라 2회 이상 나누어서 선적하는 것을 말한다. 그리고 환적(transhipment)이라는 것이 있는데 이것은 운송 도중 다른 선박이나 운송기간에 옮겨 싣는 것을 말한다. 이러한 방법을 사용할 경우 당연히 파손, 분실의 위험이 발생할 수 있어 환적을 금지할 경우 이러한 사실을 계약서에 밝혀두어야 한다. 한편, 선적지연의 경우 수출업자가 책임을 지게 되지만, 천재지변 등의 불가항력(force majeure)의 경우 면책조항을 삽입하여 책임을 지지 않도록 한다.

(7) 대금결제조건

수출대금에 대한 결제방법과 결제시기를 정하는 것으로 다음의 표에 간략하게 설명해 두었다. 방법에는 크게 신용장 방식과 무신용장 방식이 있다.

〈표 6-4〉 대금결제의 방법과 시기

a) 선불(CIA : cash in advance, CWO : cash with order) : 물품인도 전에 대금 지급
b) 선적서류상환불(CAD) : 수출지에서 선적서류와 교환하여 대금 지급
c) 현물상환불(COD: cash on delivery) : 현지에서 상품과 상환으로 대금 지급
d) 후불(deferred payment) : 목적지에 도착 후 일정 기일이 지나서 결제
e) 장부결제(open or current account) : 일정 기간에 한번씩 누적된 대금을 결제하는 일종의 외상거래
f) 무담보어음 결제(clean bill of exchange) : 서류는 수입업자에게 직접 전달하고 어음만 거래은행을 통해 추심하는 것
g) 화환어음결제(documentary bill of exchange) : D/A 및 D/P(수입지 은행과 수입자 간의 인수 및 지급)
h) 신용장(L/C) : 은행 등 공신력 있는 기관이 지불을 보증하는 서류

(8) 분쟁해결조건

매매계약 체결 이후 발생할지 모르는 당사간의 분쟁에 관한 사항을 약정한다. 주로 문제제기 시한, 해결방법 등에 대한 내용이 있으며 자세한 사항은 뒤에서 따로 자세하게 설명하도록 하겠다.

제 3 절 대금결제방법

1. 신용장 방식

대금결제의 방식에는 크게 신용장 방식과 무신용장 방식이 있는데, 신용장 방식의 경우, 매매당사자들 사이에 은행이 개입해서 양 당사자들의 신용을 보다 공신력이 높은 은행의 신용으로 전환시켜 대금결제를 안전하고 원활하게 하고자 하는 것이 신용장의 기본원리이다.

수입업자의 요청으로 은행이 신용장을 개설해주게 된다. 수출업자는 수입업자의 신용을 근거로 물품을 선적하는 것이 아니라 은행의 신용을 근거로 해서 선적을 해주는 것이다. 수출업자는 은행의 대금지급확약을 토대로 계약물품을 선적하는 것이다. 이러한 조건이 갖춰지기 위해서는 은행 자체의 신용도도 매우 중요할 뿐만 아니라 세계 주요 은행들과 환거래 계약을 맺고 있어야 한다.

신용장은 수출업자에게 수출대금을 지급할 것을 확약하는 증서로 은행의 신용이 담긴 편지라는 의미에서 신용장(Letter of Credit: L/C)이라고 한다. 그리고 이러한 신용장을 개설하기 위해서는 수입업자 자신의 신용도도 매우 중요하다. 왜냐하면 은행의 입장에서도 수입업자를 대신에 지급을 확약해주는 것이므로 그에 합당한 지급여력이 있어야 하기 때문이다.

이에 본 책에서는 실질적으로 쉽게 사용할 수 있는 무신용장 방식을 중심으로 설명하고자 한다.

2. 무신용장 방식

(1) 인수도조건(D/A)과 지급도조건(D/P)의 개념

1) 인수도조건(D/A)

인수도조건(Document against acceptance: D/A)은 인수인도조건이라고도 한다. 수입업자가 환어음에 대한 인수(acceptance)만으로 운송서류를 찾아갈 수 있는 어음인수 서류인도조건이다. 환어음은 수출업자가 수입업자 요구한 운송서류를 구비하면 환어음[2)]이라는 것을 발행하여 외국환 은행을 통해서 수출대금을 회수하게 된다.

수출업자가 기한부어음을 발행하고 수입업자는 어음에 대한 지급의 약속으로 서명날인만 함으로써 운송서류를 인도받을 수 있게 된다. 그리고 만기일에 수입대금을 추심은행에 지급하면 된다.

수입업자는 인도받은 운송서류로 화물을 찾아 판매하고 판매한 금액으로 어음기일 내에 결제하면 된다. 그러면 수출업자는 만기일 후 수출대금을 추심은행을 통해서 지급받게 된다. 수입업자가 항만에 가서 화물을 찾기 위해선 반드시 운송서류를 제시해야만 한다. 운송서류를 가지고 있으면, 그

---

2) 환어음이란 채권자가 채무자에게 일정한 시일 및 장소에서 채권금액을 지명인 또는 소지인에게 무조건 지급할 것을 위탁하는 요식, 유가증권을 말한다. 환어음의 종류에는 크게 무담보어음과 화환어음이 있는데 환어음만으로 결제가 될 수 있는 어음을 무담보어음이라고 하며 주로 운임, 보험료, 수수료 등의 지급에 리용된다. 화환어음이라는 것은 운송서류가 첨부된 어음을 화환이라고 하고 상품의 대금을 결제하기 위해 사용된다. 그리고 일람불어음과 기한부어음으로 구분할 수 있는데, 환어음은 지급만기일에 따라서 일람불어음과 기한부어음으로 구분된다. 일람불어음(sight bill)은 환어음이 지급인에게 제시되면 즉시 대금결제가 이뤄지는 어음을 말하고 기한부어음(usance bill)은 일정 기간 후 지급이 이뤄지는 어음을 말한다.

화물에 대한 소유권이 운송서류를 가지고 있는 사람에게 있다고 간주되어져 화물을 수입업자에게 넘겨주게 된다. 이러한 이유로 운송서류가 상당히 중요한 역할을 한다고 볼 수 있다.

2) 지급도조건(D/P)

지급도조건(document against payment: D/P)은 수출대금을 상환하면 그때 운송서류를 수입업자에게 인도하는 방법으로 지급인도조건이라고도 한다.

수출업자가 매매계약에 따라서 선적을 완료한 후 일람불어음을 발행하여 운송서류와 함께 수입업자의 거래은행(추심은행)으로 하여금 수출대금의 추심을 의뢰하면 추심은행은 수입업자에게 어음을 제시하여 어음금액의 일람지급을 받고 운송서류를 인도하는 방식을 말한다. 즉 수입업자는 수출대금을 은행에 지급해야만 운송서류를 받을 수 있고 결국 화물을 찾을 수 있다는 것이다.

(2) D/A, D/P의 추심과정

1) 무역계약의 체결

수출업자와 수입업자는 무역계약을 체결하면서 대금결제방법을 D/A 또는 D/P 조건으로 하기로 한다. 이제 수입업자는 환어음에 첨부되는 운송서류를 수출업자에게 지시하게 되는데 반드시 계약물품을 대표하는 선하증권 등이 포함된다.

2) 계약물품의 선적과 선하증권의 입수

수출업자는 수입업자의 선적지시에 따라 계약물품을 선적하고 선박회사로부터 선하증권을 교부받는다.

3) 화환어음의 추심의뢰

수출업자는 계약에서 약정된 운송서류와 환어음을 발행하여 거래은행

(추심의뢰은행)으로 하여금 수입업자로부터 수출대금을 추심해줄 것을 요청한다.

4) 추심의뢰은행의 서류송부

추심의뢰은행은 아무런 책임 없이 수입업자가 소재하는 곳에 있는 은행 앞으로 운송서류와 환어음을 송부하면서 추심을 의뢰한다.

5) 추심통지

추심은행은 수입업자에게 운송서류와 환어음이 도착한 사실을 통지한다.

6) 추심완료 및 수출대금의 상환

지급인인 수입업자는 매매계약서에서 만약 수입대금을 즉시 지급할 것을 약정하였다면 이를 지급하고 운송서류를 입수한다. 그러나 수입대금을 일정 기간 후에 지급할 것으로 약정하였다면, 일정 기간 후 대금을 지급할 것을 약속하는 서명행위와 상환으로 운송서류를 입수해간다. 전자의 경우

[그림 6-2] D/A 및 D/P에 의한 결제과정

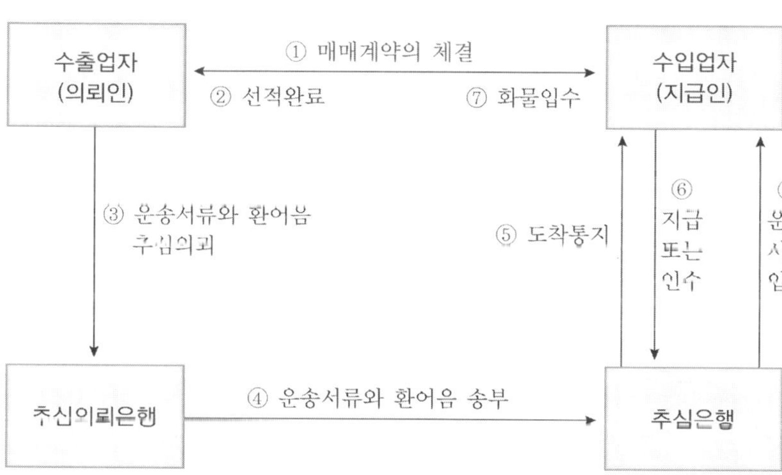

가 지급도이며 후자의 경우는 인수도조건이 된다.

지금까지 이야기한 것을 그림으로 나타내면 [그림 6-2]와 같다.

(3) D/A, D/P 거래당사자

1) 추심의뢰인

거래은행에 수출대금의 추심을 의뢰하는 수출업자를 말한다. 수출업자는 추심을 의뢰하면서 화환어음을 발행하기 때문에 발행인이라고도 한다.

2) 추심의뢰은행

추심의뢰은행은 수출업자로부터 추심을 의뢰받은 수출국의 은행을 말한다. 이 은행은 수출업자가 제시한 화환어음과 운송서류를 수입업자가 소재하는 추심은행 앞으로 송부하면서 수출대금의 추심을 의뢰한다.

3) 추심은행

추심은행은 추심의뢰은행으로부터 송부되어 온 운송서류와 추심지시서를 수입업자에게 제시하여 수입대금을 징수하는 은행을 말한다. 특히 수입업자에게 직접 운송서류를 제시하는 추심은행을 제시은행이라고도 한다. 추심은행은 추심의뢰은행을 제외한 어떠한 은행이라도 상관없지만 이 은행은 어디까지나 추심의뢰은행의 지시에만 따르며 어음의 지급에 대해서는 어떤 책임도 지지 않는다.

4) 지 급 인

지급인은 수입업자를 말한다. 수입업자는 추심지시서에 따라 어음의 제세를 받게 되며 채무자로서 수출업자가 발행한 환어음에 대해서 지급할 의무가 있다.

(4) 송금환 방식의 개념

환은 거리가 멀리 떨어진 사람들 간의 채권과 채무를 현금의 이동 없이 지급위탁 등의 방법에 의해 결제하는 수단을 말한다. 국가 간의 결제에 사용되는 환(돈)을 외국환(foreign exchange)이라 한다. 무역거래에서는 수출업자(채권자)와 수입업자(채무자) 간에 항상 채권채무관계를 결제해야 하므로 외국환 거래가 따르게 된다.

외국환은 자금의 이동방향에 따라 송금환과 추심환으로 구분될 수 있다.

송금환(remittance)은 채무자가 채권자에게 채무액을 지급하기 위해 외국환 은행에 원화 또는 외화를 지급하고 이를 채권자에게 송금해줄 것을 위탁하는 경우를 말하는데 순환이라고 한다. 송금환은 지급지시방법에 따라 송금수표, 우편송금환 및 전신송금환으로 구분된다.

추심환(collection)은 채권자가 채무자 앞으로 채무의 변제를 요청하는 증서(환어음 등)를 발행하여 채권을 회수하는 경우를 말하는데 송금환의 순환에 대비시켜 역환이라고도 한다.

1) 송금환의 종류

① 송금수표

송금수표(demand draft: D/D)는 보통송금환이라고 한다. 수입업자가 거래은행에 수입대금을 송금수표로 교환해 줄 것을 요청하게 되고 수입업자의 거래은행은 해외 본점, 지점 혹은 환거래은행을 지급은행으로 하는 송금수표를 발행해 주게 되면 수입업자는 송금수표를 수출업자에게 우송함으로써 수입대금을 결제하게 된다. 수출업자는 이 송금수표를 지급은행에 세시하여 수출대금을 회수해 가는데 송금수표로는 통상 은행이 발행하는 은행수표가 리용된다.

② 우편송금환

우편송금환(mail transfer: M/T)은 수입업자가 수출업자에게 수입대금을 결제하기 위해 일정 금액을 은행에 위탁할 경우 사용되는 환을 말한다. 수입업자가 거래은행에 수입대금을 위탁하면서 수출업자에게 지급해주도록 요청한다. 수입업자 거래은행은 수출업자가 소재하는 외국환은행으로 앞으로 수출업자에게 일정 금액을 지급해주도록 지급지시서를 우편으로 보낸다. 이 지급지시서를 받은 은행은 수출업자의 신분을 확인한 후 수출대금을 지급하고 이 대금은 지급지시를 한 수입국 은행의 예금계정에서 찾아간다.

우편송금환은 수입국 은행이 지급지시서를 우편으로 수출국 은행 앞으로 보내기 때문에 분실, 리자 부담이 따르게 된다. 즉 수입업자가 거래은행에 수입대금 지급을 위탁하는 시점과 수출업자 수출대금을 찾아가는 시점사이에는 우편일수 만큼 차이가 나기 때문이다. 따라서 우편 송금환은 소액의 송금거래나 신속을 요하지 않는 송금에 주로 리용된다.

③ 전신송금환

전신송금환(telegraph transfer: T/T)은 우편송금환과 원리는 동일하지만, 단지 지급지시서를 전신으로 한다는 점에서 그 차이를 찾을 수 있다. 수입업자가 수입대금을 수출업자에게 지급해주도록 일정 금액을 거래은행에 위탁하면, 거래은행은 이를 전신으로 수출지의 외국환 은행 앞으로 통지를 하고 수출업자는 즉시 수출대금을 회수할 수 있다.

전신송금환은 지급지시가 우편으로 발행되는 우편송금환에 비하여 송금과정이 신속하고 편리하며, 환율변동의 위험이나 송금환의 분실 또는 도난의 위험이 적기 때문에 가장 안전한 송금방식으로서, 우편송금환방식보다 거액의 송금이나 긴급을 요하는 송금 등에 주로 사용된다. 수출업자의 입장에서는 신속하게 대금을 수취할 수 있다는 장점이 있지만, 수입업자는 전산료 부담이 늘어나 불리한 측면도 있다.

제 4 절 Incoterms(정형거래조건)

1. Incoterms(정형거래조건)의 의의

인코텀즈(Incorterms)는 국제상거래조건(International Commercial Terms)을 의미하는 것으로 'In'과 'Co'에 'Terms'가 합성되어 만들어진 약어이다. 그 공식명칭은 "정형거래조건의 해석에 관한 국제규칙"이다. 인코텀즈는 운송계약의 조건이 아니라 매매계약의 조건이지만, 강제력을 가지고 있는 것은 아니다. 따라서 매도인인 수출업자와 매수인인 수입업자 간의 명시적 합의에 의해서 채택되고 적용된다는 점에 주의를 기울일 필요가 있다.

인코텀즈는 파리에 본부를 두고 있는 국제상공회의소에 의해서, 계약당사자들이 각 국가 간의 상이한 무역관행을 인식하지 못하는 것으로 인해 일어날 수 있는 시간 및 금전상의 랑비를 초래하는 오해, 분쟁 및 법정소송 등의 문제를 해소하기 위해 제정되었다.

인코텀즈는 1936년에 처음 제정되어서 여러 차례 개정을 거쳐 현재에는 2000년도 개정된 Incoterms 2000이 사용되고 있다.

무역거래조건에는 대표적인 세 가지 조건이 있는데, FOB(Free on Board)라고 하는 본선인도조건과 CFR(Cost and Freight)라고 하는 운임포함소선, 그리고 마시막으로 CIF(Cost, Insurance and Freight)라고 하는 운임, 보험료포함 인도조건이 있다. 이 세 조건이 통상 가장 많이 쓰이는 조건들이다.

그동안 운송이 발전과 교역의 복잡화에 따라 인코텀즈에는 보다 세분화된 교역 조건들이 규정되어 있다.

2. Incoterms의 해설

(1) 출발지 인도조건

출발지 인도조건은 매도인의 책임이 자신의 영역에서, 즉 계약물품이 목적지로 향해 출발하는 지점에서 끝난다는 특징을 가지고 있고 이 그룹에 속하는 것은 EXW라고 하는 작업장 인도조건이 있다.

〈표 6-5〉 Incoterms 2000의 정형거래조건

구 분	가격조건	전신약호
출발지 인도조건 (Group E)	작업장 인도 혹은 공장 인도(Ex Works)	EXW
운송비미지급 인도조건 (Group F)	운송인 인도(Free Carrier) 선측 인도(Free Along Side) 본선 인도(Free On Board)	FCA FAS FOB
운송비지급 인도조건 (Group C)	운임포함 인도(Cost and Freight) 운임 · 보험료포함 인도 (Cost, Insurance and Freight) 운송비 지불 인도(Carriage Paid to) 운송비 · 보험료 지불 인도 (Carriage and Insurance Paid to)	CFR CIF CPT CIP
도착지 인도조건 (Group D)	국경 인도(Delivered At Frontier) 착선 인도(Delivered Ex Ship) 부두 인도(Delivered Ex Quay) 관세미지급 인도(Delivered Duty Unpaid) 관세지급 인도(Delivered Duty Paid)	DAF DES DEQ DDU DDP

1) 작업장 인도조건(EX Works: EXW)

작업장 인도조건은 흔히 공장 인도조건이라고도 한다. 이 조건은 매도자인 수출업자가 계약물품을 업장에서 매수인에게 인도하는 조건이다. 매도자는 자신의 작업장인 공장이나 창고, 농장, 광산 등에서 물품을 인도하는 것으로 모든 의무를 다하게 된다. 그러므로 인코텀즈의 13가지 조건 중에서 매도인인 수출업자에게 가장 유리한 조건이라고 할 수 있다.

실제 거래에서는 이 장소를 구체적으로 지정해서 매도인과 매수인의 책임분기점을 명확하게 한다. 례를 들어 물품이 있는 장소가 공장이면 Ex Factory, 공장 중에서도 제철, 제분, 제지공장이면 Ex Mill, 농장이며 Ex Plantation, 창고이면 Ex Warehouse, 광산이면 Ex Mine으로 표현한다.

(2) 운송비 미지급 인도조건

1) 운송인 인도조건(Free Carrier: FCA)

FCA 조건은 매도인이 지정된 장소에서 매수인이 지정한 운송인에게 수출통관된 물품을 인도하는 것으로 매도인의 의무는 끝나게 된다. 이 조건에서는 지정된 장소에서 운송인에게 인도되는 시점이 매매계약당사자간의 비용부담과 책임의 분기점이 된다.

이 조건은 지정된 장소에서 지정된 운송인에게 물품을 넘겨주는 것으로 매도인의 의무가 다하는 것이므로 육상, 해상, 항공운송 등 모든 운송수단에 시용할 수 있는 조건이다.

2) 선측 인도조건(Free Along Side: FAS)

선측 인도조건은 매도인이 지정된 선적항에서 물품을 본선의 선측에 놓아두었을 때 매도인의 의무가 완료되는 조건이다. 즉 이 시점에서 매수인인 수입업자가 물품의 멸실 또는 손상의 모든 비용과 위험을 부담하게 된다. 여기서 말하는 선측이라는 것은 양화기(loading tackle),[3] 부두 크레인

(wharf crane)[4] 등에 의해 선내로 적재될 수 있는 장소를 말한다.

특히 이 조건은 '선측'이라는 내용이 있으므로 해상운송 또는 내수로 운송 등 선박을 사용하는 경우에 적용이 가능하다.

3) 본선 인도조건(Free On Board: FOB)

이 조건은 물품이 지정된 선적항의 본선의 난간을 통과할 때 매도인의 인도의무가 완료되는 조건이다. 인도가 끝나는 그 순간 매수인인 수입업자가 물품의 멸실 또는 손상의 모든 비용과 위험을 부담하게 된다. 여기서 물품이 본선의 난간을 통과한다는 것은 물품이 매수인이 지정한 본선(on board)상에 인도된다는 것을 뜻한다.

본선 인도조건은 무역거래에서 가장 많이 리용되는 조건 중의 하나이다.

(3) 운송비지급 인도조건

1) 운임포함 인도조건(Cost and Freight: CFR)

Cost and Freight에서 Cost는 FOB가격(비용)을 의미한다. 이 조건은 FOB가격에서 운임만을 매도인이 부담하는 조건이다. 결국 CFR조건은 매도인이 계약에서 지정된 목적항까지 운송계약을 체결하고 운임을 지급한다는 점에서 FOB조건과 다르지만, 기타 추가적인 비용 및 물품의 멸실, 손상의 모든 위험을 물품이 선적항에서 난간을 통과한 때 매수인에게 이전한다는 점에서는 FOB조건과 동일하다.

매도인은 지정된 목적항까지 계약물품의 운송에 적합한 선박과 통상적인 해상운송계약을 체결하고 운임을 지불해야 한다. 그리고 계약물품에 대한 수출통관을 필하여 본선에 인도하고 선박회사로부터 무사고운송서류를

---

3) 짐을 들어서 옮기는 기계를 말한다.

4) 부두에서 하역작업(荷役作業)을 하는 크레인을 말하는 것으로 컨테이너를 배에 싣고 내릴 수 있도록 만들어진 장비이다.

교부받아 이를 매수인에게 전달해야 한다.

2) 운임 및 보험료포함 인도조건(Cost, Insurance amd Freight: CIF)

매도인이 계약물품의 해상운송계약과 해상보험계약을 체결하고 운임 및 보험료를 지급하지만 그 책임은 선적항의 본선에서 끝나게 된다. 이 조건은 CFR조건에 매도인이 해상보험계약을 체결해야 하는 의무가 추가된 것으로 볼 수 있다. 그러나 매도인의 책임은 FOB조건이나 CFR조건과 마찬가지로 선적항의 본선에서 끝나기 때문에 만약 운송 도중 사고가 발생하더라도 이에 대한 책임은 매수인인 수입업자가 지게 된다.

3) 운송비지불 인도조건(Carriage Paid To: CPT)

이 조건은 운임포함 인도조건(CFR)을 기본으로 해서 모든 운송에서 사용할 수 있도록 만들어진 조건이다. CFR조건과 마찬가지로 매도인은 목적지까지의 운임을 지급하고 수출 통관된 물품을 운송인에게 인도해야 할 의무를 가지게 된다.

물품의 인도장소는 매매계약서 지정된 장소를 말하는 것으로 매도인이 거주하고 있는 국가의 어떤 장소를 의미한다. 그리고 여기서 말하는 운송인이란 철도, 도로, 항공, 해상, 내륙, 복합운송인, 운송주선인을 말한다. 즉, 모든 운송수단을 사용할 수 있다. 그리고 만일 합의된 목적지까지 운송하는데 여러 운송인이 리용될 경우에는 물품이 최초의 운송인에게 인도될 때 위험이 이전된다

4) 운송비, 보험료지불 인도조건(Carriage and Incurance Paid to: CIP)

이 조건은 앞서 이야기한 CPT조건에 매도인이 운송보험을 체결해줘야 하는 의무가 더해진 것이다. 그리고 우리가 앞서 봤던 CIP조건이 복합운송을 포함한 어떠한 운송수단에서도 사용할 수 있는 반면, CIF조건은 해상운송에서만 사용할 있다는 점에서 차이가 있다. 그리고 매도인이 목석지까시 운송계약 및 보험계약을 체결하고 운송비와 보험료를 지급한다는 점에서

원칙적으로 CIF와 동일하지만, 물품을 선박이 아닌 운송인에게 인도한다는 점에서도 차이를 보이고 있다.

(4) 도착지 인도조건

1) 국경 인도조건(Delivered at Frontier: DAF)

국경 인도조건은 매도인이 수출통관한 후 계약에 명시된 국경의 지정된 지점 및 장소에서 매수인이 임의처분할 수 있도록 매수인에게 인도하였을 때 자신의 의무가 끝나는 조건이다. 이 조건의 특징은 국경을 매도인과 매수인의 비용 및 책임분기점으로 본다는 것이다.

2) 착선 인도조건(Delivered Ex ship: DES)

착선 인도조건은 매도인이 지정 목적항의 본선에서 계약물품을 매수인에게 인도하는 조건이다. 이 조건은 지정 목적항에서 본선을 당사간의 비용과 책임분기점으로 하고 있어 해상운송이나 내수로 운송에서만 사용될 수 있다는 특징을 가지고 있다.

3) 부두 인도조건(Delivered Ex Quay: DEQ)

부두 인도조건이란 물품이 지정된 목적항의 부두(안벽)상에서 수입통관을 하지 않은 상태로 매수인에게 인도하는 조건이다. 매도인은 지정된 목적항까지 물품을 운송하고 물품을 양륙하는데 따른 모든 비용과 위험을 부담해야 한다.

4) 관세미지급 인도조건(Delivered Duty Unpaid: DDU)

관세미지급 인도조건은 매도인이 계약물품을 수입국내의 지정 장소까지 운송해서 매수인에게도 인도하지만, 수입통관은 하지 않는 걸 말한다. 즉 수입통관은 매수인이 부담하도록 하는 것이다. 따라서 매도인은 수입허가 및 수입통관을 제외한 물품운송에 따른 비용과 위험을 부담해야 한다.

5) 관세지급 인도조건(Delivered Duty Paid: DDP)

매도인이 지정된 목적지에서 수입통관을 이행하고, 도착된 운송수단으로부터 양륙되지 않은 상태로 매수인에게 물품을 인도하는 것을 말한다. 이 조건은 지금껏 봤던 앞의 조건 중에서 매도인이 가장 많은 위험과 부담을 지는 조건이다. 다시 정리하면, 매도인은 자신의 위험과 비용으로 수출국에서 수출통관을 하고, 수입항까지의 운송계약과 보험계약을 체결하고, 수입국에서 수입허가를 취득하고, 관세 및 조세 등을 지급하여 수입통관을 하고, 마지막으로 수입국의 지정 목적지까지 계약물품을 운송하고, 물품의 인수에 필요한 관례적인 운송서류를 매수인에게 인도해야 한다.

Chapter

07 무역운송 및 해상보험과 클레임 및 상사중재

제 1 절 무역운송

우리나라의 경우 수출과 수입의 대부분을 해상운송을 통해 움직이고 있다. 최근에는 첨단 전자, 전기 제품의 수출증대로 항공운송이 많이 늘었으나 여전히 95% 이상을 해상을 통해 이뤄지고 있다. 전세계적으로도 여전히 무역거래의 물동량은 해상운송을 통해 대부분 이뤄지고 있다.

1. 해상운송의 의의

첫째, 대량운송이 가능하고 운송비가 저렴하다. 선박건조기술의 발달로 많은 화물을 한번에 운송할 수 있어 가격이 저렴한 장점이 있다.

둘째, 외국의 원료 확보에 용이하다. 원유, 원목, 양곡 등의 경우 물품의 값이 눅거나 물품의 특징상 항공운송 또는 육상운송이 어렵기 때문에 해상운송이 이런 점에서 적합하다.

셋째, 관련산업의 파급효과가 크다. 해상운송이 발달하게 되면 관련 산업이 조선산업과 기타 여러 산업들이 함께 발전하는 특징을 가지고 있다.

마지막으로 해상운송은 원거리의 국제운송에 적합하기 때문에 육상운송은 특정국가에 국한되는 반면, 해상운송은 공해상에서 국적에 관계없이 상업 활동을 할 수 있는 장점 또한 가지고 있다.

2. 운항의 형태

(1) 정기선(Liner)

정기선이란 운항일정(schedule)에 따라 특정항로, 특정항만을 규칙적으로 운항하는 선박으로 주로 완제품 형태의 포장화물 위주로 운송하게 된다. 또한 정기선보다 운임이 높고, 해운동맹[1]이 제정한 요율에 의해 운임을 책정한다는 특징을 가지고 있다.

(2) 부정기선(Tramper)

부정기선이란 고정된 항로가 없이 필요에 따라 운항하는 선박을 말한다. 부정기선은 주로 곡물, 광석 등 산적화물(bulk)인 1차 산품 위주로 운항하고 있다. 운임은 당시의 수요와 공급에 의해 결정되므로 경쟁이 치열한 편이어서 정기선보다는 일반적으로 운임이 낮은 편이라고 할 수 있다.

---

1) 해운동맹은 특정항로에 취항하고 있는 정기선 선박회사들이 상호간의 독립성은 유지하면서 과당경쟁을 방지하고 상호리익을 증대시키기 위하여 운임률, 적취량, 배선회수 등 운송조건을 협정하는 국제적인 카르텔(Cartel: 기업연합)이다. 해운동맹은 1875년 영국과 캘커타 해운동맹이 최초로 결성되어 영국을 중심으로 발전하게 되었다. 지금은 극동/구주 간의 항로, 극동/미태평양 간의 항로, 극동/호주 간의 항로 등 주요 항로에 따라 해운동맹이 결성되어 있다. 하지만 2008년 10월부터 EU에서는 이러한 해운동맹을 폐지하겠다고 밝힌바 있다.

3. 운송계약의 형태

운송계약은 선박회사인 선주와 송하인이라고 하는 화주 사이에 체결되는 계약으로 운송화물의 성질, 수량 등에 따라 다음과 같이 구분된다.

(1) 개품운송계약(Contract of Affreightment)

선박회사가 다수의 화주와 운송계약을 체결하고 통상 정기선에 사용하게 된다. 선적을 하게 되면 선하증권(Bill of Lading: B/L)을 발급해준다. 선하증권이라는 것은 선주가 화주로부터 화물운송을 위탁받았다는 사실과 화물을 목적지까지 운송하고 이를 선하증권을 가지고 있는 이에게 인도하겠다는 것을 약속하는 증권이다.

(2) 용선계약(Contract of Charter Party)

용선계약은 화물을 운송하기 위해 화주가 선박회사로부터 선박을 빌리는 운송계약을 말한다. 용선계약에 의해서 운송되는 화물은 1차 산품이고 일시에 대량 운송되므로 주로 부정기선이 리용된다. 용선계약이 체결되면 선주와 화주 간에 용선계약서(Charter Party: C/P)가 작성된다. 용선은 크게 전체용선(whole charter)과 부분용선(partial charter)으로 나뉘며 전체용선은 항해용선, 정기용선 및 나용선으로 구분된다.

1) 정기용선계약(기간용선계약 : Time Charter)

일정 기간(예: 6개월에서부터 2~3년까지) 선박을 빌리는 것으로 대개 다른 사람의 화물을 운송하고 운임을 벌기 위해서 전문적인 해운업자들이 정기용선하는 경우가 많다. 선박을 빌리는 용선주는 용선료 외에 운항비(연료비, 항구세)만 부담하고 마치 자기 선박인 것처럼 그 선박을 가지고 영업을 하는 것이다.

2) **항해용선계약**(voyage charter, trip charter)

항구와 어느 항구 사이의 운항에 대해 계약을 맺는 것으로 일반적으로 화주는 용선료를 '화물의 톤당 얼마'와 같이 운송화물의 양에 따라 지급한다. 대량화물을 운송해야 하는 화물 주인이 선박회사와 맺는 대량운송계약이다.

3) **나용선계약**(BBC : Bare Boat Charter)

선박만 빌리는 것으로 선원, 장비, 소모품 모두를 선박을 빌리는 용선주가 부담한다. 선원, 장비 등을 쉽게 구비할 수 있으면 나용선을 하는 경우가 용선료를 절감할 수 있다. 그리고 나용선의 경우에는 주로 화주와 장기운송계약을 맺은 선주가 그것을 담보로 선박을 건조할 때 쓰는 방식으로 12~15년 장기계약이 대부분이고 그 기간이 끝나면 소유권이 용선자에게 이전되는 방식이 대부분이다.

4. 선하증권

(1) 선하증권의 기능

1) 운송계약서의 기능

선하증권은 선주와 화주 간에 운송계약이 체결되었다는 사실을 승명하는 증거서류이다. 일반적으로 운송계약이 체결되었다는 가장 믿을 만한 증거가 바로 선하증권이다. 따라서 선주가 선하증권을 발행하면 선주와 화주 간에 운송계약이 존재하는 것으로 간주한다.

2) 화물의 수취증

선하증권은 화물의 수취증이면서, 선적화물의 수량과 상태에 관한 명세서의 역할도 한다. 선하증권은 선주가 화주로부터 운송을 위탁받은 화물을 수취하거나, 또는 본선상에 선적하게 되면 발급하게 된다. 결국 선하증권은 선주가 선하증권상에 표기된 화물을 영수하였다고 인정하는 서류의 역할을 수행하는 것이다. 그리고 선하증권에는 운송화물의 수량, 중량, 상태 등이 기재되기 때문에 선하증권은 곧 화물에 대한 명세서이기도 하다. 선주는 선하증권상에 기재된 명세의 내용 그대로 화물 선하증권의 소지인에게 인도할 의무가 있다.

3) 화물을 대표하는 대표증권이자 권리증권

선하증권은 화물에 대한 권리를 주장할 수 있는 권리증권이다. 선하증권이 국제무역거래에서 필수운송서류로서 사용되는 이유는 선하증권이 바로 운송화물에 대한 권리를 주장할 수 있는 권리증권이기 때문이다. 선하증권의 소지인은 곧 화물을 소유할 수 있는 법적권리를 갖게 되며, 선주도 반드시 선하증권과 상환하여 화물을 인도하게 된다.

(2) 선하증권의 종류

1) 선적선하증권(On Board B/L)과 수취선하증권(Received B/L)

선적선하증권은 운송물품이 본선에 적재된 후 발급해주는 선하증권이다. 즉 증권상에 선적이 완료되었음을 나타내는 'shipped' 또는 'laden on board' 등과 같은 표현이 있다.

그리고 지정선박이 아직 부두에 정박하지 않았거나 아직 입항조차 하지 못했을 경우, 선박회사가 일단 자신의 부두창고 또는 부두장치장에 물품을 받아 적재한 후 선박회사는 화물을 수취하였다는 확인으로 수취선하증권을 발급하게 된다.

2) 무사고 선하증권(Clean B/L)과 사고부 선하증권(Foul or Dirty B/L)

화물을 본선상에 선적할 때 화물의 상태가 외관상 양호하고 수량이 맞으면 선하증권의 비고란에 아무런 표시가 없는 선하증권을 무사고 혹은 무고장 선하증권이라고 한다.

그런데 포장상태가 불량하거나 수량이 부족할 경우 이러한 사항을 선하증권에 기재하게 되는데 이런 선하증권을 사고부 선하증권이라고 한다. 이러한 사고부 선하증권의 경우 은행에서 대금을 결제받을 수 없다.

3) 기명식 선하증권(Straight B/L)과 지시식 선하증권(Order B/L)

기명식 선하증권은 화물을 받아보는 수화인인 이름이나 상호가 증권상에 구체적으로 표시된 선하증권을 말한다. 통상 수입업자의 이름이 기재되고, 이 증권을 유통하려면 수화인이 배서를 해야만 유통될 수 있다.

지시식 선하증권은 수화인에 대한 표시가 "order," "order of Sogang Bank" 등과 같이 표시되어 있는 선하증권을 말한다. 이러한 선하증권은 수출업자가 뒷면에 서명만 하면 자유롭게 유통할 수 있다. 오늘날 대부분의 선하증권은 이러한 지시식 선하증권을 사용하고 있다.

4) Stale B/L

선하증권이 발급되면 수출업자는 관계은행에 가서 운송서류를 제시하고 수출대금을 찾게 된다. 그런데 만약 선하증권이 발행되고 21일이 지난 뒤 관계은행에 제시하게 되면 별다른 지시사항이 없는 한 은행은 지체된 운송서류를 받아주지 않는다. 이와 같이 선하증권이 발행된 후 21일 지난 뒤 은행에 제시되는 선하증권을 Stale B/L이라고 한다.

제 2 절 항공운송과 복합운송

1. 항공운송

(1) 항공운송의 의의

항공운송은 다른 운송수단에 비해 매우 빠르다는 장점을 가지고 있다. 하지만 빠른 속도만큼 다른 운송수단에 비해 운임이 상당히 비싸다는 단점을 가지고 있기도 하다. 이러한 특징들로 인해 주로 가격이 비싸고 부피가 작은 제품들을 운송할 때 주로 사용되고 있다. 례를 들면 반도체,[2] 정밀기기, 핸드폰(손전화), LCD TV, 모니터(화면), 귀금속, 전자부품, 시간이 급한 서류, 의약품 등을 운송하는 데 주로 쓰이고 있다.

해상운송이 장기간 운송으로 원형의 변질이나 파도나 태풍 등에 의한 화물의 손상, 혹은 해수에 의한 침식 또는 부식의 가능성이 높은 반면에 항공운송의 경우 운항시간이 짧아 위험발생의 빈도가 낮다는 장점도 있다.

항공컨테이너는 알루미늄과 같은 가벼운 두 가지 이상의 재료로 만들어진 컨테이너를 말하는 것으로 선박에서 쓰이는 컨테이너와는 그 크기와 모양이 다르다. 선박에 사용되는 컨테이너는 20ft와 40ft 두 가지를 기본 형태로 하고 있지만 항공기에서 사용되는 컨테이너의 종류는 컨테이너에 화물을 적재하는 방식과 평평한 금속 위에 화물을 적재하고 그물로 고정하는 팔레트(pallet)방식으로 구분할 수 있다.

---

2) 반도체는 다이오드와 트랜지스터 등으로 이루어진 집적회로소자 이외에도 열전자방출소자, 전자식 카메라의 전하결합소자(charge coupled device: CCD) 등 첨단전자산업 부문에 넓게 응용되고 있으며 태양전지나 발광소자에도 사용된다. 이처럼 우리 주변의 대부분의 전자제품에 들어 있어 생활에 편리를 가져다 주기 때문에 반도체를 '마법의 돌'이라 부르기도 한다.

팔레트는 주로 알루미늄 합금으로 제작되고, 컨테이너는 주로 알루미늄이나 유리섬유로 만들어진다. 팔레트와 컨테이너의 크기는 화물기 바닥의 폭이나 문의 크기로 의해 결정된다. 주로 팔레트는 88인치와 96인치를 기본으로 해서 변형이 이뤄지며, 60.4인치도 있다. 컨테이너는 60.4인치, 88인치, 96인치를 기본으로 해서 화물의 용도에 따라 크기나 적재나 방법이 달라지게 된다.

그리고 일반화물을 싣는 컨테이너 외에도 특수한 용도를 위한 컨테이너가 있는데, 이 컨테이너들은 부패하기 쉬운 화물을 운송하기 위해 보냉, 냉동장치가 부착되어 있다. 그리고 고급의류의 주름을 방지하기 위해 컨테이너 안에 옷을 걸 수 있도록 만들어 놓은 의류 컨테이너가 있고 소, 돼지, 말 등 가축 수송에 적합하도록 설계된 가축용 컨테이너들이 있다.

(2) 국제항공운송협회(IATA)

국제항공운송협회(International Air Transport Association: IATA)는 국제정기항공사가 중심이 되어 설립한 순수민간단체로서, 세계항공운송의 절차와 규정을 심의・제정・결의한다.

1945년 4월에 설립되어 본부는 캐나다의 몬트리올, 스위스의 제네바 및 싱가포르에 각각 본부를 두고 있다. 가입항공사는 약 276개사이고 대한항공과 아시아나항공도 정회원으로 가입해 활동하고 있다.

IATA의 설립목적은 국제간의 운임, 운항, 정비, 정산업무 등 상업적, 기술적 활동으로서, 안전하고 경제적인 항공운송사업의 발달과 제반문제의 연구, 민간항공운송기업 간의 협력증진 및 기타 국제기구와의 협력증진 등을 목적으로 한다.

(3) 항공화물운송장(Air Waybill: AWB)

선하증권과 마찬가지로 항공운송에서도 물건을 실어 나르는 운송인과 물건의 운송을 요청한 송화인 간의 계약이 체결된다. 즉 화물의 항공운송에 있어서 항공운송인의 청구에서 의해서 송화인이 작성, 교부하는 항공운송 물품에 관한 사항을 기재한 서면을 말한다.

물품의 항공운송에 있어서 항공운송인의 청구에 따라 송화인이 작성하고 제출하는 것이 원칙이지만, 통상적으로 항공사나 항공사의 권한을 위임받은 항공화물대리점이나 혼재업자[3]에 의해서 발행된다. 다시 말하면, 항공화물의 운송은 직송화물의 운송(항공회사에 의한 항공운송)과 혼재화물의 운송(혼재업자에 의한 항공운송)으로 구분된다.

이 계약이 체결되면 항공화물운송장(AWB)이 발급되는데 이 운송장은 항공운송에서 화물의 유통을 보장하는 유일한 운송서류로서 해상운송에 있어서 선하증권과 유사한 역할을 한다고 볼 수 있다. 이 항공화물운송장도 앞서 언급한 방식에 따라 항공사가 발행하는 항공화물운송장(Master Air Waybill)과 혼재업자가 혼재화물을 구성하는 개별 송화인의 화물에 대해서 발행하는 항공화물운송장인 혼재항공화물운송장(House Air Waybill)이 있다.

항공화물운송장의 기능은 다음과 같다.

1) 계약의 증거서류

항공운송화물운송장은 송화인과 운송인 간에 운송계약이 체결되었다는 사실을 나타내는 증거서류이다. 항공화물운송장에서는 당사자 간에 체결된 운송계약의 내용이 기재되어 있고, 운송약관이 인쇄되어 있어 운송계약으로서의 기능을 수행한다.

2) 수취의 증거서류

운송인이 화물을 운송하기 위해 이를 수령했다는 것을 증명하는 증거서류이다. 송화인이 화물을 항공사에 인도하면 항공기에 적재하게 전에 운송장을 발급하여 화물을 인수했음을 나타낸다.

---

3) 많은 화주(물건의 주인)로부터 집화한 개개인의 화물을 모아서 하나의 화물로 만들어 운송하는 업자.

3) 운임청구서로의 기능

항공사가 운송장을 발급하면 송화인은 운송장에 기재된 운임 및 기타 수수료(수속비)를 지불해야 하기 때문에 운송장은 항공사가 송화인에게 운임을 청구하는 운임의 청구서이기도 하다.

4) 보험증명서로의 기능

항공보험은 보험기간이 3~4일 정도로 짧기 때문에 항공사에서 제공하는 화주보험에 부보되는 경우가 많다. 만약 이런 사실이 운송장에 기재되면 이 운송장은 화물이 보험에 가입하였다는 사실을 증명하는 보험증명서가 될 수 있다.

(4) 항공화물운송장과 선하증권의 비교

항공화물운송장은 선하증권과 동일하게 항공회사가 운송을 위하여 수령한 물품의 수령증이며, 운송계약의 증거서류이다. 그러나 물품에 대한 인도청구권을 가지는 유가증권[4]은 아니다. 다시 말하자면, 선하증권은 유통·유가증권이지만, 항공화물운송장은 양도성이 없는 비유가증권이다. 항공화물운송장의 수화인용 원본은 목적지에서 화물과 함께 수화인에게 교부되는 것으로서 유통을 목적으로 하는 것이 아니며 또한 운송계약상의 권리행사에 필요한 것이 아니기 때문에 항공화물운송장은 유가증권으로 발행되지 않는다. 결국, 항공화물운송장이나 선하증권은 송화인과 운송인 간에 운송계약이 체결되었음을 증명하는 수취증이라는 점에서는 동일하지만, 항공화물운송장이 권리증권이 아니라는 점에서 차이가 있다.

4) 재산적 가치를 가지는 사권(私權)을 표시하는 증권.

〈표 7-1〉 항공화물운송장과 선하증권의 비교

Air Waybill	Bill of Lading
양도성이 없는 비유가증권 (Non-Negotiable)	양도성이 있는 유가증권 (Negotiable)
창고에 반입 후 AWB 발행(수취식)	선적 후 B/L 발행(선적식)
기명식	무기명식(지시식)
송하인이 작성함이 원칙	선박회사가 작성

2. 복합운송

(1) 복합운송의 의의

컨테이너에 의해 화물을 운송하게 되면 대량화물을 하역하는데 많은 시간이 소요되지 않는다. 또한 컨테이너 자체가 모든 운송수단에 적재가 가능하도록 규격화 되어 있어 여러 운송수단이 동시에 리용될 수 있다. 모든 운송에서 컨테이너가 진전됨에 따라 여러 운송수단을 유기적으로 결합한 운송시스템이 급속히 발전했는데 이를 복합운송(combination transport, 혹은 multimodal transport)이라고 한다.

즉, 특정운송품이 하나의 운송계약하에서 서로 다른 2종류 이상의 운송수단(선박, 철도, 트럭, 항공기 등)에 의해 운송구간을 결합해 일관된 운송 서비스를 제공하는 형태를 말한다.

복합운송은 출발지에서 최종 목적지까지 복합운송인이 전체 운송구간에 대해서 책임을 지고 육상, 해상, 항공 중 적어도 두 가지 이상의 운송형태를 결합하여 운송하는 방식을 말한다. 이러한 복합운송은 오늘날 해상과 육상을 연결하는 형태와 해상과 항공을 형태로 리용되고 있다.

(2) 복합운송의 경로

1) 시베리아 랜드 브리지(Siberia Land Bridge: SLB)

SLB는 시베리아 대륙을 교량으로 시베리아 대륙횡단 철도를 리용하여 극동과 유럽이나 중동지역을 연결하는 경로이다. 극동지역으로부터 대륙운송의 접점인 러시아의 나호트카(Nahodka)나 보스토치니(Vostochny)까지 컨테이너선으로 해상운송하고 그 곳에서 시베리아 횡단철도를 리용해서 육상운송한 후 유럽 또는 중동의 운송기관과 연결하여 목적지까지 운송한다.

2) 차이나 랜드 브리지(China Land Bridge: CLB)

CLB는 중국대륙철도와 실크로드(Silk road)를 리용하여 극동지역(한국, 일본, 중국 등)과 유럽지역을 연결하는 경로이다. 최근에 개발되어 SLB보다 리용빈도가 적지만 중국 경제의 발전과 기후, 운송거리 등이 SLB보다 유리하여 앞으로 많이 활용될 수 있는 경로이다.

3) 해공복합운송의 경로

일본에서부터 북미서해연안을 연결하는 태평양항로에서는 해상운송을 리용하고 그 후 미국내륙지역 및 대서양상에서는 항공운송을 리용하여 그림과 같이 극동지역, 미국 및 유럽권을 연결하는 경로이다. 이 운송구간은 내륙지방과 대서양 횡단운송에는 항공기를 리용하여 수송기간을 단축시킨다.

[그림 7-1] 미국경유 해공복합 운송경로

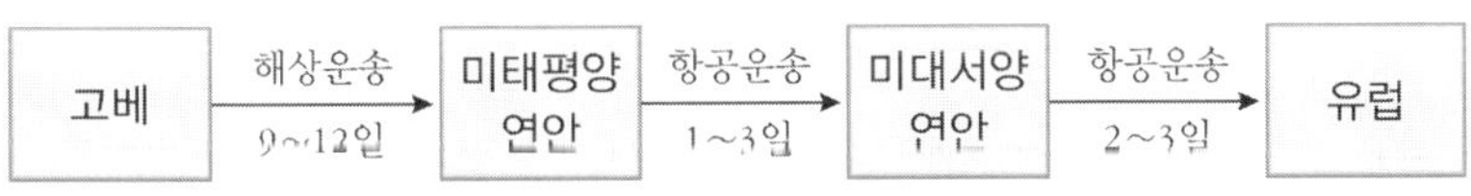

4) 복합운송증권

복합운송증권(Multimodal transport document: MTD)은 육상, 해상, 항공 중 두 가지 이상의 운송수단을 리용한 컨테이너 복합운송에서 운송계약을 증명하기 위해 복합운송이 발행하는 증권을 말한다.

현재 사용되고 있는 복합운송권의 형태는 선하증권을 복합운송에서 알맞도록 조금 변경한 것으로 선하증권에 복합운송을 의미하는 명칭을 붙여서 사용한다. 례를 들어, 'Multimodal Transport B/L' 등이 복합운송증권으로 사용되고 있다.

제 3 절 해상보험

1. 해상보험의 개념

해상운송 도중에 일어나는 사고에 대해서 보험자가 손해를 보상하여 줄 것을 약속하고 피보험자는 그 대가로서 보험료를 지불할 것을 약속하는 손해보험의 일종이다. 해상보험은 해상항해에 수반되는 내수로 또는 육상운송으로 인한 손해에 대해서도 보상해주고 있어 사고가 발생하는 지점이 반드시 해상이 아니어도 위험으로부터 보호를 받을 수 있다.

[그림 7-2] 해상보험의 개요

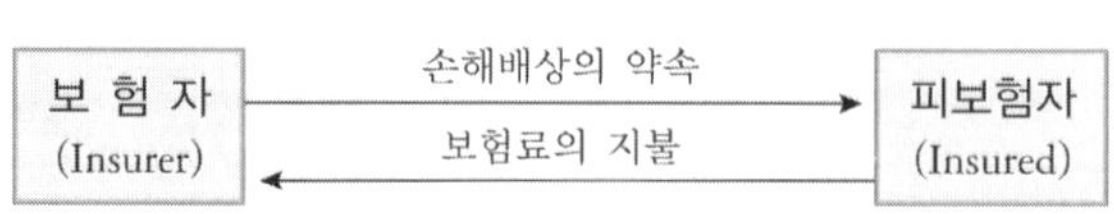

2. 해상보험의 당사자

(1) 보험자(Insurer/Assurer/Underwriter)

보험자는 보험료를 받아 해상위험을 부담하는 자로서 보험회사(insurance company) 또는 개인보험업자(underwriter)가 보험자가 된다.

(2) 보험계약자(Policy Holder)

보험계약자는 자기명의로 보험자와 보험계약을 체결하고 보험료(insurance premium)를 지급할 의무가 있는 사람을 말한다. 이 보험계약자의 중요사항은 중요사항의 고지의무 및 위험변경 증가의 통지의무 등을 부담하게 된다.

(3) 피보험자(Insured/Assured)

피보험자는 보험목적물에 대하여 경제적 리해관계, 즉 피보험 리익을 갖는 자로서, 사고가 발생하면 보험자로부터 보험금을 청구, 보상받는 자를 말한다. 여기서 중요한 것은 보험계약자와 피보험자는 동일인 또는 아닐 수도 있다는 것이다. 자신을 위하여 보험계약을 체결하게 되면 보험계약자와 피보험자는 동일인이 될 수 있지만, 타인을 위하여 보험계약을 체결하게 되면 보험계약자와 피보험자는 다른 사람이 되는 것이다.

우리가 앞서 봤던 CIF계약에서는 수출업자가 수입업자를 위해 보험계약을 체결해야 한다. 수출업자는 이 계약을 체결하고 보험료를 지불하는 보험계약자가 되고, 사고가 발생하게 되면 보상청구는 수입업자가 하기 때문에 피보험자는 수입업자가 된다. 하지만, 실무적으로 수출업자가 자기를 피보험자로 하여 보험계약을 체결한 후 보험증권을 배서하여 수입업자에게 양도하는 형식을 취하는 것이 일반적이다.

(4) 보험중개인

보험계약 체결을 중개하는 자로 보험중개인은 보험가입을 원하는 사람을 위해 보험자와 접촉해서 자신의 손님인 보험가입 희망자에게 필요한 보험을 알선한다. 보험중개인은 법적으로 피보험자를 대리하고 대표하므로 보험자를 구속할 만한 대행권한이 없고, 오로지 피보험자로부터 위촉받은 권한만을 대행할 수 있을 뿐이다.

3. 해상보험의 특징

(1) 피보험 리익

피보험 리익이란 보험목적물 그 자체가 아니라 보험목적물에 대하여 특정인이 갖는 재산상의 리해관계로서 보험계약의 목적이 된다. 례를 들자면, 선박, 화물뿐만 아니라 책임, 비용, 리윤과 같은 무형의 재산도 포함된다.

(2) 피보험자의 고지의무(Duty of Disclosure)

피보험자는 보험자가 위험을 측정하는데 영향이 미칠 수 있는 사실에 대해 최대선의(utmost good faith)에 입각해 고지[5]해야 하며, 의무를 소홀이 했을 경우 보험자는 보험계약을 취소 또는 해지할 수 있다. 계약체결의 교섭중이나 계약의 성립 전까지 보험자에게 고지를 해야만 한다.

---

5) 고지(告知): 보험계약에 영향을 미칠 수 있는 모든 사항을 숨김없이 보험회사에 알려야 하는 의무.

(3) 담보(Warranties)

피보험자가 지켜야 할 약속으로 위반시 내용의 중요성과 상관없이 보험계약은 자동적으로 취소가 된다. 즉 담보라는 것은 피보험자와의 약속을 말하는데 그 내용이 중요하든 그렇지 않든 간에 엄격하게 충족되어야 한다. 담보를 위반한 사실과 손해와의 사이에 하등의 인과관계가 없다 하더라도 담보위반 이후에 발생하는 손해에 대해서는 보험자는 그 책임을 면하게 된다.

4. 해상손해

(1) 전 손

전손은 담보위험으로 인해 보험목적물이 전부 소멸되는 경우를 의미한다. 해상보험에서는 전손을 현실전손과 추정전손으로 구분한다. 여기서 추정전손은 해상보험에서만 유일하게 인정되고 있는 전손이다.

〈표 7-2〉 해상손해

물적손해(직접손해)		비용손해(간접손해)
전 손	현실전손 추정전손	손해방지비용 구조비용 특별비용
분 손	단독해손 공동해손	

1) 현실전손(Actual Total Loss)

보험목적물이 완전히 파손되거나 원래의 경제적 가치를 가지지 못할 정도로 심하게 손상된 경우를 말한다.

2) **추정전손**(Constructive Total Loss)

현실전손을 피할 수 없거나, 복구비용이 그 보험액을 초과하는 경우로 그대로 현실전손 처리하는 것이 경제적인 경우 피보험자가 적절한 위부(abandonment)를 통지하고 보험금 전액을 청구하는 손해를 말한다.

위부라는 것은 추정전손의 사유가 발생해 피보험자가 보험목적물에 대한 일체의 권리를 보험자에게 이전하고 그 대신 전손에 해당하는 보험금을 청구하는 행위를 말한다. 피보험자의 이와 같은 의사표시를 보험자가 승낙하게 되면 추정전손이 성립되고 만약 이를 거절하게 되면 분손으로 처리된다.

(2) 분　손

분손은 전손의 상대적인 개념으로서 전손에 속하지 않는 모든 손해는 분손으로 취급된다. 분손은 크게 단독해손과 공동해손으로 구분할 수 있는데, 단독해손(Particular Average)은 피보험자 단독으로 책임지는 손해를 말하고 공동해손(General Average)은 보험목적물이 공동의 안전을 위해 희생되었을 때, 관련되는 리해관계자가 공동으로 그 손해액을 분담하는 손해를 말한다.

(3) 비용손해

보험자는 담보위험에 대해서 사전에 체결한 보험금액만 보상하나 사전에 명시될 수 없는 다음의 손해는 비용손해로서 보험금액을 초과하여 보상을 하게 된다.

1) **손해방지비용**(Sue and Labor Charges)

피보험자가 자신의 화물 등에 대해 손해방지의무를 이행하다가 입은 손해.

2) **구조비용**(Salvage Charges)

구조계약에 의거하지 않고 구조자(보험당사자가 아닌 제 3 자)가 회수할 수 있는 비용.

3) **특별비용**(Particular Charges)

손해를 방지하기 위해 피보험자 또는 대리인이 지불한 비용으로 공동해손과 구조비 이외의 비용.

제 4 절 클레임 및 상사중재

1. 클레임의 개념

클레임(claim)의 본래 의미는 당연한 권리를 요구, 청구 또는 주장할 수 있는 것을 의미하지만 일반적으로 무역거래에서 클레임은 계약당사자 중 한 쪽이 계약내용에 따른 리행을 하지 않아 손해를 입은 피해자가 가해자에게 손해배상을 청구하는 것을 말한다.

무역거래에서 클레임의 대부분은 주로 상품의 품질, 선적지연, 선적불리행 등을 리유로 수입업자가 수출업자에게 제기하는 경우가 일반적이며 수출업자가 수입업자에게 클레임을 제기하는 경우는 대금결세와 관세되는 것이 보통이다. 주로 당사자 중 한 쪽의 부주의로 인해 무역계약을 리행하지 않거나 리행을 지체함에 따라 클레임이 발생하는 경우가 많으며 간혹, 국제무역법규를 악용하여 고의적으로 클레임을 제기하는 경우도 있다.

2. 클레임의 청구내용

(1) 손해배상의 청구

피해자가 상대방의 고의나 과실로 인해 입은 손해를 금전으로 보상해 줄 것을 요구하는 것으로 환차손, 운임의 미회수, 수수료(수속비)의 미지급과 같은 클레임에서는 금전 이외의 다른 대체보상이 불가능하고, 설령 물품의 대체가 가능한 클레임일지라도 시장상황이 좋지 않을 경우 금전보상을 요구한다.

(2) 대체품의 청구

수입상품의 품질이 계약하고 다를 경우 수량이 부족한 경우의 클레임시에는 계약내용하고 다른 만큼의 대체품을 별도로 요구한다든지 추후 선적분에 부족한 수량만큼을 추가하여 선적해 줄 것을 요청한다.

(3) 매매계약의 취소 · 해약

매매계약을 완전히 취소하거나 잔여계약을 해약시키는 것으로 약정된 선적기일이 경과해도 선적이 제대로 리행되지 않으면 선적중지 요청과 함께 계약자체의 취소를 요구하고 계약을 리행하지 않는데 대한 손해배상금을 별도로 청구할 수 있다.

(4) 대금지급의 거절

수입업자가 수입상품을 확인한 후 하자가 있을 경우 그 대금지급을 거절 하는 것으로 신용장거래에 있어서는 일단 선적서류가 신용장조건을 다 만족시키면 대금지급거절과 같은 클레임은 제기될 수 없다.

3. 클레임의 원인

(1) 상품에 대한 클레임

상품의 품질과 관련하여 품질불량, 품질상이, 규격상이, 등급저하, 손상, 변질, 변색 등이 클레임의 주요 원인이 되고 상품의 수량에 관해서는 주로 수량부족으로 클레임이 제기된다. 상품의 포장과 관련된 것으로는 포장불량, 부적합포장, 포장결함 등이 클레임의 주요 원인이 된다.

(2) 선적에 관한 클레임

신용장거래에서는 명시된 선적기일을 반드시 준수해야 하지만, 그 밖의 거래에서는 선적지연이 종종 발생하며 계절적 상품이나 수입지에서의 시판이 촉발할 경우 선적지연은 중요한 클레임 제기의 원인이 된다.

(3) Market Claim

시장상황이 좋지 않을 경우 수입업자가 사소한 결점을 잡아 클레임을 제기하는 것을 말하는 것으로 계약 당시에 비해 수입국의 시장가격이 폭락할 경우 수입업자가 운송서류상의 사소한 하사난 발션되어도 내금지급을 거절하는 경우가 많다.

(4) 결제에 관한 클레임

수출업자가 제기하는 클레임은 물품이 제대로 도착한 후, 매수인(수입업자)이 각종 리유로 대금지급을 미루는 지급지연, 대금을 지급하지 않은 대금미회수와 같은 결제에 관한 클레임이다. 무신용장방식의 거래에서는 수입업자의 파산, 재정상태의 악화로 인해 대금지급이 지연되거나 회수 불가능한 경우가 발생한다.

4. 클레임의 제기

(1) 클레임 당사자의 확정

클레임 사유가 발생되면 우선 누구에게 클레임을 제기해야 할 것인가를 결정해야 한다. 클레임의 당사자는 계약당사자가 되는 것이 보통이지만, 예외로 계약당사자에게 책임이 없는 사유로 인하여 발생된 손해에 대하여는 제3자에게 청구하는 해야 되는 경우도 있다. 례를 들어 클레임의 당사자가 운송인이나 창고업자가 되는 경우가 있다.

(2) 클레임의 통지

클레임을 제기할 때에는 먼저 가장 빠른 방법으로 신속하게 클레임이 발생한 사실을 상대방에게 통지한 후 즉시 서면에 의한 정식의 클레임을 제기해야 한다. 클레임 통지는 모든 증빙자료를 갖추기 전에 먼저 클레임의 발생사실을 통보하는 것이다.

(3) 클레임의 제기기간

당사자 간에 제기기간에 대하여 약정이 있으면 그 기간 안에 제기해야 한다. 약정사항이 없는 경우는 나라마다 그 기간을 달리 보고 있다. 례를 들어 한국은 즉시 통지, 즉시 발견할 수 없는 하자에 대해서는 6개월의 기간을 인정해주고 있고, 일본은 즉시 검사하고 곧 통지해야 하고 미국은 합리적인 시간 내("Within Reasonable Time")에 하도록 되어있다. 이 합리적인 기간은 통산 검사 완료 후 3일 이내를 말한다.

(4) 클레임의 청구

클레임 제기내용을 육하원칙에 따라 작성하되, 양 당사자, 거래 사실관계, 분쟁발생경위, 청구내용 등을 기재하고 수출입관련 클레임의 경우 계약번호, 일자, 품명, 수량, 선적항, 도착항, 선하증권(B/L) 및 신용장(L/C)번호 등도 포함한다. 클레임을 입증하는 증빙서류로는 제기내용 및 사실관계를 입증할 수 있는 모든 자료, 서류와 품질불량이나 수량부족일 경우 검사보고서(Surveyor's Report)가 될 수 있다.

5. 상사중재

분쟁을 해결하는 방법으로 당사자 간의 의견조율을 통한 화해나 타협을 통한 해결의 방법을 들 수 있다. 그리고 이러한 과정에서 해결이 되지 않으면 알선, 조정을 거칠 수 있고, 혹은 소송의 절차를 밟을 수 있다. 알선과 중재는 법적 구속력은 없으나, 중재의 경우 법적 강제성을 띄고 있다는 차이점이 있다. 이 내용은 [그림 7-3]을 참조하면 된다.

[그림 7-3] 분쟁발생과 해결흐름도

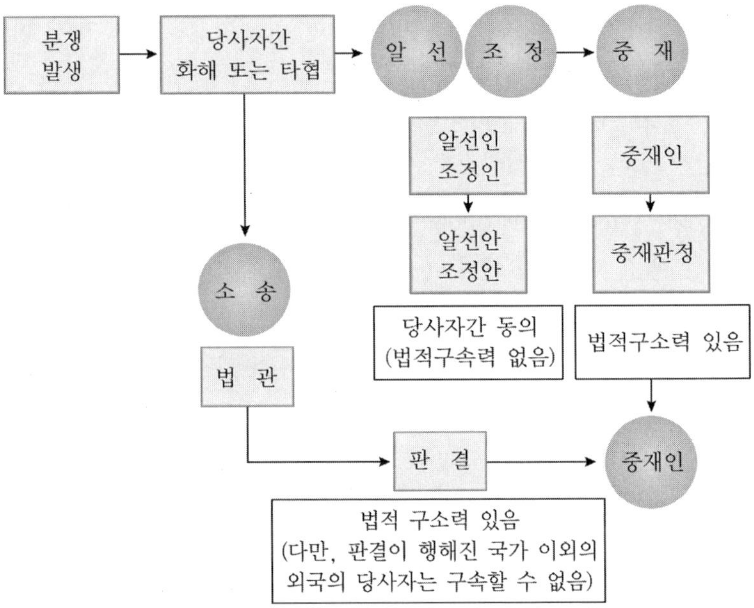

(1) 당사자 간의 분쟁해결

1) 청구권의 포기(Waiver of Claim)

피해자가 상대방에게 청구권을 행사하지 않는 경우로서, 이는 대체적으로 상대방이 사전 또는 즉각적으로 손해배상 제의를 통해 해결될 경우에 이루어진다. 청구권의 포기는 분쟁해결을 위한 가장 바람직한 방법으로 향후 양 당사자 간에 지속적이고 안정적인 거래를 보장받을 수 있다는 장점이 있다. 그리고 이러한 방법은 클레임의 액수가 적은 경우 다른 조건으로 대체 보상할 때 주로 사용된다.

2) 당사자 간의 타협(Compromise); 화해(Amicable Settlement)

당사자 간의 자주적인 교섭과 양보로 분쟁을 해결하는 방법으로 당사자가 직접적인 협의를 통하여 상호평등의 원칙하에 납득할 수 있는 타협점을 찾는 방법이다. 이러한 방법의 가장 큰 특징은 제3자의 개입이 없다는 점이다. 그리고 화해는 당사자가 서로 양보할 것, 분쟁을 종결할 것, 그 뜻을 약정할 것 등의 세 가지 요건을 필요로 한다.

(2) 제 3 자를 통한 분쟁해결

1) 알선(Intermediation)

알선이란 공정한 제3자적 기관이 당사자의 일방 또는 쌍방의 의뢰에 의하여 사건에 개입해서 원만한 타협이 이루어지도록 협조하는 방법을 말한다. 당사자 간에 비밀이 보장되고 거래관계의 지속을 유지할 수 있는 장점이 있다. 알선은 쌍방의 협력이 없으면 실패로 돌아가고 강제력은 없으나, 알선수임기관의 역량에 따라 그 실효성이 나타나기도 한다. 특히 한국의 경우 대한상사중재원이라는 기관이 있는데 이 기관에 의뢰된 건 중 90% 이상이 알선단계에서 처리되었던 사례가 있다.

2) 조정(Conciliation)

중재에 앞서 객관적인 입장에 있고, 전문지식이 있는 제3자로 하여금 양 당사자 간에 합의점을 찾도록 하는 방법으로 중재보다는 절차가 간편하나 구속력이 없다는 단점도 있다.

한국의 중재규칙상 중재신청 후 양 당사자가 요청할 경우 상호 협의하에 조정인을 선정하여 조정을 시도할 수 있도록 되어 있어 조정안이 성립되면 조정결정은 중재판정과 동일한 효력을 갖게 되지만 실패하면 30일 내에 조정절차는 자동적으로 폐기되며, 중재인을 선정해 중재절차가 진행된다. 그러나 당사자의 약정에 의하여 조정기간(30일)을 연장할 수 있다. 이렇듯 조정의 장점으로는 간결성, 신속성, 비용의 저렴성, 비공개, 전문가의 조력 등의 장점이 있다.

3) 중재(arbitration)

상사중재는 분쟁당사자들의 신청에 의해 법관이 아닌 제3자를 중재인(arbitrator)[6]으로 선정하고 중재인의 판정에 최종적으로 복종함으로써 분쟁을 해결하는 방법이다. 중재는 양당사자의 신청에 의해 설립되며 중재계약이 성립되기 위해서는 재판을 받을 수 있는 권리를 포기해야 한다. 또한 중재는 민간인에 의한 자주적인 분쟁해결방법으로 중재인의 판정은 최종적이며 그 효력은 법원의 확정판결과 동일하고 외국에서의 승인 및 집행이 보장된다.

상사중재의 장점으로는 분쟁을 신속히 해결하여 시간과 비용이 절약되고 분쟁당사자들은 자신들의 실정에 맞는 중재인을 선정할 수 있고 비공개로 진행될 수 있어 사업상의 비밀이나 회사의 명성을 그대로 유지할 수 있다는 장점이 있다. 마지막으로 중재판정은 외국에서도 그 효력이 인정되고 집행이 보장되므로 무역거래의 적합한 분쟁해결방안으로 인정받고 있다.

중재는 중재 분쟁당사자들이 합의한 중재합의에 근거해 성립하게 되는데 법정소송을 배제하고 중재에 의해서 분쟁을 해결하도록 당사자 간에 중재를 합의하는 중재계약이 있다. 중재합의가 유효하게 성립되어 중재절차가 순조롭게 진행되기 위해서 중재를 행할 중재지역, 중재기관 및 적용할 준거법 등을 정확하게 명시해야 한다.

중재의 절차는 [그림 7-4]와 같은 흐름으로 진행된다.

6) 중재인: 해당분야의 전문가로서 중재원의 심사와 중재인의 추천에 의해 선임된다.

[그림 7-4] 중재절차 흐름도

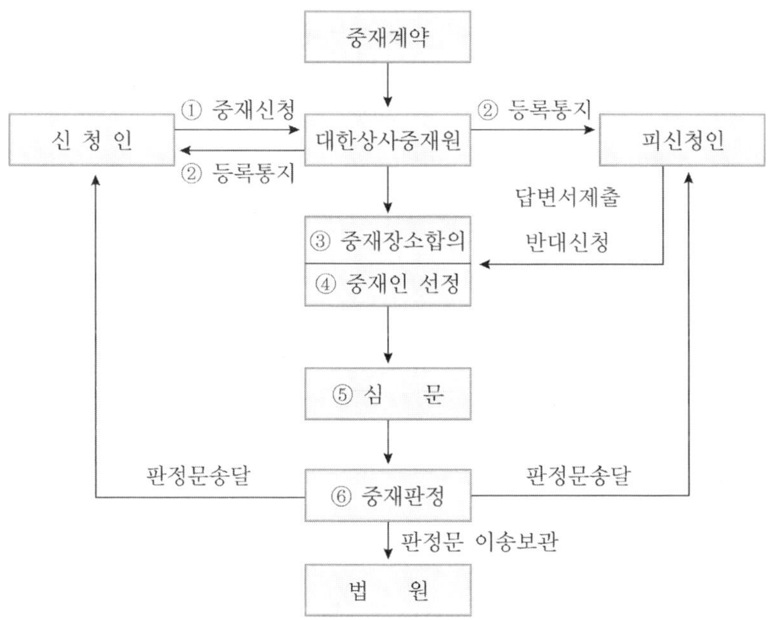

① 중재신청

- 클레임을 제기하는 당사자는 중재계약에서 정하는 바에 따라 대한상사중재원에 중재를 신청.

② 중재신청의 접수 통지

- 일방당사자가 중재신청서를 제출하는 경우 당해 신청이 중재규칙에 적합한 것인지의 여부를 확인하고 양당사자에게 중재신청이 접수되었음을 통지함과 동시에 중재인 선정을 의뢰함으로써 중재절차는 개시.

③ 답변서 제출 및 반대신청

- 피신청인은 신청인의 중재신청서를 검토한 후 중재신청 접수통지의 수령일로부터 국제중재의 경우 30일 이내에 사무국에 답변서를 제출하여 답변.

④ 중재인선정

- 중재판정부는 사무국에 접수된 중재사건을 심리하고 판정을 내리는 업무를 수행하며, 1인 혹은 수인의 중재인으로 구성됨.

⑤ 심리절차

- 중재재판부는 심리의 일시, 장소와 방식을 결정하고, 사무국은 당사자에게 국내 중재의 경우 10일, 국제중재의 경우 이를 심리개시 20일 전까지 통지.

- 심리절차는 비공개를 원칙으로 하고 당사자 이외의 사람은 중재판정부의 허가를 받아야 심문에 출석할 수 있음

⑥ 중재판정

- 중재판정은 신속히 하여야 하며, 당사자의 합의 또는 법률의 규정 중 다른 정함이 없는 한 심리종결일로부터 30일 이내에 판정을 내림.

- 사무국은 판정의 정본을 당사자 또는 대리인에게 송부하고, 원본은 송부사실을 증명하는 서면을 첨부하여 관할법원에 송부.

무역거래의 분쟁은 대부분 수출업자와 수입업자간의 분쟁이기 때문에 중재에 앞서 외국에서 내려진 중재판정의 승인 및 집행이 국제조약에 의해 보장되어야 한다. 중재판정의 범위를 외국까지 확대시키고 중재판정의 승인 및 집행에 관한 요건을 간단히 할 목적으로 '외국중재판정의 승인 및 집행에 관한 유엔협약(The United Nations Convention on the Recognitions and Enforcement of Foreign Arbitral Awards: New York Convention)'이 1958년 뉴욕에서 채택되었다.

뉴욕협약의 주요 내용은 상호주의 원칙에 따라 외국에서 내려진 중재판정의 효력을 인정하고 그 집행을 보장하는 것으로 뉴욕협약은 외국중재판정의 승인 및 집행을 받기 위한 신청요건도 간결히 하여 신청인이 중재합의서 및 중재판정문의 원본을 집행국의 해당 법원에 제출하면 집행이 가능하도록 규정하고 있다. 한국도 1973년 이 협약에 가입함으로써 대한상사중재원에서 내려진 중재판정도 회원국 간에는 그 승인 및 집행을 보장받고 있다.

02부

마케팅분야

Chapter

01 마케팅[1] 관리의 개요

제 1 절 마케팅의 중요성

기업의 경영에서는 물론이려니와 현대 사회 전반에 걸쳐 마케팅의 중요성은 지대하다. 세계적으로 매년 수십조 달러에 이르는 제품과 봉사가 생산되는데 이 중 상당부분이 상품개발, 포장, 류통, 광고, 인적판매 등의 마케팅 비용으로 쓰여진다. 따라서 기업의 입장에서는 이 같은 활동들을 효과적이고 효율적으로 수행해 내느냐 아니냐에 따라 시장에서의 성패가 좌우된다.

많은 국가의 경우 수백만에 달하는 인구가 도・소매업, 물류, 방송・통신 산업, 기타 봉사 산업 등 마케팅과 직접적인 관련이 있는 직업에 종사하고 있다. 또한 광고대행업이나 시장조사업처럼 전적으로 마케팅 활동과 관련된 사업에 종사하는 인구만도 상당수에 이르며 광고비의 경우 2000년 기준으로 총 5조원을 넘고 있다. 따라서 마케팅은 국민 경제적 차원에서 보더라도 상당한 비중을 차지하고 있으며, 그 고용창출 효과도 매우 큰

1) 마케팅 관리란 표적시장을 선택하고, 우월한 손님가치의 창조, 전달 및 알림을 통해 손님을 획득, 유지, 확대하는 기술과 과학을 말한다. 또한 이것과 관련된 모든 기업의 활동 및 생산과정을 마케팅이라 한다.

분야이다.

마케팅은 사람들의 생활방식이나 사고방식에도 큰 영향을 미친다. 마케팅은 종종 물질주의를 조장한다거나, 류행이나 상품의 수명을 의도적으로 단축시키기도 하며, 상품의 외면적인 차별화를 통해 자원의 랑비를 초래한다는 비판을 받기도 한다. 그러나 기본적으로 마케팅은 소비자들의 욕구를 반영하여 상품을 만들고, 그들이 지불할 수 있는 가격에 그 상품을 제공하려는 로력이라고 할 수 있다. 마케팅을 비판적으로 바라보는 시각을 가진 사람들이 주장하는 마케팅의 '랑비적인' 요소는 비판을 통해서 사라질 수 있는 것이 아니며 눅은 가격에 기본적인 기능을 갖춘 상품들을 판매하는 기업들이 시장에 진입하여 소비자들에게 기타의 상품보다 더 많은 가치를 제공함으로써 소비자들의 호응을 얻을 수 있을 때에만 근본적으로 해소될 가능성이 생긴다.

마케팅은 실제로 소비자들의 생활의 질을 높여주는 역할을 수행한다. 예컨대 기업의 마케팅 관리자들은 이동전화나 자동입출금 봉사 등의 새로운 제품이나 봉사를 소비자들이 받아들여 생활의 질을 높일 수 있도록 도와주기도 하며 지나친 음주나 흡연에 대한 경고문구, 자원절약에 관한 메시지 등을 만들어 공익성 홍보를 벌이기도 한다.

제2절 기본개념의 리해

마케팅은 인간의 필요와 욕구에서 시작한다. 인간은 살아가기 위해 음식, 옷, 주택 등을 필요로 한다. 뿐만 아니라 인간은 휴식, 교육, 오락 등의 봉사에 대해서도 강한 욕구를 가지고 있다. 인간은 많은 경우 이 같은 기본적인 상품이나 봉사의 특정형태나 상표에 대해 강한 선호를 가지고 있다. 예컨대 어떤 사람은 배고픔을 해결하기 위해 칼국수를 먹는 것을 좋아하며, 갈증을 해소하기 위해서는 코카콜라(음료의 한 종류)를 즐겨 마신다. 한편 무료함을 달래기 위해 바둑이라는 오락을 즐기기도 한다.

인간의 필요는 기본적인 만족의 부족함을 느끼고 있는 상태이다. 인간은 생존을 위해 의·식·주, 안전, 소속감, 존경 등을 필수적으로 갖추어야 하는데, 이 같은 것들이 부족하다고 느낄 때 그 사람은 필요를 가지고 있다고 볼 수 있다. 이 같은 필요들은 사회나 마케팅에 의해 만들어지는 것이 아니라 인간이 생리적으로 갖고 있거나 인간의 조건 그 자체에 의해 생겨난다. 소비자가 갖고 있는 필요들을 만족시킬 수 있는 구체적인 제품이나 봉사에 대한 바람을 욕구라고 한다. 한국의 소비자들은 음식을 필요로 하며 햄버거(빵의 한 종류)에 대한 욕구보다는 된장찌개에 대한 욕구를 갖고 있는 경우가 훨씬 더 일반적이다. 이처럼 욕구는 문화나 사회에 따라 다르며, 학교, 기업, 가족 등의 사회적 제도나 힘에 의해 형성되고 끊임없이 변형되어 간다. 특정제품이나 봉사에 대한 욕구가 구매의사와 능력에 의해 뒷받침될 때 우리는 그것을 수요라고 한다.

소비자들은 제품이나 봉사를 가지고 그들의 필요와 욕구를 충족시킨다. 예컨대 소비자들은 그들의 갈증을 해소하기 위해 생수, 콜라, 사이다, 녹차, 음료 등의 많은 수단을 사용할 수 있다. 소비자들은 이 같은 대안들 중에서 그들의 필요를 가장 잘 만족시켜 줄 수 있다고 생각하는 대안을 선택할 것이다. 그러나 소비자들은 필요나 욕구의 충족이라는 면뿐만 아니라 어떤 대안을 얻기 위해 지불해야 하는 대가를 동시에 생각한다. 따라서 소비자들이 제품을 선택하는 데 있어 지침이 되는 개념은 각 대안이 소비자에게 제공할 수 있는 가치라고 할 수 있다. 대안의 가치는 가격을 고려한 대안의 손님 만족수준이다.

어떤 제품이나 봉사가 소비자의 필요나 욕구를 충족시키고 소비자에게 만족과 가치를 제공한다고 하더라도 그 제품이나 봉사를 제공하는 기업에게도 무엇인가 리득이 있지 않으면 교환은 일어나지 않는다. 교환은 가치 있는 제품이나 봉사를 대가를 제공하고 획득하는 행위를 말한다. 교환이 실제로 일어나는가 아닌가는 교환과 관련된 당사자들이 교환의 조건에 동의하느냐 않느냐에 달려 있는데, 교환이 일어나기 위해서는 교환의 조건이 교환의 당사자들로 하여금 교환 이전보다 더 나은 상태로 만들어 줄 수 있어야 한다. 그런 의미에서 교환은 가치를 창조하는 과정이라고 할 수 있다. 예컨대 어떤 소비자가 삼성전자의 'PAVV' 텔레비죤을 100만원에 구입하였다면 그 소비자는 교환을 통해 'PAVV' 텔레비죤이 제공할 수 있는 효용을 누리게 되는 한편 삼성전자는 텔레비죤가격에 해당하는 가치를 얻게 된 것이고 그 같은 교환을 통해 소비자와 기업 모두가 교환이 있기 전보다 더 나은 상태로 옮겨 갔다고 볼 수 있다. 옛날에는 시장이라는 개념이 남대문 시장이나 동대문 시장처럼 물건을 파는 사람과 사는 사람이 만나 교환이 일어나는 곳으로서 장소적인 의미를 갖는 것으로 인식되었다. 그러나 최근에는 시장이 반드시 어떤 특정장소를 지칭하는 개념이라기보다는 어떤 제품이나 봉사의 실제 또는 잠재적 소비자들의 집합을 의미하는 뜻으로 쓰이고 있다.

제 3 절 마케팅 개념의 정의

위에서 설명한 개념들을 중심으로 마케팅을 정의해 보면 마케팅은 소비자의 필요와 욕구를 충족시키기 위해 시장에서 교환이 일어나도록 하는 일련의 활동들을 말한다.

교환의 한 쪽 당사자가 다른 당사자로 하여금 바람직한 반응을 나타내려고 하는 경우 마케팅을 관리할 필요가 생겨난다. 마케팅 관리에 대해서는 2004년 미국마케팅협회가 내린 정의가 가장 널리 쓰여지고 있는데 이는 다음과 같다.

"마케팅 관리란 표적시장을 선택하고, 우월한 손님가치의 창조, 전달, 및 알림을 통해 손님을 획득, 유지, 확대하는 기술과 과학을 말한다."

이 같은 마케팅 또는 마케팅 관리에 관한 정의는 개념적으로 밀접하기는 하지만 너무 추상적이어서 실제로 활용할 수 있는 마케팅의 관리적인 정의로는 적합하지 못한 경우가 많다. 따라서 이 책에서는 기업과 같은 리익

[그림 1-1] 마케팅의 령역

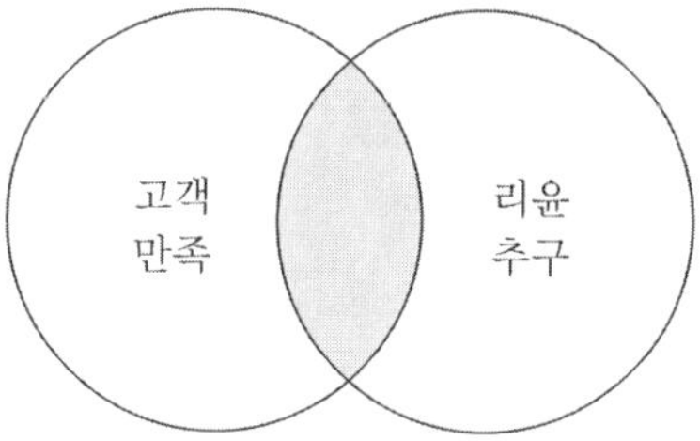

추구 기관에서의 마케팅을 상정하고 "손님만족을 통한 리윤의 추구"라는 개념으로 마케팅을 정의해 보고자 한다. 사실 기업의 입장에서 손님의 필요와 욕구를 만족시키는 일과 리윤을 추구하는 것은 서로 충돌하는 관계에 있게 되는 경우가 종종 있다.

Chapter

02 마케팅 관리 철학의 개념

제 1 절 기업중심적 마케팅 철학

기업이 기업중심으로 경영을 해나가는 것은 어찌 보면 당연한 일이다. 기업이 당면하는 여러 가지 일들을 처리해 나가는 데 있어 기업의 생존과 성장을 위해 기업중심적인 관점을 갖게 되는 것을 우리는 종종 관찰할 수 있다. 이 같은 기업중심적 철학에는 생산개념, 제품개념, 판매개념 등이 있다.

1. 생산개념

생산개념은 기업의 마케팅 관리 철학 중에서도 가장 오래된 개념들 중의 하나이다. 생산개념은 소비자들이 쉽게 그리고 눅게 구매할 수 있는 상품을 좋아할 것이라고 생각한다. 따라서 생산지향적인 기업의 경영자들은 생산의 효율성과 광범위한 류통망의 확보를 무엇보다 중요하게 생각한다. 생산개념은 수요가 공급을 초과하여 만들기만 하면 팔려나가는 상품이거나 제품의 원가가 높아서 생산성의 향상을 통해 원가를 낮춰야 팔려나가는 상품을 생산하는 기업에서 흔히 볼 수 있는 경영철학이다.

2. 판매개념

판매개념은 손님 중심적이 아닌 기업 중심적 사고방식에 젖은 기업들이 흔히 갖고 있는 시장접근방법들 중의 하나다. 판매개념은 기본적으로 손님들을 그냥 두어서는 그들이 자발적으로 기업에서 생산되는 제품이나 봉사를 충분히 구입하지 않을 것이라는 가정하에 상당히 공격적인 영업 및 촉진활동을 펼쳐야만 하는 것으로 생각한다.

판매개념은 일부 보험상품이나 백과사전류의 서적 등 일반적으로 소비자들이 자발적으로는 구매를 고려하지 않을 가능성이 높은 제품이나 봉사의 판매에서 흔히 관찰된다. 판매개념하에서 마케팅은 판매기술의 동의어로 간주되며 손님의 가능성이 있는 사람들을 찾아내어 이들에게 밀어넣기식으로 판매하는 것을 주된 영업방식으로 하고 있다. 이 같은 개념은 반드시 소비자들이 자발적으로 찾지 않는 상품의 판매에 한정되지는 않으며 화장품과 같은 일상용품에서 자동차 같은 오래도록 쓸 수 있는 재화의 판매에 이르기까지 널리 퍼져 있다. 판매개념을 채택하고 있는 기업은 제품의 공급과잉 상태에 있는 경우가 많으며 소비자들이 원하는 상품을 만들기보다는 기업이 만든 상품을 소비자들에게 단순히 판매하는 것 자체를 목표로 한다.

판매지향적인 기업에서는 소비자들에게 그들의 상품을 판매하는 일을 쉽게 하기 위해 막대한 량의 소개나 판매촉진 활동을 벌이는 경우도 흔히 있다. 따라서 일반대중은 마케팅 활동을 단순한 소개나 판매촉진 또는 영업활동으로 오해하는 경우가 많지만 실제로 판매는 마케팅의 일부분에 해당하는 활동이라는 점을 인식할 필요가 있다. 사실 가장 뛰어난 마케팅은 기업이 소비자들의 욕구나 필요를 너무나 잘 알고 상품을 만들어서 별도의 판매나 촉진활동이 필요 없는 경우일 것이다. 보통 판매가 효과적이기 위해서는 마케팅조사, 상품개발, 가격결정, 류통경로 설계 등의 선행 마케팅활동이 효과적으로 이루어져야 한다.

판매개념에 지나치게 의존하는 기업에서는 이 같은 선행활동을 생략하거나 체계적으로 수행하지 않은 채로 그들의 상품을 억지로 파는 경우가 많으며 그 같은 밀어넣기식의 판매에 기인하는 매출의 증가는 해당기간의 영업실적 개선에는 효과적일 수도 있으나 장기적으로 손님의 불만과 함께 부정적으로 이러한 내용이 사람들에게 전해지기도 한다.

제 2 절 손님중심적 마케팅 철학

기업의 입장에 있는 경영철학들과는 대조적으로 손님의 입장에 서서 기업과 관련된 여러 가지 활동을 전개해 나가고자 하는 손님중심적 마케팅 관리 철학이 마케팅 개념이다. 마케팅개념은 기업목표의 달성이 표적시장에 속한 손님들의 필요와 욕구를 찾아내어 그것을 경쟁자들보다 더 효과적이고 효율적으로 충족시키고자 하는 것이다.

앞에서 언급한 바와 같이 마케팅 개념은 판매개념과 혼동되는 경우가 종종 있다. 그러나 판매개념이 기존제품의 판매와 촉진활동의 강화를 통해 매출을 증가시켜 리윤을 남기려는 생각인 데 반해서 마케팅 개념은 시장의 손님들이 가진 욕구를 통합된 마케팅 활동을 통해 만족시킴으로써 리윤을 창조하려는 생각이라는 점이 다르다. 따라서 상품기획, 가격결정, 소개, 판매촉진, 류통경로 관리 등의 모든 마케팅 활동이 시장의 손님들에 초점을 맞추어 일관성 있게 합쳐지고 조정된다.

생산지향적이거나 판매지향적인 기업을 시장지향적인 기업으로 만드는 일은 수년간에 걸친 꾸준한 투자와 로력을 통해서만 가능하다. 손님만족의 달성이라는 목표가 기업의 구석구석에까지 체화되어 하나의 기업문화로 정립될 수 있을 때 진정으로 손님지향적인 기업이라고 부를 수 있다. 어떤 제품이나 봉사에 만족하는 손님은 그 제품이나 봉사를 다시 구매하게 될 가능성이 높을 뿐만 아니라 그 기업에 관한 긍정적인 이야기 전달의 원천이 된다. 따라서 손님만족은 기업이 장기적으로 존속하고 성장하는 데 필수 불가결한 요소라고 할 수 있다.

그러나 기업이 잊지 말아야 할 것은 기업의 궁극적인 목표가 손님만족을 극대화하는 데 있는 것이 아니라 리윤을 창출할 수 있는 방법으로 손님들의 욕구를 충족시켜 주는 것이라는 점이다. 따라서 기업은 모든 손님들이 원하는 모든 것을 충족시켜 주려고 로력하기보다는 기업의 리윤을 창출할 수 있는 한도 내에서 손님들에게 더 많은 가치를 줄 수 있도록 로력해야 한다. 그렇게 함으로써 기업은 기업대로 장기적인 발전을 도모할 수 있고 손님은 손님대로 기업에서 제공하는 제품이나 봉사에 만족하게 되는 해법을 찾을 수 있을 것이다.

Chapter

03 마케팅 기능과 마케팅 관리

기업에서 마케팅이 구체적으로 실행되는 과정에서 기본적인 마케팅 기능에는 환경분석, 마케팅 조사, 소비자분석, 상품기획, 류통계획, 촉진계획 그리고 가격결정 등이 있다. 이들 중 환경분석, 마케팅 조사, 소비자분석은 시장 분할을 통한 목표시장의 선택과 상품의 이미지(느낌) 전달(포지셔닝) 등의 기본적인 마케팅 전략의 수립을 위해 수행되는 기능이라고 할 수 있으며, 상품(product), 촉진(promotion), 가격(price), 류통(place)의 4P와 관련된 계획은 이미 수립된 기본적인 마케팅 전략에 근거하여 만들어진다. [그림 3-1]에서 이러한 구성을 살펴볼 수 있다.

제 1 절 마케팅 믹스[1]

마케팅 믹스는 경쟁의 목표를 시장에서 달성하기 위해 기업이 활용하는 핵심 경쟁 요소(례를 들면 4P와 같은)들의 집합을 말한다. 여기서 일반적으로 마케팅 믹스의 핵심 경쟁요소는 4P(제품, 촉진, 류통, 가격)를 가리키는

1) 경쟁의 목표를 시장에서 달성하기 위해 핵심 경쟁요소들을 결합한 것.

[그림 3-1] 마케팅의 체계

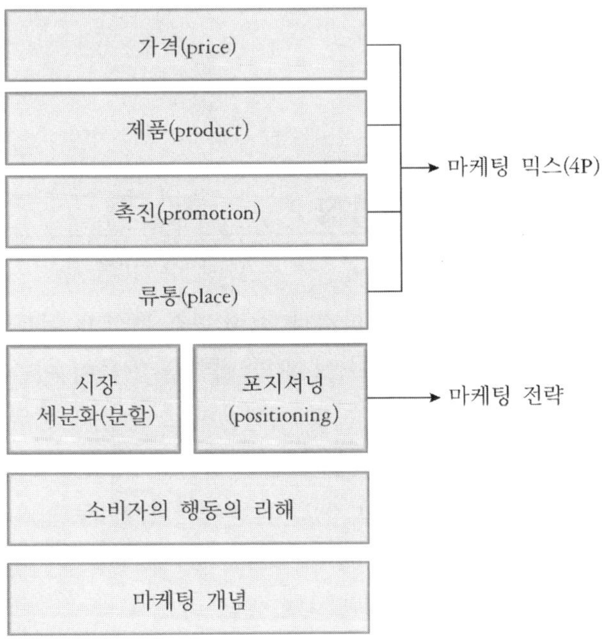

말이라고 할 수 있는데, 마케팅 믹스와 관련된 의사결정들을 자세히 설명하면 다음과 같다.

· 가격계획

가격계획은 상품가격의 수준과 범위, 가격결정기법, 판매조건 등을 결정하는 것을 말한다.

· 제품계획

제품, 제품 구색, 제품 느낌, 상표, 포장 등의 개발과 관련된 의사결정들을 말한다.

· 촉진계획

소개, 수요자에 대한 직접 판매, 판매촉진 등을 통해 손님이나 일반대중들에게 의사를 전달하는 일에 관한 의사결정을 말한다.

· **류통계획**

류통경로를 설계하고, 물류 및 재고관리, 도매상 및 소매상의 관리를 위한 계획을 세우는 것을 말한다.

제 2 절 마케팅 관리과정

마케팅 관리과정은 마케팅 환경과 소비자를 분석한 결과를 토대로 마케팅 전략을 수립하고 마케팅 믹스에 관한 계획을 만들어 이를 수행하고 통제하는 일련의 과정을 말한다. 마케팅 계획은 중소기업의 경우 한두 사람에 의해 실행에 옮겨지는 일도 흔하지만 대기업의 경우에는 영업사원, 마케팅 조사전문가, 광고전문가, 제품관리자, 손님봉사 담당자 등 많은 마케팅 전문가들에 의해 실행에 옮겨진다.

마케팅 계획이 실행될 때 원래 계획했던 대로 실행되어 성과가 나타나는 부분도 있으나 계획과 실제 성과가 다른 경우도 많이 볼 수 있다. 따라서 기업은 성과를 평가한 후 다시 이를 과정에 반영하여 마케팅 활동을 통제할 수 있는 제도를 갖고 있어야 한다. 보통 통제제도는 기업의 매출이나 리윤 등의 년간 목표를 달성할 수 있도록 하는 년간 계획 통제제도, 상품별·손님집단별 및 류통경로별 실제 리익률을 측정하여 통제하는 리익률 체계, 시장조건에 비추어 마케팅 전략이 적절한가를 통제하는 전략적 통제 시스템 등이 있다. 마케팅 환경이 빨리 변하면 변할수록 기업은 정기적으로 마케팅의 효과성을 재평가하여 발전과정 관리 해나가는 마케팅 관리감독을 실시하게 된다.

[그림 3-2]는 마케팅 환경을 탐색하여 적응해 나가는 방법으로서의 마케팅 관리과정을 나타내고 있다. 마케팅 관리과정은 마케팅 정보를 분석하여 이에 근거한 마케팅 계획은 수립하고 이를 수행한 뒤 계획에 비추어 통제하는 일련의 과정을 의미한다. 이 같은 과정은 마케팅 믹스로 구체화되어

[그림 3-2] 기업의 마케팅 관리과정

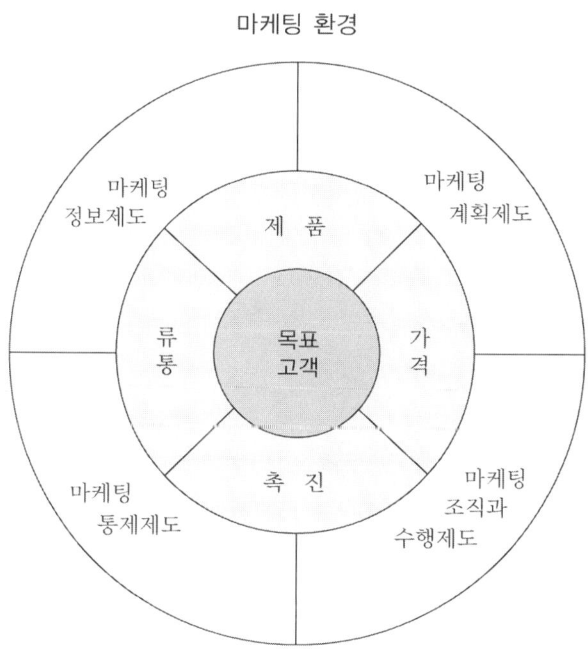

표적손님들에게 전달된다. 마케팅 관리과정은 국내의 중소기업이건 세계적 규모의 다국적 기업이건 간에 같은 원칙하에 적용된다.

Chapter

04 전략적 마케팅 계획

전략적 마케팅 계획의 주 목적은 만족스러운 수익창출과 매출성장의 실현을 위해 기업을 구성하는 여러 사업들(혹은 제품들)을 효과적으로 관리하는 것이라고 하였다. 전략적 마케팅 계획의 수립과정은 기업의 특성이나 규모에 따라 달라질 수 있지만, 대체로 기업사명의 정의 → 기업목표의 결정 → 사업구성의 결정 → 사업단위별 경쟁전략의 결정 → 성장전략의 개발의 단계를 거친다.

기업전체 수준에서 마케팅 관리자는 먼저 기업사명을 결정한다. 이러한 기업사명은 기업전체의 마케팅로력을 이끌 구체적인 기업목표로 전환된다. 그 다음에 기업목표의 달성이 가능하도록 최적의 사업구성을 유지하기 위한 결정을 내린다. 사업구성 결정에서는 어떤 제품들로 구성하는 것이 기업목표의 달성에 가장 적절하며, 각 사업 혹은 제품에 대하여 얼마나 많은 자원이 지원되어야 하는지에 대한 결정이 이루어진다. 사업구성에 대한 결정이 이루어지면, 다음 단계로 해당 산업에서 각 사업단위의 경쟁우의를 확보하는 방안을 강구해야 한다.

마지막으로 최고 경영자가 지향하는 장기적 기업목표가 달성될 수 있도록 기존 사업들의 매출성장을 지속적으로 추구하거나 새로운 유망 사업분야의 진출을 통해 매출성장을 확대하는 성장전략을 개발해야 한다. 이와

[그림 4-1] 전략적 마케팅 계획 수립과정

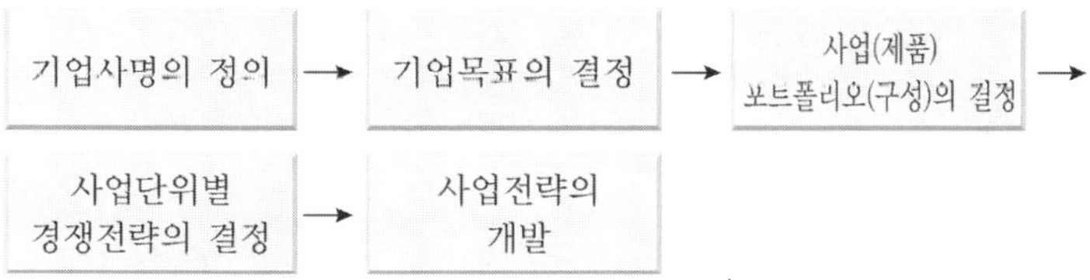

같이 기업전체 수준에서의 전략적 시장계획수립이 이루어지면, 마케팅 관리자는 이를 토대로 각 제품수준에서의 구체적인 마케팅 계획을 수립한다. 이하에서는 전략적 마케팅 계획의 각 단계에 대해 보다 자세하게 설명하기로 한다.

제 1 절 기업사명의 정의

사람들은 각자 미래에 성취하고자 하는 인생목표를 가진다. 인간은 스스로를 성찰하여 자신에 대한 강·약점을 파악하고 주어진 기회가 무엇인지에 대한 적절한 판단을 함으로써 인생목표를 설정한다. 사람들이 인생목표를 설정하듯이 기업도 자신에 대한 장래설계가 필요하다. 이와 같은 기업의 장래설계를 기술해 놓은 것을 기업사명이라고 한다. 사업을 처음 시작하는 대부분의 기업들은 명확한 기업사명을 갖지만, 기업의 성장을 통해 새로운 사업이나 제품이 추가됨에 따라 기업사명이 점차 불명확하게 된다. 또는 기업사명이 명확하더라도 새로이 변화된 마케팅 환경에 더 이상 적합하지 않을 수도 있다.

마케팅 관리자는 항상 다음과 같은 근본적인 질문은 제기하고 기업사명이 이들을 명확하게 반영하고 있는지를 검토해야 한다.

· 우리 회사는 어떤 사업을 하고 있는가?

· 우리의 손님은 누구인가?
· 우리의 사업이 손님들에게 어떤 가치를 제공하는가?
· 우리 사업이 앞으로 어떻게 될 것인가?
· 우리 사업이 앞으로 어떻게 되어야 할 것인가?

바람직한 기업사명은 다음과 같은 특성들을 갖추고 있다.

첫째, 기업사명은 명확한 가치를 제공해야 하며 모든 것을 배열하는 것이 되어서는 안 된다. 즉 기업사명은 종업원들이 독립적으로 수행하는 업무들이 전체적으로 기업목표와 조화되도록 이끌어 주는 보이지 않는 손의 역할을 수행해야 하는 것이다. 가령, "우리 기업은 세계시장을 상대로 최고품질의 제품을 최저의 가격과 최선의 봉사로 판매함으로써 초우량 기업이 되기를 원한다"라는 기업사명은 그럴 듯해 보이지만 종업원들의 경영활동을 위한 명확한 지침을 제공해주지는 못한다.

둘째, 기업사명은 기업이 활동할 사업영역을 명시해야 한다. 기업은 기업사명 속에 자신이 진출할 사업들의 범위와 각 산업내에서 자사의 사업이 공략해야 할 시장의 범위를 명확히 정의해야 한다. 제품의 수명은 짧지만 손님의 욕구는 영원히 지속되므로, 시장(또는 손님)지향적으로 사업을 정의해야 한다는 것이다.

셋째, 기업사명은 종업원들의 동기를 유발하는 것이어야 한다. 기업사명은 종업원들이 수행하는 일이 의의 있고 다른 사람들의 삶에 공헌하는 것으로 자부심을 느끼게 할 필요가 있다. 단지 리익을 추구하는 것이 기업사명이 되어서는 안된다.

넷째, 기업사명은 기업 장래에 대한 긍정적 모습을 제공해야 한다. 마케팅 환경의 변화로 인해 과거의 기업사명이 기업의 나아갈 방향을 제시하는 데 공헌하지 못한다면, 그 기업사명은 새로운 기업의 미래 모습이 포함되도록 재정립되어야 할 것이다.

기업사명은 수시로 변경되어서는 안 되지만 그것이 신뢰성을 잃거나 전략수립의 바람직한 방향을 제시하지 못한다면 새롭게 정의되어야 한다.

제 2 절 기업목표의 결정

흔히 기업은 너무 추상적이거나 광범위하게 기업목표를 정의함으로써 마케팅 전략수립의 방향을 제시하지 못할 수 있다. 바람직한 기업목표는 다음과 기준들을 충족시켜야 한다.

첫째, 수행되어야 할 여러 가지 기업목표들은 추상적인 것에서부터 구체적인 것에 이르기까지(혹은 중요도에 따라) 계층적으로 서술되어야 한다.

둘째, 기업목표는 가능한 한 계량적으로 서술되어야 한다. 계층적 구조 속의 상위에 위치한 기업목표들은 계량화하는 것이 쉽지 않지만, 가능한한 측정가능하도록 기업목표가 결정되는 것이 바람직하다. 가령, "시장점유율의 증가"라는 기업목표보다는 "2년 내로 시장점유율을 20% 증대시킨다"라는 기업목표가 보다 구체적인 량적목표로 서술된 점에서 더 바람직하다.

셋째, 기업목표는 실현가능한 것이어야 한다. 기업목표는 시장기회와 자기가 속한 회사의 경쟁적 강·약점 등을 토대로 한 객관적 분석에 의해 설정되어야 하며 단순히 경영자의 바람을 반영한 것이 되어서는 안 된다.

넷째, 기업목표들은 서로 상치되지 않고 일관성이 유지되어야 한다. 우리는 흔히 "매출과 리익을 동시에 극대화 한다"라는 기업목표나 "최소의 비용과 최선의 봉사제공을 통해 최대의 매출을 실현한다"는 기업목표를 본다. 그러나 이들을 유심히 살펴보면 각 목표들이 서로 상치되어 일관성이 부족되어 있음을 알 수 있다. 가령, 기업은 최대의 매출을 실현하기 위해서 보다 많은 마케팅 비용을 지출해야 하므로 단기적으로 리익의 감소를 감수해야 함을 인식해야 할 것이다.

제 3 절 기존 사업구성의 평가

1. 전략사업단위의 확인

기업의 사명과 목표를 결정한 다음, 마케팅 관리자는 자기가 소속된 회사가 거느리고 있는 기존 사업들의 매력도를 평가하여 기업의 강점과 시장 기회를 가장 잘 살릴 수 있는 매력적인 사업들로만 구성되는 최적의 사업 구성을 유지해야 한다. 마케터는 기존 사업구성의 매력도에 대한 평가를 내리기 앞서 기업을 구성하는 복수의 사업이나 제품들을 전략수립에 용이한 전략사업단위로 나누는 작업을 먼저 수행해야 한다. 많은 대기업이나 이미 어느 정도 목표를 달성한 기업들은 수많은 사업들과 제품들을 거느리고 있다. 사업단위는 전략수립계획과 관련하여 전략사업단위라고 불리어진다. 전략사업단위는 독자적인 마케팅 전략수립이 필요한 관련사업들끼리 함께 묶은 조직으로 정의될 수 있다. 한 전략사업단위는 다른 전략사업단위와 별개로 비용지출 및 마케팅 전략의 수립 · 집행이 이루어진다.

그러면 어느 수준에서 전략사업단위를 정하는 것이 적절할까? 전략사업단위는 '한스푼, 드봉비누(비누 이름)' 등 상표수준(혹은 단위 제품수준)에서 정해질 수도 있고, 이들 단위제품들을 포괄하는 세탁용품이라는 보다 확대된 제품범주 수준에서 정해질 수도 있으며, 더 나아가 세탁용품, 화장실용품 등 관련 제품범주를 포함한 생활용품 이라는 제품범주군 수준까지 확대되어 정해질 수도 있다. 대체로 전략사업단위는 제품범주 수준(혹은 관련 상표집단)에서 정해지고 있다.

요약하면, 각 전략사업단위는 완전히 독립된 별개의 사업(체)으로 보아야 하므로 각 전략사업단위는 기업전체 수준에서 내려진 사업정의 안에서 나름대로의 독자적 사업정의를 가지고 있어야 한다.

2. 사업구성에 대한 평가와 전략적 결정

기업이 취급하는 수많은 사업이나 제품들을 적절한 전략적 사업단위들로 분류하였다면, 마케팅 관리자는 각 전략사업단위가 어느 정도의 지원을 받을 가치가 있는지를 결정하기 위해 각 전략사업단위의 매력도를 평가하는 단계로 들어간다.

마케터가 회사를 구성하고 있는 여러 사업들의 매력도를 평가하는 데 사용하는 주요한 도구의 하나가 사업(제품)구성분석이다. 사업구성분석은 미국에서 1960년대 후반에서 1970년대 걸쳐 전략계획을 수립하기 위한 수단으로 개발된 후, 현재까지 많은 기업들이 리용하고 있다. 사업구성분석의 핵심은 기업을 구성하는 여러 사업들의 경쟁적 강점과 시장(산업)매력도를 평가한 다음, 경쟁력이 있고 시장매력도가 높은 사업에는 더 많은 자원을 투입하고 경쟁력이 낮고 시장매력도가 낮은 사업은 처분하는 등의 전략적 의사결정을 통해 최적의 사업구성을 유지하는 것이다.

사업구성분석의 장점은 각 전략사업단위의 기업전체에 대한 공헌도를 시각적으로 평가할 수 있다는 것이다. 사업구성분석은 각 전략사업단위의 시장매력도와 그 사업의 시장내 경쟁적 위치를 확인함으로써 다른 전략사업단위와 비교하여 어느 정도 기업성과에 공헌하는지를 알 수 있게 한다. 즉 사업구성분석은 각 사업단위의 시장성장 가능성이 높은지, 그리고 그 사업단위가 시장내에서 강력한 경쟁우위를 갖고 있는지를 시각적으로 파악할 수 있게 한다.

가장 널리 알려진 사업구성분석 방법으로는 보스턴 컨설팅 그룹(회사이름)의 성장-점유율 분석과 지이(GE; 회사이름)와 맥킨지(회사이름)의 산업매력도-기업강점 분석이 있다. 이하에서는 각 분석방법에 대하여 자세히 설명하기로 한다.

(1) 보스턴 컨설팅 그룹의 성장-점유율 분석

1) 보스턴 컨설팅 그룹 표의 특성

성장-점유율 분석은 미국의 선도적 경영자문회사인 보스턴 컨설팅 그룹에 의해 1960년대에 개발되었으며, 이는 각 전략사업단위가 기업전체에 현금을 공급할 능력을 보유하고 있는지 혹은 기업으로부터 현금지원을 제공받아야 하는지를 평가하기 위해 사용되었다. 보스턴 컨설팅 그룹의 성장-점유율 분석은 '보스턴 컨설팅 그룹 표'라고 불리어지는데, 보스턴 컨설팅 그룹 표는 회사내 여러 사업들을 시장성장률과 시장점유율이라는 두 변수를 양축으로 하는 2차원 공간상에 표시하여 각 사업의 상대적 매력도를 비교할 수 있게 한다.

전략사업단위가 소속된 산업의 시장매력도를 측정하기 위해 사용되는 시장성장률은 제품시장의 년 성장률로 표시되는데, 통상 10%나 15%를 기준으로 그 이상의 성장률을 보이는 시장은 고성장으로, 그리고 그 이하의 성장률을 보이는 시장은 저성장으로 구분된다. 보스턴 컨설팅 그룹이 시장의 여러 특성 가운데서 시장성장률을 시장매력도를 반영하는 주요 변수로 선택한 리유는 시장성장률이 높은 산업은 상표애호도가 아직 형성되지 않은 신규사용자들로 주로 구성되므로 시장점유율을 늘리기가 상대적으로 용이하며 흔히 수요가 공급을 초과하므로 높은 가격과 리익을 누릴 수 있기 때문이다.

한편 자사사업의 경쟁적 강점을 나타내는 상대적 시장점유율은 자사사업단위의 시장점유율을 시장점유율이 가장 높은 경쟁자의 시장점유율로 나눈 값이다. 그러므로 시장점유율이 1위인 기업의 상대적 시장점유율은 그 기업의 점유율을 시장점유율 2위인 경쟁사의 시장점유율로 나눈 값이다. 그리고 2위 이하의 기업들의 상대적 시장점유율은 그 기업의 점유율을 시장점유율 1위인 경쟁사의 시장점유율로 나눈 값이다. 가령, 상대적 시장점유율이 0.5라는 것은 자사사업단위의 시장점유율이 가장 큰 경쟁자의 시장점유율의 1/2임을 의미하며, 상대적 시장점유율이 3이라는 것은 자사사업단위

[그림 4-2] 성장-점유율: 보스턴 컨설팅 그룹 표

시장 성장률	상대적 시장점유율: 높음	상대적 시장점유율: 낮음
높음	**별** 수 익: 높고 안정적임 현금흐름: 중립적 전 략: 성장을 위한 지속적 투자	**물음표 (?)** 수 익: 낮고 불안정함 현금흐름: (-) 전 략: 사업을 확대하여 (star)로 이동시킬 것인지 혹은 철수할 것인지를 결정
낮음	**자금 젖소** 수 익: 높고 안정적임 현금흐름: 높고 안정적임 전 략: 현상유지	**개** 수 익: 낮음 현금흐름: 중립적 혹은(-) 전 략: 철수

의 시장점유율이 경쟁사보다 3배의 점유율을 가짐을 의미한다. 전략적 사업단위가 상대적 시장점유율을 사업의 경쟁적 강점을 반영하는 변수로 선택한 리유는 시장점유율이 높은 기업이 규모의 경제, 높은 상표인지도, 류통지배력, 손님과 원자재공급자에 대한 강한 교섭력을 갖게 되며, 경쟁사보다 더 빠른 경험누적으로 단위당 생산비용을 낮출 수 있기 때문이다. 생산량누적으로 인해 단위당 생산비용이 하락하는 현상을 말하는 경험효과에 대해서는 본 장의 후반부에서 자세히 설명하기로 한다. 일반적으로 1.0 또는 1.5를 기준으로 상대적 시장점유율이 높고 낮음으로 분류된다.

기업내 전략사업단위들은 [그림 4-2]와 같이 보스턴 컨설팅 그룹 표상에 표시될 수 있는데, 보스턴 컨설팅 그룹 표는 시장성장률의 높고 낮음과 상대적 시장점유율의 높고 낮음에 의해 4부분으로 나누어 진다: ① 문제아 혹은 물음표, ② 별, ③ 현금 발생 젖소(자금 젖소), ④ 개.

[그림 4-2]에서 각 사업단위는 원으로 표시된다. 원의 위치는 각 사업단위의 시장성장률과 상대적 시장점유율의 값을 나타내며, 원의 크기는 해

당 사업단위의 매출액을 나타낸다.

문제아 혹은 물음표는 높은 시장성장률과 낮은 상대적 시장점유율의 전략사업단위들을 지칭하는 말이다. 이 사업단위는 시장점유율을 유지·증가시키는 데 있어 많은 현금이 필요하다. 그러므로 경쟁력을 갖춘 사업단위에 대해서는 시장점유율 증대를 위해 현금지원을 하고, 경쟁력이 낮을 것으로 판단되는 사업단위는 처분하는 등의 신중한 의사결정이 요구된다.

별은 높은 시장성장률과 높은 상대적 시장점유율의 전략사업단위를 말한다. 이 사업단위는 자체 사업을 통해 많은 현금을 벌어들이지만, 급속히 성장하는 시장에서 시장점유율을 유지하거나 증대시키기 위해 계속 많은 자금을 필요로 한다. 그러므로 별에 위치한 사업단위는 시장점유율의 유지를 위해 벌어들인 자금을 자신이 소비하는 것이 보다 일반적이다.

자금젖소는 낮은 시장성장률과 높은 상대적 시장점유율의 사업단위를 말한다. 이 사업단위는 저성장 시장에서 활동을 하므로 신규설비투자 등에 많은 비용을 지출할 필요가 없으며, 높은 시장점유율로부터 많은 리익을 벌어들인다. 자금젖소로 표현되는 사업단위는 투자를 위한 자금지출은 별로 없으면서 많은 리익을 얻고 있으므로 기업에게 자금을 공급하는 역할을 한다. 그러므로 기업은 자금젖소에 위치한 사업들로부터 벌어들인 여유자금을 현재의 시장점유율은 낮지만 전망이 밝은 사업단위인 문제아에 배분할 수 있다.

개는 낮은 시장성장률과 낮은 상대적 시장점유율을 가진 사업단위를 말한다. 이 사업단위는 시장점유율이 낮아 많은 현금을 창출하지 않지만 투자를 위한 자금수요도 높지 않으므로 자체적인 운영이 가능하다. 그러나 개라고 불리는 사업단위는 대체로 수익성이 낮고 시장전망이 어두우므로 가능한한 빨리 철수하는 것이 바람직하다.

보스턴 컨설팅 그룹 표상에 나타난 네 가지 유형의 사업단위들은 각기 다른 전략을 필요로 한다. 네 가지 유형의 사업단위들에게 적용될 수 있는 전략은 다음과 같다.

· 확대전략: 이는 사업단위의 시장점유율을 증가시키는 전략으로, 사업

을 확장하여 별로 이동시키기로 결정한 물음표에 적절한 전략이다.

· 유지전략: 이는 사업단위의 현재 시장점유율을 유지하는 것으로, 많은 현금흐름을 창출하는 강한 자금젖소에 적절한 전략이다.

· 수확전략: 이는 사업단위의 (단기적인) 현금흐름을 증가시키는 것이다. 수확전략은 장래가 어두운 약한 자금젖소나 물음표에 적용되며, 더 이상의 투자를 하지 않고 리익만 거두어들인다.

· 철수전략: 이는 사업단위를 처분하는 것으로, 일반적으로 경쟁력이 전혀 없는 것으로 판단된 물음표나 전망이 어두워 기존의 시장점유율을 유지하는 것이 무의미한 개에 적용된다.

일반적으로 전략사업단위는 기업으로부터 많은 자금유입을 필요로 하는 물음표로부터 출발하며, 시장점유율을 확대하는 데 성공한 사업단위는 별이 된다. 시장성장률이 둔화하기 시작하면, 오늘의 별은 내일의 자금젖소가 되어 기업을 위해 많은 자금을 창출한다. 결국 자금젖소는 제품수명주기의 쇠퇴기에 접어들면서 개가 된다.

기업은 균형 있는 사업포트폴리오를 유지해야 하므로, 물음표에 위치한 사업단위들을 지원하기 위하여 자금젖소로 불리우는 사업단위들을 충분히 보유하고 있어야 한다. 또한 별 사업단위도 앞으로 자금젖소가 될 가능성이 높으므로 계속 유지해야 한다. 개 사업단위는 가능한한 처분하는 것이 바람직하지만, 원하는 구매자를 찾는 것이 쉽지 않을 수 있다. 그러므로 물음표 사업들을 유지하는 데 필요한 것보다 훨씬 많은 수의 자금젖소들을 보유한 기업은 일부 자금젖소를 처분하는 것도 고려해 볼 수 있다. 왜냐하면 이러한 사업단위들은 다른 기업들의 관심을 끌 만큼 충분히 매력적이므로 비싼 가격으로 쉽게 처분할 수 있기 때문이다.

(2) 보스턴 컨설팅 그룹 표와 경험곡선효과

보스턴 컨설팅 그룹 표는 사업단위의 매력도를 평가하는 변수의 하나

[그림 4-3] 시장점유율과 경험곡선효과 간의 관계

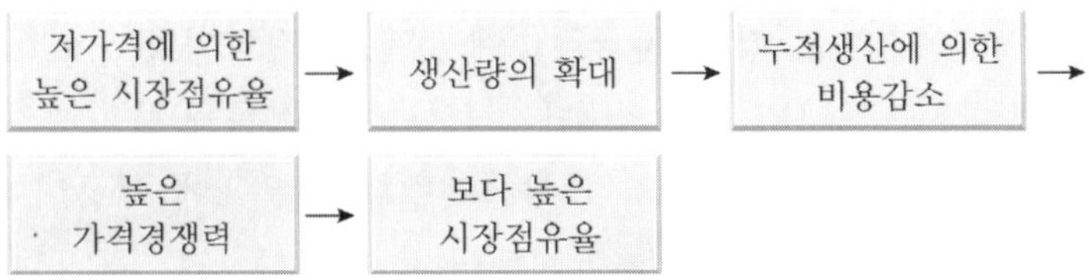

로 (상대적)시장점유율을 제시하였으며, 시장점유율이 높은 사업단위를 매력적인 것으로 보았다. 즉 시장점유율이 높은 사업 단위일수록 규모의 경제를 통해 생산원가를 더욱 절감할 수 있으며, 이로 인해 보다 많은 리익을 거울 수 있다는 것이다.

보스턴 컨설팅 그룹 표가 경쟁적 강점을 반영하는 변수로서 (상대적)시장점유율을 선택한 것은 보스턴 컨설팅 그룹이 여러 산업들에 대한 실증연구를 통해 발견한 경험곡선효과에서 비롯되었다. 경험곡선효과는 누적생산량이 2배로 늘 때마다 비용(생산원가뿐 아니라 소개비, 류통비, 판매비 등을 포함한 전반적 비용)이 일정한 비율로 감소되는 현상을 말한다. 례를 들어 70% 경험곡선이란 누적생산량이 2배로 늘 때마다 단위당 생산비용이 30%씩 감소하여 그 이전의 70%에 이르게 됨을 의미한다.

이 같은 경험곡선효과는 1968년에 보스턴 컨설팅 그룹에 의해 발표된 이후 1980년대 초까지 경영전략의 사고에 큰 영향을 끼쳤다. 이러한 경험곡선효과는 사업단위의 매력도를 높이는 데 있어서 시장점유율이 중요함을 시사한다. 특정산업이 경험곡선효과에 의해 생산량이 누적됨에 따라 비용이 일정비율로 감소하는 현상이 발생한다면, 경쟁기업보다 비용우위를 확보하거나 보다 높은 리익을 가질 수 있는 방법은 누가 먼저 생산량을 더 많이 늘리느냐에 달려 있다. 기업은 생산량을 더 많이 늘리기 위해서 먼저 시장점유율을 높여야 할 것이다. 높은 시장점유율은 생산량을 더 빨리 증가시켜서 비용을 감소시킨다. 기업이 경험곡선효과에 의해 얻어진 낮은 비용을 토대로 제품가격을 더 인하하면, 경쟁사들은 비용상의 불리로 인해 그 기업과 더 이상 가격경쟁을 할 수 없게 될 것이다.

(3) 지이(회사이름)와 멕킨지(회사이름)의 산업매력도-사업강점 분석

보스턴 컨설팅 그룹 표는 각 사업단위의 시장매력도와 사업 강점을 측정하기 위해 각각 시장성장률과 (상대적)시장점유율을 사용하였으나, 여러 요인들에 의해 결정되는 사업의 경쟁우위를 단순히 시장성장률과 시장점유율에 의해 파악하려는 문제점을 갖고 있다. 보스턴 컨설팅 그룹 표의 이러한 단점을 개선하기 위해 지이는 경영자문회사인 멕킨지의 자문을 받아 시장성장률과 시장점유율 이외의 여러 변수들을 함께 고려한 산업매력도-사업강점 표라는 전략계획도구를 개발하였다. 지이의 산업매력도-사업강점 분석에서는 각 사업단위들을 산업매력도와 사업 강점이라는 두 차원에 의해 평가하고 있다. 각 차원은 여러 요인들로 구성되는 지표이다.

산업매력도지표는 시장성장률, 시장의 규모, 산업의 수익률, 산업의 경기 및 계절 민감도, 경쟁강도 등의 기업외부요인들에 대한 평가를 종합하여 결정된다. 사업 강점지표는 시장점유율, 매출성장률, 가격・원가상의 우위, 제품품질, 자금력, 손님・시장에 대한 지식, 기술력 등과 같은 기업내부요인들에 대한 평가를 종합하여 결정된다.

사업단위의 산업매력도와 사업 강점은 각각 높음, 중간, 낮음으로 나누어지므로, 지이산업 매력도-사업강점 표는 9개의 칸으로 구성된다. 기업내 각 사업단위에 대한 산업매력도와 사업 강점지표의 값을 토대로 사업단위는 9개의 칸 중 한 곳에 표시된다. 각 사업단위의 위치는 원으로 표시된다. 원의 크기는 각 사업단위가 진출한 산업의 크기를 나타내며, 원내에 진하게 표시된 부분은 각 사업단위의 산업내 시장점유율을 나타낸다.

전략적 의사결정을 위해 9개의 칸은 크게 세 구역으로 나누어진다. 왼쪽 상단의 세 간에 위치한 사업단위들은 경쟁력이 있는 사업단위이므로 투자에 의해 지속적으로 성장시켜야 한다. 대각선상에 위치한 세 칸들은 전반

[그림 4-4] 지이의 산업매력도-사업강점 표

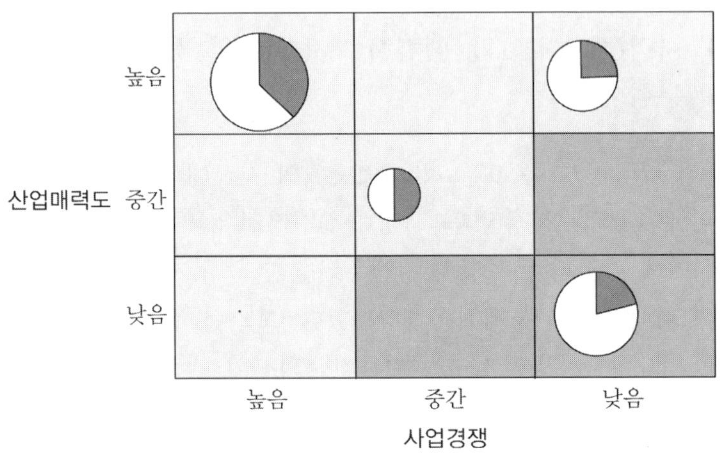

적인 매력도에서 중간인 사업단위들을 표시하므로, 경쟁력이 있을 것으로 판단되는 사업단위들에 대해서만 선별적인 투자를 하고, 가능한 현금흐름을 증가시킬 필요가 있다.

오른쪽 하단의 세 칸은 경쟁력이 약하거나 시장전망이 어두운 사업단위들을 나타내므로 이러한 사업단위로부터 철수하거나 최소한의 투자를 통해 현금흐름을 극대화하는 전략이 바람직하다.

(4) 사업구성 분석기법의 문제점

보스턴 컨설팅 그룹 표나 지이 표는 1970년대와 1980년대초 기업의 전략계획에 많은 기여를 했으나, 이들은 실제 운영상 많은 문제점을 갖고 있다.

첫째, 사업포트폴리오 분석기법은 각 전략사업단위의 자율성을 너무 강조함에 따라, 사업단위들 간에 핵심 력량을 공유함으로써 얻게 될 경쟁우위와 사업기회를 상실하게 되는 문제점을 갖는다.

둘째, 복잡한 성격의 각 사업단위들을 너무 단순하게 시장매력도와 사업 강점이라는 두 가지 변수에 의해 평가하고, 이에 따라 단순한 전략방안(수확, 현상유지, 확대전략 등)을 제안함으로써 창의적인 전략적 사고를 키우는 데 방해가 된다.

셋째, 보스턴 컨설팅 그룹 표의 경우, 경험곡선효과를 과신하여 시장점유율 증대만이 경쟁우위를 확보하는 데 있어 유일한 전략대안인 듯한 인상을 주었다. 규모의 경제를 활용할 수 있는 산업에서는 시장점유율이 경쟁우위의 확보에 매우 중요한 변수이지만, 의류산업과 같이 규모의 경제가 크게 중요하지 않는 산업에서는 시장점유율은 경쟁우위의 결정에 큰 영향을 주지 않을 수 있다.

제 4 절 사업단위별 경쟁전략의 결정

기업은 사업포트폴리오분석을 통해 각 사업단위에 경영자원을 분배하고 기존 사업단위에 대한 확대나 철수와 같은 결정을 내린 다음, 각 사업단위별로 각각의 시장에서 경쟁기업들과의 경쟁에서 경쟁우위를 확보 · 유지하는 전략을 수립해야 한다. 즉 각 사업단위에서 높은 수익률을 거두기 위해 어떻게 경쟁해야 할 것인가를 결정해야 할 것이다.

전략사업단위(혹은 사업부)가 경쟁자에 비해서 경쟁우위를 갖기 위해서는 ① 그 사업단위가 가진 경영자원과 핵심역량이 다른 경쟁기업들이 가지지 못한 독특한 것이어야 하고 ② 이러한 경영자원과 핵심역량(혹은 경쟁우위)이 산업이 요구하는 핵심성공요인과 부합되어야 한다.

그러므로 전략사업단위가 경쟁우위의 창출 · 유지를 통해 높은 수익률을 거두기 위해서는 먼저 산업구조 및 산업특성을 분석함으로써 산업의 수익률을 결정하는 핵심성공요인을 파악하고 성공요인별로 자사 및 경쟁사의 강·약점을 분석한 다음, 자사의 사업단위(사업부)가 경쟁사에 비해서 경쟁

[그림 4-5] 사업단위별 경쟁전략 수립시 고려요인

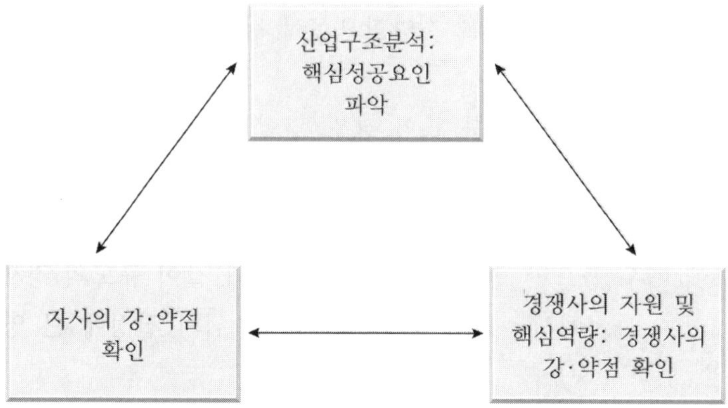

우위를 확보할 수 있는 전략대안을 선택해야 한다.

이하에서는 산업구조분석을 통해 산업수익률의 결정에 영향을 미치는 핵심성공요인들을 살펴보고, 사업부의 경쟁우위를 확보하기 위한 전략대안들을 설명하기로 한다.

1. 산업구조분석

하바드 경영대학원(대학교 이름)의 마이클 포터 교수는 산업에 참여하는 주제들을 기존 기업들, 잠재적 진입자, 대체재, (원자재)공급자, 구매자로 나누고, 이들 간의 경쟁관계에서의 우위에 따라 각 기업과 산업의 수익률이 결정되는 것으로 보았다.

첫째, 산업의 수익률은 기존 기업들 간의 경쟁에 의해 영향을 받는다. 일반적으로 많은 기업들이 시장경쟁에 참여하고 (제품차별화가 이루어지지 않아) 이들 간에 경쟁이 치열할수록 산업 및 기업수익률은 낮아지게 된다.

둘째, 잠재적 진입자의 시장진출 위협정도도 산업의 수익률에 영향을

[그림 4-6] 산업의 수익률을 결정하는 다섯 가지 경쟁적인 세력

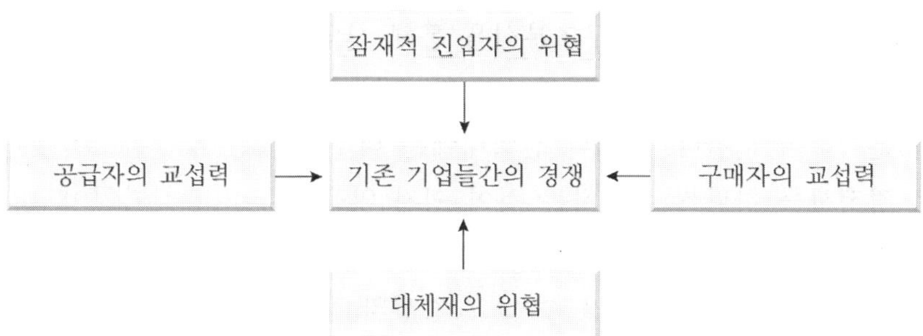

미친다. 만일 어느 산업내의 기존 기업들이 높은 수익률을 거두고 있다면, 많은 다른 기업들이 그 산업에 진입하고 싶을 것이다. 만약 모든 기업들이 그 산업에 자유롭게 진입할 수 있다면, 그 산업의 수익률은 새로운 진입자와의 경쟁에 의해 낮아질 것이다.

산업내 기존 경쟁기업들은 진입장벽의 구축을 통해 잠재적 진입자의 시장진입을 저지하려고 한다. 진입장벽이란 산업내 기존 기업들이 신규 진입자에 대해서 가지는 상대적 우위를 말한다.

셋째, 산업의 수익률은 대체재의 유무에 의해서도 영향을 받는다. 그러나 대체제의 존재여부가 산업의 수익률에 반드시 부정적인 영향을 미치는 것은 아니다.

넷째, 구매자의 교섭력에 의해서 산업의 수익률이 영향을 받는데, 구매자의 교섭력이 강할수록 산업의 수익률은 낮아진다. 구매자의 교섭력은 여러 요인들에 의해 결정된다. 먼저, 소수의 구매자들이 산업전체 생산량의 대부분을 구매한다면, 이들의 교섭력은 강해진다.

또한 구매자들이 기존 거래선을 바꾸는 데 많은 전환비용이 발생할 경우에는 구매자의 교섭력이 낮아진다.

다섯째, 산업의 수익률은 (원자재)공급사의 교섭력 정도에 의해서도 영향을 받는다. 공급자의 제품이 차별화되어 있거나 제품의 공급이 소수기업

에게 집중되어 있다면, 공급자의 교섭력이 강해지므로 산업의 수익률은 낮아질 것이다.

마케팅 관리자는 산업구조분석을 통해 산업 및 기업의 수익률에 영향을 미치는 핵심 성공요인을 파악하고 각 요인별로 자사 및 경쟁사의 강·약점을 분석하여야 한다. 그러나 산업내에는 너무나 많은 경쟁사들이 존재하므로 경쟁사를 하나씩 분석하는 것이 쉽지 않을 뿐 아니라, 기업이 산업내 모든 경쟁사들을 상대로 경쟁하는 것은 아니다. 즉 산업내에는 아주 강력하고 직접적인 경쟁사들이 있을 수 있고 경쟁의 강도가 약한 경쟁사들도 있을 수 있다. 그러므로 많은 기업들이 자사와 보다 직접적으로 경쟁하게 되는 경쟁사들을 파악하는 방법의 하나로 전략집단이라는 개념을 리용한다. 산업내 경쟁자들은 전략집단별로 분류될 수 있는데, 이때 한 산업 내에서 동일한 경쟁전략을 추구하는 기업들의 집합을 전략집단이라고 한다. 특정전략집단에 소속된 경쟁사들은 오랜 기간에 걸쳐 류사한 경쟁전략을 추구하거나(례를 들면 집약적 류통경로와 대규모 광고), 류사한 기업특성(가령, 기업규모, 보수성)을 가지거나, 혹은 류사한 핵심역량을 가진다.

산업내에는 한 전략집단에 속한 기업이 다른 전략집단으로 이동하는 것을 방해하는 이동장벽이 존재한다. 이때 각 전략집단에 소속된 기업들은 이동장벽에 의해 다른 전략집단으로의 진입을 방해받는다. 전략집단개념은 경쟁전략의 수립에 유용하게 활용될 수 있다. 가령, 각 전략집단에 소속된 기업들은 산업의 변화에 비슷하게 영향을 받거나 대응하므로 경쟁기업의 미래전략을 예측할 수 있다. 또한 전략집단개념은 전략적 투자결정에도 활용될 수 있는데, 가령 각 전략집단의 수익성을 평가하여 가장 매력적인 전략집단에 자사의 자원과 핵심역량을 투자할 수 있다.

2. 경쟁우위전략의 결정

한 기업이 경쟁사들보다 높은 수익을 얻는 데에는 크게 비용우위와 차

[그림 4-7] 경쟁우위의 원천

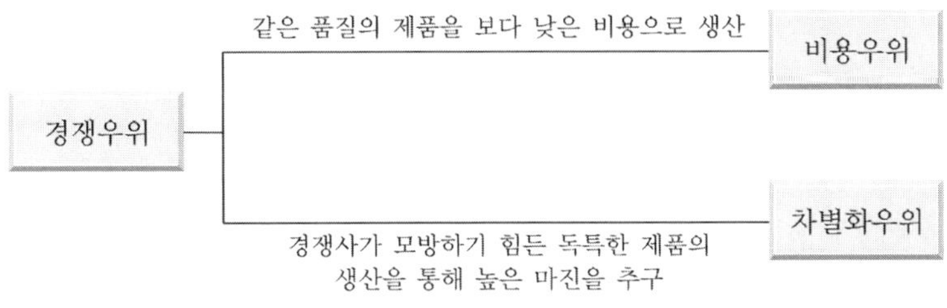

별화 우위의 두 가지 방법이 있다. 비용우위전략이란 동일한 품질의 제품을 경쟁사보다 낮은 비용에 생산하여 저렴하게 판매하는 것을 말하며, 차별화우위전략은 경쟁사들이 모방하기 힘든 차별화된 제품을 만들어 경쟁사들보다 비싼 가격으로 판매하는 방법이다.

포터 교수는 기업이 비용우위와 차별화우위 중 어느 것을 선택하느냐와 그 기업이 전체 시장과 특정세분시장 중 어디를 표적으로 하느냐에 따라 비용우위전략과 차별화우위전략, 집중화전략의 세 가지 본원적 전략으로 나누었다. 비용우위전략이나 차별화전략은 주로 대기업에 의해 수행되는 전략이다. 비용우위전략은 전체 시장에서 비용선도자가 되고자 하며 매우 낮은 비용으로 제품을 생산하여 가격경쟁에서 우위를 가지려는 전략이다. 비용우위전략은 효율적인 규모의 설비투자, 경험곡선효과에 의해 원가의 감소, 간접비의 효율적 통제 및 연구개발비와 소개비에 대한 통제를 통해 경쟁우위를 달성한다. 차별화전략은 산업내 전체 소비자들에게 경쟁사들이 제공하지 못하는 독특한 가치를 제공함으로써 경쟁우위를 확보하려는 전략이다.

집중화전략은 산업내 특정세분시장에서 경쟁우위를 갖는 전략으로, 중소규모의 기업에 적절하다. 집중화전략은 비용우위에 토대를 두거나 혹은 차별화우위에 토대를 둘 수 있다. 즉 집중화전략은 비용우위를 토대로 저가 세분시장을 표적으로 할 수도 있고 차별화우위를 토대로 고가 · 고품질의

[그림 4-8] 포터 교수의 본원적 전략의 유형

		경쟁우위의 류형	
		낮은 비용	차별화
경쟁의 범위	전체 시장	비용우위전략	차별화전략
	특정세분시장	집중화 전략 (비용우위 집중화전략)	(차별적 집중화전력)

세분시장을 표적을 할 수도 있다.

포터 교수는 차별비용 우위전략이나 차별화전략 중 하나만을 선택해야지, 두 가지 전략을 동시에 추구하는 기업은 높은 수익률을 거두지 못한다고 보았다. 그러나 실제로 기업들이 비용우위전략과 차별화전략을 함께 추구하여 성공을 거두는 경우를 흔히 볼 수 있다. 그러므로 마케팅 관리자는 비용우위전략과 차별화전략을 상호보완적으로 잘 활용하면, 높은 수익률을 올릴 수 있다. 즉 소개와 판매촉진을 통해(즉 차별화전략을 통해) 시장점유율을 확대할 수 있고, 이러한 시장점유율의 증가는 규모의 경제를 통해 생산원가를 낮출 수 있다(비용우위전략). 이와 같이 시장점유율이 높은 기업은 제품차별화를 추구하면서 동시에 비용을 낮춤으로써 경쟁기업들과 효과적으로 경쟁할 수 있는 것이다.

제 5 절 제품수준에서의 마케팅 계획

기업수준에서의 전략적 마케팅 계획이 수립되면, 마케팅 관리자는 각 제품시장을 공략하기 위한 마케팅 전략과 이를 실행하기 위한 구체적인 마케팅프로그램에 관한 계획을 수립해야 한다. 제품별 마케팅 계획은 회사가

[그림 4-9] 마케팅의 영역제품수준에서의 마케팅 계획 수립과정

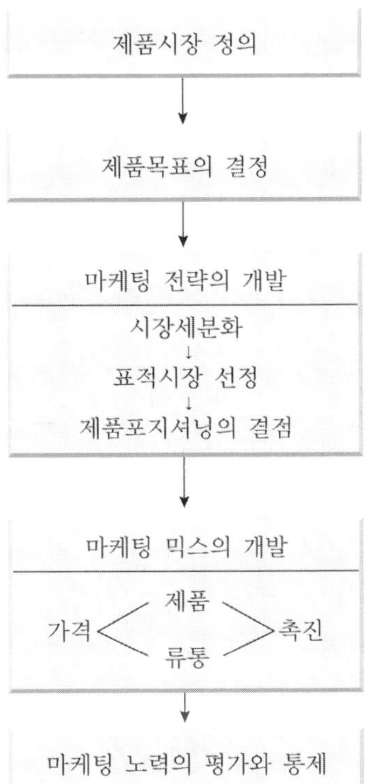

취급하는 모든 제품들의 전반적인 전략적 방향을 결정하기 위해 수립되는 전략적 마케팅 계획의 한 구성요소로서, 이의 통제를 받는다. [그림 4-9]는 제품수준에서의 마케팅 계획 수립과정을 보여준다.

마케팅 관리자는 제품수준에서의 마케팅 계획의 수립과정에서 먼저 자사제품이 활동하게 될 제품시장의 영역을 정의해야 한다. 제품시장에 대한 정의는 어떤 제품상표들이 동일한 시장에서 경쟁하는지를 결정하는 것이다. 제품시장의 범위는 크게 제품의 물리적 속성에 기초한 방법과 손님평가에 기초한 방법에 의해 정의될 수 있다. 제품의 물리적 속성에 기초한 방법은 류사한 속성을 가진 제품(상표)들을 동일한 시장에 속한 것으로 보는 것

이다.

손님평가에 기초한 방법은 손님에 의해 류사하다고 평가된 제품들을 동일한 제품시장에 포함시키는 것으로서, 선택행동에 기초한 방법과 사용용도에 기초한 방법으로 다시 나누어진다. 선택행동에 기초한 방법은 손님들의 상표전환행동을 토대로 제품시장의 범위를 결정하는 것이다. 이때 대체관계가 높은 제품(상표)들은 동일한 제품시장에 속하는 것으로 판단된다. 사용상황(혹은 사용용도)에 기초한 방법은 소비자들로 하여금 특정제품(가령, 라면)의 용도를 배열하도록 요구한 다음, 각 용도에 적합한 제품들을 물어봄으로써 제품시장의 경쟁범위를 파악하는 것이다. 이때 소비자들이 동일한 용도로 사용하는 제품들은 같은 제품시장에 속하는 것으로 판단한다. 자사제품이 경쟁해야 할 시장범위가 결정되면, 마케팅 관리자는 그 제품시장에서 성취해야 할 마케팅 목표를 결정한다.

마케팅 계획 수립과정의 다음 단계는 제품목표를 달성하기 위한 마케팅전략을 개발하는 것이다. 마케팅 전략은 시장세분화, 표적시장 선정, 그리고 제품개념 전달로 구성된다. 즉 마케팅 관리자는 전체 시장을 주요한 세분시장으로 구분하고, 각 세분시장의 매력도와 기업의 자원 및 능력을 고려하여 표적시장을 선정한다. 그리고 선택된 표적 세분시장 내에서 가장 강력한 경쟁적 위치를 구축한다.

시장세분화란 전체 시장을 기업이 제공하는 마케팅 경쟁요인 결합에 대하여 류사한 반응을 할 것으로 추정되는 동질적 손님 집단들로 나누는 과정이다. (가령, 눅은 가격의 제품을 선호하는 소비자집단과 고가격, 고품질의 제품을 좋아하는 소비자집단으로 나눔). 표적시장의 결정은 여러 개의 세분시장들 중에서 경쟁제품보다 손님의 욕구를 더 잘 충족시킬 수 있는 세분시장을 선정하는 것이다. 제품전달은 소비자의 마음속에 경쟁상표와 비교하여 경쟁우위를 제공하는 위치에 자사상표를 구축하려는 로력을 말한다. 마케팅 관리자는 전달된 제품 느낌을 중심으로 마케팅 경쟁요소의 결합에 대한 관리를 하게 된다. 즉 선정된 표적시장내의 소비자의 마음속에 경쟁우위를 갖는 위치를 구축하기 위해 제품, 가격, 촉진 및 류통과 관련된 구체적 마케팅 계획을 수립하고 이에 따라 마케팅 활동을 수행한다. 마케팅 관리자는 마케팅 집행의 결과가 목표와 부합되는지를 평가하고, 이 평가를 토대로 새로운 마케팅 계획을 수립하게 된다.

Chapter

05 마케팅 환경분석

제 1 절 마케팅 환경분석의 중요성

마케팅과 관련된 의사결정이 이루어지고 실행에 옮겨지는 현장인 기업을 둘러싼 마케팅 환경은 마케팅 관리자가 마케팅 계획을 수립하고 수행해 나가는 데 매우 중요한 의미를 갖는다. 예컨대 자연환경보호에 대한 일반대중의 관심과 이와 관련된 새로운 법적 규제의 증가는 기업이 수동적으로 이러한 추세에 순응하는 차원을 넘어서 보다 적극적으로 마케팅 활동을 통해 이를 앞장서서 이끌어나가야 할 것을 요구한다. 정보기술의 발전에 따른 기업환경의 급격한 변화는 21세기에 적합한 '손님의 평생가치'를 중심으로 한 마케팅 계획을 수립하고 수행하며 이를 통제해 나가는 데 바탕이 되는 마케팅 환경에 대해 살펴보기로 한다.

본 서에서는 마케팅 환경을 구성하는 요인들을 내적 환경요인과 외적 환경요인의 두 가지 큰 범주로 나누어 살펴본다. 내적 환경요인은 기업과 마케팅 관리자들에 의해 주도되면서 기업에 의해 통제될 수 있는 요인들을 말한다. 기업의 최고경영층은 기업의 전반적인 정책을 제시하면 이는 마케팅 담당자들의 마케팅 의사결정을 내림에 있어 지침의 역할을 수행한다.

또한 마케팅 담당자들은 이 같은 지침에 따라 구체적인 마케팅 계획을

[그림 5-1] 마케팅 활동에 영향을 주는 환경요인들

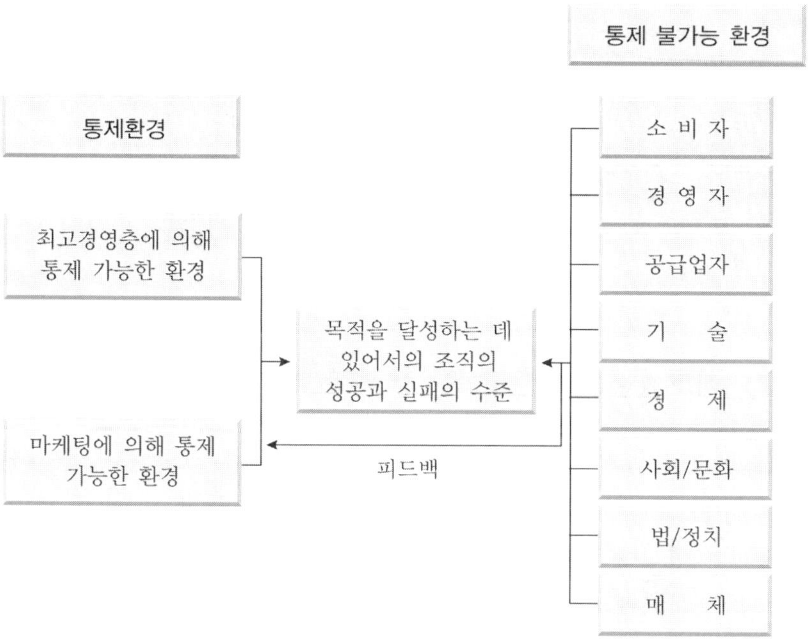

수립한다. 외적 환경요인은 개별기업이 통제할 수 없는 환경요인들을 말한다. 례를 들면 법적·정치적 요인, 경제적 요인, 기술적 요인 등이 그것이다. 여기서는 우선 내적 환경요인과 외적 환경요인들을 이해하고 이들이 어떻게 적응해가는가를 살펴보기로 한다.

1. 내적 환경요인

내적 환경요인은 기업과 마케팅 담당사들에 의해 주도되며 기업이 통제할 수 있는 요인들이다. 내적 환경요인들 중의 일부는 최고경영층이 통제하며 기업 전반을 지배하는 정책적 의사결정들에 의해 좌우된다. 따라서 마케팅 담당자들은 전반적인 기업의 목표를 달성하기 위해 마케팅 계획을 수립하고 이를 수행하지만 기업의 전반적인 목표나 정책은 내부적인 환경요인의 하나로 받아들이지 않으면 안된다. 중소기업의 경우에는 전반적인 정책이나 구체적인 마케팅 의사결정이 공히 최고경영층에 의해 이루어지는 사례도 흔히 볼 수 있지만, 그러한 경우에도 전반적인 정책이 먼저 결정된 다음 마케팅 계획이 그에 준해서 수립되는 것이 보통이다. 이하에서는 내적 환경요인을 최고경영층에 의해 주도되는 요인들과 마케팅 부서에 의해 통제되는 요인들로 나누어 살펴보기로 한다.

(1) 최고경영층이 주도하는 내적 환경요인들

최고경영층이 내리는 의사결정은 여러 가지이지만 그 중에서도 다음의 다섯 가지 분야에 관한 의사결정들이 마케팅을 담당하는 마케팅 관리자에게 결정적인 영향을 미치게 되는데 ① 사업영역에 관한 의사결정, ② 기업의 전반적인 목표에 관한 의사결정, ③ 기업문화에 관한 의사결정, ④ 기업내 마케팅 부서의 역할에 관한 의사결정, ⑤ 기업내 기타 부서들의 역할에 관한 의사결정 등이 그것이다.

(2) 마케팅부서에 의해 통제되는 내적 환경요인들

마케팅 부서에 의해 통제되는 요인들은 표적시장과 마케팅 목표의 선택, 마케팅 조직의 구축, 마케팅 믹스의 구성과 마케팅 계획의 통제 등이다. 마케팅 부서에서 내리는 가장 중요한 전략적 의사결정들 중의 하나는 기업에서 판매하는 제품이나 봉사의 표적시장과 마케팅 목표를 정하는 일이다. 표적시장은 기업이 마케팅 프로그램을 통해서 만족시키고자 하는 특정의 손님집단을 말한다. 표적시장을 선택함에 있어 마케팅 부서는 시장을 몇 개의 세분시장으로 나누게 되며 그 세분시장들 중 하나 이상의 세분시장을 표적시장으로 삼게 된다. 이 같은 표적시장의 선택은 다른 모든 마케팅 의사결정에 영향을 주게 된다. 마케팅 조직은 마케팅과 관련된 제반활동을 수행하기 위해 기업이 갖추고 있는 인적구조를 말한다. 마케팅 조직은 각 조직구성원의 권한과 책임, 그리고 해당업무를 규정한다. 마케팅 조직은 마케팅조사, 촉진, 물류, 제품계획 등 마케팅의 기능별로 나누어진 기능별 조직과 제품을 중심으로 구성된 제품별 조직 그리고 시장에 따라 나누어진 시장별 조직 등의 몇 가지 유형을 생각해 볼 수 있다. 기업의 마케팅 조직이 어떻게 구성되어 있는가에 따라 구성원들의 활동영역과 활동내용이 크게 달라질 수 있다. 마케팅 믹스는 표적시장과 관련된 마케팅 목표를 달성하기 위해 제품, 가격, 촉진, 류통 등의 구성요소들을 결합한 것을 말한다. 마케팅 믹스를 구성할 때에는 표적시장의 욕구를 적절히 반영할 수 있어야 하며, 마케팅 믹스의 구성요소들 사이의 조화를 이루어야 한다.

2. 외적 환경요인

기업외부적 요인으로서 기업이 전혀 통제할 수 없거나 매우 어려운 환경요인으로 소비자, 경쟁자, 공급업자, 기술, 경제, 사회 · 문화, 법, 매체 등이 있다. 위의 환경요인들은 일반적으로 기업이 통제할 수 없기 때문에 기업이 적절하게 대응하기 위해서는 기업 내·외부적으로 이를 감시하기 위한 주기적인 조사가 수반되어야 한다. 이하에서는 각각의 외적 환경요인의 내용 및 특성에 대하여 살펴보고자 한다.

(1) 소 비 자

기업이 그들의 주 표적시장을 선정할 수는 있지만 선정된 표적손님들의 특성을 통제할 수는 없다. 즉 기업은 소비자들의 나이, 소득, 직업, 인종, 학력, 주거지 등의 소비자 특성에 대하여 적절히 대응하는 마케팅 전략을 수행할 수는 있어도 위의 소비자 특성들을 통제할 수는 없다. 한 개인이 상품을 구매할 때에는 그가 속한 기업의 문화, 가족, 친지, 관습, 종교 등에 의하여 영향을 받는다. 그리고 기업은 소비자들의 마음에 드는 제품 및 봉사를 생산하여 판매하는 것을 목표로 한다. 즉 소비자가 원하는 것이 무엇인지를 파악하고 또한 소비자가 아직 인식하고 있지 못한 욕구는 어떠한 것이 있는가를 알아내어 그에 적합한 제품 및 봉사를 제공하는 것이다. 따라서 기업이 효과적인 마케팅 전략을 수립하고 전개해 나가기 위해서는 무엇보다도 소비자 및 소비자가 속한 집단에 대한 충분한 리해가 선행되어야 한다. 소비자들은 제품 및 봉사의 특성에 따라 다양한 구매 행태를 보인다. 일상 소모품의 구매와 자동차와 같은 오래도록 쓸수 있는 재화의 구매시, 저가품 구매와 고가품 구매시 등 제품 및 봉사의 특성에 따라 구매 행태가 다르게 나타난다. 일반적으로 소비자들은 고가품이며 내구재의 제품구매시에는 비교적 신중한 반면 저가품이며 소모품인 경우에는 덜 신중한 의사결정이 이루어진다.

(2) 경 쟁 자

경쟁 환경은 기업의 마케팅 활동에 큰 영향을 주며, 경쟁 환경에 대한 분석은 표적시장에 성공적으로 접근하기 위해서는 기업이 필수적으로 수행해야 한다. 기업은 전반적 시장구조에 대한 리해와 함께 마케팅 전략적 차원에서의 경쟁자에 대한 분석, 국내외 경쟁자에 대한 분석, 경쟁자의 규모별 분석, 그리고 류통경쟁 등에 대한 분석을 수행한다.

(3) 공급업자

대부분의 기업들은 다양한 공급업자들에게 원료 및 부품들을 제공받아 제품 및 봉사를 생산하여 소비자들에게 판매한다. 일반적으로 공급업자는 시장의 욕구를 조절하는 역할을 수행하는데, 제한된 자원을 배타적으로 소유하고 있으며 제품 및 봉사를 유지 및 보수하는 데에도 영향을 준다. 공급업자와의 관계는 기업의 성패에 매우 중요한 영향을 미치게 되며, 따라서 공급업자들과 호의적인 관계를 유지하지 못하는 기업은 호의적인 관계를 유지하고 있는 기업에 비하여 경쟁력을 잃기 쉽다. 기업들은 공급업자를 효과적으로 선정, 관리하기 위한 노력을 하게 되는데, 이때 배달의 신속성, 제품의 유용성, 가격, 일정한 제품품질의 유지, 반품 처리방법 등의 기준을 가지고 공급업자에 대한 분석을 수행한다.

(4) 기술적 환경

현대 기업은 제품 및 봉사를 생산하고 판매하는 데 있어서 결정적으로 기술에 의존하고 있다. 제품생산을 위한 고성능설비, 신속한 류통을 위한 운송기술, 다양한 판촉을 가능케 하는 새로운 의사소통 방식의 도입 등 기업에 있어서 기술은 매우 중요한 역할을 수행하고 있다.

기업의 활동은 자신이 개발한 기술 및 다른 기업이 개발한 새로운 기술에 영향을 받는다. 현재 많은 기업들은 컴퓨터의 '마이크로 프로세서', 개인 컴퓨터, 무인경보체계 등 주로 기술에 의존하는 많은 제품들을 업무의 효율성을 위하여 사용하고 있다. 이러한 기술은 기업의 생산 및 판매활동에 직접적으로 영향을 주기 때문에 기업들은 신기술의 개발 및 수용에 대하여 민감하게 반응한다.

(5) 경제적 환경

국가 및 지역의 경제성장률은 기업의 마케팅 활동에 중요한 변수로 작용한다. 경제의 고성장은 시장의 잠재성이 매우 큼을 나타내며 저성장은 판매율의 저하를 예측하게 한다. 례를 들어 경기가 호황일 때에는 소비자들은 그들의 소비를 증가시키며 경기가 침체되었을 경우에는 소비자들은 그들의 전반적 소비를 감소시키게 된다. 경기의 침체여부는 기업의 제품 및 판촉활동에 영향을 주게 되는데, 경기가 불황일 경우에 기업들은 저가의 제품을 대형 할인매장을 통해 류통시키려는 정책을 사용하기도 하며 고가품에 대한 저가형 대체품개발 등의 노력이 이루어지기도 한다.

기업활동에 영향을 미치는 경제적 환경요인으로서 원재료가격, 임금, 세금, 리자, 임대료 등 기업이 조절할 수 없는 기업 활동에 소요되는 비용항목들이 있다. 이들 가격들이 안정적이지 않을 경우에는 기업은 그들의 마케팅 목표를 수립하는 데 있어서 장기적인 목표를 세우고 안정적인 투자를 하기가 어렵다. 또한 물가상승은 기업뿐만 아니라 소비자들의 구매력에도 영향을 미치게 된다. 그러므로 기업활동에 소요되는 생산요소가격의 상승은 기업활동에 제약요인으로 작용하게 된다.

(6) 사회 · 문화적 환경

기업이 마케팅 계획을 수립할 때 각 국가 간의 사회 · 문화적 차이에 대한 인식에 충분한 노력을 기울여야 한다. 기업의 마케팅 활동에 영향을 주는 사회 · 문화적 환경으로는 연령, 인종, 성별, 종교, 관습, 가치관, 예술 등이 있다. 사회 · 문화적 환경은 손님의 구매 및 소비행태를 상당 부분 결정하게 되며 결과적으로 손님을 대상으로 활동하는 기업의 행태를 결정하는 것이다. 이러한 사회 · 문화적 환경은 국가와 같은 큰 집단 사이에서 차이를 주로 보이지만 한 국가, 한 도시 내에서도 비교적 이질적인 집단간에 큰 차이를 보이는 경우가 많다.

Chapter

06 소비자 구매행동

제 1 절 소비자 구매행동의 유형

소비자들은 일상생활에서 여러 가지 제품이나 봉사를 구매하는데, 이때 각각의 제품 구매시 소비자의 구매행동은 다양한 양상을 띠게 된다. 비교적 빈번하게 구매하는 비누, 세제, 연필 등의 구매와 한번 구매하면 수년간 사용하는 자동차, 가구 등과 같은 제품의 구매시 소비자들은 매우 다른 구매행동을 보인다. 또한 같은 제품에 대하여도 각 소비자들이 처해 있는 상황, 소비자 특성 등에 따라 구매행동에 있어서 차이를 보일 수도 있다. 소비자의 구매행동은 제품의 성격 및 제품에 대한 소비자의 관여도에 따라 다양한 양상을 보이게 되기 때문에 여기서는 소비자의 구매행동을 관여도와 제품이 특성에 따라 분류하여 설명하고자 한다.

1. 고관여 구매행동

소비자들은 제품이나 봉사를 구매하는 의사결정과정에 있어서 그 의사결정이 중요하다고 생각하거나 개인적인 관심을 많이 갖고 있는 경우에는

[그림 6-1] 소비자 구매행동

고 관여	저 관여
복잡한 구매행동	습관적 구매행동
부조화 감소 구매행동	다양성 추구 구매행동

신중한 의사결정을 하려고 한다. 즉, 소비자가 제품에 대해 많은 관심을 가질수록, 제품의 구매가 개인적으로 중요할수록, 소비자가 처한 구매관련 상황이 긴박할수록 소비자의 구매의사결정에 대한 관여도는 높아지며, 련관이 높은 구매행동을 보이게 된다.

(1) 복잡한 구매행동

소비자들이 제품의 구매에 있어서 높은 관여를 보이고 각 상표 간 뚜렷한 차이점이 있는 제품을 구매할 경우의 구매행동은 일반적으로 매우 복잡한 양상을 띠게 된다. 소비자들은 제품의 가격이 비교적 높고 상표 간의 차이가 크며, 일상적으로 빈번히 구매하는 제품이 아닌 소비자 자신에게 매우 중요한 제품을 구매할 때 높은 관여를 보인다. 복잡한 구매행동을 욕구하는 구매시 소비자들은 제품구매를 위하여 많은 것을 알아야 한다. 복잡한 제품을 구매하는 경우 구매자는 첫 번째로 제품에 대한 지식에 근거하여 그 제품에 대해 주관적으로 갖게 되는 생각인 신념을 개발하고, 그 다음으로 그 제품을 좋아하거나 싫어하는 정도를 말하는 구매태도를 형성하고 마지막으로 가장 합리적이라고 생각하는 구매대안을 선택하는 학습과정을 거치게 된다.

(2) 부조화 감소 구매행동

부조화 감소 구매행동은 소비자들이 구매하는 제품에 대하여 비교적 관여도가 높고 제품의 가격이 비싸고 평소에 자주 구매하는 제품이 아니면서 구매 후 결과에 대하여 위험부담이 있는 제품의 경우 각 상표 간 차이가 미미할 때 일어난다.

2. 련관이 낮은 구매행동

소비자들이 제품이나 서비스를 구매함에 있어 항상 높은 관여도를 보이지는 않는다. 소비자들이 제품이나 서비스에 대해서 관심이 적거나, 별로 중요한 구매의사결정이라고 생각하지 않거나, 제품의 구매가 긴급한 상황이 아닌 경우에는 련관이 낮은 구매행동을 보이게 된다. 련관이 낮은 구매행동은 다시 제품의 특성에 따라 습관적 구매행동과 다양성 추구 구매행동으로 나누어 볼 수 있다.

(1) 습관적 구매행동

습관적 구매는 제품에 대하여 소비자가 비교적 낮은 관여도를 보이며 제품의 상표 간 차이가 미미할 경우에 일어난다. 소비자들은 상표들에 대하여 그다지 많은 정보를 얻으려 노력하지 않으며 상표 간 특성들의 차이를 평가하지 않으며, 또한 어떤 상표를 구매할 것인가에 대하여 그다지 신중하게 고려하지 않는다.

(2) 다양성 추구 구매행동

구매하는 제품에 대하여 비교적 저관여 상태이며 제품의 각 상표 간 차이가 뚜렷한 경우에 소비자들은 다양성 추구 구매를 하게 된다. 따라서 다양성 추구 구매를 하기 위하여 소비자들은 잦은 상표전환을 하게 된다.

제 2 절 구매의사결정 과정

앞서 살펴본 여러 가지 구매행동들은 의사결정 과정의 관점에서 다양한 모습을 띠게 되지만 이들 중 가장 표준적인 의사결정 과정을 거치게 되는 복잡한 구매행동을 상정하여 구매의사결정 과정을 살펴보기로 한다.

소비자들은 매일 여러 가지 제품이나 봉사를 구매한다. 아침에 출근하기 위해 버스를 탈 것인가 지하철을 리용할 것인가 아니면 택시를 리용할 것인가에 대한 의사결정을 내리는 것을 시작으로 점심식사를 위한 음식점의 선택 등의 의사결정들을 한다. 그러나 소비자의 구매행동의 동기와 구매의사결정과정을 이해하기란 쉽지가 않다.

소비자들의 구매의사결정은 필요의 인식, 정보의 탐색, 대안의 평가, 구매의사결정, 구매 후 행동의 다섯 단계로 설명할 수 있다. 소비자의 구매과정은 구매행동 이전부터 구매 후 과정 등 지속적으로 연결되어 있다([그림 6-2] 참조).

[그림 6-2] 구매의사결정 과정 5단계

필요인식 ⇨ 정보의 탐색 ⇨ 대안의 평가 ⇨ 구매의사결정 ⇨ 구매 후 행동

1. 필요인식

소비자는 자신이 처해 있는 현 상황과 바라는 리상적인 상황과의 괴리

가 심할 때 문제를 인식하거나 필요를 인식하게 되는데 이 단계가 구매의사결정 과정의 첫 단계이다. 필요는 배고픔, 목마름 등의 내부적 자극에 의해서 발생할 수도 있으며, 만두 가게 앞을 지나가다 금방 찐 만두를 보고 시장기를 느끼거나 친구의 새로 산 옷 등을 부러워하게 되는 것과 같이 외부적 자극에 의하여 발생할 수도 있다.

2. 정보의 탐색

필요를 인식한 소비자는 만약 욕구가 강하고 그 욕구를 채울 수 있을 만큼 만족스러운 제품이 머리에 떠오른다면 직접 그 제품을 구매할 것이다. 그러한 상황은 정보의 탐색이 내적탐색에서 그친 경우이다. 그러나 일반적으로 소비자들은 자신의 욕구를 만족시킬 수 있는 해결책을 위한 정보를 기억속에 충분히 갖고 있지 못한 경우가 많은데, 그런 경우 외부에서 정보를 찾는 외적 탐색에 나서게 된다.

3. 대안의 평가

소비자들은 정보탐색과정을 거친 뒤 많은 상표들 중 어떠한 상표를 선택할 것인가의 문제에 부딪치게 되는데, 이러한 단계가 바로 대안의 평가단계로서 소비자가 상표선택에 도달하기 위하여 대안들에 관한 정보를 처리하는 단계이다. 소비자들은 모든 구매상황에서 단순하고 동일한 평가과정을 사용하지 않고 다양한 평가과정을 거치지만 소비자들이 일반적으로 대안의 평가단계에서 거치는 과정을 살펴보면 다음과 같다.

첫째, 우리는 소비자가 자신의 어떤 필요를 만족시키기를 원하고 그 필요를 제품의 획득을 통해서 만족시킬 수 있으며, 제품을 그들의 필요를 만족시켜 줄 수 있는 제품속성들의 묶음으로 본다고 가정한다.

둘째, 소비자들은 각 속성의 중요도를 고려한다. 여기서 속성의 중요도는 속성의 현저성과 확실히 구별해야 하는 개념이다.

셋째, 소비자는 각 제품들이 각 속성상 어떤 위치를 차지하고 있는지에 대한 상표신념들을 갖게 된다. 소비자들은 일반적으로 각 속성에 대하여 효용함수를 갖고 있다고 가정할 수 있는데, 이는 제품의 각 속성수준의 조합에 대하여 소비자가 제품에 관하여 기대하는 총효용을 결정한다.

4. 구매의사결정

평가단계에서 각 상표들에 대한 평가가 이루어진 후 소비자는 구매의사결정을 하게 된다. 일반적으로 소비자의 구매의사결정은 가장 선호하는 상표를 구매하는 것을 말하는데, 자신이 구매하기를 원하는 제품과 실제 구매 사이에는 여러 요인들에 의해 차이가 있을 수 있다.

5. 구매 후 행동

제품을 구매한 소비자들은 제품에 대하여 만족 또는 불만족 등의 반응을 나타내며 이는 다시 구매행동을 이어지게 된다. 소비자들의 구매에 대한 만족, 불만족은 소비자들의 기대와 제품의 지각된 성능 간의 관계에 의하여 결정된다. 만약 제품의 성능이 제품을 구매하기 전에 가지고 있던 기대에 못미치게 된다면 소비자는 실망하게 될 것이고, 제품의 성능이 기대에 부응하게 되면 소비자는 만족을 느끼게 되며 기대했던 것보다 뛰어나면 소비자는 매우 기뻐할 것이다.

Chapter

07 마케팅 믹스 전략

제 1 절 제품전략

제품의 경우는 물리적인 형체를 갖는 경우가 대부분이며 최근에 와서는 이러한 제품 포지셔닝(손님의 마음속에 자리매김 하는 것)과 물리적인 형체를 확인하기 힘든 봉사 포지셔닝을 구별하고자 하는 로력이 있다. 본 서에서는 이러한 구분을 통해 마케팅 믹스 중에서 제품과 관련한 포지셔닝을 이해하고자 한다.

제품전달(자리매김)에 대해 살펴보자. 물리적 제품은 차별화 할 수 있는 잠재가능성에서 보면 매우 다양하다고 하겠다. 이러한 제품전달은 아래의 몇 가지 요인의 고려로 인해 가능하다고 하겠다.

1. 형　태

대부분의 제품은 형태에 의해서 차별화되어진다. 여기서 형태라 함은 크기, 모양, 그리고 물리적 구조 등과 같이 제품 그 자체가 가진 물리적 특징들을 의미한다. 현재 접하고 있는 대부분의 제품들이 이러한 물리적 특징인 색깔, 크기, 모양, 구조적 특징 등에 의해서 다른 제품들과 자사의 제품을 구분하려 하고 있다. 특히, 최근에는 이러한 형태를 브랜드와 매우 강하게 연결하여 브랜드의 련상에 형태가 직접적으로 영향을 주게끔 하는 기업들도 있다.

2. 속　　성

제품의 기본적인 기능들과 련관해서 제공되어지는 다양한 속성들을 모든 제품들은 가지고 있다. 즉, 제품이 가지고 있는 핵심적인 기능을 담고 있는 제품 속성을 통해 이러한 포지셔닝이 가능하다는 것이다. 특히 이러한 제품의 속성의 추가나 감소는 소비자의 입장에서는 제품에 대한 가치로 느껴질 것이며, 기업 입장에서는 하나하나가 비용으로 고려 될 것이다. 따라서, 속성에 대한 고려는 이러한 소비자 입장과 기업 입장의 고려가 잘 융화되어 있어야 하겠다.

3. 품　　질

대부분의 제품들은 네 가지 측정 수준에서 품질이 평가된다. 낮음, 평균, 높은, 매우 높음 등과 같이 네 수준에서 제품의 품질이 평가된다. 따라서 제품의 전달에 있어서는 이러한 제품의 성과인 품질이 어떻게 받아 들여질 것인가가 객관적인 품질과 소비자에 의해서 지각된 품질 사이의 차이를 줄여주면서 가능해질 것이다. 즉, 품질과 관련해서는 기업의 입장과 소비자의 입장 차이를 최대한 좁게 해주는 제품의 전달(손님의 마음에 자리매김)을 통해서 만이 기업이 원하는 수익을 발생함에 있어 긍정적인 영향을 미치는 제품전달이 될 것이다.

4. 내 구 성

제품이 사용되는 기간이 일반적인 조건하에서 소비자가 기대하는 수명만큼 길 것인가 하는 점을 잘 전달해야 한다. 특히 제품과 관련한 전달에서는 이러한 내구성에 대한 고려가 소비자의 기대일치 또는 불일치와 관련한 제품전달 성공/실패와 관련해서 중요한 고려요인이다.

5. 신 뢰 성

소비자들은 일반적으로 더 큰 신뢰가 가는 제품에 대해 더 높은 가격을 제공한다. 특히 이러한 소비자들이 지각된 신뢰성은 제품에 대해 행사하는 구매에 대해 강한 확신과도 련관되어 있다. 즉, 신뢰가 높은 제품에 대해서는 소비자들이 구매에 대한 성공에 있어서 강한 확신을 가지게 된다는 것이다.

6. 재 수 리

소비자들은 제품의 쉬운 수리를 좋아한다. 즉, 제품의 사용이나 보존에서 실패를 하게 되었을 경우 발생하게 되는 제품의 수리에 대한 고려를 예상하여 제품에 대한 본인의 생각을 가지기도 한다. 따라서, 제품의 재수리 여부에 따른 편리성이 보장되어져야 한다는 것 역시 중요한 고려요인이다.

7. 스 타 일

스타일은 제품에 대해 소비자들이 가지는 외모와 느낌으로 표현 할 수 있을 것이다. 객관적인 외형뿐만 아니라 여기에 부여되는 소비자의 느낌이 제품에 대해 형성되는 하나의 차별점이 될 수 있다는 것이다. 소비자들은 어쩌면 아주 특이한 외형에서 받게 되는 특이한 느낌에 근거하여 추가적인 가격 프리미엄에 대해 둔감해질 수도 있을 것이다.

8. 디 자 인

아주 빠르게 변화해가는 시장상황에서 가격이나 기술은 어쩌면 차별점으로서는 충분하지 않을 지도 모른다. 특히 제품전달의 차별점에 있어서 디자인은 통합적인 힘을 가진 요인이라고 할 수 있다. 설계는 제품의 속성들을 총 망라한 집합체라고 볼 수도 있는 것이다. 따라서 이러한 디자인은 시장에서 경쟁의 핵심적인 요인이 될 것이다.

제 2 절 촉진전략

대부분의 마케팅 로력들이 최종사용자를 표적으로 하며, 일반적으로 대규모 광고와 함께 쿠폰, 환불, 견본품 및 경품 등의 소비자판촉 프로그램을 통해 소비자가 점포를 방문에서 자사의 브랜드를 찾도록 유도하는 것이다. 사용자들은 소비자 내지 기업이 될 수 있다. 소비자에 중점을 둔 촉진은 개인에 의해 사용되는 제품, 특히 지역의 슈퍼마켓과 잡화점에서 판매되는 제품에 집중되어 있다.

오늘날, 소비자 판매촉진이 보다 중요해지는 리유 중 하나는 디지털경제로의 급속한 변화에 따른 매체습관의 변화 때문이다. 제조업자들은 더욱 개인화되고, 이동하는 목표소비자들에게 도달하기 위해 전통적인 대중매체 광고와 함께 인터넷 등 새로운 방법으로 전환해야 한다.

1. 소비자촉진의 목적

기업은 소비자판촉을 도입할 때 이를 통해 성취하고자 하는 것을 결정하고 광고, 직접마케팅, 인적판매 등의 다른 촉진활동과의 상호작용을 고려해야 한다. 모든 판촉도구들이 동일한 목적을 달성하기 위해 사용되는 것은 아니므로, 마케터는 상황분석 결과를 토대로 구체적 역할을 결정해야 할 것이다. 대부분의 소비자판매촉진 프로그램의 기본목적이 자기가 소속된 회사의 상표에 대한 구매를 유도하는 것이지만, 마케팅 관리자는 다음과 같은 여러 가지 구체적 목적으로 소비자판촉 프로그램을 도입한다.

첫째, 신제품에 대한 시용과 반복구매를 유도하기 위해 소비자판촉도구들을 사용한다. 매년 90% 이상의 신제품이 도입 첫 해에 시장에서 사라진다. 광고만으로는 소비자의 시용을 유발하기 어렵기 때문에 구매시점 소개 제품, 무료샘플 등과 같은 소비자판촉도구들은 시용을 촉진하는 데 효과적일 수 있다. 신제품이 성공적으로 시장에 진입하기 위해서는 반복구매를 유도할 수 있어야 한다. 기업은 사용 후 반복구매가 이루어질 수 있도록 견본 등을 함께 포함시킬 수 있다.

둘째, 기존 상표의 소비율을 증가시키기 위해 소비자판촉을 사용할 수 있다. 성숙기 시장에서 판매촉진은 매출을 늘리거나 기존의 시장점유율을 유지하는 데 있어서 효과적이다. 기존 상표의 소비를 증가시키는 하나의 방법은 새로운 용도를 개발하는 것이다.

소비를 증가시키는 또 하나의 방법은 제품범주의 비사용자나 경쟁상표 사용자를 유인하는 것이다. 이를 위해서는 상품권, 고급 봉사제공, 추가 상품, 가격할인 등의 다양한 도구들을 활용할 수 있다.

셋째, 판매촉진기법들은 기존 손님을 계속 유지하는 데 효과적으로 활용될 수 있다.

2. 소비자촉진의 유형

일반적인 소비자판매촉진으로는 구매시점 제공하는 제품, 쿠폰,[1] 전자쿠폰,[2] 할인 촉진,[3] 환불(돈을 배상), 견본, 조합제공, 그리고 경품 등이 있다. 성공적인 마케팅 기법은 이러한 몇 가지 기법들을 매체광고, 제품출시 등과 같은 직접 마케팅과 통합시키는 것이다.

(1) 구매시점 제공 제품

구매시점 제공품은 점포에 들어가 거래량을 구축하고 제품을 전시 및 광고하며 충동구매를 촉진시키기 위해 고안된 수많은 진렬물과 유사 광고 고안물들이다.

오늘날 소비자들은 쇼핑의 66%를 점포에서 결정하고, 53%는 비계획적 구매를 하기 때문에 구매시점 판매는 종종 구매를 자극하는 주된 요인이 될 수 있다. 창문진렬, 판매 대진렬, 제품을 담아 놓기 위한 공간과 벽 공간, 장식 리본, 그리고 대형 그림 등을 포함한다. 가끔, 제품의 운송상자도 일종의 진렬도구로서 가시성을 늘리도록 고안된다.

---

1) 가격을 내려 주거나 제품을 추가로 제공해 주겠다는 약속이 있는 종이.
2) 컴퓨터를 통해 가격을 내려 주거나 제품을 추가로 제공해 주겠다는 약속을 하는 것.
3) 가격을 직접 내려 주는 것.

(2) 쿠　　폰[4)]

쿠폰은 특정품목의 가격할인을 위해 소매점에 제시하는 공인된 가치를 가진 증서이다. 쿠폰을 소지한 소비자는 특정상품 구매시 그 쿠폰의 내용에 따라 가격을 내려서 살 수 있다. 쿠폰은 신문이나 잡지, 호별방문, 포장, 점포, 그리고 직접우편을 통해 배포된다.

(3) 할인촉진, 환불

할인촉진은 비율 할인, 무료제공 등의 환불의 형태로 제공되는 제품 가격상의 단기할인이다. 어떤 묶음은 계산대에서 점원이 떼어내도록 되어 있는 특별할인 안내가 부착되어 있다.

어떤 기업들은 제품의 미래 구매에 사용할 수 있도록 현금이나 쿠폰의 형태로 환불을 제공한다.

(4) 견본품과 복합제공물

견본품은 모든 판매촉진 중에서 가장 많은 비용이 든다. 그것은 또한 신제품 도입시 가장 효과적인 방법 중의 하나인데, 이는 소비자들이 습관적인 사용을 하도록 전환하기를 바라면서 무료시용을 제공하기 때문이다. 견본품 제공은 수개에 의해 지지되어야 하며, 작은 크기로 리용할 수 있고 빈번하게 구매되는 제품들을 포함해야 한다. 샘플의 성공은 주로 제품의 장점에 달려 있다. 그것은 만약 그 제품들이 약속에 부합한다면 엄청난 신용을 제공하며, 비사용자를 충성 고객(손님)으로 곧 바로 바꿔놓을 수 있다. 때때로 복합제공품은 특별가격으로 기존 제품을 구매할 때 신제품을 묶어 제공하는 것이다. 식품과 의약품 담당 마케팅을 관리하는 사람들은 면도기와 면도날 묶음 혹은 치약과 칫솔 같은 복합제공품을 할인된 가격으로 제공하곤

---

4) 가격을 내려주거나 제품을 추가로 제공해 주겠다는 약속이 있는 종이.

한다. 최상의 결과를 얻기 위해서는 반드시 품목들 간에 관련성이 있어야 한다.

(5) 경연과 경품

경연은 참가자들의 능력에 근거하여 포상을 하는 것이고, 경품은 참가자들의 이름을 단순히 추첨하여 포상을 한다. 오락은 경품의 운이라는 요소를 가지고 있지만 오랜 시간에 걸쳐 시행된다(례를 들어, 점포방문을 구축하기 위해 고안된 지방의 빙고 유형의 오락). 오락이 가지는 마케팅 리점은 손님들이 게임을 계속하기 위해서는 점포를 반복 방문해야 한다는 것이다.

경연과 경품은 소비자를 참여시킴으로써 제품의 소비를 촉진한다. 이러한 장치들은 수백만의 참여자들을 유도한다. 보통 경연 참가자들은 구매증거물을 보내야 한다. 보다 비싼 제품들의 경우에는 소비자가 참여 용지를 받기 위해 반드시 그 점포를 방문해야 할 수도 있다. 참여를 장려하기 위해 후원자는 가능한 한 경연을 단순하게 만들어야 한다. 포상구조와 규칙이 명확하게 고지되어야 한다.

(6) 련계촉진

련계촉진이란 둘 이상의 상표나 또는 둘 이상의 기업들이 그들의 소비자에 대한 판매력을 강화하기 위하여 서로의 기업이나 상표를 공유하여 사용할 수 있는 쿠폰, 환불 등의 판촉수단을 공동으로 사용하는 것을 말한다.

(7) 행사 후원

후원은 기업이 특정행사에 소요되는 비용을 지원하는 형태의 소비자지향 판촉수단으로서 최근에 활용의 빈도가 대폭 증가하고 있다. 마케팅 관리자들이 행사 후원을 활용하는 것은 기업명이나 상표에 대한 소비자 인지도를 증대시킬 수 있기 때문이다. 기업은 제품특성이나 이미지에 맞는 올바른 이벤트를 선정하여 이를 후원함으로써 표적시장으로부터 가시성을 높일 수 있다. 후원은 통합적 마케팅 의사소통 프로그램의 한 구성요소로서 다른 촉진활동들과 련계하여 효과적으로 사용될 수 있는 리점을 가진다.

제 3 절 가격전략

1. 가격결정에 영향을 미치는 주요 요인들

기업의 마케팅 담당자는 가격을 결정하기 위해서 이에 영향을 미치는 요소들에 대해 먼저 리해해야 한다. 가격은 시장을 구성하는 여러 요인에 의해 영향을 받는다. 제품가격에 영향을 미치는 대표적은 요인으로 소비자 반응, 원가, 경쟁환경, 류통경로, 법적 규제를 들 수 있다.

(1) 소 비 자

기업의 마케팅 담당자는 가격을 결정하는 데 있어서 소비자들이 가격에 대해 어떻게 응하는가를 알아야 한다. 가격과 소비자의 구매행동과의 관계를 리해하는 데 중요한 개념이 수요의 법칙과 수요의 가격탄력성이다. 수요의 법칙이란 소비자들은 제품의 가격이 낮아질수록 더 많은 량의 제품을 구입한다는 것으로, 수요의 법칙은 [그림 7-1]과 같이 우하향의 형태를 가진 수요곡선으로 나타난다.

수요의 가격탄력성(탄력성 뭔지 설명이 필요합니다)은 제품의 가격이 변화함에 따라 판매량이 얼마나 변화하는지를 나타내는 지표로서, 다음과 같은 수식으로 표현된다.

[그림 7-1] 수요곡선

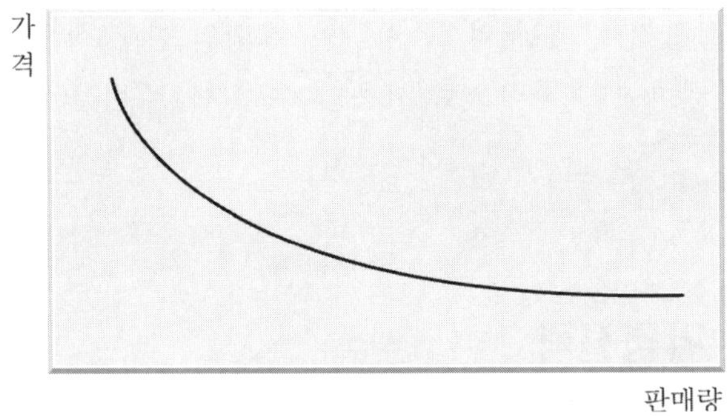

수요의 가격탄력성은 탄력적, 비탄력적, 단위탄력적의 세 가지 형태로 나눌 수 있다. 탄력적 수요란 가격탄력성의 절대값이 1보다 큰 경우로서, 약간의 가격변화에 대해 수요량이 크게 변화한다. 탄력적 수요상황에서는 가격을 인하하면 총수익이 늘어나고, 가격을 인상하면 총수익이 줄어들게 된다. 이와는 반대로 비탄력적 수요는 가격탄력성의 절대값이 1보다 작은 경우로서, 가격을 인하하면 총수익이 감소하게 된다. 단위탄력적 수요란 가격탄력성의 절대값이 1인 경우로서, 가격의 변화율만큼 판매율이 변화하여 총수익에는 변화가 없다.

$$\text{가격탄력성} = \frac{\text{판매량의 변화율(\%)}}{\text{가격의 변화율(\%)}} = \frac{\dfrac{\text{변화후 판매량} - \text{변화전 판매량}}{\text{변화전 판매량}}}{\dfrac{\text{변화후 가격} - \text{변화전 가격}}{\text{변화전 가격}}}$$

(2) 원　　가

원가는 가격의 하한선을 결정한다는 점에서 매우 중요한 요소이다. 기업이 일시적으로 경쟁사와의 가격경쟁에서 이기기 위해서, 시장점유율을 높이기 위해서, 또는 현금의 류동성을 확보하기 위해서 비용보다 낮게 제품가격을 책정할 수는 있지만, 장기적으로는 원가 이하의 제품가격으로는 기업이 생존할 수 없을 것이다. 따라서 기업은 제품생산과 관련된 모든 직·간접 비용을 신중하게 분석하여 제품가격에 큰 영향을 미치는 비용요소들을 파악해야 할 것이다.

원가가 지속적으로 상승하는 경우에 기업은, 첫째 제품을 그대로 유지하면서 원가상승분을 가격인상으로 반영하여 소비자에게 전가하거나, 둘째, 제품을 그대로 유지하면서 원가상승분의 일부는 자체 비용절감으로 흡수하고 일부만 소비자가격에 반영하거나, 셋째 제품수정을 통해 비용을 흡수하고 기존 가격을 유지하거나, 넷째 가격을 인상하고 소비자들이 이를 받아들일 수 있게 제품을 수정하거나, 다섯째 적정 리윤이 나지 않는 제품의 생산을 포기하는 등의 대응방안이 있을 수 있다. 반면에 원가의 하락이 가능한 경우에는 가격을 인하하여 매출을 늘리거나 가격을 그대로 유지하여 리윤을 증가시키는 방법 중에서 하나를 선택할 수 있다.

(3) 경　　쟁

기업의 가격결정에 영향을 미치는 또 다른 요소는 경쟁상황이다. 일반적으로 기업은 소비자들이 지불하고자 하는 가격을 제품가격의 상한으로, 그리고 원가를 가격의 하한선으로 책정한다. 이 범위내에서 구체적인 가격책정에 영향을 미치는 요소가 경쟁사의 가격과 원가, 품질 등이다.

경쟁사와 류사한 품질의 제품을 제공하면서 더 높은 가격을 제시한다면 기업은 대부분의 손님을 잃을 것이다. 그러나 경쟁사보다 유리한 원가구조를 가지고 있어 경쟁사의 원가보다 낮은 가격을 제시하면 경쟁에서 유리한 고지를 점할 수 있다. 반면에 경쟁사보다 고비용의 구조를 가지고 있다면 가격경쟁보다는 품질향상 등의 차별화 전략을 선택해야 할 것이다.

류사한 제품과 봉사들이 시장에서 치렬한 경쟁을 하고 있는 경우에는 개별기업들은 제품의 시장가격 형성에 큰 영향을 미치지 못하며, 경쟁사보다 다소 높은 가격을 책정하면 대부분의 소비자들은 경쟁 상표의 제품을 구매하게 된다. 또한 경쟁사보다 낮은 가격을 책정하면 경쟁자도 즉각적으로 가격을 인하할 가능성이 높아 가격인하에 따른 리윤이 그리 크지 않게 된다. 또한 경쟁적인 가격인하는 가격전쟁을 유발하게 되어 궁극적으로는 모든 기업의 리윤이 줄어들거나 손실을 보게 된다. 이러한 상황에서의 가격결정은 시장기능에 의존하게 되는 것이 일반적이다.

한편 기업들이 상대적으로 차별화된 제품과 봉사를 제공할 수 있는 경우에는 소비자들은 개별기업이 제공하는 제품이나 봉사를 독특한 것으로 지각하기 때문에 시장가격 이상의 제품가격을 책정하여도 손님을 일정수준 이상으로 유지할 수 있다. 이러한 제품차별화는 브랜드 이미지, 차별화된 봉사와 설계 등을 통해 달성할 수 있다. 이 경우에는 가격인하를 통한 가격전쟁을 유발하지 않고도 잠재손님을 추가적으로 확보할 수 있으며 기업이 주도적으로 가격을 결정할 수 있다.

(4) 류통경로

자기상점의 매출을 확대하거나 적정 리윤을 확보하기 위한 류통업자들의 로력이 제조업자의 제품가격 결정에 영향을 줄 수 있다. 도매업자나 소매업자들은 적정 리윤의 확보를 위해 납품받은 제품의 재고분을 반품할 수 있도록 요구하거나, 원가와 판매가의 차액이 적은 제품의 납품을 거절하거나, 경쟁사 제품을 같이 진렬하기도 한다.

제조업자들은 류통경로 참가자들이 경로활동을 수행하는 데 드는 비용(례, 보관비용, 선적비용, 판매촉진비용 등)을 보상해 줌으로써 이들의 협조를 확보해야 할 경우가 빈번히 발생되는데, 이러한 지원비용이 제품가격에 반영될 수 있다.

물론 제조업자들은 전속적 류통경로를 선택하거나 가격 할인지향적인 중간상과의 거래를 피함으로써 어느 정도 가격에 대한 통제력을 확보할 수 있다. 또한 강력한 상표이미지를 부착함으로써 소비자들이 기꺼이 추가적인 가격을 부담할 수 있도록 만드는 것도 중간상들에 대한 가격통제력을 확보하는 수단이 될 수 있다.

2. 가격결정의 목표

마케팅 관리자는 기업의 사명과 마케팅 목표를 념두에 두고 제품가격을 결정해야 한다. 즉 기업은 기업사명과 일치되도록 마케팅 목표를 설정하고 마케팅 목표를 실현할 수 있는 표적시장과 제품 포지셔닝을 효과적으로 개발하며, 가격전략이 추구해야 할 목표가 분명해지는 것이다.

마케팅 관리자는 마케팅 목표와 조화를 이룰 수 있도록 가격목표를 설정하여야 하는데, 례를 들어 마케팅 목표가 시장점유율, 수익, 리윤 중 어느 것인가에 따라 가격의 방향이 달라지는 것이다. 가격결정의 목표는 크게 매출중심적 가격목표, 리윤중심적 가격목표, 현상유지적 가격목표, 그리고 기타목표 등으로 분류될 수 있다.

(1) 매출중심적 가격목표

판매액증대나 시장점유율 확대 등의 판매중심적 목표를 추구하는 기업은 현재의 판매성장이 장기적으로 시장통제와 리윤증대를 보장할 것이라는 믿음에 따라 단위제품당 원가와 판매가의 차액을 낮추는 대신 판매량을 늘림으로써 총리윤을 증대시키고자 한다.

이러한 판매중심적 가격목표를 달성하기 위해서 기업은 일반적으로 시장침투가격을 채택한다. 판매중심적 목표(즉 침투가격)는 표적 소비자들이 가격에 민감하거나, 대량생산을 통해 규모의 경제를 확보할 수 있는 경우나, 또한 저가격을 통해 잠재적 경쟁자들의 진입을 저지할 수 있는 경우에 효과적이다.

(2) 리윤중심적 가격목표

리윤중심적 가격목표를 추구하는 기업은 여러 가지 형태의 리윤목표를 달성할 수 있도록 제품가격을 책정한다. 례를 들어 리윤 극대화를 추구하는 기업이라면 최고의 리윤을 낼수 있는 가격전략을 선택할 것이며, 적정 리윤을 목표로 하는 기업은 단기간의 리윤 극대화보다는 장기간에 걸쳐 안정적인 리윤을 확보할 수 있는 가격전략을 원할 것이다. 투자리익률 확보를 목표로 하는 기업은 투자비용의 일정비율을 리익으로 확보할 수 있는 가격전략을 선택할 것이며, 자금이 부족하거나 미래에 대한 불확실성이 클 것이라고 판단하는 기업은 초기에 많은 리윤을 확보하기 위하여 자금의 류동성을 높이는 가격을 원할 수도 있다.

리윤은 크게 단위당 리윤과 총리윤으로 표현될 수 있는데, 단위당 리윤은 제품 1단위당 수익에서 비용을 차감한 부분이며, 총리윤은 각 단위당 리윤에 총판매량을 곱한 수치이다. 례를 들어 전문 설계자가 만든 고급의류는 단위당 리윤을 극대화하도록 제품가격을 책정하는 반면, 중저가 상표의 의류들은 단위당 리윤은 낮지만 판매량을 늘림으로써 총리윤을 높일 수 있도록 하는 제품가격을 선택할 것이다.

대체로 리윤중심적 가격목표를 추구하는 기업들은 가격보다는 제품의 품질이나 독특함 또는 사회적 지위 등을 중시하는 소비자들을 표적으로 초기고가전략을 추구하는 경향이 있다. 리윤중심적 가격목표는 특허권, 상표충성도, 주요 원자재의 통제 등을 통해 시장경쟁을 어느 정도 억제할 수 있거나, 소비자들이 가격에 비교적 덜 민감하고 높은 초기가격을 기꺼이 지불할 용의가 있거나, 혹은 규모의 경제가 존재하지 않아 단위비용이 생산량의 증가에 따라 별로 감소하지 않는 경우에 적절하다.

일부 기업들은 초기에는 리윤중심적인 목표를 가지고 고가격을 책정하여 가격에 민감하지 않은 혁신소비자층을 먼저 공략하고, 그 시장이 포화상태에 이르면 침투가격을 책정하여 대중시장을 표적으로 판매액을 증대시키는 전략을 선택하기도 한다. 이러한 전략은 초기의 고가격을 통해 개발비용과 도입비용의 조기회수와 제품이미지의 제고에 도움을 주며, 소비자들의 기대가격수준을 높게 만들어 이후의 저가격 제품이 손님에게 빠르게 확산될 수 있게 해준다.

(3) 현상유지적 가격목표

어떠한 경우에는 기업은 현재 시장에서 좋은 위치를 차지하고 있어서 더 이상의 변화를 원하지 않는 것을 목표로 세울 수 있다. 현재의 시장점유율 유지, 경쟁사 제품과의 가격균형 유지, 가격의 안정성 확보 등과 같이 현상유지를 목표로 하는 가격결정은 제품의 안정적인 수요와 함께 경쟁에 따른 리윤감소의 위험을 줄이자는 것이다.

3. 가격전략의 실행 및 최종가격 결정

(1) 심리적 가격

심리적 가격전략은 최종가격의 선정에 있어 가격에 대한 소비지각을 반영하는 것이다. 많은 소비자들은 가격과 품질 간의 련상관계를 형성하고 있어, 가격이 높으면 제품의 품질이 좋을 것이고 제품의 가격이 낮으면 품질이 좋지 않을 것이라고 생각하는 경향이 있다. 일반적으로 소비자들은 제품의 품질을 판단할 수 있는 정보가 부족하거나 제품의 속성을 정확히 파악하기 어려운 경우에는 가격을 품질의 지표로서 사용한다. 높은 가격으로 제품품질에 대한 지각이나 이미지를 높일 수 있다면, 오히려 가격이 비쌀수록 잘 팔리는 경우도 있다.

심리적인 가격결정의 또 다른 유형으로 준거가격이 있는데, 이는 소비자들이 어떤 제품을 구입하고자 할 때 자신이 심리적으로 적정하다고 생각하는 가격수준을 의미한다. 소비자들은 현재의 일반적은 제품가격, 과거의 구매경험 등을 토대로 준거가격을 형성하고 이를 기준으로 구매를 한다. 만약 준거가격과 제품가격을 비교하여 제품가격이 준거가격보다 저렴하다(낮다)고 판단되면 쉽게 구매를 결정하게 될 것이다. 따라서 마케팅을 관리하는 담당자는 소비자들이 준거가격을 되도록 높게 설정하도록 유도하고 자사제품을 그보다 낮게 제시함으로써 가격결정에 있어 가격의 심리적인 기능까지도 고려할 필요가 있다.

(2) 초기고가전략과 시장침투가격전략

초기고가전략은 신제품을 시장에 내놓을 때 신제품이 지니고 있는 편익을 수용하고자 하는 소비자층을 상대로 가격을 높게 설정하는 정책이다.

시장침투가격은 빠른 시간내에 매출 및 시장점유율을 확대하기 위해 신제품 도입 초기에 낮은 가격을 설정하는 것으로서, 규모의 경제가 존재하거나 혹은 단위당 리익이 낮더라도 대량판매를 통해 높은 총리익을 확보할 수 있다고 판단될 때 적절하다.

모방신제품을 개발한 후발 진입자의 경우에도 높은 시장점유율을 확보하기 위하여 시장도입 초기에 낮은 가격을 책정하기도 한다. 또한 가격에 민감하지 않은 소비자층의 구매가 완료되면서 보급형 모형을 저가격으로 판매함으로써 판매를 확대하려고 할 경우에도 사용된다. 일반적으로 시장침투가격전략은 소비자들이 가격에 민감하고 시장성장률이 높다고 판단될 때, 그리고 저가격으로 경쟁자의 진입을 사전에 방지하고자 할 때 효과적이다.

제 4 절 류통전략

1. 류통경로의 개념과 필요성

마케팅 관리자는 소비자들이 자사제품을 쉽게 리용할 수 있는 최선의 경로를 결정하고자 한다. 상품배달의 지연은 판매기회의 상실과 손님 불만을 발생시킬 것이다. 효과적인 경로제도의 도입은 상품이동과 관련된 이러한 비효율성을 제거하거나 현저히 감소시킬 수 있다. 류통경로는 제조업체로부터 최종소비자(혹은 기업손님)에게로 상품 및 봉사를 이동시키는 과정에 참여하는 조직체나 개인들로 정의된다. 류통경로는 원유의 배관과 비교될 수 있는데, 류통경로를 통한 상품이동과정에 참여하는 경로구성원에는 제조업자, 중간상, 그리고 구매자들이 포함된다. 여기서 중간상은 류통경로상에서 제조업자와 소비자 사이에서 활동하는 조직체나 개인들이다.

중간상의 역할은 도매상이나 소매상에 의해 수행될 수 있다. 도매상은 최종소비자에게 판매하지 않고, 주로 소매상이나 다른 도매상, 기업 손님들에게 판매하는 중간상을 말한다. 소매상은 주로 최종소비자들에게 상품을 판매하는 중간상을 말한다.

제조업체들은 왜 판매활동의 일부를 중간상들에게 위임하는 것일까? 중간상의 리용은 어떻게 상품을 판매하고 누구에게 판매할 것인가에 대한 통제를 어느 정도 상실함을 의미한다. 그럼에도 불구하고 중간상을 리용하는 것은 제조업체가 생산된 제품을 직접판매하는 것보다 표적시장에 대한 상품공급에서 더 효율적이기 때문일 것이다. 제조업자는 다음과 같은 리점 때문에 중간상을 리용한다.

첫째, 제조업자는 중간상을 리용하여 거래의 경제성을 달성할 수 있다. [그림 7-2]는 중간상의 리용이 왜 경제적인지(즉 제조업자와 소비자 간의 거

[그림 7-2] 중간상 리용에 의한 거래의 단순화

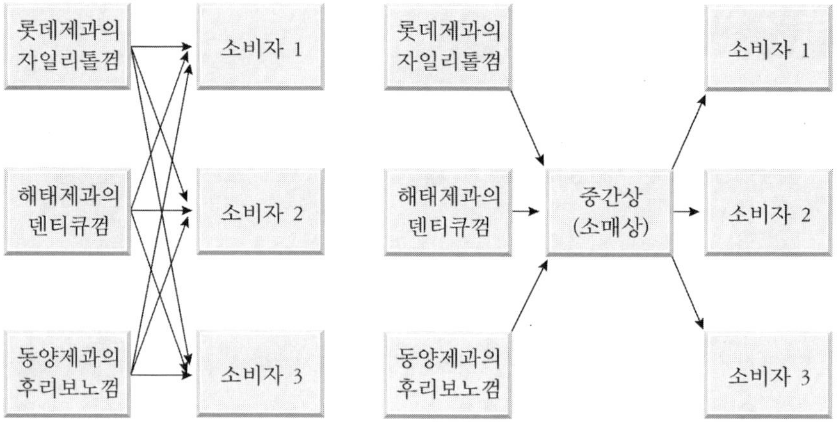

〈제조업자와 소비자가 직접 거래할 경우〉 〈중간상이 있을 경우〉

래를 단순화시키는지)를 보여준다. [그림 7-2]를 보면 껌을 생산하는 각 제과업체가 개별소비자와 직접거래를 하는 경우에는 총 9번의 접촉이 필요하다. 그러나 중간상이 존재하면 제조업자와 소비자는 중간상과 거래가 이루어지므로 총 접촉접수는 6번으로 감소한다. 이와 같이 중간상은 제조업자와 소비자가 직접 거래를 함으로써 발생되는 번거러움을 줄여준다.

둘째, 중간상의 리용은 제조업자가 최종사용자들과 직접거래하는 것보다 이들에게 더 많은 시간효용, 장소효용 및 소유효용을 제공한다. 제조업자가 중간상을 리용하면 추가적인 비용이 발생되지만, 이러한 비용의 증가는 중간상이 제공하는 효용들에 의해 상쇄된다. 시간효용은 소비자가 상품을 원할 때 구매할 수 있도록 함으로써 발생되며, 장소효용은 소비자들이 원하는 장소에서 구매할 수 있도록 함으로써 발생된다. 소유효용은 소비자가 상품을 소유할 수 있도록 도와줌으로써 창출된다.

2. 류통경로의 구조

(1) 소비재 류통경로와 산업재 류통경로

류통경로는 표적소비자들의 욕구에 따라 다양하게 조직될 수 있다. 마케팅 관리자는 류통경로상에 다양한 형태의 중간상들을 포함시키거나 혹은 중간상의 참여를 배제시킬 수 있다. 또한 기업은 하나의 류통경로를 리용하거나 둘 이상의 서로 다른 류통경로를 활용할 수도 있다.

류통경로의 조직은 제조업자가 생산하는 제품의 특성에 따라 달라지는데 크게 소비재 류통경로와 산업재 류통경로로 나눌 수 있다. 소비재 제조업자가 리용할 수 있는 류통경로는 크게 네 가지 유형으로 나누어진다.([그림 7-3] 참조).

경로유형 1은 제조업자가 직접 소비자에게 판매하는 형태로서, 직접 마케팅경로라고 부른다. 례를 들어, 정수기 제조업체나 가정용 학습교재회사 등은 가정방문판매를 통해 제품을 판매한다. 또한 통신판매전문회사들은 우편주문이나 전화를 리용하여 소비자들에게 직접 상품을 판매한다.

[그림 7-3] 소비재 류통경로

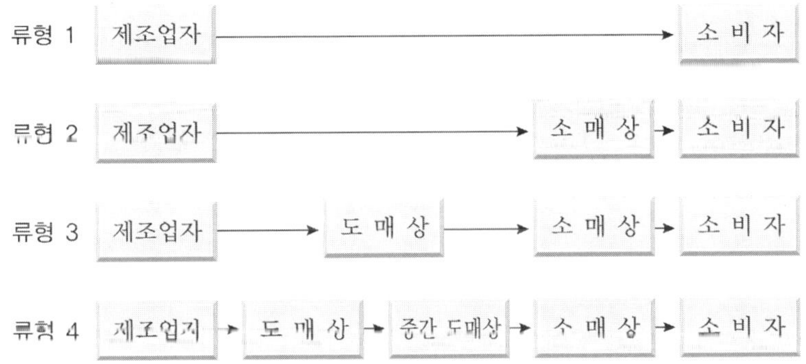

경로유형 2는 제조업자와 소비자 사이에 소매상이 개입되는 형태로서, 례를 들어 백화점과 같은 대형소매업체들은 제조업자들로부터 직접구매한 상품들을 판매한다.

경로유형 3은 제조업자와 소비자 사이에 도매상과 소매상이 개입되는 형태로서 가장 전형적인 경로류유형이다. 이러한 경로유형은 식품, 약품 등의 많은 소비용품 분야에서 중소규모의 제조업자들에 의해 흔히 리용된다.

경로유형 4는 제조업자와 소비자 사이에 세 단계의 중간상이 개입되는 형태이다. 잡지, 우유, 육류 등의 제품에서는 도매상과 소매상 사이에 중간도매상이 흔히 존재하는데, 이들은 대형도매상들이 직접공급하기 어려운 소규모 소매업자들에게 상품을 공급한다.

류통경로가 길어질수록(상품이 최종소비자에게 전달될 때까지 거쳐야 할 류통단계가 많아질수록), 각 중간상들이 수행하는 마케팅 기능은 보다 전문화된다. 각 중간상은 자신이 잘할 수 있는 류통기능만을 수행하기 때문에 이로 인해 얻어지는 효율성의 증대는 제조업자가 모든 류통기능들을 직접 수행할 경우와 비교하여 최종소비자가격을 더 낮출 수 있는 것이다. 그러나 제조업자와 소비자 사이에 보다 많은 중간상들이 개입될수록, 제조업자의 통제력이 약해진다.

한편 [그림 7-4]는 산업재의 류통경로 유형을 보여준다. 소비재와 비교하여, 조직체 구매자에게 주로 판매되는 산업재는 많은 경우 직접류통경로를 사용한다. 즉, 산업재는 자사의 영업사원이나 직접소개기법을 리용하여 기업체 손님들에게 직접판매된다. 소비재 시장과 비교하여 산업재 시장은 대체로 소수의 대규모 구매자들로 구성된다. 또한 구매자들은 흔히 지리적으로 집중되어 있다. 그러므로 산업재 제조업자들이 중간상들을 리용하여 얻게 되는 리점이 소비재 제조업자들보다 낮다. 산업재 제조업자들이 보다 짧은 류통경로를 좋아하는 또 다른 리유는 제품의 복잡성으로 인해 제품판매에 전문적 지식이나 판매 후 봉사가 요구되기 때문이다.

[그림 7-4] 산업재의 류통경로 류유형

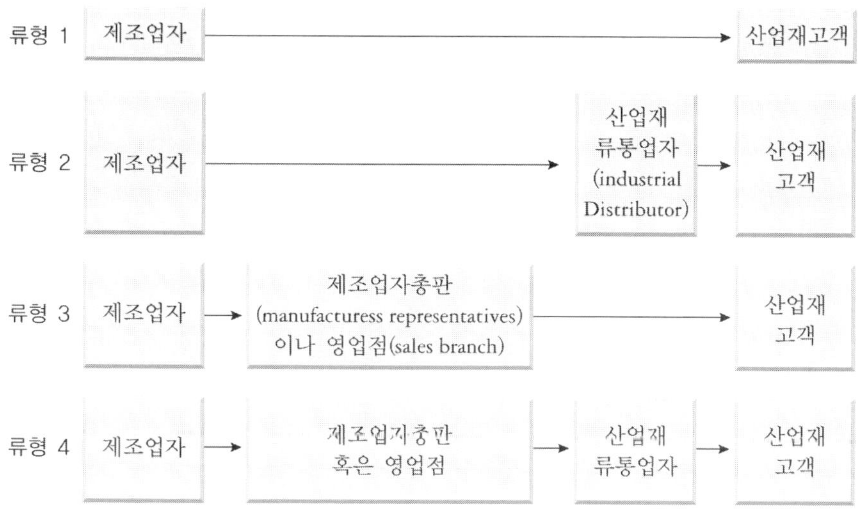

3. 류통경로 설계과정

많은 소비용품들이 제품수명주기상의 성숙기에 들어서 제품의 차별화가 힘들어지고 신제품들이 계속 쏟아져 나옴에 따라 제조업체들은 소매점의 제한된 진렬공간에 자사제품을 진렬하는 것이 갈수록 어렵게 되고 있다. 중간상들은 보다 높은 원가와 판매가의 차액을 요구하거나 중간상들의 촉진활동의 많은 부분을 제조업자가 부담하도록 요구하였다. 이에 따라 많은 제조업자들이 마케팅 활동을 보다 쉽게 통제할 수 있는 류통경로를 구축하려는 로력을 하게 되었다. 직영점 개설이 통제력을 높일 수 있는 류통경로의 한 방안으로 고려될 수 있지만 이는 제조업자에게 많은 자본투자를 필요로 하며 기존의 중간상들로부터 반발을 일으킬 가능성이 높다. 따라서 제조업자는 새로운 류통경로를 구축하거나 기존의 류통경로를 변화시킬 때 보

[그림 7-5] 류통경로 설계과정

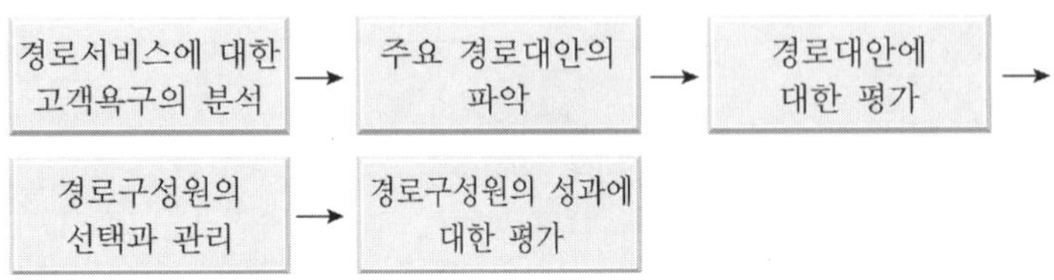

다 체계적으로 류통경로를 설계할 필요가 있다.

이하에서는 먼저 제조업자의 류통경로 설계과정([그림 7-5]를 참조)을 제시하고 각 단계에서 분석되어야 할 요인들을 다루기로 한다.

4. 경로구성원의 선택과 관리

각 경로대안들을 비교・평가하여 가장 바람직한 경로대안이 결정되면, 마케팅 관리자는 경로구성원으로 포함될 개별중간상들을 선택해야 한다. 대체로 기업은 표적시장이 요구하는 경로봉사를 가장 잘 제공할 능력이 있는 중간상들을 선택하기를 원할 것이다. 그러나 기업이 원하는 중간상을 선정할 수 있는 능력은 기업에 따라 다르다.

제조업자가 보다 나은 중간상들을 선택하는데 고려하는 평가기준들에는 ① 신용능력, ② 명성, ③ 영업사원의 규모와 질, ④ 판매능력, ⑤ 취급하는 다른 제품들의 수와 특성, ⑥ 기존 손님, ⑦ 수익성과 성장잠재력, ⑧ 립지 등이 있다. 중간상의 대금지불능력을 말하는 신용능력과 업계에서의 명성은 가장 중요한 평가기준의 하나이다. 또한 중간상이 보유하고 있는 영업사원의 규모와 질, 중간상의 판매력은 밀어내기전략(중간상판촉을 통해 중간상들의 적극적인 판매로력을 유도하는 전략)을 사용하는 제조업자에게 매우 중요한 고려요인이 된다. 제조업자는 자사제품의 이미지 및 일관성 있는 류통전략을 유지하기 위해 경쟁사의 제품도 취급하는 중간상보다는 자사제품과 보완적인 제품들을 취급하는 중간상을 보다 좋아한다. 또한 제조업자는 자사제품과 품질에서 대등한 제품계열들을 취급하는 중간상들과 거래하기를 원할 것이다. 또한 중간상이 거래하는 기존 손님의 수와 특성도 중요한 평가기준의 하나인데, 기업은 자사제품의 표적시장과 부합되는 특성을 갖춘 기존 손님들을 보유한 중간상들과 거래하기를 원한다. 마지막으로 높은 수익성과 성장잠재력을 보이거나 좋은 립지를 가진 중간상이 바람직하다. 만약 기업이 전속적 류통이나 선택적 류통전략을 원한다면, 중간상의 입지나 수익성 및 성장잠재력이 중요한 선택기준이 될 것이다.

마케팅 담당자는 선택된 중간상들이 자사제품의 판매를 위해 최선을 다하도록 계속적으로 동기부여를 해야 한다. 일반적으로 제조업자는 중간상들의 협력을 얻기 위해 긍정적 동기부여 수단과 부정적 동기부여 수단을 함께 사용한다. 긍정적 동기부여 수단에는 높은 원가와 판매가의 차액, 특별 가격할인, 프리미엄 제공, 협동광고 지원금, 진렬 지원금 등이 포함되며, 부정적 동기부여 수단에는 원가와 판매가의 차액의 삭감, 제품인도의 지체, 거래관계의 종식 등이 포함된다. 어떤 기업들은 전문적으로 관리되는 수직적 마케팅시스템의 구축을 통해 중간상들과 장기적인 협력관계를 형성하려고 한다. 기업은 중간상들과 공동으로 제품조달목표, 제품조달전략, 판매원교육, 광고 및 판촉활동을 계획함으로써 수직적 마케팅 체계의 한 구성원이 되는 것이 그들에게 많은 리익을 실현시킴을 확신시키고자 한다.

03부

인사관리분야

Chapter

01 인사관리의 학문적 구조

제 1 절 인사관리의 중요성

인간은 자신의 생활을 유지하기 위해서 자원을 필요로 한다. 어떤 자원이 과거 인간을 지배해 왔는가를 살펴보면 인류의 력사발전에 따라 그 내용이 상이함을 알 수 있다. 원시시대에 인간을 지배했던 자원은 바로 자연(自然)있다. 당시 인간은 자연조건에 절대적으로 의지하며 살았다. 비가 오면 동굴 속에서 비를 피하고, 배가 고프면 산에서 열매를 따서 먹거나 냇가에 가서 물고기를 잡아서 식생활을 유지했던 것이다. 이 시대에 자연은 인간에게 절대적인 지배자로서의 역할을 하였다. 그러나 인간의 지혜가 점점 발달하면서 정착생활을 하게 되었고, 농경문화가 시작되었다. 이 시대에는 토지라는 자원이 인간의 생활을 지배했다고 말할 수 있다. 어느 정도의 토지를 소유하고 있느냐에 따라서 인간생활의 질이 결정되었으며, '토지'라는 자원을 더 많이 갖기 위해 인간은 역사적으로 엄청난 갈등을 겪게 되었다.

이후 인간이 생활하는데 필요한 물자를 제공하는 주체로서 기업이 본격적으로 등장하기에 이르렀다. 한 국가의 기업활동이 왕성해짐에 따라 국가의 부(富)가 축적되었고, 이것은 국민 개개인의 생활의 질을 결정하기에 이르렀다. 산업화가 시작되자 봉건시대 유럽의 귀족들은 유산으로 받은 토지를 팔아 공장을 짓고 상품을 대량으로 생산하여 시장에 내다 팔았다. 이 시대에 기업의 사활(死活)을 좌우한 결정적인 요인은 생산설비를 확보하는데 필요한 자금력이었다. 당시에는 양질의 상품을 만들기만 하면 시장에서 파는데 전혀 문제가 없던 시기였다. 따라서 기업활동은 재무적 자원인 자금동원과 물적 자원인 제품생산에 초점이 맞추어졌다.

산업화가 진행됨에 따라 시장(市場)에서의 경쟁이 치열해졌고 이러한 경쟁은 오늘날 점차 가속화되고 있는 실정이다. 이러한 경쟁상황은 기업으로 하여금 과거 "상품을 어떻게 해서든지 만들기만 하면 된다"는 인식에서 "시장에서 판매될 수 있는 상품을 만들어야 살아남을 수 있다"라고 하는 생존원리의 인식전환을 요구하고 있다. 이는 바로 기업의 마케팅 활동의 중요성을 강조하는 것이다.

최근 기업활동에 대한 많은 연구가 이루어지면서 이러한 활동의 효율성에 대한 논의가 활발하게 전개되고 있다. 사이몬(Simon)은 기업의 경영활동은 '의사결정(decision making)'의 연속이며, 경영활동의 효율성은 바로 의사결정의 질(quality)에 달려 있다고 주장한 바 있다. 이러한 의사결정의 주체자는 바로 인적자원이며, 이들의 능력이 바로 의사결정의 질을 결정한다.

제2절 인사관리의 연구대상

인사관리는 기본적으로 모든 조직에 존재한다. 정부조직, 군대조직, 교회조직 그리고 대학의 학생회 조직 등 모든 조직에서 인사관리는 그들이 추구하는 목표를 달성하기 위해 필수적이다. 왜냐하면 조직의 목표를 달성하기 위해서는 자원을 동원하여 어떤 활동을 해야만 하는데 이러한 활동의 주체가 바로 사람이기 때문이다.

[그림 1-1] 인사관리의 존재영역

	인사관리	구매관리	생산관리	마케팅 관리	재무관리	정보관리
기 업						
정 부						
군 대						
교 회						
기타 조직						

기업조직의 인사관리는 다른 조직의 그것과 구별하기 위해서 '경영인사관리'라고 구분하여 부르는 것이 더 정확한 표현이라고 할 수 있다([그림 1-1] 참조).

기업의 인적자원에 관한 것을 다루는 인사관리는 경영활동인 구매활동, 생산활동, 마케팅(판매) 활동, 재무활동, 그리고 정보활동 등에 필요한 인적자원을 지원하는 것을 주요 내용으로 하고 있다. 경영활동이란 결국 주어진 일(직무)을 보다 효율적으로 수행하는 것이기 때문에 직무와 이를 수행하는 인간(로동)이 바로 인사관리의 연구대상이 된다.

그러면 직무의 어떤 측면이 인사관리의 연구대상이며 또한 인간(로동)의 어떤 측면이 연구대상이 되는가?

직무의 경우 공간적 측면인 직무구조와 시간적 측면인 직무수행과정이 주요 연구대상이다. 다시 말하면 직무의 구조적 측면이란 특정직무가 존재하는 이유, 다른 직무들과의 관계, 이를 수행하기 위한 방법, 필요한 도구 등에 관련된 것을 말하며, 직무의 시간적 측면이란 직무를 성공적으로 수행하기 위한 일의 순서, 직무 진행과정에 있어서의 타직무와의 연결 등을 말한다.

다음으로 인간(로동)의 어떤 측면이 인사관리의 연구대상이 되는지를 아래에서 살펴보기로 한다. 기업의 경영활동을 위해 존재하는 직무는 저절로 수행되는 것이 아니고 인간의 손길이 닿아야 비로소 그 기능을 발휘한다. 주어진 직무를 수행하는 인간(로동)이 과연 이 일을 수행할 능력(직능)을 갖추고 있는지, 수행능력이 없을 경우, 능력을 갖춘 인력(人力)을 새로 구할 것인지 혹은 기업에서 교육훈련을 통해 능력을 갖추도록 할 것인지, 그리고 직무를 수행하는 사람이 이 일에 대해 만족하고 계속 기업에 남아서 일을 할 것인지 등이 주요 관심사이다. 즉 인간은 왜 일을 하는가? 돈을 받기 위해서인가, 또는 돈뿐만 아니라 자기만족 때문인가 등 인간의 직무 내지 로동과 관련되는 제 측면이 인사관리의 연구대상이다.

제 3 절 인사관리의 목표

인사관리의 목표는 기업에서 인사관리에 관한 의사결정을 하는데 그 기준이 되는 것으로서, 인사관리활동이 얼마나 효율적인가를 판단하는 기준이 된다.

인사관리는 경영활동 중의 한 기능분야로서 경영활동의 목표, 즉 기업조직의 목표를 달성하기 위한 수단이다. 따라서 인사관리의 목표 또한 기업조직의 목표달성에 공헌해야 하는 본질적 특성을 갖게 된다. 인사관리의 목표는 크게 경제적 효율성 추구와 사회적 효율성 추구로 구분될 수 있다.

기업조직의 목표는 기업의 유지와 성장으로 볼 수 있으며 이러한 목표를 달성하기 위해서는 조직의 경제적 효율성인 수익성, 환경변화에 대처할 수 있는 유연성, 그리고 조직의 실체를 유지할 수 있는 안정성이 있어야 한다. 조직의 사회적 효율성은 조직과 조직의 리해관계자들과의 원만한 관계유지를 말한다. 즉 조직의 리해관계자란 주주, 정부, 금융기관(채권자), 로조, 원재료 공급자, 지역사회 등을 들 수 있다. 결국 조직의 사회적 효율성이란 조직의 리해관계자들의 만족의 합이 극대화되는 것을 의미한다.

인사관리에 있어서 경제적 효율성 추구의 목표는 기업을 경제·기술 시스템(체계)으로 보고 수립된 것이다. 인사관리는 로동성과를 극대화시킴으로써 경제적 효율성을 추구한다. 인사관리는 기업의 경영활동에 필요한 제 직무에 대해 량적, 질적, 시간적, 그리고 공간적 요구에 따라 인력을 제공함으로써 로동성과의 극대화를 추구한다.

로동성과는 크게 로동생산성, 로동경제성, 그리고 시간당 성과로 구분하여 인식된다. 로동생산성[1]이란 투입된 로동량과 산출량(성과) 간의 관계를 말하는데 여기서 산출량은 량적·질적 측면을 모두 포함하고 있다. 로동경제성[2]이란 산출한 가치(성과)와 투입된 비용과의 관계로 계산되는데 이러한 지표는 기업의 경제적 효율성을 측정하며, 로동생산성 지표보다 더 의미 있게 활용된다. 즉 로동경제성 지표는 로동성과를 측정하는데 화폐개념을 포함하기 때문에 기업의 수익성과 보다 직접적인 관계를 갖기 때문이다. 끝으로 시간당 성과[3]는 작업량과 작업시간과의 관계를 가지고 측정하는데, 이 지표에서는 작업량의 질적 측면도 물론 고려될 뿐만 아니라 이러한 시간당 성과가 얼마나 오래 지속될 수 있느냐 즉 계속적으로 성과를 올릴 수 있는 작업시간도 아울러 측정되어져야 한다.

인사관리의 사회적 효율성 추구라는 목표는 기업조직을 여러 사람이 모여 협동함으로써 유지·성장되는 것으로 파악하는 사회시스템으로 보는 데에서 출발한다. 사회적 효율성이란 한마디로 종업원의 욕구충족을 통한 만족극대화를 추구하는 것을 말한다.

---

1) $\text{로동생산성} = \dfrac{\text{산출량}}{\text{투입된 로동량}}$

2) $\text{로동경제성} = \dfrac{\text{산출한 가치}}{\text{지출한 비용}}$

3) $\text{시간당 성과} = \dfrac{\text{작업량}}{\text{작업시간}}$

제 4 절 인사관리의 기능적 차원

인사관리의 기능에 대한 분류는 여러 시각에서 이루어질 수 있겠으나 本書(이 책)에서는 자연인인 인간이 조직에 들어와 조직인으로서 인사관리와 관련해서 경험하는 사건들을 시간적 측면에서 고찰하여 분류하기로 한다. 특정기업에 근무할 의사를 가진 사람은 기업의 채용공고에 응모하게 되고 입사시험을 거쳐 채용된다. 대부분의 경우 채용된 종업원은 바로 특정직무를 수행하기에 여러 가지 부족한 점들이 많다. 즉 직무가 요구하는 자격요건과 신입사원이 보유하고 있는 능력이 꼭 맞아 떨어지는 경우는 드물다. 왜냐하면 우리나라의 경우 학교기관에서 배우는 지식과 개별기업에서 필요로 하는 지식 내지 능력 간에는 많은 차이가 있기 때문이다. 대졸 혹은 고졸이라는 극히 일반적인 능력수준만 믿고 특정직무를 부여하여 시행착오를 거치면서 직무를 수행케 하는 경우도 있다. 이럴 경우 직무수행의 효율성이 떨어져 기업이 해당 신입사원을 교육훈련을 시키는 것이 비용면에서 유리한 경우가 대부분이다. 이러한 교육훈련활동은 기술변화로 인한 직무수행내용이 계속 변화되기 때문에 신입사원에게만 국한되는 것이 아니라 기존 사원 및 관리자에게도 폭넓게 요구된다.

소정의 교육훈련을 받은 신입사원은 특정직무에 배치되어 직무를 수행하게 된다. 즉 인사관리의 목표 중의 하나인 경제적 효율성에 공헌하게 된다. 이렇게 조직목표 내지 인사관리의 목표달성을 위해 노동력을 제공한 종업원에 대해서 기업은 보상을 하게 된다. 즉 종업원이 창출한 가치에 대해 분배과정이 뒤따르게 된다. 종업원에 대한 보상은 임금이라는 금전으로 뿐만 아니라 비금전적인 것으로도 보상이 가능하다.

종업원은 로동을 보상과 교환하며 기업조직에 계속 머무르면서 근무하게 되는데, 기업의 입장에서 보면 종업원이 보유하고 있는 성과창출능력(정신적 측면, 육체적 측면)이 계속 유지되도록 지원해야만 종업원으로부터 노동력을 장기간 제공받을 수 있게 된다.

종업원이 제공하는 로동력과 기업조직이 제공하는 보상 간의 교환관계는 영원히 지속될 수는 없다. 종업원이 로령이 되어 더 이상 만족할 만한 로동력 제공이 불가능하다든지 혹은 위의 교환관계에 대해 종업원이 만족하지 못할 경우, 종업원은 기업조직을 떠나게 된다.

이상에서 제시한 제 사건들을 기업조직의 입장에서 표현하면 인력확보, 인력개발, 인력보상, 인력유지 그리고 인력방출이라고 개념화할 수 있다. 다시 말하면 인력확보란 조직의 목표달성에 적절한 인력의 수(數)와 질(質)을 획득하는 활동을 말한다. 인력확보와 관련되는 의사결정은 아래와 같이 매우 복잡한 과정을 거쳐 이루어진다.

기업의 인력개발 활동이란 확보된 인력의 능력을 최대한 개발함으로써 조직의 목표달성의 정도인 유효성을 높이는 과정이다. 이러한 활동은 기술변화로 인해 개별직무가 요구하는 자격요건이 수시로 바뀌고 있으며, 종업원 내지 관리자의 욕구변화에 따른 작업방식의 변경으로 인해 종업원이 가지고 있는 자격요건의 계속적인 수정・보완이 요구되기 때문에 중요하다. 그러나 확보된 인력을 교육훈련 시킨다고 모두 만족할 만한 수준의 능력에 도달하지는 않는다. 확보된 인력이 미래에 필요한 능력을 담을 수 있는 충분한 그릇을 가지고 있는가, 즉 잠재능력이 있어야 인력개발의 효과가 극대화될 것이다. 인력개발 활동 역시 다음과 같은 어렵고 복잡한 문제들을 극복해야 그 효율성이 극대화된다.

인력보상 활동이란 종업원이 제공한 로동을 기업 목표달성에의 공헌정도로 평가하여 보상을 제공하는 것이다. 인력보상 활동은 인사관리에 있어서 종업원과 갈등이 야기될 수 있는 가장 민감한 분야이다. 왜냐하면 여기에는 아래와 같은 어려운 문제들이 도사리고 있기 때문이다.

- 적정한 보상수준을 결정하기 위한 기준은 무엇인가? 이에 대해 기업과 종업원이 갈등 없이 합의할 수 있는가?
- 종업원의 성과를 측정할 수 있는 객관적인 기준이 있는가?
- 금전적 보상(임금)이 아닌 비금전적 보상은 보상으로서 과연 어느 정

도 의미가 있는가? 등

인력유지 활동은 한마디로 종업원의 성과창출 의지 및 능력을 계속 유지하도록 관리하는 과정이다. 성과창출 의지는 다른 말로 모티베이션(motivation)이라고도 하며 성과창출 능력은 종업원이 가지고 있는 지식, 기술뿐만 아니라, 신체적 건강함도 포함된다.

인력방출활동은 기업과 종업원간의 관계가 끊어지는 경우를 말한다. 즉 기존 종업원이 타의든 자의든 조직을 떠나는 현상을 말하는 것이다.

이상에서 살펴본 인사관리의 제 기능요소들 간의 관계는 서로 투입(input)과 산출(output)의 관계를 갖고 있을 뿐만 아니라 개별기능요소들이 다른 기능요소들에 피드백되어 영향을 미친다. 예로서 인력방출활동의 일환으로서 기존 종업원이 기업을 떠나게 되면—떠난 자리가 꼭 채워져야 하는 경우—그 자리를 메우기 위해 인력확보활동이 일어나게 되는 것이다. 특히 유능한 인재의 리직현상은 기업의 인력개발활동, 인력보상활동, 그리고 인력유지활동에 영향을 주어 이들 제 기능요소들의 개선을 강구함으로써 유능한 인재의 류실(流失)을 막을 수 있기 때문이다.

Chapter

02 직무관리

앞에서 살펴본 바와 같이 인사관리의 연구대상은 직무(일)와 사람(로동)이다. 경영활동은 결국 로동력을 제공하는 조직구성원이 직무를 수행함으로써 이루어진다. 본 장에서는 인사관리의 양대 연구대상 중 직무에 대해 살펴본다.

직무란 인사관리의 출발점이자 로동력을 필요로 하는 원인이 되기 때문에 주어진 직무에 대한 정확한 이해, 나아가 로동력의 효율성을 극대화시키기 위한 직무의 합리적인 설계 등은 인사관리에 있어서 핵심적인 분야가 되겠다.

직무는 인사관리의 개별기능분야에 영향을 미친다. 기업이 미래에 필요로 하는 인력을 예측하는 문제, 인력을 모집·선발하는 문제 등 모든 활동의 전제는 직무이다. 즉 미래에 필요한 인력을 예측한다는 것은 해당 기업에 미래에 어떤 종류의 그리고 어느 정도의 일거리(직무)가 있을 것인가에서부터 출발하며, 인력채용과정에서 해당인원을 선발할 때에도 기준은 공석이 된 직무(the vacant job)가 요구하는 자격요건이 된다.

인력개발 활동이란 종업원의 능력을 향상시키는 것이 핵심이며, 실천하기 위해서는 직접 교육훈련을 실시한다든지, 순환보직(이동)을 통해 새로운 직무를 수행케 함으로써 능력을 향상시켜야 되는데, 이러한 인력개발 활동의 기준 또한 "직무가 요구하는 자격요건"이 된다.

인력보상 활동 중 특히 임금결정에 있어서 직무는 중요한 기준이 된다. 년공을 기준으로 임금을 결정하는 기업의 경우, 임금결정에 있어서 직무의 역할은 상대적으로 낮겠지만—그러나 학력수준에 따라 수행하는 직무들은 구분되어 있음—직무의 가치를 기준으로 임금수준을 결정하는 소위 직무급 제도하에서는 직무에 대한 정확한 가치 파악이 임금의 공정성 확보에 매우 중요하다.

인력유지 활동의 핵심인 종업원의 직무만족 향상을 통한 근로의욕 향상, 그리고 산업재해 또한 직무에 대한 연구 없이는 추구하는 목표를 달성하기가 어렵다. 즉 종업원이 만족할 수 있는 직무, 만족하지 못하는 직무에 대한 파악, 나아가 종업원에게 좌절과 불만족을 가져다주는 직무를 재설계하는 문제, 그리고 작업장에서 사고가 빈번하게 발생하는 직무들에 대해 직무내용 및 직무들 간의 연결과정을 조사하여 재설계함으로써 산업재해를 줄일 수 있다.

인력방출 활동 역시 '직무'가 그 출발점이 된다. 즉 "일거리가 줄어서 사람이 더 이상 필요하지 않다"라는 말은 결국 기업에 직무의 수가 줄었다는 것을 의미하며, 유능한 인재가 현재 수행하고 있는 직무에 대해 만족하지 못하고 기업을 떠나는 문제도 역시 '직무'와 관련되는 것이다.

제 1 절 직무설계

직무를 어떻게 설계하느냐에 따라서 인사관리의 개별기능부문은 영향을 받게 된다. 개별기업에서 필요로 하는 인력의 량과 질이 달라져 인력수요 및 공급예측에 결정적인 영향을 끼치며 또한 직무설계의 내용에 따라 교육훈련의 필요성이 달라진다. 뿐만 아니라 직무설계에 따라 특정직무의 난이도가 달라져 인력보상(임금) 결정에 영향을 미친다. 인력유지의 경우 역시 직무설계의 영향을 벗어날 수 없다. 직무설계 여하에 따라 직무에 대한 작업자의 만족도가 달라지며 인력방출 활동의 경우 직무전문화 방향으로의 직무설계가 되면 많은 경우에 인력감축 요인이 발생하며 뿐만 아니라 직무전문화에 불만족한 종업원의 이직도 배제할 수가 없는 것이다.

직무구조설계에 대한 접근은 기본적으로 직무전문화와 직무확대화로 구분될 수 있다. 아래에서는 이러한 제 접근의 내용과 생산성 및 작업자의 심리에 미치는 영향에 대해서 살펴본다.

1. 직무전문화

직무전문화(job specialization)는 한마디로 한 작업자가 하는 여러 종류의 일(task)을 그 숫자 면에서 줄이는 것이다. 례를 들면 탁자를 만들어 시장에 파는 사업을 하는 공장을 가정해 보자. 탁자를 만드는 것과 관련되는 일은 아래와 같이 구분될 수 있다.

① 만들 탁자의 숫자를 결정한다.
② 원재료를 구입한다.
③ 나무를 톱질하여 자른다.
④ 대패질한다.
⑤ 조립하며 못질한다.
⑥ 니스칠한다.
⑦ 마무리 작업을 한다.

[그림 2-1] 직무전문화(례)

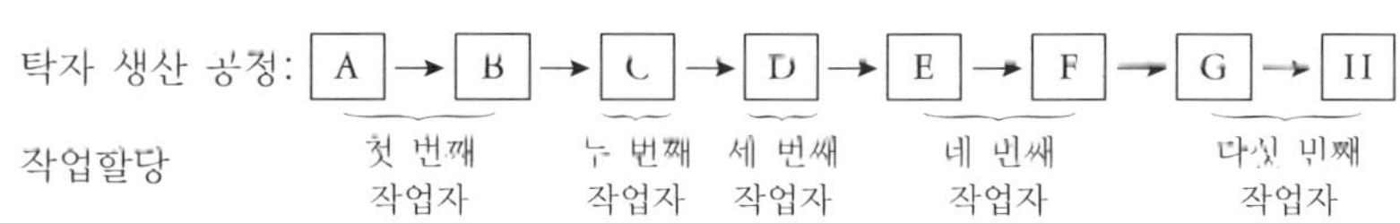

⑧ 품질검사를 한다.

이상의 8가지 일을 모두 한 사람이 하는 경우 직무가 비전문화 되어 있다고 하며 위의 공정들이 여러 사람에 의해 나뉘어져 한 사람이 2공정 혹은 3공정을 수행하는 경우를 직무전문화라고 한다.

2. 직무확대화

허즈버그는 작업장에서의 만족요인 중 '직무'와 관련되는 사건에 더욱 관심을 갖게 되었다. 과거 전문화 일변도의 직무를 작업자에게 흥미 있고, 책임감을 느끼게 하고, 도전감을 가져다줄 수 있는 방향으로 변화시켜야 작업장에서 작업자의 근무의욕(모티베이션)을 높이고 이것이 생산성을 향상시킨다고 결론짓게 된 것이다. 즉 직무전문화 정도가 지나치게 높을 때 이것은 생산성을 향상시키기보다 작업자에게 권태감, 좌절감, 스트레스를 가져다주어 오히려 생산성을 감소시킨다는 것이다.

직무전문화가 작업장에서의 생산성과 관련하여 문제가 된 이유는 아래의 두 가지로 추정할 수 있다.

첫째, 한 사람의 작업자가 똑같은 일을 하루에 약 100번 정도 반복하는 것과 몇 천 번 반복하는 것이 작업자의 심리에 미치는 영향은 엄청나게 다른 것이다. 고도로 전문화된 직무를 몇 개월, 심지어 몇 년을 계속했을 때 작업자의 심리상태는 극도로 피폐해지게 되고 근로의욕 또한 현저히 저하되는 것이다.

둘째, 산업사회가 진전됨에 따라 작업자의 가치관도 점차 바뀌었다. 산업화 초기 작업자들은 열악한 로동조건(특히 낮은 임금)으로 생계를 꾸려나가기가 매우 어려워 임금을 많이 받을 수 있는 길이라면 닥치는 대로 택했으나 산업이 발달되자 근로자들의 생활수준도 점차 높아지게 되었고 또한 작업장에서의 작업조건에 대한 기대수준도 높아지게 되었다.

[그림 2-2] 직무전문화와 생산성 간의 관계

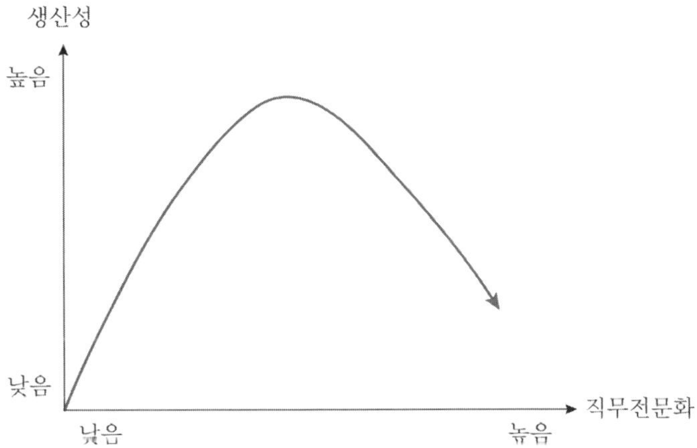

이를 극복하기 위해 직무확대의 길을 택하지 않을 수 없었던 것이다. 이러한 인간성 상실의 측면을 도외시한다고 하더라도 현실적으로 고도로 전문화된 직무들에서 생산성이 낮게 나타남으로써 기업측이 직무확대화에 대한 관심을 가지지 않을 수 없게 되었다. 직무전문화와 생산성과의 관계는 [그림 2-2]에서 나타난 바와 같이 직무전문화가 아주 낮을 경우 생산성이 낮으며, 직무전문화가 점차 높아지면 생산성도 높아진다. 그러나 직무전문화 정도가 과도하게 높아지게 되면 이것이 작업자의 심리상태에 영향을 끼쳐 근로의욕을 훼손시키므로 생산성은 낮아진다는 것이다.

직무확대화는 한마디로 전문화된 직무의 내용 및 범위를 넓히는 것이다.

직무확대화는 직무를 확대시키는 방법에 따라 수평적 직무확대화와 수직적 직무확대화로 구분된다. 혹은 전자를 량적 직무확대화, 후자를 질적 직무확대화라고도 한다.

수평적 직무확대화는 직무전문화된 작업상황에서 한 사람의 작업자가 한 가지 혹은 소수의 일을 수행하던 것을 일의 종류를 늘려서 수행하는 경

[그림 2-3] 직무확대화의 방향

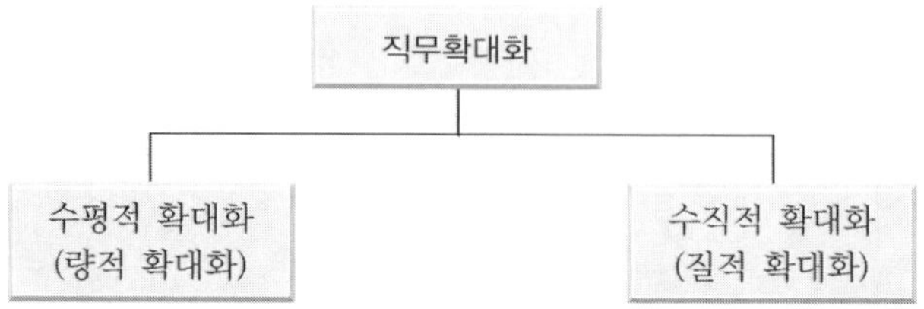

우이다. 여기에는 일의 숫자가 늘어났다 해도 본질적으로 권한 내지 책임의 변화가 별로 따르지 않는다. 그러나 수직적 직무확대화는 한 사람의 작업자가 수행해 왔던 일의 종류가 과거보다 늘어나서 의사결정 권한(자유재량권) 및 책임의 크기도 증가되는 경우를 말한다.

제 2 절 직무분석

1. 직무분석의 개념

직무설계는 설계 그 자체가 목적이 될 수 없다. 설계된 직무가 기업의 목표인 성과를 달성하도록 하기 위해서는 우선 사람의 손길이 닿아야 한다. 즉 사람(로동)의 성과창출 로력이 작용해야만 특정직무가 존재가치를 가진다. 따라서 직무수행자가 성공적으로 직무를 수행하기 위해서는 해당 직무에 대해 의미 있는 정보를 가져야 할 것이다. 직무분석(job analysis)은 바로 직무를 수행하는 사람에게 직무수행과 관련되는 광범위한 정보를 제공하기 위해 실시된다.

직무에 대한 정보를 수집하는 활동은 오래 전부터 있었으며, 고대 이집

트의 피라미드와 기원전 10세기경 예루살렘에 성(城)을 건축할 때 벌써 오늘날의 직무분석이라고 칭할 수 있는 직무에 대한 체계적인 정보수집활동이 있었다는 기록이 있다. 그러나 현대적 의미의 과학적인 직무분석의 시작은 테일러(Taylor)의 과학적 관리법에서 출발했다고 할 수 있다.

사실 직무에 대한 의미 있는 정보수집은 인사관리의 제 기능을 수행하는 데 필수적이다. 례를 들면, 공석(空席)이 된 직무에 대해 사람을 채용할 때 이 직무를 성공적으로 수행하는 데 필요한 행동의 종류, 능력, 지식 그리고 장비가 무엇인지를 모른 채 어떻게 사람을 채용할 수 있겠는가? 교육훈련 활동도 마찬가지이다. 교육훈련이란 종업원의 능력을 신장시키는 것이 핵심인데, 어떤 능력이 필요한가를 알기 위해서는 그 사람이 미래에 수행하게 될 직무가 요구하는 능력이 무엇인가를 당연히 파악해야 한다. 이와 같이 직무분석을 통해 얻어지는 정보는 인사관리의 전체 기능분야에 없어서는 안 될 자료가 된다.

직무 분석은 아래의 몇 가지 질문에 대한 대답을 제공해준다.

- 특정직무를 완성하는 데 시간이 얼마나 걸리는가?
- 어떤 일(task)들이 모여서 하나의 직무(job)가 되는가?
- 특정직무를 성공적으로 수행하기 위해 어떤 행동이 투입되어야 하는가?
- 특정직무를 수행하는 데 어떤 사람(작업자)이 가장 적합한가? 즉 그 사람이 갖추고 있어야 할 기능, 능력, 자질 등은 무엇인가?

위에서 세시한 직무분식의 기능을 기초로 직무분석을 정의하면, "특정 직무의 내용 및 이를 수행하는 데 필요한 직무수행자의 행동, 육체적 및 정신적 능력을 밝히는 체계적인 활동"이라고 할 수 있다.

2. 직무분석의 목적

직무분석의 목적을 포괄적으로 표현하면 인사관리의 제 기능분야의 활동을 보다 효율적으로 수행하는데 필요한 정보를 제공하는 것이라고 할 수 있다. 그러면 인사관리의 제 기능분야에는 구체적으로 어떤 정보가 제공되며 왜 이들 기능분야의 효율성을 위해 직무분석이 필요한지를 살펴보자.

직무분석은 그 수행결과 아래와 같은 두 종류의 정보를 획득할 수 있다.

① 직무내용에 관한 정보:

· 직무수행자는 누구인가?

· 해당 직무를 왜 수행하는가?

· 해당 직무를 수행하는데 필요한 원재료(원자재, 자료 등)는 무엇인가?

· 해당 직무를 수행하는데 필요한 장비, 시설은 무엇인가?

· 해당 직무를 어떤 방법, 과정을 거쳐 수행하는가?

· 해당 직무가 수행되는 작업조건(근무시간, 작업감소, 재해위험도, 기타 환경 등)은 무엇인가?

· 해당 직무는 다른 직무와 어떤 관계가 있는가? 등

② 직무수행자에게 요구되는 자격요건에 관한 정보

· 해당 직무를 성공적으로 수행하기 위해 어떤 지식·기능이 필요한가?

· 해당 직무를 성공적으로 수행하기 위해 작업수행자는 어떤 정신적 자질을 가지고 있어야 하는가?(례: 창의력, 판단력, 적응력, 인내심 등)

· 해당 작업자에게 요구되는 신체적 조건은 무엇인가?(례: 체력, 시력 등)

· 해당 작업자에게 부여되어 있는 책임은 어느 정도인가? 등

위에서 열거한 정보가 획득되면 이를 체계적으로 정리하여 직무내용에 관한 정보를 '직무기술서(job description)'로서 작성하고, 직무수행자에 요구되는 자격요건에 관한 정보는 '직무명세서(job specification)'로서 작성한다. 아래에서는 직무분석이 인사관리의 제 기능분야의 활동을 구체적으로 어떻게 지원하는가를 보여준다.

제 3 절 직무평가

1. 개념 및 목적

일(직무)을 어떻게 만드느냐에 대한 문제는 직무설계의 문제이며, 만들어진 일의 내용을 밝히는 것은 직무분석 활동이다. 직무분석의 결과 밝혀진 직무의 구체적인 내용 및 이를 수행하기 위해 요구되는 작업자의 자격요건을 가지고 해당 직무의 가치를 밝히는 것이 직무평가(job evaluation) 활동이다.

여기서 '직무의 가치'란 원래 보통의 작업자가 해당 직무를 수행했을 때 그 결과(성과)가 기업의 목표달성에 얼마나 공헌하느냐를 기준으로 그 가치를 판단하는 것에서 출발했다. 즉 기업의 목표달성에 더 많이 공헌하는 직무를 다른 직무에 비해 더 가치가 있다고 보는 것이다. 례를 들면 건설회사의 경우 회사건물을 청소하는 일과 공사를 수주(受注)하는 일을 비교할 때 후자의 일이 건설회사의 목표달성에 더 공헌을 많이 하는 직무라는 것은 당연하다. 그러나 기업현실에서는 개별직무들의 성과와 기업의 목표달성과의 관계를 명확하게 규명한다는 것이 용이하지(쉽지) 않다. 왜냐하면 어떤 직무의 수행결과가 기업목표달성까지 연결되는 데는 중간에 수없이 많은 직무들이 존재하고 이러한 직무들 조차도 그 성과가 다른 직무들의 성과와 높은 상호의존성을 가지고 있기 때문에 개별직무를 기업목표달성의 정도와

〈표 2-1〉 직무기술서와 직무명세서에 포함되는 사항

직무기술서	직무명세서
- 직무명칭 - 직무의 소속직군, 직종 - 직무내용의 요약 - 수행되는 과업 - 직무수행의 방법 - 직무수행의 절차 - 사용되는 원재료, 장비, 도구 - 관련되는 타직무와의 관계 - 작업조건(작업집단의 인원수, 상호작용의 정도 등)	- 직무명칭 - 직무의 소속직군, 직종 - 요구되는 교육수준 - 요구되는 기능/기술수준 - 요구되는 지식 - 요구되는 정신적 특성 (창의력, 판단력 등) - 요구되는 육체적 능력 - 요구되는 작업경험 - 책임의 정도

직접 연결해서 가치를 평가한다는 것은 현실적으로 매우 어려운 일이다.

이러한 이유로 직무의 가치에 대한 평가는 "직무의 기업 목표달성에의 공헌도"라는 기본정신을 바탕으로 해당 직무를 수행하는데 요구되는 제 작업상황의 량적·질적 측면에 대한 가치를 평가하는 간접적인 방법을 택하게 된다.

직무평가 활동이 추구하는 목적은 아래와 같다.

(1) 임금의 공정성 확보

직무평가에서는 기업의 목표달성에 대한 개별직무의 중요성, 수행상의 난이도, 작업환경상의 위험도 등이 조사되어 중요성, 난이도, 위험도가 높은 직무에 더 높은 점수를 부여하여 그렇지 않은 다른 직무보다 더 가치가 높은 것으로 평가하게 된다. 따라서 평가결과, 직무가치의 점수가 높은 직무를 수행하는 작업자에게 직무가치가 낮은 직무수행자 보다 더 많은 임금을 주는 것을 공정성의 논리로 삼자는 데 그 목적을 두고 있다. 이러한 기준에 의한 임금의 공정성이 확보되면 기업측의 경우 인건비 지출에의 합리성을 높이며 임금과 관련된 종업원과의 갈등을 최소화시킬 수 있게 된다. 이러한 공정성 논리는 임금은 기업의 수익에서 나오며 이 수익은 종업원의 성과에 의해 결정된다는 기업활동논리를 수용하는 것이 그 전제가 된다. 어떤 기업의 종업원이 "사장도 하루에 8시간 일하고 나도 하루에 8시간 일하는데 사장은 나보다 월급이 5배 많은데 이는 잘못된 것이다"라고 주장하는 기업풍토에서는 이러한 직무평가 활동은 임금의 공정성 확보에 전혀 공헌할 수 없게 된다.

(2) 인력확보 및 인력배치의 합리성 제고

례를 들면, 500명의 종업원들을 고용하고 있는 기업에서 개별직무가 요구하는 자격요건은 직무분석의 결과에 의해 그 정보를 확보하고 있지만 이 500명과 주어진 개별직무들 간의 적합성이 완벽할 수만은 없다. 따라서 직무의 중요성, 란이도 등 직무가치의 정도에 따라 종업원의 능력을 기준으로 인력배치의 합리성을 제고시킬 수 있다. 즉 직무가치가 높은 직무들에 대해서는 보다 능력 있는 종업원을 정규직에 배치하고 직무가치가 낮은 직무들에는 기업의 인건비 부담능력 등을 고려하여 비정규직에 배치하는 것을 고려할 수 있다.

(3) 인력개발의 합리성 제고

인력개발의 중요한 수단인 직무이동 경로(경력경로: career path)를 설계할 때 기업내 여러 직무들 간의 직무의 중요성, 란이도 등의 직무가치 정도에 따라 보다 합리적인 이동경로를 설계할 수 있다.

Chapter

03 인력확보

인력확보 활동은 기업의 목표달성에 필요한 직무에 인간의 손길을 닿게하는 첫 번째 활동과정이다. 즉 직무를 수행할 수 있는 인력을 확보하는 활동을 말한다.

인력확보 활동은 자본의 논리를 추구하는 기업에게 아래와 같은 경제적 효율성을 가져다 준다.

① 경쟁력 제고

기업이 신규인력을 필요로 한다는 것은 인력수요가 발생할 때이며, 이러한 인력수요는 기업이 시장(市場)에서 제품 및 서비스의 판매기회가 발생했을 때 나타난다. 즉 기업은 인력확보 활동을 통해 제품 및 서비스를 생산하여 시장에 내다 판매함으로써 수익증대 및 제품시장에서의 시장점유율의 유지 및 증가를 통해 경쟁력을 제고시킨다. 인력확보 활동을 통해 획득한 기업의 인적자원은 바로 경영전략 수립 및 집행의 주체자로서 경쟁력의 원천이 된다.

② 조직의 안정성 제고

필요한 인력을 적시(適時)에 획득하는 것은 기업 조직의 안정성 유지에 커다란 공헌을 하게 된다. 인력이 부족할 경우 기업은 시장기회를 포기하거나 현재 보유하고 있는 인력의 초과근무, 임시직 고용, 리스[1] 등을 통해 부

1) 리스(lease)란 장기간에 걸쳐 일정대가를 지급하고 빌려 오거나 빌려 주는 것을 말한다.

족한 인력문제를 해결해야 하는데 이렇게 될 경우 단기적으로는 인력부족의 문제를 극복할 수 있겠으나, 중장기적으로 현직 종업원의 과다한 업무부담(초과근무의 경우), 정규직 종업원과 임시직 간의 갈등 야기 및 임시직의 불만고조 그리고 리스인력의 경우 조직에 대한 애착심 결여 등으로 기업조직은 안정성이 훼손될 수 있다.

기업의 인력확보 활동은 로동(종업원)이 추구하는 목표인 사회적 효율성을 높이는데 아래와 같은 측면에서 기여한다.

③ 고용기회의 창출

기업은 인력확보 활동을 통해 해당 기업에 대해 관심을 가지고 있는 실업로동력(失業勞動力)을 흡수함으로써 그들에게 생활의 터전을 마련해준다. 또한 기업의 인력수요 및 공급예측을 통해 획득한 미래의 t_1 시점에서의 인력상황이 공급과잉이 되었을 때 기업은 현직 종업원에게 오는 충격을 최소화시켜 문제를 해결하기 때문에 현직 종업원에 대한 고용안정을 높이는데 기여한다.

④ 승진욕구의 충족

기업이 필요한 인력을 외부로동시장이 아닌 내부로동시장에서 찾으려고 할 때 현직 종업원은 공석이 된 직무의 지원자가 될 수 있다. 이 경우 공석의 직무들은 대개 상위직급 내지 보다 직무가치가 높은 것이기 때문에 이러한 내부로동시장에서의 인력확보는 현직 종업원에게 보다 많은 승진기회 제공 및 승진욕구를 충족시키는 데 기여하게 된다.

제 1 절 모 집

모집활동(募集活動)은 인력선발을 전제로 하여 량질(良質)의 지원자를 확보하는 활동을 말한다. 많은 기업에서는 인력확보를 위해 인력선발 활동에 초점을 맞추면서 모집활동의 의미를 과소평가하는 경향이 있으나 이는 잘못된 시각이다.

공석(空席)이 된 직무를 채우기 위해 지원자를 찾아야 되는 경우 이를 외부로동시장에서 찾아야 할 것인지 혹은 현재 우리 기업, 즉 내부로동시장에서 찾을 것인지 면밀히 검토해야 한다. 만일 내부로동시장에서 인력을 찾을 경우 인사이동(transfer)을 통해 공석이 된 직무를 채우는 방법도 있겠지만 사내공개모집(社內公開募集)을 통해 지원자를 확보하는 방법도 있다.

1. 모집방법

(1) 내부로동시장

내부로동시장에서 지원자를 모집하는 방법으로서 사내공모제도(社內公募制度; job posting and bidding system)가 있다. 이 제도는 공석(空席)이 생겼을 때, 사내 게시판에다 지원자를 찾는다는 모집공고를 내어 요구하는 자격을 갖추었다고 생각되는 종업원이면 누구라도 지원하게끔 유도하는 모집방법이다.

(2) 외부로동시장

외부로동시장에서 지원자를 모집하는 방법으로 아래의 몇 가지를 열거할 수 있다.

1) 광　　고

광고는 매체의 선택, 광고문안의 작성 및 디자인 등 여러 가지 면에서 전문성을 요구하는 모집방법이다. 광고문안을 작성하기 전에 기업이미지를 결정하여 직무와 기업에 대한 명확한 이미지를 지원자에게 제공하여야 하며 또한 매체에 대한 기업의 경험을 적극 활용하여 적절한 매체를 선택하여야 한다.

2) 리쿠르터(recruiter)

리쿠르터는 기업을 대표하여 각지로 여행하면서 잠재적인 종업원과 기업, 제품, 기업구조, 각종 정책, 직무 등에 대해 기업을 소개하고 가능한 지원자를 면접한다. 면접은 주로 지원자의 적성, 지능, 판단력, 성숙도, 리더십 능력, 동기부여 정도를 파악하기 위해 수행된다.

3) 인턴제도(internship)

방학기간이나 혹은 시간제 근무로 학생들을 임시적으로 고용한 뒤 졸업 후에 정식 고용하는 모집방법이다. 인턴제도를 통해 기업은 사전에 학생의 자격 여부를 판단할 수 있고, 학생은 기업에의 적합성 여부를 판단하며 또한 교육기관의 교과내용과 실무와의 차이를 줄일 수 있다는 장점이 있다.

4) 기존 종업원의 추천(employee referral)

종업원들의 사기가 높고 기업에 대한 공헌의욕이 강한 기업일수록 이 방법을 채택하면 적은 비용으로 유능한 인재를 확보할 수 있다. 실제로 미국의 경우 전문직의 27.8%, 관리직의 57.2%가 이 방법에 의해 선발된다.[2)]하지만 파벌을 형성하게 하는 등 많은 문제점을 가지고 있다.

5) 교육기관의 추천

지원자를 직접 교육시킨 기관(대학, 고교, 직업훈련소 등)은 지원자의 기본능력, 잠재능력 그리고 적성 등에 대한 많은 정보를 갖고 있기 때문에 상당히 신뢰할 수 있다. 그러나 교육여건(교사/교수 1인당 학생 수)이 상당히 좋은 선진국에서는 매우 우수한 모집방법이 되겠지만 우리나라와 같이 대학 및 고등학교에서 개인별 밀착된 교육이 어려운 실정에서는 교육기관에 의한 추천제도가 잘못 운영되면 요식행위에 그칠 가능성이 높다. 뿐만 아니

2) Maguns, 1987, p. 55.

라 추천서 내용이 표준화되어 있지 않아 추천서만 가지고 지원자의 능력 및 특성을 정확히 파악하는 데에도 한계가 있다.

6) 자발적 지원

기업이 특별한 모집활동을 하지 않았음에도 불구하고 로동시장에서의 좋은 기업이미지로 인해 전화, 편지 혹은 방문 등을 통해 입직을 희망하는 사람들이 있다. 이들은 나름대로 지원하는 기업에 대해 비교적 많은 정보를 갖고 있으며, 자발적 지원 그 자체가 보여주듯 적극성을 가지고 있기 때문에 공석의 직무에 적합한 인물일 경우 모집비용을 절감할 수 있다는 리점이 있으나 기업이 이 방법에 의존하게 되면 필요로 하는 지원자를 적시(timing)에 획득하는 데에는 위험부담이 크다. 따라서 이러한 모집방법은 다른 방법과 병행하여 활용해야 한다.

2. 모집활동에 대한 평가

모집활동은 모집원천 및 모집방법을 결정하고 지원자를 확보하는 활동을 말한다. 이러한 활동에 대한 평가는 인력확보에 대한 관리적 과정에서 마지막 단계인 통제활동(controlling)의 일환으로 이루어진다. 평가내용은, 첫째 모집방법에 대한 평가, 둘째 확보된 지원자의 수와 질이 될 것이고, 셋째 모집활동에 투입된 비용 및 시간이 된다.

지원자 수와 관련된 평가내용은 단순한 지원자 수, 입사제안자 수(入社提案者數), 자격을 갖춘 지원자 수 등으로 구분하여 볼 수 있다. 례로서 S사와 K사의 모집활동 결과를 비교해 보자.

<표 3-1>에서 볼 수 있듯이 S사와 K사의 신입사원 모집인원은 똑같이 500명이었는데 지원자 수는 S사가 K사보다 2,000명 더 많다. 지원자 수만 가지고 판단한다면 S사의 모집활동이 K사보다 더 우수했다고 말할 수 있을지 모른다. 그러나 입사제안자 수를 보면, S사가 9,000명으로 K사보

〈표 3-1〉 모집활동 평가내용

구 분	S사	K사
모집인원	500	500
지원자 수	12,000	10,000
입시제안자 수	9,000	9,500
자격을 갖춘 지원자 수	1,000	450

다 500명 적다. 기업이 채용을 제안했을 때 이를 수락할 준비가 되어 있는 사람을 말하는데 S사에 지원했던 12,000명 중 3,000명은 과장된 모집광고가 원인이었든지, 선발과정에서 획득한 기업에 대한 정보가 원인이든지 간에 기업이 자리를 주겠다고 하더라도 입사하지 않겠다는 지원자이다. 따라서 입사제안자 수를 많이 확보한 K사의 모집활동이 더 우수하다고 말할 수 있다.

그러나 자격을 갖춘 지원자 수로 볼 때 S사는 500명 모집인력을 능가하는 1,000명을 확보한 반면 K사의 경우 자격을 갖춘 지원자 수는 450명에 불과해 모집인력인 500명을 초과하지 못한 것이다.

모집활동을 평가할 때는 결국 단순한 지원자 수나 입사제안자 수만 가지고 평가하는 것보다 자격을 갖춘 지원자를 얼마나 많이 확보했느냐가 궁극적인 평가기준이 될 수 있겠다.

마지막으로 추가해야 하는 평가기준은 모집활동 코스트이다. S사가 자격을 갖춘 지원자 수의 확보면에서 K사보다 모집활동이 더 우수하다고 하겠지만 모집비용이 K사보다 3배 이상 더 지출되었다면 S사의 모집활동을 K사의 모집활동보다 우수하다고 말하기 어렵다.

모집활동에 대한 평가는 기업 간 비교를 통해서 할 수도 있겠지만 개별기업 자체에서 년도별 모집활동의 결과를 비교하여 우수성을 평가할 수도 있다.

제 2 절 선 발

선발활동의 기본목적은 지원자들 중에서 우수한 인재를 식별하는 것이다. 좀 더 정확하게 말하면 공석(空席)이 된 직무를 어떤 지원자가 가장 성공적으로 수행할 수 있느냐를 찾아내는 것이다. 그러나 '직무의 성공적인 수행'에는 빠지기 쉬운 함정이 존재한다. 바로 지원자의 능력초과(overqualified) 현상이다. 실업률이 높은 노동시장의 상황에서는 고학력자가 하향 취업하는 현상이 자주 발견된다. 례를 들어, 고졸자가 충분히 할 수 있는 직무에 대졸자가 지원을 했을 경우 "능력초과" 현상이 나타나게 되는 것이다. 이 경우 대졸자는 단기적으로는 주어진 직무를 성공적으로 수행할 수 있겠지만 시간이 경과함에 따라 직무불만족, 보상불만족(특히 임금수준), 신분불만족 등으로 사기저하, 기업에 대한 불만표출, 나아가 이직으로 이어진다. 따라서 인력선발에서의 핵심은 바로 '직무-지원자'간의 적합성(fitness)을 그 기준으로 삼아야 한다. 선발활동(selection)은 모집활동을 통해 획득한 지원자를 대상으로 미래에 수행할 직무에 가장 적합한 지원자를 식별하는 것이다. 따라서 이 과정을 통해 채용 여부가 결정되기 때문에 인력확보 활동의 핵심을 이루고 있다.

1. 선발도구

인력선발의 핵심은 앞에서 언급했지만 미래에 수행하게 될 직무에 가장 적합한 사람을 찾는 것이다. 례를 들어 공석이 된 직무 A에 누가 가장 적합한가를 판단하기 위해 지원자 몇 명을 일정한 기간 동안 직무를 수행하게 하고, 그 결과를 가지고 적합한 자를 찾아내는 것이 가장 확실한 방법이다. 그러나 이러한 방법은 기업 현실에서 거의 불가능하다. 왜냐하면 여러 명의 지원자를 어느 기간 동안 일을 하게 한 후 나중에 가서 적합하지 않으니 '집에 돌아가시오'라고 할 수는 없는 것이다. 여기에는 윤리적인 문제와 비용문제가 심각하게 제기된다. 따라서 이러한 한계를 극복하기 위해 개발된 것이 선발도구이다. 즉 선발도구를 가지고 지원자의 능력 및 개인적 특성을 측정하여 그 결과를 가지고 미래를 예측하는 것이다. 아래에서는 '적합한 인재'를 식별하기 위해 개발된 몇 가지 선발도구를 소개한다.

(1) 지원서 분석

지원서에는 객관적인 사실을 나타내주는 요소인 성별, 가족관계, 군복무 등이 있는 반면에 지원자의 가치관, 태도, 력동 등 인지적이며 주관적인 요소가 있다.

바이오 데이터(bio-data: biographical data)는 전기자료(傳記資料)로 번역할 수 있는데 지원자 개인에 관련된 것으로 지원자의 이력서, 지원서, 면접 등을 통하여 획득된 개인의 신상에 관한 모든 것을 말하며, 검증가능한 것뿐만 아니라 검증 불가능한 것까지도 포함한다. 례를 들면 년령, 성별, 출생지, 거주지, 가족배경, 형제 수, 교육정도, 결혼관계, 자녀의 수, 신체적 특징, 군복무관계, 취미, 독서습관, 태도, 신념, 가치관 및 여가활동 등이 포함된다.

바이오 데이터의 분석결과를 선발의사결정에 활용하려는 근거는 바로 개인의 바이오 데이터와 직무성과(적합성 및 직무태도 포함) 간에 상관관계가 있음이 발견되었기 때문이다.

(2) 선발시험

선발시험에는 지원자 개인의 일반적인 능력 및 심리적 특성을 밝히는 심리검사(psychological tests), 외국어 등 전문적인 지식을 파악하고자 하는 시험, 그리고 직무와 관련하여 일부분을 직접 수행케 하는 실기시험 등이 있다. 아래에서는 기업에서 많이 도입하고 있는 대표적인 몇 개를 소개한다.

1) 능력검사

능력검사(ability test)는 검사결과를 가지고 종업원의 미래의 직무수행 정도를 예측할 수 있다는 가정에서 출발한다. 대학에 진학하려는 고교생들을 대상으로 수능검사를 실시하는 것과 유사한 맥락이다. 능력검사는 검사 목적에 따라 직무수행 능력뿐 아니라 학습능력을 측정하는 인지적 능력검사(cognitive ability tests)와 힘, 협동심을 측정하는 사이코모토 검사(psychomotor abilities tests), 그리고 직무에 대한 지식을 측정하는 직무지식검사(job knowledge tests) 등으로 구분된다.

2) 성격 및 흥미도 검사

성격 및 흥미도 검사(personality and interest tests)는 지원자의 동기부여(動機賦與) 정도를 측정하기 위한 방법이다. 하지만 성격검사는 낮은 예측력 때문에 선발도구로서 잘 활용되지는 못하고 있다. 흥미도 검사는 성공적인 종업원의 흥미도와 지원자의 흥미도를 비교하는 방식으로 수행된다. 개인의 흥미는 비교적 장기적으로 지속되는 요소이므로 어떤 산업분야에서는 종업원의 직무수행 성공 여부를 훌륭히 예측할 수 있다.

3) 실무능력검사

실무능력검사(work sample tests)는 지원자로 하여금 직무의 대표적인 과업을 수행하도록 하고 그 성취도를 검사하는 방법이다. 이의 장점은 예측력이 대단히 높고 테스트에 대한 종업원의 부정적인 영향을 줄여 수용력을 높여준다는 것이다. 이를 성취도 검사(achievement tests) 혹은 숙련도 검사라고도 한다.

(3) 선발면접

선발면접은 면접자와 피면접자 사이에 정보를 교환하는 목적지향적인 대화이며 동시에 선발시험과 함께 지원자를 평가하는 유용한 수단이다.

선발면접의 목적은, 첫째 지원서에 나타난 항목이 불명확할 때 이를 명료화시키며, 또한 지원서에 나와 있지 않은 정보를 수집하는데 있으며, 둘째 기업에 관한 정보를 지원자에게 전달하고, 셋째 지원자에게 기업을 마케팅하여 자격을 갖춘 우수한 지원자가 타 기업으로 가지 않도록 유도하는 데 있다.

1) 선발면접의 종류

질문의 내용을 기준으로 아래와 같이 두 가지로 분류할 수 있다.

① **구조적 면접**(structured interview or guided interview)

직무명세서를 기초로 질문항목을 미리 준비하여 면접자가 피면접자에게 질문하는 것이다. 이러한 면접은 훈련을 받지 않았거나 경험이 없는 면접자도 어려움 없이 면접을 수행할 수 있다는 리점이 있는 반면 질문항목의 개발이 직무분석을 전제로 하고 있다는 약점이 있다.

② **비구조적 면접**(unstructured interview or unguided interview)

특정한 질문서 목록 없이 면접자가 중요하다고 생각하는 내용을 질문하는 면접형태이다. 례로서 "본인의 강점, 약점을 말해보시오" "우리 회사에 귀하가 채용되었을 때 어떤 면에서 경쟁기업보다 더 유리할까요?" "5년 후 귀하는 우리 회사에서 어떤 위치에 있기를 원합니까?" 등의 질문을 던진다. 이러한 면접형태는 질문항목의 선정에 별 어려움은 없으나 지원자의 대답을 평가하는데 어려움이 존재한다. 따라서 노련한 면접자가 요구된다.

2) 선발면접의 방법

면접자와 피면접자의 수를 어떻게 하느냐에 따라 집단면접과 위원회면접으로 나눌 수 있다.

① **집단면접**(group interview)

집단면접은 피면접자가 복수가 되는 경우이다. 여러 명의 피면접자를 상대로 질문하는 방법으로서 장점은 첫째, 시간이 절약되며 둘째, 여러 명의 지원자를 동시에 관찰하기 때문에 비교가 용이하며 우수한 지원자를 쉽게 파악할 수 있다. 그러나 개별지원자가 갖고 있는 특수한 면을 파악하기에는 제한적이다.

② **위원회면접**(board or panel interview)

다수의 면접자가 한 명의 피면접자를 평가하는 방법이다. 한 명에 대해 여러 사람이 동시에 관찰하므로 평가에 있어 신뢰도가 높은 반면 다수의 면접자 앞에서 피면접자가 심리적으로 위축될 경우 평가에 있어서 신뢰도가 저하될 수 있다. 뿐만 아니라 이 방법은 집단면접보다 시간이 많이 소요된다.

③ **스트레스 면접**(stress interview)

이것은 제 2 차 세계대전 당시 미국에서 전략정보수집요원(스파이)을 선발하는 데 사용된 바 있다. 이 면접방법은 면접자가 지원자의 약점을 공개적으로 비난할 때 이에 대해 피면접자가 어떻게 반응하느냐를 관찰하는 것이다. 이 방법은 스트레스 처리능력을 테스트하는데 주안점을 두는 것으로서 기업의 특수직무(례, 공격적인 판매직 등)에 대한 지원자에게 적용할 수 있으나 지원자가 선발에서 탈락되었을 때 해당 기업에 대한 반감을 강하게 갖는다는 약점이 있다.

이외에도 지원자를 여러 시기에 걸쳐 여러 사람이 면접하는 복수면접(multiple interview)도 있다.

Chapter

04 인력개발

기업의 인력개발 활동이란 확보된 인력에 대해 력량(competency)을 최대한 개발하는 과정을 말한다. 력량(competency)이란 특별히 업무수행을 잘하는 사람들의 독특한 행동특성을 말하는데, 1980년대부터 그 중요성이 인식된 개념이다.[1] 즉 종업원이 보유하고 있는 기술, 기능 및 능력을 해당 조직의 경쟁력과 관련시켜 경쟁력의 원천이 되는 것을 력량이라고 하고 기업의 인력개발 활동을 력량에 초점을 맞추어 해야 한다는 것이다. 종업원의 력량은 직접적으로 교육·훈련을 통해 개발될 수 있지만 간접적으로는 배치·리동 및 승진을 통해 새로운 직무를 수행하게 함으로써 능력을 향상시킬 수도 있다.

인력개발 활동은 자본의 논리를 추구하는 기업에게 아래와 같은 효율성을 가져다 준다.

① 기술축적을 통한 생산력 제고

기업은 교육훈련을 통해 종업원이 지니고 있는 기능 및 기술의 수준을 높이며 그 폭도 넓힐 수 있는데 이를 통해 기업은 현재 보유하고 있는 기술을 수직적·수평적으로 축적할 수 있다. 이러한 축적된 기술은 기업에 매우 중요한 자원이 되며 제품시장에서의 경쟁력을 높이는데 기여하게 된다.

1) Barney(1995)의 자원기반리론(the resource-based theory) 등.

② 생산성 향상

인력개발을 통해 종업원의 능력이 신장되기 때문에 다른 조건이 동일할 때 종업원의 기능/기술 수준이 높다면 보다 높은 생산성을 가져오며 이것은 기업의 경제적 목표달성에 결정적으로 기여하게 된다.

③ 인력배치의 유연성

교육훈련 및 직무순환을 통해 종업원이 보유하게 되는 기능/기술은 보다 다양해진다. 이러한 현상은 기업에게 인력배치의 폭을 넓혀 경기변동으로 인한 제품 생산라인의 변경, 특정직무의 생성 등 조직구조의 변화에 따른 충격을 최소화하는데 기여한다.

제 1 절 교육훈련

기업의 교육훈련은 종업원의 능력을 직접적으로 향상시키는 활동이다. 반면에 전환배치와 승진은 종업원에게 새로운 직무를 부여하여 이를 수행하도록 함으로써 점차적으로 능력의 향상을 기대하는 간접적인 능력향상 활동에 해당한다. 전자를 인력개발에 대한 적극적인 활동이라고 한다면 후자를 소극적인 활동이라고 규정할 수 있겠다.

'교육훈련'이란 인력개발을 위한 하나의 도구이며, '교육'은 이해력과 지적활동을 활성화시킴으로써 지식 및 기능을 습득하는 과정으로, '훈련'은 주로 반복적인 연습을 통해 지식 및 기능을 습득하는 과정으로 이해할 수 있다. 례를 들어, 용접기술을 배우는 것은 교육보다 훈련에 가까운 것이며, 기업의 환경분석 능력을 제고시키기 위해서는 환경분석 접근법 등에 대해 이해가 필요하기 때문에 이는 '교육'에 해당하는 것으로 구분할 수 있다. 그러나 많은 경우에 있어서는 기능/지식 습득과정이 훈련인지 교육인지 엄격히 구분되지 않고 있다.

교육훈련 활동은 조직의 목표, 필요성 분석, 교육훈련 목표설정, 교육훈련의 내용확정, 교육훈련 참가자 선발, 교육훈련의 기법선정, 교육훈련 실시자 결정, 그리고 교육훈련을 실시한 결과를 평가하는 과정 등으로 구성되어 있다.

인사관리의 한 영역으로서의 교육훈련 활동은 본질적으로 기업의 목표 달성에 기여하는 방향으로 설계되어야 된다. 설정된 기업조직의 목표가 현재 어느 정도 달성되었느냐에 따라 현재(t_0) 시점에서의 교육훈련이 필요한 정도가 파악되며, 또한 미래의 t_1 시점에 설정된 조직목표를 기준으로 교육훈련의 필요성이 추정되는 것이다.

교육훈련의 필요성/목표가 확정되면 이를 달성하기 위해 교육훈련을 실시해야 하는데 이 활동은 네 가지 요소로 구성되어 있다. 즉 교육훈련의 내용(교과내용), 참가자(trainee), 교육훈련 기법(techniques) 그리고 실시자(trainer)가 투입되어 교육훈련 활동이 이루어지는 것이다. 그리고 교육훈련을 실시한 결과를 평가하는 활동이 그 다음에 나타나게 된다. 이 활동부문은 교육훈련에 있어서 통제활동(controlling)에 해당되는 것으로서 교육훈련 활동결과를 평가하여 교육훈련 목표와 비교하여 차이가 발견되면 이를 수정하는 활동을 모두 포함하게 된다.

1. 교육훈련 필요성 분석

교육훈련의 필요성을 일반적으로 조직수준, 직무수준, 그리고 개인수준으로 나누어 볼 때보다 효과적으로 파악될 수 있다.

(1) 조직수준

매출액 내지 생산성, 시장점유율, 수익성 등 조직전체와 관련되는 제현상에 대해 문제가 생겼거나 미래에 기대되는 조직목표와 이를 뒷받침할 수 있는 인적자원 간의 차이(gap)가 발견되었을 때 조직수준에서의 교육훈련의 필요성 분석이 요구된다. 이런 경우 교육훈련은 기업의 경영전략과 직접 연결되어야 한다.

(2) 직무수준

기술변화는 조직구조를 변화시키고 이것은 직무에 요구되는 작업자의 자격요건의 변화를 가져다 준다. 또한 새로운 직무가 생겼을 때 이를 수행할 사람을 기업이 보유하지 못하고 있거나 외부로동시장에서 확보할 상황이 아닌 경우 기업내부에서 양성하지 않으면 안된다. 이런 경우 직무수준에서의 교육훈련의 필요성이 나타나게 된다.

(3) 개인수준

개인수준에서의 교육훈련 필요성 분석은 종업원 개인별 교육훈련이 현재 필요한가를 파악하는 것이다. 이것은 조직전체 수준에서 거론되었던 생산성 등 경제적 지표와 관련되는 성과측정, 불량률 체크, 개인별 매출액(영업직의 경우)뿐만 아니라 직무수준에서 밝혀진 교육훈련의 필요성이 개인별로 측정되는 것을 의미한다.

2. 교육훈련 프로그램

교육훈련에 대한 필요성이 밝혀지면 바로 이것이 교육훈련의 목표로 설정된다. 이러한 교육훈련의 목표를 달성하기 위해 교육훈련 교과내용, 대상자, 기법 그리고 실시자가 선택되어 교육훈련이 진행된다.

아래에서는 교육훈련의 내용 및 대상자별 기법을 살펴본다.

(1) 교육훈련 교과내용

교육훈련 교과내용은 우선은 기업의 경쟁력의 원천이 되는 력량에 초점이 맞추어진다. 력량이란 기업의 전략을 수행함에 있어서 종업원이 갖추어야 하는 능력을 의미하며 지식, 기술, 경험, 태도 등이 통합된 것이라고 할 수 있다.

력량의 유형을 구분해 보면 다음과 같다.[2)]

1) 공통력량

공통력량(common competency)은 기초력량이라고도 하는데 조직내 모든 구성원이 공통적으로 가져야 할 력량을 말한다. 즉 우수한 성과를 내고 있는 모든 구성원들이 공통적으로 가져야 하는 것으로서 자기개발능력, 변화적응력, 그리고 오픈마인드(마음을 열다) 등이 있다.

2) 기능력량

기능력량(functional competency)은 관리력량이라고도 하는데 기업조직내 각 기능별(인사, 마케팅, 재무, 생산, 회계)로 요구되는 력량을 말한다. 례로써, 마케팅 부문에서의 판매능력, 인사부문에서의 협상력 등을 들 수 있다.

3) 직무력량

직무력량(job competency)은 개인력량이라고도 하는데 기업의 각 기능부문이 완료되기 위해 개인별 갖추어야 할 여러 가지 구체적인 능력을 말한다. 례를 들면 판매직의 직무력량으로는 대인관계능력, 설득력, 시간정보 관리력, 커뮤니케이션 능력 등이 있다.

2) Spencer/Spencer, 1993.

(2) 교육훈련 기법

교육훈련 기법은 매우 다양하고 많아 모두 소개할 수가 없다. 아래에서는 교육훈련 기법을 참가자별로 구분하여 몇 가지만 제시하고자 한다. 교육훈련 참가자는 직급 측면에서 보면 신입사원, 작업층, 그리고 관리층으로 구분할 수 있다. 특히 관리층은 다시 하위관리층(대리·과장급), 중간관리층(차·부장), 그리고 상위관리층(임원)으로 나눌 수 있다.

또한 기능적 측면에서 보면 교육훈련 참가자를 인사부문, 마케팅 부문, 재무부문 그리고 생산부문 등에 종사하는 종업원으로 구분할 수 있다.

이상의 교육훈련 참가자에게 요구되는 력량 또한 공통적인 것과 특수적인 것으로 구분되며 이를 개발시키기 위한 교육훈련 기법도 다르게 도입할 수 있다. 아래에서는 교육훈련 참가자에 대하여 직급별 활용되는 대표적인 교육훈련 기법을 소개한다.

1) 신입사원 교육훈련

신입사원에 대한 교육훈련의 목표는 성공적인 조직사회화(organizational socialization)라고 할 수 있다. 즉 신입사원이 낯선 조직에 들어와 기존의 조직구성원과 유사하게 조직을 이해하게 하고 새로운 경험에 의한 충격을 완화시키고 조직에 점차적으로 적응시키는 것이다.

성공적인 조직사회화를 위해서는 아래와 같은 내용이 교육훈련의 교과과정에 포함되어야 하겠다.

· 조직의 기본목표
· 목표달성을 위한 수단
· 조직이 부과하는 역할(role)[3]
· 주어진 역할을 효과적으로 수행하는데 필요한 구체적 행동
· 조직생활에 필요한 협동의지 고양(팀워크 능력)
· 조직에 존재하는 일련의 규칙과 원칙

3) 역할은 해당 기업조직으로부터 기대되는 개인의 행동패턴을 말함.

· 커뮤니케이션 능력
· 공동체 의식 등

이상에서 제시한 일련의 교과내용을 신입사원이 학습하는 데는 교육훈련의 기법이 필요하고 이러한 기법들에 따라 교육훈련의 실시자가 결정되는 것이다.

직장내 교육훈련(on the job training: OJT)은 신입사원이 현재 부여받은 직무를 그대로 수행하면서 직장의 상사 내지 선배동료로부터 위에서 제시한 제반 교과내용을 학습하는 방법을 말한다. 직장내 교육훈련은 직장 외 교육훈련(off the job training: Off-JT)과 구분된다. 직장내 교육훈련은 서비스 업종(호텔, 식음료 등)에는 필수적이다. 왜냐하면 고객(손님)에게 제공하는 서비스의 내용이 강의식 교육만으로 불충분하며 직접 서비스가 제공되는 현장을 통해 학습되는 것이 보다 효과적이기 때문이다.

2) 작업층 교육훈련

작업층은 상사로부터 지시를 받아 주어진 직무를 수행하는 종업원으로서 미숙련 작업자(unskilled), 준숙련 작업자(semi-skilled), 그리고 숙련 작업자(skilled)로 구분된다. 이들을 위한 교육훈련의 내용은 주로 해당 직무를 성공적으로 수행하는데 필요한 구체적 기능(skill)에 초점이 맞추어진다. 교육훈련의 기법으로는 앞에서 소개했던 직장내 훈련(on the job training: OJT)이 일반적으로 많이 도입되고 있으며 그 외에도 실습장 훈련, 도제훈련, 직업학교 훈련 그리고 프로그램 학습법 등이 있다. 아래에서는 그 내용을 간단히 살펴본다.

① 실습장 훈련

실습장 훈련(vestibule training)은 기업내 작업장과 별도의 공간에 설비를 갖추어 교육대상자(trainee)에게 주로 기능(skill)을 전수시키는 훈련기법이다. 해당 생산작업 장에서 상사가 훈련을 실시할 여력이 없을 때 이런 기법을 도입한다.

② 도제제도

도제제도(apprenticeship program)는 직장내 훈련과 직장외 훈련(Off-JT)을 혼용한 방법이다. 즉 교육대상자는 일정 기간 동안 작업장내에서 상사 내지 선배동료로부터 기능을 배우고 이어서 직장외의 일정한 장소에서 강의에도 참가한다. 이 제도는 특히 정교한 수작업(手作業)이 요구되는 공예, 용접, 배관, 목수직 등에 주로 적용되며 교육기간은 대체로 3~4년 소요된다.

3) 관리층 교육훈련

관리층의 직무는 한마디로 관리활동(managerial activities)인 계획, 조직화, 지휘, 조정 그리고 통제활동을 수행하는 것이다.

기업의 관리층은 대개 최고경영층, 중간관리층, 그리고 하위관리층으로 구분되며 이러한 개별관리층에 따라 요구되는 능력 또한 구분된다.[4)]

례를 들면, 최고경영층에는 주로 전략수립과 관련된 의사결정능력이 많이 요구되는 반면, 중간관리층에게는 주로 인간관계와 관련되는 능력 그리고 하위관리층에는 업무내용에 대한 지식 그리고 작업층을 지휘하는데 필요한 인간관계관련 능력이 주로 요구된다.

① 인 바스켓 훈련

인 바스켓 훈련(in-basket training)[5)]은 관리자의 의사결정능력을 제고시키기 위해 개발된 것이다. 훈련실시자는 훈련참가자에게 가상의 기업에 대한 정보, 즉 생산제품, 조직구조, 종업원에 대한 정보 등을 제공한 후 이

---

4) Katz, 1955, pp. 33-42.

5) 바스켓이란 관리자가 업무상 사용하는 결재상자인데, 연수에서는 관리자에 적합한 의사결정의 연수기법을 가리키며, 달리 '인·트레이(In Tray)'라고도 말한다. 이 기법은 1952년 Princeton대학에서 교육의 효과측정을 위하여 개발한 것으로서, 후에 사원연수의 기법으로도 효과가 있는 것으로 알려져 차차 확산되었다. 안건처리를 위한 토의법으로서 특정관리자의 입장에 서서 바스켓에 있는 보고서나 전언(傳言), 편지, 신청서 등을 설정하여 시간내에 필요한 처리를 결정해나간다. 요컨대, 일상적인 관리업무의 모의체험연습이다. 사례연구 형태로서 개인연구, 집단(group) 연구, 전체토의의 순서로 진행되지만, 사례전체가 20~30개의 개별 안건인 것이 특색이다.

들에게 특정경영상황에서 문제해결을 위한 의사결정을 하게 한다. 례를 들면, 훈련참가자를 판매과장 자리에 데리고 가서 현재 판매과장으로서의 업무를 처리하게 한다. 판매과장의 책상 위에는 판매관련 제반 서류가 놓여있고 판매과 직원들은 현재 결재를 받기 위해 대기하고 있으며, 그리고 고객으로부터 전화도 받게 된다. 즉 모의 경영상황을 '하나의 광주리에 담아' 훈련참가자로 하여금 이를 처리하게 하는 것이다.

② 비즈니스 게임

비즈니스 게임(business game)은 기업의 경쟁상황에서 올바른 의사결정능력을 제고시키기 위해 개발된 기법이다.

이 기법의 진행은 다음과 같다. 우선 교육참가자들을 여러 개의 3~5명 정도 규모의 팀으로 구성하여 참가하게 하는데 교육실시자는 이들 팀들에게 동종의 경쟁상황에 있는 서로 다른 모의기업의 책임자들로서 상대방 기업에 이길 수 있는 경영의사결정을 하도록 한다. 교육참가팀 각자에게 해당 기업의 경영에 대한 제 정보, 즉 생산능력(production capacity), 최근의 매출액, 인력구조, 조직구조, 판매망, 제품의 원가, 재무구조 등에 대한 것을 제공하고 경영의사결정을 하게 된다. 례를 들면, 5개 팀의 교육참가자가 각각 자동차 타이어 제조기업의 책임자들로 가정하여 그들이 해당 기업의 생산성, 재고량, 가격, 판매조건 등에 대한 의사결정을 1차로 하게 하고 그 결과를 교육훈련 실시자가 컴퓨터를 동원하여 분석한 후 교육참가팀에게 피드백한다. 이 경우 교육참가팀들은 자기 팀의 경영실적(매출액(판매액), 리익, 시장점유율 등)을 알게 되고, 무엇이 잘못되었는지, 무엇이 성공하게 했는지 등을 자체에서 분석하게 한다.

③ 사례연구

사례연구(case studies) 역시 관리자의 의사결정능력을 향상시키기 위해 도입되는 기법이다. 기업에서 일어난 일련의 사건, 기업의 현황들을 교육참가자에게 제시하고 참가자들은 이 사례에서 다음과 같은 로력을 해야 한다.

ⓐ 사례에서 중요한 문제점과 중요하지 않은 문제점을 구분하며 밝혀 낸다.

ⓑ 문제점을 분석하며 그 원인을 추론해야 한다.

ⓒ) 문제해결을 위한 대안을 제시한다.

④ 역할연기법

역할연기법(role playing)은 관리자뿐만 아니라 일반 종업원을 대상으로 인간관계에 대한 태도개선 및 인간관계기술을 제고시키기 위한 기법이다. 역할이란 '기대되는 행동패턴'으로서 교육참가자는 어떤 상황을 교육실시자로부터 부여받고 가장 효과적이라고 판단되는 행동을 하게 된다. 례를 들면, 판매원 교육의 경우 불량품을 구입했던 고객(손님)이 화를 내면서 찾아갔을 때이다. 이런 상황의 경우;

ⓐ 지명된 교육참가자는 이 고객(손님)에게 응대하는 행동을 하며

ⓑ 다른 교육참가자는 그가 하는 행동을 관찰한다.

ⓒ 연기가 끝난 후 이에 대한 평가를 공동으로 하며 이상적인 행동패턴을 찾기 위해 토의를 한다.

⑤ 행동모델법

행동모델법(behavior modeling)은 관리자 및 일반 종업원에게 어떤 상황에 대한 가장 이상적인 행동을 제시하고 교육참가자가 이 행동을 이해하고 그대로 모방하게 하는 것이다.

기업상황에서는 대개 특정상황에 대한 이상적인 행동을 비디오테이프에 담아 이를 교육참가자에게 보여주고 행동이유, 과정 등을 리해시키고 이를 그대로 반복・연습함으로써 '행동변화'를 유도하는 것이다. 례를 들면, 불평을 많이 하는 종업원을 다루는 행동단계는 다음과 같다.[6)]

ⓐ 불평에 대하여 적의나 방어적인 태도를 가지고 반응하지 않는다.

ⓑ 불평이 무엇인지 진지하게 묻고 이를 경청한다.

---

6) Latham/Saari, 1979, p. 241.

ⓒ 불평사항을 완전히 리해하기 위해 다시 질문한다.

ⓓ 불평자의 관점을 인식하고 리해한다.

ⓔ 자신의 입장을 '방어자세를 보이지 않고' 솔직히 말한다.

ⓕ 결과를 알려줄 추후 면담 날짜를 정한다.

앞에서 소개한 역할연기법은 교육참가자가 주어진 상황에 대한 행동을 본인 스스로 결정하여 연기를 하지만 행동모델법에서의 교육참가자는 행동의 종류를 선택할 여지가 없으며 주어진 행동을 반복하여 습득하는 것이다.

⑥ 코 칭

상위직급의 관리층이거나 수행하는 직무가 특수한 경우 전통적인 직장내 교육(OJT)만으로 불충분하여 도입된 교육제도 중 코칭(coaching)이 있다. 코칭은 교육실시자가 교육참가자(trainee)를 개인적인 접촉을 통해 새로운 력량을 전수하는 것을 말한다. 코칭이 일어나는 과정을 보면 우선 코치(trainer)가 교육대상자(trainee)의 행동을 관찰한 후 그가 보다 효과적인 업무를 수행하는데 필요한 제반 행동방식, 력량 등을 알려 주고 이를 획득할 수 있도록 제반 정보를 제공하고 지도해준다. 례를 들면 코치는 교육대상자에게 업무와 관련되는 해결하기 어려운 상황을 제공하고 이를 해결하기 위해 같이 토론하고 대안탐색과정에 제반지원을 한다.

제 2 절 승 진

승진(promotion)은 기업 내 개인이 현재 수행하는 것보다 더 나은 직무로의 이동을 의미한다. 보다 나은 직무가 되기 위해서는, 첫째 직무내용의 변화인데 과거 보다 권한 및 책임의 크기가 증가되며, 둘째 임금, 지위 등 보상이 증가되어야 한다.

승진은 종업원 개인에게 매우 중요한 이슈가 되므로 기업의 승진에 대한 의사결정에 문제가 생겨 '정실인사(情實人事)'라든가 '공정하지 못하다'라고 종업원이 인식하게 되면 이것은 인사관리 전반에 매우 부정적인 영향을 미치게 된다. 따라서 인사관리 특히 의사결정의 질(質)이 중요시되는 분야가 바로 승진에 대한 의사결정이 된다. '승진'은 종업원의 경력개발을 위한 실천활동으로서의 기능을 갖고 있지만 이것이 잘못되면 승진하지 못한 다수의 종업원에게 좌절을 가져다 주고 그들의 경력개발에 대한 의욕과 공정성 지각이 상당히 훼손되는 것이다.

1. 승진의 기본원칙

개별기업마다 추구하는 경영이념 내지 조직문화, 그리고 그 조직이 처한 환경에 따라 독특한 승진관리의 방향이 있겠으나 일반적으로 아래와 같은 승진에 대한 기본원칙이 추구되어야 하겠다.

(1) 적정성의 원칙

승진은 개인에게 권한 내지 책임 그리고 보상의 크기를 변화시킨다. 적정성의 원칙은 해당 기업이 종업원에게 어느 정도의 승진기회를 부여하느냐와 관련된다. 많은 종업원이 조직의 성공에 충분히 공헌하였고 현재 승진에 따르는 능력을 갖추고 있음에도 불구하고 'T/O' 때문에 혹은 '승진정체현상' 때문에 승진기회를 부여받지 못한다면 이것은 조직내 정당성(justice) 측면에서 문제가 되는 것이다.

승진기회의 크기에 대한 적정성의 파악은 그 객관성을 완벽하게 기하기 어려우나 대개 시간적 차원 및 공간적 차원에서 접근할 수 있다. 첫째, 시간적 차원이란 해당기업에서 과거 조직구성원집단이 받았던 승진기회와 현재 유사한 구성원집단이 받고 있는 승진기회를 비교하는 것이다. 둘째, 공간적 차원이란 해당기업과 유사한 조직에서의 조직구성원이 받고 있는 승진기회와 해당 기업의 그것과 비교하는 것이다.

따라서 해당 기업의 승진에 대한 적정성의 원칙은 해당 기업의 과거의 승진패턴, 현재 타 기업 혹은 유사조직의 승진 패턴 그리고 한국과 유사한 로동시장 형태를 가지고 있는 외국의 동종기업에서의 승진패턴을 비교함으로써 그 윤곽이 구체화된다.

(2) 공정성의 원칙

공정성의 원칙은 조직이 조직구성원에게 나누어 줄 수 있는 '승진기회'의 덩어리를 올바른 사람에게 배분했느냐와 관련되는 원칙이다.

이 원칙은 절대적인 것이 아니고 상대적인 것이기 때문에 지켜지지 않을 경우, 조직내 구성원들 간의 갈등의 원인이 된다. 례로서 어떤 조직구성원이 이러한 원칙이 지켜지지 않은 상태에서 승진되었을 때 다른 구성원에 대해 떳떳한 태도를 취할 수 없을 것이며, 오히려 죄스러운 감정에 사로잡힐 수 있다. 또한 승진탈락자들은 조직에 대해 심리적으로 멀어질 것이며 승진자와의 협동시스템(체계) 구축에 동조하지 않을 것이다.

(3) 합리성의 원칙

합리성의 원칙은 조직구성원이 조직의 목표달성을 위해 공헌한 내용을 정확히 파악하기 위해 무엇을 '공헌' 내지 '능력'으로 간주할 것인가에 관련되는 원칙이다. 례를 들면 연고주의(지연, 학연, 혈연)에 입각한 승진기준은 비합리적인 것이며 개인의 업적, 현재능력, 잠재능력, 적성 등과 같이 조직의 직무수행이나 목표달성과 관련성이 있는 요소를 승진기준으로 할 때 그 합리성은 확보되는 것이다.

이상에서 제시한 승진에 있어서 기본원칙인 적정성의 원칙, 공정성의 원칙 그리고 합리성의 원칙은 승진의사결정의 질(質)을 높이고 종업원의 수용성을 극대화시키는 데 결정적인 역할을 한다.

2. 승진유형

승진의 유형은 직급승진, 자격승진, 그리고 대용승진으로 구분된다.

(1) 직급승진

직급승진은 종업원이 상위직급으로 리동하는 것을 말하는데 기업에서의 직급의 례는 대리-과장-차장-부장-리사 등으로 구분할 수 있다. 직급승진의 기본전제는 상위직급의 특정직무가 공석이 되어야 한다는 소위 T/O가 나야 가능해진다는 것이다.

직급승진은 승진이 된 자에게는 권한, 책임과 보상의 증가를 확실히 해줄 수 있는 명실상부한 승진이지만, 상위직급이 T/O에 묶여 있을 때 승진정체인력의 사기저하 및 유능한 인력이 타 조직으로 이동하는 결과를 초래하게 된다.

(2) 자격승진

자격승진은 종업원이 갖추고 있는 직무수행능력(직능)을 기준으로 승진시키는 제도이다.

이러한 제도를 소위 '직능자격제도'라고 하는데 기업은 직종별 직급과 직능의 수준을 분리하여 관리하게 된다. [그림 4-1]에서는 직급과 직능등급의 예가 제시된다.

이 그림에 나타난 바와 같이 관리직종의 경우 입사한 종업원이 그 조직에서 능력이 신장되었을 때 최대한 도달할 수 있는 직능수준을 9등급으로 나누어 개별종업원의 직능이 신장되었을 때 평가하여 해당 직능등급을 부여하게 된다. 여기서 직능등급의 향상이 반드시 직급의 향상을 가져다 주지는 않는다. 례를 들어 [그림 4-1]에서처럼 직능이 6등급인 사람은 부장이

[그림 4-1] 직능등급과 직급 간의 관계(관리직종의 례)

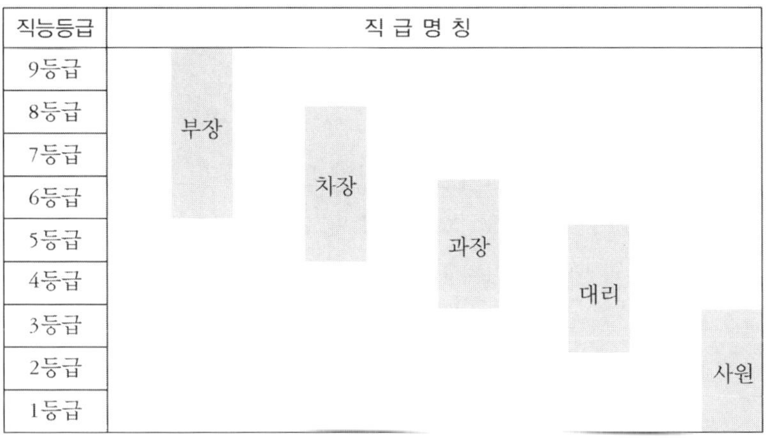

될 수도 있으며 혹은 차장, 과장으로 근무할 수도 있게 된다. 직능이 높은 자에게 특정직급을 부여하기 위해서는 해당 직급에 T/O가 있어야 된다. 기업이 직능승진제도를 도입하는 이유는 종업원의 능력신장을 인정하고 종업원으로 하여금 능력신장을 위해 로력하도록 자극을 주는데 있다. 뿐만 아니라 승진정체 현상으로 인해 유능한 인재가 해당 기업을 떠나지 못하게 도달한 능력의 수준을 공식적으로 인정하는데 있다. 직능승진제도하에서는 개인의 직능이 상위등급으로 이동할 경우 자격의 상승을 의미하기 때문에 '승격(昇格)'이라고 한다.

(3) 대용승신

대용승진(surrogate promotion)은 준승진(quasi-promotion) 혹은 건조승진(dry promotion)이라고도 하는데 승진은 발생했지만 직무내용이나 보상(임금)이 변동되지 않은 경우이다. 즉 직무내용의 실질적인 변동 없이 직급명칭 혹은 자격명칭만 변경되는 형식적 승진을 말한다.

대용승진이 일어나는 리유는 두 가지로 요약할 수 있다. 첫째, 조직내부 사정상 오랫동안의 승진정체 현상 때문에 조직분위기가 정체되어 있을 때 도입하며 둘째, 종업원이 대외업무를 수행하는 경우 접촉고객의 종업원에 대한 신뢰심을 높이기 위해 직급을 높이게 된다.

대용승진은 우리나라와 같이 유교문화권에 속하여 체면을 중시하는 나라에서는 상당한 효과를 가져다 주고 있다. 례를 들면 특정종업원이 해당기업에 10년 이상 근무했음에도 불구하고 평사원으로 남아 있을 때 그는 가족, 친지 등에게 체면이 깎인다고 생각하는 경우이다.

Chapter

05 인력보상

종업원이 기업에 로동력을 제공하고 얻은 소득을 임금이라고 하는 반면, 보상(compensation)은 임금 외에도 종업원이 기업으로부터 받게 되는 일체의 금전적 및 비금전적인 것을 포함하는 개념이다. 보상은 또한 경제적인 것(economic reward)과 비경제적인 것(non-economic reward)으로도 구분된다. 경제적 보상은 기업이 종업원에게 금적적인 보상을 해주는 것으로서 임금, 의료지원, 연금보조, 체육시설 제공 등을 말하며 비경제적인 보상에는 탄력적 근무시간 제도, 직무확대화를 통한 자율성 및 기능다양성 제고 및 조직에서의 인정감 부여 등이 있다. 인력보상은 자본의 논리를 추구하는 기업에게 아래와 같은 경제적 효율성을 가져다 준다.

① 인력확보 및 유지

기업은 목표달성을 위해 생산성을 유지・제고시켜야 하는데 생산성의 주체가 바로 인적자원이다. 인력보상은 노동시장에서 인적자원을 확보하는데 결정적인 역할을 하며, 확보된 인력이 기업에서 계속 남아 있도록 하는데 중요한 역할을 한다.

② 동기부여

확보된 인력이 기업의 목표달성을 위해 보다 높은 의욕을 가지고 일을 하는데 있어 인력보상은 주요한 동기가 된다. 즉 기업에서 임금 및 복리후생을 종업원에게 제공함으로써 종업원의 생계유지에 도움을 주고 이러한 보상이 종업원의 능력을 반영하고 나아가 인정감의 표시가 될 때 종업원은 기업에 만족하고 더 열심히 일하게 된다.

따라서 보상은 량질(良質)의 종업원을 조직에 들어오게 하고 또한 그 조직에 남도록 하여 성과를 달성하도록 동기부여하는 것이다.

인력보상은 로동의 논리를 추구하는 종업원에게 아래와 같은 효율성을 가져다 준다.

① 생활의 질 향상

보상은 종업원으로 하여금 생계에 필요한 재화나 용역을 구입하게 하며 나아가 생활의 질(質)을 향상시킬 수 있게 해준다.

② 사회적 신분상승

임금은 종업원에게 인정감을 부여하고 지위(status)를 확보해준다. 임금은 본질적으로 종업원의 조직성과에 대한 공헌도를 반영하기 때문에 보다 높은 공헌에 대한 보다 높은 임금은 바로 종업원 개인의 능력에 대한 인정감을 부여하게 되고 이를 통해 개인은 조직내 자신의 사회적 신분의 상승을 지각하게 되는 것이다.

제 1 절 임 금

임금은 근로자가 조직에 대해 제공한 로동에 대한 대가로 받는 금품 일체를 말한다. 임금은 이를 받는 근로자의 종류에 따라 구분되기도 하는데 정신로동에 종사하는 근로자에게 지급되는 임금을 봉급(salary)이라고 하고 육체로동에 종사하는 근로자에게 지급되는 경우 이를 임금(wage)이라고 한다. 그러나 아래에서는 근로자의 유형과 관계없이 로동의 대가로 받는 것을 임금이라고 통일하여 사용한다. 임금은 근로자 개인에게 뿐만 아니라 조직(기업)에 매우 중요한 의미를 가지고 있다. 기업에서 임금이 갖는 중요성은 바로 경제적 효율성을 극대화시키는 것과 관련하여 아래의 몇 가지로 제시할 수 있다.

첫째, 임금은 조직의 목표달성에 핵심적 요소가 되는 생산성에 영향을 미친다. 로크(Locke)는 생산성을 향상시키는 몇 가지 방법을 비교한 바 있는데, 그 결과 임금이 30%의 생산성 증가를 가져다 주었고 목표설정방법(goal setting)은 18%, 직무확대화 모델인 직무충실화(job enrichment)는 17%, 그리고 의사결정에의 참가방법(participation)은 0.5%의 증가에 그쳤다. 이상의 연구결과에 부응하여 대부분의 기업은 생산성 향상을 위해 가장 먼저 임금에 대해 합리적인 설계를 구상하게 된다.

둘째, 임금은 기업이 생산하는 상품의 제조원가의 상당한 부분을 차지하고 있어 기업의 리윤획득은 물론 시장에서의 해당 상품의 경쟁력을 결정하는데 매우 중요한 요소가 되고 있다. 례를 들면 제조기업의 경우 총비용의 40%가 임금이며 서비스기업의 경우 70%에 이르고 있다. 기업은 경쟁력 제고를 위해 원가절감전략을 종종 도입하는데 이때 임금은 원가절감의 첫 번째 대상으로 부각되고 있다.

셋째, 임금은 기업이 로동시장에서 인력을 확보하는 데 중요한 역할을 한다. 유능한 인재를 획득하기 위해서는 경쟁기업보다 더 높은 임금을 제공해야 되는 경우가 자주 발생한다. 뿐만 아니라 인력을 유지하는 데도 임금의 역할은 매우 크다. 리직 및 결근에 대한 임금의 역할은 거의 결정적이다.

임금은 기업뿐만 아니라 종업원 측면에서 사회적 효율성을 극대화시킨다는 관점에서 아래와 같은 매우 중요한 의미를 갖고 있다.

첫째, 임금은 종업원 소득의 주 원천으로서 생리적 욕구(physiological needs)를 충족시키는데 결정적인 역할을 한다. 즉 종업원은 임금을 가지고 의식주 생활을 해결할 수 있다.

둘째, 임금은 종업원의 생활의 질(quality of life)을 향상시키는데 중요한 역할을 한다. 자녀교육, 문화생활 등에 금전으로서의 임금은 필요불가결한 노구가 된다.

셋째, 임금은 종업원의 존경욕구(esteem needs)를 충족시켜 줄 수 있다.

존경욕구는 인간이 자신 및 타인으로부터 존경 내지 인정감을 받고 싶은 욕구를 말하는데 임금이 개인의 능력 내지 업적을 반영할 때 임금인상은 바로 조직에서의 인정감의 표시요, 사회적 지위의 상징이 되는 것이다.

1. 임금공정성

임금관리의 목표인 경제적 효율성과 사회적 효율성을 달성하기 위하여 임금에 대한 공정성 문제가 핵심적 이슈로 거론된다. 임금의 공정성과 관련하여 아래의 질문을 할 수 있다.

· 기업이 창출한 가치를 자본과 로동 간에 어떻게 배분할 것인가?
· 기업이 어느 정도의 임금수준을 유지해야 로동시장에서 필요한 인력을 용이하게 확보할 수 있으며, 기존 종업원이 회사를 떠나는 것을 막을 수 있겠는가?
· 허용된 임금총액을 가지고 기업은 종업원 개인에게 어떻게 배분할 것인가?
· 종업원은 임금이 결정되는 근거 및 과정에 대해 알기를 원하는가?

이상에서 제기한 질문들은 종업원들이 지급받는 임금규모와 관련되는 배분공정성(distributive justice)과 임금규모가 결정되는 근거 및 과정에 대한 절차공정성(procedural justice)과 관련된다. 임금관리의 효율성을 극대화시키기 위한 핵심적 전략으로서의 공정성 확보가 어떻게 이루어질 수 있는지에 대한 리론을 아래에서 살펴본다.

보상과 관련한 배분공정성에 대한 논의는 경영학이 하나의 학문으로 정립될 때부터 핵심적 연구대상이 되어 왔다. 교환의 내용으로서 개인은 조직에 대해 조직목표달성을 위해 공헌(contribution)을 제공하고 조직은 개인에게 이에 대한 대가로 유인(inducement)을 주는데, 여기서 공헌과 유인의 크기가 같거나 유인이 공헌보다 약간 클 때 개인은 조직을 떠나지 않고 공헌을 계속한다는 것이다. 이러한 개인과 조직 간의 교환관계는 사회심리학에서 보다 정교한 리론적 모델을 정립하기에 이르렀다.

임금에 대한 공정성을 결정하는 또 다른 중요한 분야가 바로 절차공정성(procedural justice)이다. 절차공정성에 대한 리론은 임금결정이 이루어지는 절차가 임금결정의 결과인 임금액수만큼이나 종업원에게 중요하다는 논리에서 출발했다. 례를 들면 성과급을 도입하고 있는 기업에서 부하의 성과를 대개 상사가 측정하는데, 이 측정과정에 대한 부하의 신뢰도가 낮을 경우 가령 임금액수가 호의적으로 책정되었다 하더라도 임금에 대한 공정성 지각은 감소되는 것이다. 절차공정성은 결국 종업원의 임금제도에 대한 수용성(acceptance)을 높이는데 기여하게 된다.

아래에서는 임금공정성 중 배분공정성을 확보하기 위한 임금관리 방안에 초점을 맞추어 논의를 전개한다. 임금의 외부공정성은 기업이 종업원에게 배분할 임금총액의 크기와 관련되기 때문에 '임금수준' 측면에서 살펴보고, 내부공정성은 허용되는 임금총액을 종업원 개인에게 어떻게 배분할 것인가와 관련되기 때문에 '임금체계' 측면에서 분석한다.

(1) 임금의 외부공정성-임금수준

임금의 외부공정성(external equity)은 기업이 종업원에게 나누어 줄 임금총액의 크기와 관련되는 것으로서 이것은 해당 기업의 임금수준으로 반영된다. 임금수준의 의미는 기업의 임금총액을 종업원수로 나누어 얻는 값으로 평균 임금률을 지칭한다. 임금의 외부공정성은 일반적으로 해당 기업의 임금수준이 타기업과 비교할 때 공정성을 확보하고 있느냐에 관한 것으로서 여기서 타기업은 본질적으로 동종경쟁기업을 말한다.

임금수준의 결정기준으로서 기업의 지불능력, 생계비 수준 그리고 로동시장 임금수준 등을 들 수 있다. 기업의 지불능력은 임금수준에 대한 결정에 있어서 주로 기업의 입장에서 관심을 갖는 기준으로서 기업이 특정시점에서 종업원에게 지불할 수 있는 허용인건비가 얼마나 되느냐, 즉 기업의 경제적 목표달성도와 직접 관련을 갖고 있다. 생계비는 주로 종업원의 입장에서 제시하는 기준으로서 종업원이 더불어 사는 시민으로서 문화적인 생활을 하는데 필요한 소득이 그 기준이 된다. 끝으로 로동시장 임금기준은 로동시장에서의 로동력의 수요와 공급관계를 중시하는 접근이다.

기업의 지불능력을 측정하는 기법으로서 생산성 분석과 수익성 분석이 있는데 생산성 분석에는 물적 생산성과 부가가치 생산성 지표가 있으며 수익성 분석에는 손익분기점과 원가구성 지표가 있다.

물적 생산성은 단위로동생산요소의 투입량에 대한 생산량의 비율을 말한다. 례를 들어 10,000명을 고용하고 있는 자동차 생산기업에서 2006년 년간 100,000대의 지동차를 생산했고 2007년 120,000대의 자동차를 생산하였을 때 이 기업의 2000년 물적 생산성은 20% 증가되었다고 보는 것이다. 물적 생산성을 기준으로 임금수준을 결정하려고 할 때 이 기업의 2007년 지불능력은 2006년보다 20% 증가되었으며, 따라서 임금수준도 20% 인상되어야 공정성을 확보할 수 있다고 보는 것이다.

임금수준의 공정성 지표로서의 물적 생산성은 아래와 같은 두 가지 문제를 갖고 있다. 첫째, 증가된 자동차 생산이 시장가치(市場價値)를 반영하고 있느냐 하는 것이다. 이 기업이 생산한 자동차가 시장에서 다 팔리지 않을 수도 있으며 또한 자동차 가격이 하락할 수도 있기 때문이다. 둘째, 20%의 물적 생산성 향상에 로동력이 기여한 부분이 어느 정도 되느냐를 밝히는 것이 사실상 매우 어렵다. 20% 생산성 향상의 원인으로서 로동의 능률향상, 새로운 경영기법의 도입, 작업공정의 개선, 신기계의 도입 및 원재료의 질적 향상 등을 들 수 있다. 여기서 로동의 능률향상은 로동의 몫이 되겠지만 그 외의 생산성 향상 원인요소는 자본의 몫이 되는 것이다. 이런 경우 생산성의 요소별 기여도를 정확히 분석할 수 없는 한 생산성 향상의 전부를 '로동'에 귀착시킨다는 데에는 문제가 있다.

기업의 지불능력을 측정하기 위해 물적 생산성은 기업이 생산한 상품의 시장가격을 반영하지 못하는데 비해 부가가치 생산성은 시장가치가 반영된 기준이다. 기업의 부가가치는 매출액(판매액)에서 제조원가를 뺀 액수

[그림 5-1] 부가가치 산출방법

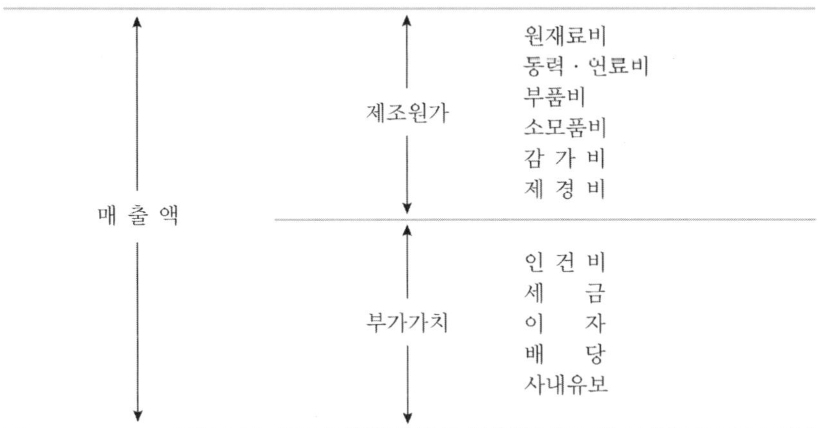

가 된다. [그림 5-1]에서는 부가가치의 산출방법이 제시된다.

이 그림에서 제시된 바와 같이 부가가치는 총매출액에서 제조원가를 뺀 값을 말한다. 공정한 임금수준이라 함은 바로 이 부가가치에 로동분배율을 곱하여 얻은 금액이 그 기준이 된다. 여기서 로동분배율이란 바로 기업의 부가가치에 자본(배당, 사내유보 등)과 로동(임금, 복리후생 등)간의 배분율을 말하는데 부가가치중 인건비로 지출되는 금액의 비율을 말한다.

부가가치 로동분배율에 의한 임금수준결정은 생산된 상품의 시장가치가 반영된 것이기 때문에 매우 합리적이라고 할 수 있다. 해당 기업이 부가가치 로동분배율을 적용할 경우, 해당 산업의 부가가치 로동분배율과 해당 기업에서 최근 10년 정도에 걸쳐 실제로 나타났던 로동분배율을 고려하여 해당년도의 임금수준을 결정하는 데 활용해야 한다.

임금수준의 공정성과 관련된 주요한 또 하나의 판단기준은 바로 종업원의 생계비이다. 보상을 '윤리적 거래'로 보았을 때 로동을 제공하는 근로자가 시민으로서 더불어 같이 생활할 수 있는 수준의 보상을 할 것이 요구된다는 것이다. 생계비는 근로자의 생활을 보장해줌과 동시에 로동의 재생산이라는 측면에서 근로자가 양보할 수 있는 마지노선이라 할 수 있다. 그럼에도 불구하고 근로자의 생계비는 기업의 사정에서든 로동시장의 수요·공급관계에서 연유되었든 간에 그동안 많은 국가에서 임금에 제대로 반영되지 못하고 있는 실정이다. 이와 관련하여 정부가 개입하여 법적으로 최소한의 생계를 유지할 수 있는 임금을 기업으로 하여금 강제적으로 도입하게 한 것이 바로 최저임금제이다.

최저임금제(minimum wage system)란 국가가 로사 간의 임금결정 과정에 개입하여 임금의 최하 수준을 정하고, 사용자에게 이 수준 이상의 임금을 지급하도록 법으로 강제함으로써 저임금 근로자를 보호하는 제도이다.

최저임금제는 국가전체 차원에서 최저생계비를 보장함으로써 빈곤퇴치, 기업 간 공정한 경쟁유도 그리고 제품시장에서의 유효수요 창출에 기여하고 있다. 뿐만 아니라 로동조건의 개선에 따른 근로의욕을 제고시키고 로사 간에 존재하는 임금관련 갈등을 줄일 수 있는 제도라고 평가된다.

그러나 이 제도는 다음과 같은 문제점을 갖고 있다. 첫째, 로동시장에서 공급이 과잉일 때 기업은 최저임금 이하의 성과를 창출하는 근로자의 고용을 피할 가능성이 높으며 이것은 바로 실업률 증가로 연결될 수 있다. 둘째, 최저임금은 인건비 인상을 가져오고 기업은 최저임금으로 인해 상승된 비용을 제품의 가격에 반영시켜 그 부담은 결국 소비자에게 돌아가게 될 가능성이 있다.

임금수준의 공정성 기준으로서 로동시장의 상황을 제시하는 것은 보상을 '경제적 거래'로 보는 시각을 바탕으로 하고 있다. 즉 임금수준이란 로동시장에서 로동의 수요와 공급의 원칙에 따라 가격이 형성되며 이 가격이 공정한 것이라는 논리이다.

로동시장에서의 수요란 기업이 고용하고자 하는 근로자 수가 되며, 공급이란 로동력을 기업에 제공하고자 하는 근로자 수가 된다.

로동시장에서의 수요 및 공급의 특성에 따라 로동시장에서의 가격인 임금수준은 임금 이외의 변수가 동일하다는 가정 하에 임금수준이 높으면 높을수록 공급이 증가할 것이며 반면에 수요는 감소할 것이다. 이와 같이 로동시장에서의 수요곡선과 공급곡선이 만나는 곳이 바로 로동의 가격인 임금수준이 되며 이때 비로소 공정하다고 보는 것이다. 로동시장에서 형성된 로동의 가격은 결국 타 기업의 임금수준에 반영되어 나타난다. 즉 해당기업이 로동시장에서 형성된 로동의 가격보다 낮은 가격으로 로동력을 구입하려고 할 때, 근로자들은 해당 기업에 오지 않고 다른 기업을 택할 것이다.

(2) 임금의 내부공정성-임금체계

임금의 내부공정성(internal equity)은 기업이 허용임금 총액을 종업원들에게 어떻게 배분하느냐에 관한 것이다. 여기서 어떤 배분기준을 택하느냐에 따라 임금의 공정성 정도가 달라질 수 있다. 배분기준을 선택할 때 기업이 보는 공정한 기준과 종업원이 생각하는 공정한 기준이 다를 수 있으며 또한 종업원 중에서도 집단별(관리직, 일반사무직, 생산직, 연구개발직 등)로 서로 다르게 생각할 수 있다. 임금배분기준을 종업원들이 공정하다고 생각하는 정도에 따라 임금제도에 대한 공정성과 임금만족이 결정된다.

기업에서 력사적으로 발전되어온 임금배분의 기준은 직무가치, 종업원가치 그리고 결과가치 등을 들 수 있다.

직무가치를 임금배분의 공정성 기준으로 삼는 것은 주로 서양 선진국에서 널리 도입하고 있는 기준이다. 여기서 직무가치란 기업내 존재하고 있는 직무들 간의 상대적인 가치를 말하며 측정방법은 다음과 같다. 기업의 목표달성을 위해서는 여러 직무들이 수행되는데 보통의 능력을 갖춘 종업원이 보통의 로력을 기울였을 때 달성한 개별 직무에서의 성과가 기업의 목표달성에 얼마나 더 공헌을 하느냐에 따라 가치가 차별화된다. 따라서 보다 높은 가치를 수행하는 종업원에게 더 높은 임금을 지급해야 공정하다는 논리가 성립되는 것이다.

임금배분의 기준을 종업원 가치로 하는 경우는 종업원의 년공을 기준으로 하느냐 직능 내지 력량을 기준으로 하느냐로 구분된다. 임금배분의 기

[그림 5-2] 임금배분의 기준

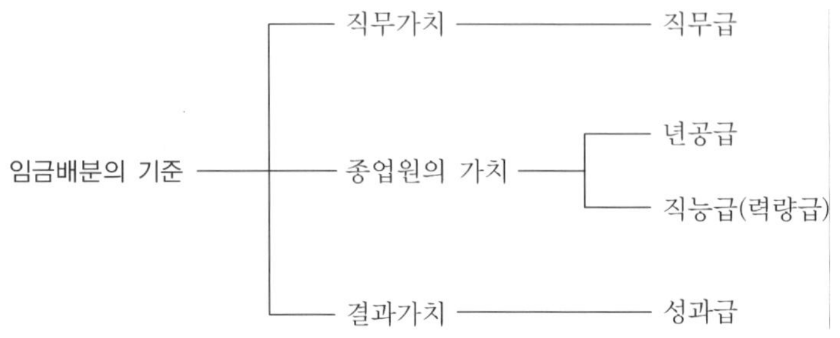

준으로서 결과가치인 성과(업적)를 기준으로 하는 경우는 동일한 직무가치를 수행하는 여러 종업원 중 더 많은 로력을 투입하여 업적을 높인 경우 이를 반영하는 것이 공정하다는 논리에서 설정된 것이다.

많은 기업에서는 위에서 제시한 몇 가지 임금배분 기준 중 어느 하나 혹은 두 개를 선택하게 되는데 이것만 가지고 공정성을 완벽하게 확보하는데 한계가 있음을 인식하고 추가적인 기준을 개발하고 있다. 례를 들면 위의 기준을 벗어난 것으로서 수당, 인센티브(incentives) 등으로 보완하고 있다. [그림 5-2]에서는 이상의 임금배분 기준이 임금체계 차원에서 제시된다.

직무급은 해당 기업에 존재하는 직무들을 평가하여 상대적인 가치에 따라 임금을 결정하는 임금제도이다. 직무평가에서는 개별직무의 기업목표달성 관련 중요성, 수행상의 란이도, 작업환경 등이 조사되어 직무들 간의 상대적인 가치가 측정된다. 따라서 직무가치가 높은 직무를 수행하는 종업원에게 직무가치가 낮은 직무를 수행하는 종업원보다 더 높은 임금을 주는 것이 공정하다는 논리이다. 직무급은 해당 직무의 가치를 기준으로 임금이 결정되기 때문에 '동일한 가치의 직무'를 수행하는 종업원들은 그들의 능력, 년공, 학력 등에 관계없이 '동일한 임금'이 지급되는 것이다. 여기서 특정직무를 수행하는 데에는 당연히 종업원의 현재 능력수준, 즉 자격수준이 고려된다. 만일 해당 직무가 요구하는 자격수준보다 직무수행자가 가지고 있는 자격수준이 더 높다 하더라도 임금은 그가 수행하는 직무가치를 반영하며 초과된 그의 능력을 반영하지 않는다. 직무급은 산업화를 먼저 시작한 서양 선진국 기업에서 널리 실시되고 있는 제도이며, 우리나라 기업에서는 극히 일부분의 기업에서 도입하고 있다.

년공급은 종업원의 근속년수를 기준으로 임금을 차별화하는 제도를 말한다. 즉 근속년수가 많은 종업원에게 근속년수가 적은 종업원보다 더 많은 임금을 주는 것이 공정하다는 논리에서 도입되는 것이다. 여기서 근속연수는 학력수준과 타 직장에서의 근무년수도 고려하는 것이 일반적이다. 례를 들면 대졸 입사자의 경우 고졸 입사자보다 4년 더 근속한 것으로 보고 규모가 유사한 타 기업에서 근무한 경력도 근속년수로 인정해 주는 것이다. 년공급 제도하에서는 종업원의 근속년수가 많아짐에 따라 임금수준이 높아진다.

직능급은 종업원이 보유하고 있는 직무수행능력(직능)을 기준으로 임금액을 결정하는 제도를 말한다. 종업원들이 년공은 같지만 직능이 다른 경우 상이한 임금을 받으며 역시 동일한 직무를 수행하더라도 보유하고 있는 직능이 상이할 경우 임금액은 달라진다.

이러한 임금제도는 일본에서 1970년대 생성되었으며 배경은 다음과 같다. 첫째, 2차에 걸친 석유파동으로 일본경제는 고성장에서 저성장으로 전환되어 조직의 확장이 완만해져 기업내 승진정체현상이 나타났다. 둘째, 1980년대에는 로동력이 고령화, 고학력화 되었고 또한 정년연장에 따른 인력관리의 어려움이 나타났다. 셋째, 경쟁에 대처하기 위한 인적자원의 중요성이 더욱 부각되었고 직군관리를 중시함으로써 인재의 집중적인 육성이 주요 과제로 등장하였던 것이다. 이상의 몇 가지 이유로 인해 기업은 종업원의 능력신장, 승진정체에 대한 대처를 위해 직능자격제도를 개발하였으며 이를 바탕으로 직능급이 도입되었다. 우리나라에서는 1980년대 말 기업이 저 성장기에 접어들자 직능자격제도를 통한 직능급의 도입에 대한 논의가 본격화되었다.

[그림 5-3] 직능의 인식범위

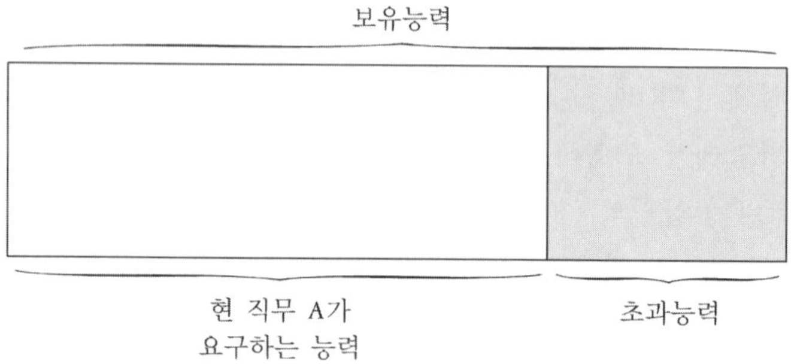

성과급은 종업원이 달성한 성과의 크기를 기준으로 임금액을 결정하는 제도이다. 성과급을 공정성 확보의 중요한 임금체계로 간주하는 이유는 다음과 같다. 임금이란 결국 기업이 창출한 '부가가치'에서 나오는 것이고 부가가치는 제품의 판매로 인해 발생한다. 이러한 제품을 개인이 얼마나 만들었느냐가 바로 기업의 부가가치 창출에 대한 개인의 기여분이 되며, 개인은 이 기여분에 해당되는 만큼 보상을 받는 것이 공정하다는 논리이다. 이러한 제도하에서는 동일한 가치를 가진 직무(동일 직무)를 수행한다고 해도 종업원들의 임금은 그들이 달성한 성과에 따라 달라진다.

앞에서 살펴본 직무급, 년공급 그리고 직능급은 고정급인데 비해, 성과급은 변동급이다. 즉 성과급은 개인의 성과에 따라 임금액이 매달 달라질 수 있다.

성과급은 산업화 초기에 이미 널리 확산되어 있었던 전통적 임금제도이다. 당시 기업은 인건비에 관한 한 위험부담을 지지 않으려고 했다. 례를 들면 직무급의 경우 특정 수준의 직무를 수행하는 종업원에게 일정한 임금액을 책정했는데 그들의 성과가 낮을 경우 기업의 입장에서 보면 인건비 랑비가 초래되는 것이다. 성과급은 변동임금이기 때문에 종업원이 열심히 일을 하면 더 많은 임금을 받을 수 있는 반면 여러 가지 사정으로 성과가 낮으면 임금이 줄어든다. 일반적으로 종업원은 임금이 깎일 수 있는 '위험부담'이 있는 성과급보다 임금이 높지는 않지만 꾸준히 받을 수 있는 안정적인 임금을 선호하게 되었고, 이러한 종업원의 욕구를 반영하여 점차 기업들은 성과급에서 고정급으로 전환하기에 이르렀다. 그럼에도 불구하고 오늘날 많은 기업에서는 성과급에 대한 애착을 가지고 있다.

제 2 절 복리후생

기업의 복리후생(fringe benefits)은 여러 학문영역에서 연구되고 있으며 그 용어도 다양하다. 기업 복리후생을 국가 사회보장의 한 보조수단으로 인식하는 경우 기업의 '사회적 지출 혹은 사회적 임금(betriebliche Sozialleistung)'이라고 하며 사회학 내지 경제학에서는 복리후생의 주체자에 초점을 맞추어 '기업복지'라고 하기도 한다. 또한 로동의 대가인 임금을 보완해 주는 기능을 강조하여 '부가급부'라고 사용하기도 한다. 이와 관련하여 우리나라 로동부는 기업내 복리후생을 "임금과 기본근로조건 이외에 추가적으로 기업부담하에 제공되는 편익"이라고 규정하고 있다.

경영학에서 보는 기업의 복리후생은 이상의 개념보다 훨씬 넓게 이해되고 있다. 즉 기업이 로동에 대해 제공하는 직접적 보상을 임금이라고 한다면 복리후생은 임금을 제외한 기업이 종업원에게 제공하는 모든 보상을 말한다. 복리후생은 따라서 로동에 대한 간접적 보상이며 이것은 경제적인 것과 비경제적인 것으로 구분된다. 경제적인 복리후생이란 기업이 이를 노입함으로써 경제적 부담(지출)을 지게 되는 것인데, 례를 들면 각종 보험료 지원, 퇴직금 지급과 같은 금전적인 것과 오락시설, 휴양시설제공 등 비금전적인 것이 있다. 비경제적인 것은 종업원 개인에게 직무수행에 있어서 보다 많은 의사결정권한을 부여한다든가 근무시간에 대해 자율성을 부여하는 등을 말한다. 이상에서 살펴본 복리후생 개념은 [그림 5-4]와 같이 구

[그림 5-4] 기업 복리후생의 개념적 구성

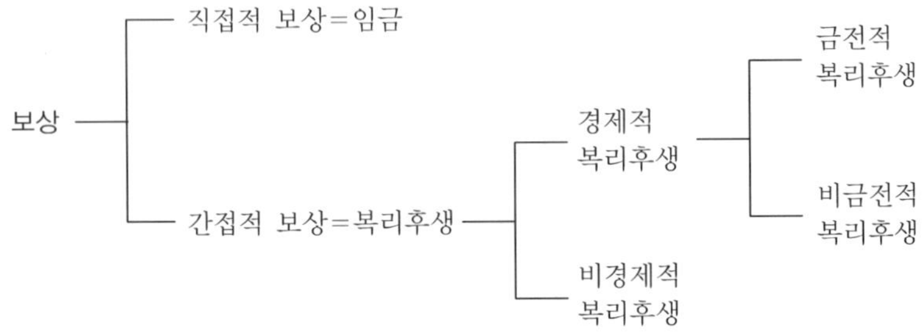

성된다.

기업의 복리후생이 추구하는 목적은 매우 광범위하다. 이것은 경제적인 목적, 사회적 목적, 정치적 목적 그리고 윤리적 목적으로 분류할 수 있다.

첫째, 경제적 목적은 기업이 복리후생을 도입함으로써 여러 가지 경제적인 리점(장점)을 얻을 수 있는 것을 말한다. 복리후생은 임금 외에 추가적으로 얻는 보상이기 때문에 이로 인해 종업원의 사기가 높아져 성과향상으로 연결될 수 있다.

둘째, 복리후생의 사회적 목적은 기업내 종업원에 대한 사회적 통합(social integration)과 국가가 주체가 되는 사회복지에 기여하는 것이다. 기업은 복리후생을 통해 기업내 청소년, 여성근로자, 노령자 등 상대적으로 불리한 지위에 있는 종업원을 보호할 수 있다. 기업의 복리후생은 그 속성상 개인의 능력 및 지위를 차별화하지 않고 개인에게 균등하게 혜택을 주는 것이기 때문에 지위가 낮은 기업내 집단은 복리후생을 통해 높은 지위에 있는 종업원 집단과의 보상차이를 좁힐 수 있기 때문이다.

셋째, 정치적 목적은 기업이 복리후생을 통해 기업을 둘러싼 환경주체자의 영향을 줄이는데 있다. 력사적으로 볼 때 정부는 기업종업원을 국민으로서 보호하기 위해 복리후생관련 법률을 제정해 왔는데 이에 따른 기업의 복리후생을 법정(法定) 복리후생이라 한다. 이러한 법률은 기업으로 하여금 강제적으로 특정 복리후생 프로그램을 도입하도록 한다. 국가에 의해 강제적으로 도입된 기업의 복리후생 프로그램의 효과는 기업의 입장에서 볼 때 많이 퇴색될 수밖에 없다.

넷째, 기업은 복리후생을 통해 윤리적 목적을 추구한다. 산업화 초기에 나타났던 일반적 현상은 공장근로자의 기능수준이 낮았고 이것은 낮은 임금밖에 보장받지 못하였으며 전체적으로 볼 때 공장근로자의 생활수준은 아주 낮았다. 기업은 종업원이 더불어 사는 시민으로서 최소한의 문화생활을 할 수 있도록 복리후생 프로그램을 도입하였던 것이다. 따라서 기업의 복리후생은 종업원의 최저생활 확보라는 윤리적 목적을 추구하게 되었다.

1. 복리후생 프로그램의 유형

복리후생 프로그램의 유형은 앞에서 언급하였듯이 여러 가지 기준으로 분류할 수 있으나 아래에서는 법적(法的) 요구사항을 기준으로 하는 법정 복리후생과 법정 외 복리후생으로 구분하여 살펴본다. 또한 종업원의 욕구를 반영하기 위해 최근에 개발·도입되고 있는 선택적 복리후생 프로그램(flexible fringe benefits)인 캐피테리아식(式) 프로그램에 대해 논의하고 끝으로 비경제적 복리후생을 제시한다.

(1) 법정 복리후생

법정 복리후생은 국가가 기업 종업원을 보호하고 국가사회복지의 한 보조수단으로 법률을 제정하여 기업으로 하여금 강제적으로 도입하도록 한 것을 말한다. 법정 복리후생의 범위 내지 종류는 개별 국가의 사회복지 정책에 따라 상이할 수 있겠지만 근로자에게 문화생활을 할 수 있는 최소한의 수준을 유지할 수 있도록 하자는 데 그 목적이 있다. 선진국에서의 법정 복리후생은 대체로 각종 보험료 지원 및 유급휴가제도의 도입 등으로 구분된다.

기업의 근로자에 대한 보험료 지원은 이미 선진국가에서 정착한 사회복지의 틀에서 원용된 것으로 근로자가 가지고 있는 기본적인 안전요구(safety needs)를 충족시키는 데 그 목적이 있다. 근로자는 일반적으로 질병, 로령, 산업재해 그리고 실업으로부터 보호받기를 원하며 이를 국가차원에서 우선적으로 해결해야 된다는 취지에서 법정 복리후생으로서의 보험료 지원이다.

의료보험의 기능은 근로자가 질병에 걸렸을 때 적은 부담으로 이를 치료할 수 있게 해줄 뿐만 아니라 질병을 조기(早期)에 발견하여 예방하는데 있다. 선진국에서 도입하고 있는 근로자의 질병과 관련한 지원내용은 매우 다양하다. 근로자가 질병에 걸렸을 때 이를 치료하는 것뿐만 아니라 질병으로 인한 가계의 경제적인 영향까지 고려하여 지원하고 있다.

연금보험은 근로자가 로령 혹은 폐질로 인해 소득이 없는 경우와 생계를 책임지고 있는 사람이 사망했을 때 남은 유족의 생계를 지원해주는 제도이다.

산업재해는 예고 없이 나타나고 있기 때문에 근로자가 직장에서 가장 불안하게 느끼는 것 중의 하나이다. 산업재해보상보험(산재보험)은 근로자의 산업재해 및 직업병으로부터 보호하고자 하는 것이 그 목적이다. 산재보험은 산재(産災)가 발생하였을 경우 피해자인 근로자의 회복과 직업원조를 행하며 피해자의 가족 및 유족에 대해서는 현금급부를 통한 보상을 해 준다. 뿐만 아니라 산재보험은 산업재해 및 직업병을 예방하기 위한 조치도 취한다. 례를 들면 산재보험기관에서는 산업재해와 관련하여 기술적 감시를 강화하고 사고발생 후의 의료를 촉진시키며 또한 사고원인 규명 및 제거를 위한 연구를 실시하기도 한다.

근로자가 실직(失職)이 되었을 때를 대비하여 고용보험제도가 있는데 이 보험은 실직된 근로자 및 그 가족의 생계를 지원하는 것을 목적으로 하고 있다. 선진국에서는 실업률을 낮추기 위해 실업자들이 가능한 한 빨리

재취업할 수 있도록 직업상담, 직업소개, 직업훈련제도를 도입하고 있다. 고용보험에서는 위의 산업방지책 외에도 실직이 된 근로자에게 실업수당을 지급한다.

(2) 법정 외 복리후생

법정 외 복리후생 프로그램(program)은 국가에서 법률로 정한 복리후생 프로그램 이외에 기업이 도입하고 있는 것을 말한다. 법정 외 복리후생은 강제성 측면에서 단체협약상의 복리후생과 순수 기업 자발적인 복리후생으로 구분된다. 단체협약상의 복리후생은 기업이 로조와의 교섭결과 근로자에게 협약을 통해 그 도입을 약속한 것이기 때문에 강제성을 띄고 있다. 따라서 이러한 복리후생 프로그램의 일부 혹은 전부를 줄이려고 할 때는 로조의 동의가 있어야 한다. 반면에 기업의 순수 자발적 복리후생은 기업이 임의로 도입하는 것으로 사정에 따라 이를 줄일 수도 있다. 로조는 가능한 한 많은 복리후생 프로그램을 단체협약에 포함시켜 그 계속성을 확보하려고 로력하고 있으며 기업은 임의적인 복리후생의 범위를 넓히려는 추세이다.

법정 외 복리후생 프로그램의 내용은 매우 다양하다. 우선 기업이 앞에서 살펴본 법정 복리후생 프로그램에 대해 법률로 정하는 수준 이상의 것을 지원할 때 이것이 법정 외 복리후생이 된다. 례를 들면 근로자의 의료보험료에 대해 기업이 법률로 정한 50%가 아니고 60%를 지원했을 경우, 추가 10%가 바로 법정 외 복리후생이 된다. 또한 퇴직금 제도의 경우 근로자가 1년 근무했을 때 30일(1개월)에 해당하는 퇴직금을 주게 되어 있지만 근로자의 근속년수가 많을 때 누진율을 적용하여 10년 근무에 15개월치 급여를 퇴직금으로 주는 경우 추가 5개월 급여에 해당하는 퇴직금은 법정 외 복리후생이 되는 것이다.

Chapter

06 인력유지

기업의 인력유지 활동이란 종업원의 성과창출 의지 및 능력을 계속 유지하는 과정이다.

인력유지 활동은 인사관리의 다른 기능인 인력확보, 인력개발, 인력보상 그리고 인력방출과 밀접한 관계를 갖고 있다. 례를 들면 기업이 종업원의 성과창출 의지 및 능력을 유지하는데 문제가 생기면 이를 개선하기 위해 교육훈련을 실시한다든지, 새로운 보상제도를 도입하여 종업원의 사기를 진작시킨다든지 혹은 이러한 로력이 성공하지 못하여 종업원이 기업을 떠나게 되면 새로운 인력을 확보해야 한다.

종업원의 성과창출 의지는 바로 이들이 기업의 목표와 자신의 목표가 일치된다고 믿을 때 극대화된다. 또한 일부나마 자신의 욕구가 기업에서 충족될 수 있다고 판단될 때 종업원의 성과창출 의지가 유지・증가된다. 종업원의 욕구충족을 위한 것으로서 기업이 도입하는 각종 모티베이션 프로그램이 있다.

종업원의 성과창출 능력은 기업이 제공하는 인력개발 프로그램(본서 인사분야 제4장 참조) 뿐만 아니라 산업안전을 통해 유지된다. 즉 종업원이 직업생활에서 산업재해로부터 해방될 때 신체적으로 성과창출 능력을 유지하는 것이다.

인력유지 활동이 인사관리의 목표시스템(체계) 속에서 로동(종업원)과 자본(기업)이 추구하는 목표를 어떻게 통합할 수 있는지를 아래에서 살펴본다.

인력유지 활동은 자본의 논리를 추구하는 기업에게 아래와 같은 경제적 효율성을 가져다 준다.

① 확보한 로동력의 정신적 및 신체적 유지

기업은 인력유지 활동인 종업원에 대한 모티베이션 프로그램의 도입 및 원만한 로사관계를 구축함으로써 종업원이 기업의 목표달성을 위해 로력할 마음의 자세를 갖추게 할 수 있다. 뿐만 아니라 인력을 산업재해로부터 보호함으로써 인력 손상 내지 유실을 막을 수 있다. 이러한 인력유지 활동은 인력방출(리직) 및 인력확보(모집, 선발) 비용을 줄여준다.

② 생산성 향상

기업이 도입하는 모티베이션 프로그램 및 산업재해로부터의 해방은 본질적으로 생산성 향상으로 이어진다.

인력유지 활동은 로동(종업원)이 추구하는 목표인 사회적 효율성을 높이는데 아래와 같은 측면에서 기여한다.

① 욕구충족

기업이 제공하는 각종 모티베이션 프로그램을 통해 종업원은 자신이 추구하는 욕구(needs)를 충족함으로써 만족을 극대화시킬 수 있다.

② 신체의 안전 유지

종업원은 기업이 제공하는 산업안전 대책을 통해 신체의 손상이나 직업병으로부터 벗어날 수 있어 직업생활을 계속할 수 있다. 이러한 것은 바로 종업원 자신 및 가족의 생활의 질을 유지하는데 본질적으로 기여한다.

제 1 절 모티베이션

기업에서는 우수한 능력을 갖춘 사람들을 고용하여 이들의 능력을 향상시킬 수 있지만 이러한 노력이 항상 만족할 만한 성과로 이어지지는 않는다. 종업원의 성과는 종업원이 직무를 얼마나 잘 수행할 수 있느냐 하는 종업원의 직무수행능력과 직무를 기꺼이 수행하고자 하는 자발적인 의욕에 달려 있다. 성과와 능력 및 모티베이션과의 관계를 함수관계로 나타내면 다음과 같다.

성과 = f(능력, 모티베이션)

앞부분에서 설명된 인력의 모집, 선발, 그리고 교육훈련 등은 주로 능력 측면에 초점을 맞춘 것이라고 할 수 있다. 종업원들이 만족할 만한 성과를 보이기 위해서는 능력 이외에도 종업원들 스스로 기업이 추구하는 목표에 동조하고 목표달성을 위해 공헌하도록 하는 노력이 필요하다. 종업원들이 어떤 수준의 모티베이션을 갖고 업무를 수행하느냐에 따라 성과는 상당한 차이를 가져올 수 있다. 심리학자들은 같은 능력을 갖춘 종업원들이 일을 하였을 때 그들이 갖고 있는 모티베이션에 따라 성과가 ±30%정도 차이가 있다고 주장하고 있다.

다음에서는 종업원들이 갖고 있는 욕구의 성격을 살펴보고, 욕구가 행동으로 옮겨지는 과정과 기업에서 종업원들의 모티베이션을 제고시키기 위해 활용하는 제도 등을 살펴보기로 한다.

관리자는 종업원 개인의 욕구충족과 기업의 성과향상을 위해서 종업원들의 행동이 어떻게 변화되는지를 이해할 필요가 있다. 이를 위해서는 우선 종업원들이 어떤 동기를 가지고 있으며 어떤 과정을 거쳐 동기가 유발되어 행동으로 나타나는지를 파악해야 한다.

매슬로우(Maslow)는 인간의 욕구를 5단계로 구분하였다. 욕구들은 계층을 이루고 있으며 충족되지 못한 욕구에 의해 모티베이션이 이루어지며 충족된 욕구는 더 이상 모티베이션 시키지 못한다. 즉 하위계층의 욕구가 충족되면 상위계층의 욕구가 모티베이션으로 작용하며 충족된 하위계층의 욕구는 더 이상 모티베이션으로 작용하지 못한다.

가장 기본적인 생리적 욕구(physiological and survival needs)는 의식주, 수면, 갈증 등에 대한 욕구로서 모든 욕구 가운데 가장 기본적인 것으로서 가장 강력하다. 기업에서 생리적 욕구를 충족시키기 위한 조치로서는 급여, 복리후생 등이 해당된다.

생리적 욕구가 충족된 이후 나타나는 것이 안전의 욕구(safety and security needs)이다. 안전의 욕구는 위험, 사고, 전쟁, 질병, 폭행, 범죄, 매우 춥거나 더운 기온 등으로부터 벗어나 안전해지고 싶은 욕구이다. 기업에서 안전의 욕구를 충족시킬 수 있는 조치로서는 고용의 안정성, 년금제도(또는 퇴직금) 등이 있다.

생리적 욕구와 안전의 욕구가 충족되면 사회적 욕구(social needs)가 중요하게 나타나는데, 이는 다른 사람이나 집단과의 우정, 애정, 소속감 등에 대한 욕구이다. 이에 대해 기업에서는 동료와의 관계를 돈독히 할 수 있는 기회를 마련하고 소속감을 고취시키는 로력이 필요하다.

자아존중의 욕구(esteem needs)는 사람들이 사회생활을 통해 자신의 능력을 높게 평가받고 자신을 존중하고 자존심을 지니며 다른 사람으로부터 존경받기를 원하는 욕구이다. 즉 위신이나 지위욕, 자긍심 등이 이 욕구와 관련된다. 이에 대해 기업에서는 적절한 경력개발을 통해 종업원의 나이나 지위에 걸 맞는 직급을 보유하도록 로력해야 한다.

마지막으로 인간의 욕구 가운데 최상층에 위치한 것이 자아실현의 욕구(self-actualization needs)이다. 이는 자기충족 및 성취에 대한 욕구로서 사람은 자기가 가지고 있는 능력을 실현시키고자 하는 욕구이다. 음악가는 음악을, 시인은 시를 써야만 최상의 행복을 느낄 수 있듯이 기업에서는 종업원들이 자아를 실현할 수 있도록 직무를 설계하고 직무를 구성하는 로력이 요구된다.

종업원의 근로의욕을 북돋우기 위한 방법으로는 경제적인 보상과 비경제적인 보상, 그리고 인간관계를 형성·유지시킬 수 있는 방법들을 설명하고자 한다.

제 2 절 산업안전

새삼 지적할 필요 없이 산업재해는 불행한 현상이다. 종업원의 입장에서 산업재해는 하나밖에 없는 귀중한 생명을 앗아가거나 평생 불구로 또는 불행 속에서 살아가게 한다. 더구나 이 같은 불행은 재해당사자 본인뿐만 아니라 그 가족과 전체 사회로까지 이어지고, 따라서 이로 인한 손실은 당사자만이 아닌 전체 국민경제에 크나큰 부정적 영향을 준다. 이 같은 시각에서 볼 때 재해예방의 필요성은 모두에게 절실한 과제가 아닐 수 없다.

오늘날 기업내 종업원의 산업안전문제는 근로자의 입장에서 뿐만 아니라 기업 입장에서도 매우 중요한 이슈이다. 왜냐하면 기업을 종업원에게 안전하고 쾌적한 작업환경을 제공하여 그들이 평안한 마음으로 일에 전념할 수 있게 함으로써 사기 및 애사심을 높이고 나아가 생산성을 제고시킬 수 있기 때문이다.

고용 중에 발생한 재해로 인해 사망, 상해 및 질병 등이 발생했을 때 이를 가리켜 산업재해라고 한다.

일반적으로 질병을 두 가지로 분류한다. 례를 들어 화학물질에 로출됨으로써 근로자의 건강이 나빠지는 경우가 있는데, 이처럼 즉시 건강장해가 나타나는 급성중독의 경우를 '재해성 질병'이라 하고 비교적 장시간이 경과한 후에 여러 건강장해가 나타나는 경우를 '직업병'이라고 부른다. 이 두 경우를 합해서 '직업성 질병'이라고 부른다. 그리고 작업장에 일하러 가거나 또는 일을 마치고 집으로 귀가하는 도중에 발생하는 사고는 통근재해라고 한다.

산업안전이란 근로자가 일을 하기에 안전한 작업조건과 상황을 의미한다. 특히 산업보건에서는 작업장에 내재한 위험으로 인하여 발생하게 될 질병을 방지하는 것을 목표로 삼고 있다. 산업보건 분야에서는 비단 직업성 질병뿐만 아니라 인간의 기능의 한계와 로동조건에의 적응을 과학적으로 연구하여 산업기술이 요구하는 로동조건을 인간에 적합하도록 그 방책을 강구하여 근로자의 건강을 보호, 증진시키며 나아가서는 로동생산성을 향상시키는데 목적이 있다.

1. 산업재해의 원인

안전사고를 방지하기 위해서는 먼저 사고원인에 관해서 알고 있어야 한다. 어떤 면에서 보면 사고가 피할 수 없는 불가항력적 요인에서 유래하는 것 같이 보이기도 하지만 사고가 일어난 과정을 면밀하게 분석하게 되면 예방대책이 강구될 수 있다는 결론에 도달하게 된다. 사고의 원인은 크게 물적 요인, 인적 요인, 상황적 요인으로 구분할 수 있다.

물적 요인이란 기업내의 각종 시설과 설비 면에서 비롯되는 재해의 원인들로서 다음과 같은 사항들이 있다.

① 시설과 설비 자체의 결함: 건물·기계장치의 불량 또는 노후화,

② 부적절한 보호장치: 안전장치 보호구의 결여

③ 공구, 기구의 불량

④ 표식의 불비, 불완전

이것은 개인적인 소질 및 부주의한 행동에서 비롯되는 요인들로 다음과 같은 원인들이 있다.

① 개인적 소질 부족: 과격한 기질, 시력 및 청력의 결함, 지식 및 기능의 부족, 각종 질환, 근력 부족 등

② 안전수칙의 불이행: 안전지식의 불충분, 안전수칙의 오해, 작업방법

교육 불충분, 유해작업 교육 불충분, 불안전한 자세 및 동작, 감독 및 연락 불충분 등

이것은 작업환경에 따르는 각종의 물리적, 화학적인 위험요소를 말한다.

① 물리적 요인: 작업장 또는 작업대의 협소, 기계류의 배치 부적절, 통로 협소, 채광·조명, 환경시설의 부적당, 불안전한 복장 등

② 화학적 요인: 고열, 분진, 소음, 진동, 가스, 유해방사선 등

2. 산업재해 예방대책

산업재해의 빈도와 강도를 낮추기 위해서는 관리적 로력과 작업환경 개선의 로력이 동시에 이루어져야 한다. 보수·수리로 대표되는 작업환경 개선은 위험한 작업조건을 안전한 상태로 변경시키는 것이다. 그러나 작업 시설 혹은 설비 등에 대한 작업환경의 개선이 이루어졌다고 하더라도 산업재해의 발생가능성은 여전히 남아 있다. 왜냐하면 안전한 작업조건하에서도 작업자의 부주의 등으로 인해 재해가 발생할 수 있기 때문이다. 따라서 다음과 같은 관리적 차원의 재해감축로력이 요청된다.

(1) 재해방지 프로그램

관리층은 산업재해를 사전에 예방할 수 있는 정책을 마련하여야 하는데, 정책을 수립하고 실행하기 위해서는 재해방지 프로그램이 갖추어져 있어야 한다. 이러한 프로그램에는 다음과 같은 세 가지 요소가 고려되어야 한다.

· 적절한 예산편성

· 안전사고 기록에 대한 철저한 분석

· 관리층의 안전에 대한 의지 표명과 솔선수범

(2) 안전전담위원회

종업원, 관리자, 산업안전 전문가로 구성된 안전대책 위원회의 구성으로 다른 사안보다 안전문제를 우선시하는 기업분위기를 유도할 수 있다. 위원회가 하는 역할은 다음과 같다.

- · 안전정책을 제안하거나 최고경영층에서 제시한 안전정책에 대한 비판
- · 기업 나름대로의 안전기준 설정
- · 종업원과 감독자에 대한 안전교육 실시
- · 안전감시활동 수행
- · 위험한 작업환경과 위험한 작업행동의 감소를 위한 지속적인 예방활동

(3) 안전규정

산업안전 규정은 최고경영층에 의해 제시되는 일반적인 산업안전정책의 중요한 산물이다. 안전규정이 효과적이기 위해서는 규정을 따르지 않았을 때 분명한 처벌을 해야 한다. 많은 경우에 규정이 지켜지지 않는다. 예컨대 작업장에서 안전모를 쓰도록 되어 있으나 흔히 이러한 규정을 가볍게 보고 넘겨 착용하지 않아서 호미로 막을 일을 가래로 막는 경우가 자주 발생하고 있다.

(4) 종업원 선발

인사관리의 기본원칙 중 하나는 인력의 적재적소 배치이다. 산업안전에 대한 예방 혹은 대책 역시 이러한 원칙을 준수할 때 효과적으로 이루어질 수 있다. 적절한 작업자의 선성은 흔히 두 가시의 요소를 고려해서 이루어지게 되는데 하나는 연령이고 다른 하나는 근속기간이다.[1)]

부주의한 작업행동으로 인해 산업재해를 일으키게 되며, 동일한 연령의 작업자의 경우 작업수행의 기간이 짧을수록 재해를 일으킬 확률이 높다. 그러나 근속기간이 긴 작업자의 경우 많은 인건비가 부담스럽기 때문에 미숙련공에 대한 교육훈련을 통한 관리가 필요하다.

(5) 종업원 및 관리자에 대한 훈련

안전사고로부터 자신을 방어할 수 있는 다양한 정보를 얻지 못함으로써 재해가 발생할 수 있다. 따라서 재해예방과 관련된 교육훈련이 필요하다. 기업측은 위험한 상황 및 위험한 행동에 대해 사전적인 훈련을 통해서 재해를 미연에 예방하기 위해 로력해야 한다.

(6) 피드백/인센티브

종업원의 생산성을 높이기 위해서는 결과물에 대한 피드백과 성과에 상응하는 보상을 지불하는 것이 마땅하다. 이러한 동기유발의 방법은 산업재해예방에도 그대로 적용된다. 보다 구체적이고 어렵긴 하지만 달성가능한 안전목표를 설정하고, 이들 목표달성에 필요한 정보를 제공하고 목표달성 시 보상을 지급하게 된다면 이때의 인센티브는 미래의 더 큰 손실을 줄이게 될 것이다.

이상에서 살펴본 바와 같이 산업안전을 위한 대책에는 다양한 기업측의 로력이 요구된다. 물론 산업재해의 예방은 근로자와 기업, 그리고 정부가 함께 로력하여 풀어나갈 문제이지만 그 중에서도 기업의 역할이 매우 크다.

---

1) Root, 1981, pp. 30-34.

Chapter

07 인력방출

기업의 인력방출 활동이란 기업과 종업원간의 고용관계가 종료되는 것을 말한다. 인력방출 활동은 인사관리의 제 기능 중 마지막으로 나타나며 다른 인사관리 기능인 인력확보, 인력개발, 인력보상 그리고 인력유지와 밀접한 관계를 갖고 있다. 례를 들면 인력방출 현상이 나타나면 새로운 인력을 확보해야 하고, 기업에 무능한 인력이 많아 이들을 방출하는데 문제가 있을 경우 인력개발 프로그램을 도입하여 능력을 신장시켜야 한다. 뿐만 아니라 인력방출을 위해 임금을 동결하는 등 다른 인사관리 기능들과 직접·간접적으로 서로 영향을 주고받는 관계를 가지고 있다.

인력방출은 기업이 주도가 되어 이루어지는 인력감축 활동과 종업원이 주도가 되어 일어나는 자발적 리직으로 구분할 수 있다. 인력방출 활동이 인사관리의 목표시스템(체계) 속에서 로동(종업원)과 자본(기업)이 추구하는 목표를 어떻게 통합할 수 있는지를 아래에서 살펴본다.

인력방출 활동은 자본의 논리를 추구하는 기업에게 아래와 같은 경제적 효율성을 가져다 준다.

① 합리적인 비용관리를 통한 경쟁력 제고: 기업이 부담하는 인건비는 제품의 제조원가를 구성하는 핵심적 요소이다. 기업이 과잉인력을 보유하게 되면 인건비의 랑비현상이 나타나며 이것은 제품가격에 반영되고 경쟁

력 약화를 초래하게 된다.

② 조직에 활력제공: 기업은 인력감축 활동을 통해 남아 있는 종업원에게 보다 도전적인 직무를 부여할 수 있어 이를 수행하는 종업원은 과거에 비해 보다 높은 직무에의 관심과 로력을 투입하게 된다. 뿐만 아니라 자발적 리직의 결과 새로 영입된 신규인력은 새로운 기술, 새로운 아이디어를 조직에 제공해 줌으로써 조직을 활성화시키는 계기가 될 수 있다.

인력방출 활동은 로동(종업원)이 추구하는 목표인 사회적 효율성을 높이는데 아래와 같은 측면에서 기여한다.

① 종업원의 성장욕구 충족: 기업의 인력감축 활동 결과 기업에 남아 있는 종업원에게는 보다 도전적인 직무가 부여되며, 이것은 종업원의 성장욕구를 충족시키는데 본질적으로 기여하게 된다.

② 승진기회의 증가: 자발적 리직 및 인력감축 활동의 결과 기업내 종업원들의 승진관련 경쟁자의 수는 줄어들게 되는데, 이것은 기업에 남아 있는 종업원들에게 보다 많은 승진기회를 제공한다.

이상에서 살펴본 인력방출 활동의 효율성은 기업을 떠난 사람이 아닌 기업에 남아 있는 사람에 초점을 맞춘 것이다.

제 1 절 리 직

본 장에서는 종업원이 기업을 떠나는 현상을 살펴본다. 여러 가지 사정으로 기업이 종업원을 더 이상 보유할 처지가 되지 못할 때 나타나는 기업의 조치가 인력감축이며, 종업원이 기업을 자발적으로 떠나는 현상을 자발적 리직이라고 한다. 아래에서는 리직에 대한 몇 가지 개념을 먼저 언급한 후 인력감축과 자발적 리직을 살펴본다.

리직(turnover)의 개념은 광의와 협의로 구분할 수 있다.[1] 광의의 리직은 종업원의 입직(accession)과 리직(separation)을 모두 포함하는 개념으로서 로동이동이라고도 한다. 로동이동은 구체적으로 로동력의 지역 간, 산업 간, 직종 간 및 동일 직장내에서의 계층 간 이동을 말하며, 넓게는 국가 간의 이동까지 포함한다.[2)]

반면에 협의의 리직은 조직으로부터 금전적 보상을 받는 개인이 조직에서 구성원 자격을 종결짓고 조직을 떠나는 것을 말한다.[3)] 여기에는 조직 내부의 이동이나 류입이 포함되지 않는다. 따라서 리직은 사회전체로서는 로동력 이동의 시작이며, 해당 조직으로서는 인적자원의 감소와 새로운 인적자원의 류입을 가능하게 해주는 원천이 된다.

리직은 리직의사결정의 주체에 따라 자발적 리직(voluntary turnover)와 비자발적 리직(involuntary turnover)으로 구분할 수 있다. 자발적 리직은 종업원에 의해 주도되는 것으로서 회사에 대한 불만 혹은 보다 나은 직무를 찾아 다른 기업으로 가는 전직(轉職)과 학업의 계속, 결혼, 임신, 출산, 지병, 가족의 리주 등으로 인한 사직이 이에 포함된다. 비자발적 리직은 종업원 의사에 반(反)하여 이루어지는 것으로서 기업이 주도하는 해고, 정년퇴직 그리고 사망 등이 이에 포함된다.

리직은 또한 조직에 의한 통제 가능성 여부에 따라 통제가능 리직

[그림 7-1] 리직의 유형

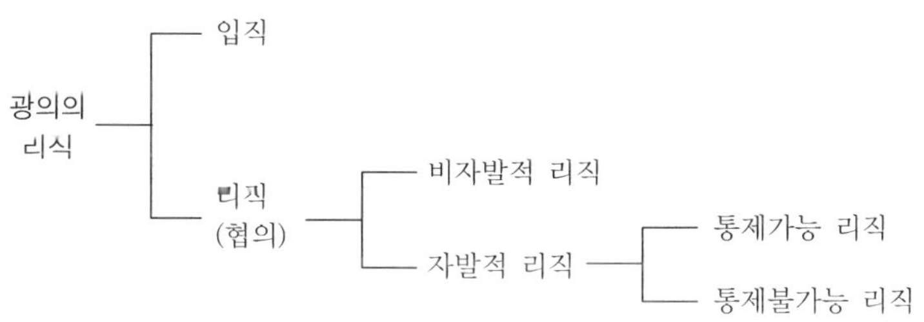

1) Bluedorn, 1978, p. 647.
2) 한국로동경제학회. 1987, p. 43.
3) Mobley, 1982, pp. 10-11.

(controllable turnover)과 통제 불가능 리직(uncontrollable turnover)으로 구분할 수 있다. 통제가능 리직은 조직이 통제할 수 있는 임금, 복리후생, 근무시간, 작업조건, 인간관계 등에 대한 불만으로 리직하는 것을 말한다. 이러한 리직은 조직이 로력을 한다면 통제 가능한 것이다. 반면에 통제 불가능 리직은 조직구성원의 질병, 사망, 학업계속 및 가정문제 등이 원인이 되는 것으로서 조직이 로력을 한다고 해서 통제 가능한 것이 아닌 경우를 말한다. 이상에서 분류한 리직의 유형은 [그림 7-1]에서 제시된다.

1. 인력감축

기업의 주도로 나타나는 리직현상이 바로 인력감축이다. 인력감축은 인력공급이 과잉상태일 때 취하는 기업의 행동이다. 아래에서는 인력의 공급과잉의 원인, 인력감축전략 그리고 전략에 대한 효과 등을 살펴본다.

(1) 인력공급과잉의 원인

기업은 인력수요 및 공급에 대한 예측활동 결과, 인력공급이 인력수요를 초과할 때 인력감축의 필요성을 발견한다. 인력공급의 과잉현상은 양적 측면, 질적 측면, 시간적 측면 그리고 지역 측면에서 나타날 수 있다. 양적 측면에서의 인력공급과잉은 현재 혹은 미래의 특정 시점에서 종업원 수가 필요한 인력보다 초과되는 것을 말하며, 질적 공급과잉은 기업이 필요로 하는 자격수준보다 특정시점에서 종업원이 갖추게 되는 자격수준이 높은 경우(overqualified)를 말한다. 또한 시간적 측면에서의 인력공급과잉은 미래의 여러 시점 중 특정시점에서만 종업원이 남아도는 것을 말하며, 지역적 인력공급과잉은 기업이 여러 지역에 공장을 갖고 있을 때 특정지역 공장에서의 인력이 공급과잉을 보일 때를 말한다.

기업이 필요 이상의 인력을 보유하게 되면 인건비의 추가지출로 인한 제품원가 상승, 나아가 시장에서의 경쟁력 약화를 가져다 줄 뿐만 아니라 기업 내부에도 많은 역기능을 가져다 준다. 사람이란 도전적인 직무를 바쁘게 수행할 때 일에 대한 기쁨과 성장욕구가 충족되는데, 일거리가 별로 없거나 별로 도전감을 주지 않는 직무를 수행하게 되면 정신이 해이해지고 불만족이 증가되어 조직전체가 침체될 가능성이 높다. 따라서 기업은 경쟁력 제고라는 이유뿐만 아니라 조직활성화 측면에서라도 적정인력을 보유해야 한다.

기업에 인력공급과잉 현상이 나타나는 원인은 아래와 같은 몇 가지가 있다.

첫째, 경기후퇴 내지 해당 기업의 제품의 노후화로 인한 매출액(판매액 및 생산량의 감소이다.

둘째, 기계화 내지 자동화로 연결되는 기술변화가 인력공급 과잉을 유발한다. 기업의 생산현장에 로봇이 도입되면 해당 작업장에서는 80% 이상의 인력감소를 가져다 주며 사무직종에서의 사무자동화(office automation) 또한 대폭적인 인력감소 원인이 된다.

셋째, 시장에서의 경쟁이 치열해 짐에 따라 기업은 인건비를 줄임으로써 제품생산원가를 낮추려고 시도하게 된다.

이상에서 제시한 원인 외에도 기업의 인력공급과잉은 공장의 폐쇄 내지 이전시에도 나타난다. 례를 들면 해당 기업이 공장의 생산라인의 일부를 여러 가지 이유로 해외로 이전할 경우 해당 공장에서는 인력공급과잉현상이 나타나세 된다. 또한 일시적인 인력공급과잉현상은 해당 기업이 계절적 사업을 수행할 경우에도 나타난다. 례를 들면 리조트 호텔의 경우 성수기를 위해 확보했던 인력은 비수기가 되면 공급과잉 현상이 나타나게 되는 것이다. 인력감축의 예로서 1990년대 미국 산업계에서는 이상에서 제시한 여러 가지 이유로 인해 상당히 많은 기업에서 인력감축을 실시한 바 있다. 미국 관리협회에서 1991년 1,219개의 기업을 대상으로 조사한 바에 따르면 조사 기업의 43%가 인력감축을 실시하였으며 감축인력의 수는 전체 종업원의

10.7%에 달했다. 또한 인력감축 직무 중 43%가 관리직이었으며 85%가 사무직이었다.[4)]

(2) 인력감축전략 및 효과

기업이 주도하는 인력감축은 종업원에게 커다란 정신적 부담과 경제적 부담을 야기시킬 수밖에 없다. 왜냐하면 종업원은 자신이 원하지 않음에도 불구하고 기업을 떠나야 하기 때문에 우선 기업으로부터 받아왔던 보상(임금, 복리후생)이 중단되어 생계에 커다란 타격을 받기 때문이다. 인력감축은 종업원에게 뿐만 아니라 기업측에도 많은 비용이 야기된다. 례를 들면 기업

〈표 7-1〉 인력감축전략과 비용

코스트 / 전략유형	기업		종업원	
	경쟁력	경제적 비용	정신적 부담	경제적 부담
1. 초과근무시간 단축	•	•	•	+
2. 신규채용억제 - 자발적 리직 활용	+	•	+	•
3. 조기퇴직제도 도입	+	+	+	•
4. 보상의 동결 (임금, 후생복지)	++	•	+	+
5. 보상의 삭감 (임금, 후생복지)	+++	•	++	++
6. 해고	++	•	++	+++

범례: • 비용이 거의 발생하지 않음.
+: 비용이 약간 발생함.
++: 비용이 많이 발생함.
+++: 비용이 아주 많이 발생함.

4) Greenberg, 1991, pp. 33-38.

전체로부터 인적자원의 규모가 줄어들고 감축된 인력을 경기가 회복되었을 때 다시 확보한다는 보장이 없기 때문에 경쟁력이 저하될 수 있다. 또한 인력감축이 발생하는 경제적 제 비용도 무시할 수 없다. 따라서 기업의 인력감축전략은 기업뿐만 아니라 종업원이 부담하게 될 비용을 최소화시키는 방향으로 수립되어야 한다. <표 7-1>에서는 기업이 선택할 수 있는 주요 인력감축전략과 개별전략에 대한 비용 측면에서의 평가가 제시된다.

<표 7-1>에 나타난 바와 같이 인력감축전략은 '초과근무시간 단축'부터 '해고'에 이르기까지 매우 다양하다. 아래에서는 개별전략에 대해 자세히 살펴본다.

2. 자발적 리직

종업원의 순수 자유의사에 의해 기업을 떠나는 것을 자발적 리직이라고 하는데, 이것은 다시 전직(轉職)과 비전직(非轉職)으로 구분할 수 있다. 전직이라 함은 종업원이 해당 기업을 떠나 다른 기업으로 가는 것을 말하며 비전직은 종업원이 결근, 지병, 학업의 계속 및 가족이주 등의 이유로 기업을 떠나는 것을 말한다. 자발적 리직에 대한 관리대상은 바로 종업원의 전직(轉職)이다. 유능한 인재가 해당 기업을 떠나 경쟁기업으로 가는 경우 해당 기업의 경쟁력은 이중으로 타격을 받게 된다. 아래에서는 자발적 리직의 기능, 비용 및 원인을 살펴보고 역기능적인 리직을 줄이기 위한 대책을 강구한다.

(1) 리직의 기능

자발적 리직의 기능은 순기능적인 것과 역기능적인 것으로 나눌 수 있다. 순기능적인 리직이란 종업원의 자발적 리직이 기업의 경쟁력에 오히려 도움을 주는 경우를 말하며, 역기능적인 리직이란 기업에 비효율성을 가져다주어 궁극적으로 기업의 경쟁력을 훼손시키는 경우이다. 자발적 리직은 기업을 떠나는 리직자, 기업에 남아 있는 잔류자 그리고 기업에 미치는 영향이 각각 다를 수 있다.

리직은 기업을 떠나는 개인에게는 타 기업에서 직무를 찾아야 한다는 부담과 타 조직에 새로 적응해야 한다는 부담을 가져다 준다. 현재 근무하고 있는 기업에 대한 불만으로 다른 기업을 선택하였을 경우, 그 기업에서 불만요인이 반드시 해소된다는 보장이 없다. 결국 기업을 옮긴다는 것은 개인에게 직장생활에서의 불확실성을 증가시킨다. 반면에 타 기업에서 보다 나은 직무제의를 받고 떠나는 리직자는 타 기업에서 보다 나은 직무(승진) 및 보다 높은 임금을 받을 가능성이 높으며 자신이 선호하는 직무에 능력을 보다 많이 발휘할 수 있는 기회를 가질 수 있다.

기업에 남아 있는 잔류자에게 리직이 미치는 효과는 다음과 같다. 부정적인 것으로서 조직내 형성되었던 제 인간관계가 리직자가 발생함으로써 변화되어 기업에 남아 있는 종업원이 부담을 가지게 된다는 점이다. 이것은 작업집단에 집단응집력(group cohesiveness)의 약화, 나아가 협동관계의 훼손으로 연결될 수 있다. 뿐만 아니라 리직자에 대한 후임이 즉시 대체되지 않을 경우 그들이 수행했던 업무를 분담해야 하는 부담이 발생한다. 그러나 리직은 조직 잔류자에게 긍정적인 효과도 가져다 준다. 즉 리직자가 발생하면 아무래도 상위직급의 직무가 공석이 되는 경우가 많기 때문에 잔류자에게 보다 나은 직무로의 이동의 가능성을 높여준다. 뿐만 아니라 새로 영입되는 신규인력이 새로운 긍정적인 작업집단 분위기를 가져다 줄 수 있다.

자발적 리직이 기업에 미치는 영향 역시 부정적인 것과 긍정적인 것으로 구분할 수 있다. 부정적인 것으로서 첫째, 자발적 리직은 높은 리직비용을 발생시킨다. 리직이 발생하기 전까지 리직자의 저 생산성뿐만 아니라 신규인력을 확보하는데 드는 모집·선발비용, 그리고 교육훈련비용 등이 발생한다. 둘째, 유능한 인재의 리직은 인적자원 측면에서 경쟁력 약화를 가져다준다. 셋째, 리직이 빈번하고 그 수가 많을 경우 조직을 불안정하게 하여 업무진행에 많은 차질과 조직 분위기도 훼손된다. 그러나 리직은 기업에 다음과 같은 긍정적 효과를 가져다 준다. 첫째, 무능한 인재가 조직을 떠날 경우 능력 있는 새로운 인재를 영입함으로써 조직전체의 능력이 제고 된다. 둘째, 특히 기술변화가 많은 기업에서는 새로 영입되는 인력은 새로운 기술, 새로운 아이디어를 가져다 주기 때문에 성과의 질과 양이 증가될 수 있다. 셋째, 새로운 인력의 영입은 조직의 분위기를 쇄신하여 조직활성화의 계기가 마련될 수 있다.

(2) 리직비용

리직비용은 자발적 리직이 발생함으로써 기업이 부담하는 비용을 말한다.

대개 기업에서는 이러한 비용을 측정하는데 다음과 같은 이유로 매우 소극적이다. 첫째, 전직의 경우 리직자가 해당 기업에 대해 불만을 갖고 있는 것이 일반적이며, 비 전직일 경우 '리직할 사람'을 기업이 채용한 것이 되기 때문에 인사담당자로서는 부담스러운 사건이기 때문이다. 즉 인사부서로서는 리직에 대한 이슈를 리직비용을 통해 부각시키고 싶지 않은 것이다. 둘째, 리직비용 측정 자체의 어려움이다. 엄격히 말하면 리직비용이란 <표 7-2>에서 리직이 주는 편익(benefit)에서 부정적 효과를 뺀 값이 되기 때문에 이를 구성하는 제반 요소를 금전적으로 환산하는 것이 매우 어렵기 때문이다.

기업이 보다 효율적인 리직관리를 하기 위해서는 리직비용에 대한 인식이 그 전제가 된다. 리직비용은 리직자가 기업을 떠남으로써 발생하는 비용까지도 포함된다. [그림 7-2]에서는 리직자가 기업을 떠나고 신규인력에 의해 대체되는 과정과 발생하는 비용을 보여준다.

[그림 7-2]에서 $t_0 \sim t_1$은 리직자가 기업에 대해 불만을 갖기 시작하여(t_0) 기업을 떠나는 시점(t_1)까지의 기간을 나타낸다. 이 기간 농안 리직자는 직무에 대해 흥미를 잃게 되고 생산성 향상에 대한 의욕도 없게 된다. 뿐만 아니라 해당 기업을 떠나겠다는 결정을 한 후부터 일이 손에 잘

〈표 7-2〉 자발적 이직의 효과

효과 주체자	부정적 효과	긍정적 효과
리 직 자	· 직장생활에서의 불확실성 증가	· 경력개발 · 소득증가 · 능력발휘 기회
잔 류 자	· 조직내 기존 사회적 관계의 훼손 · 신규인력이 확보되는 시간 동안의 업무량 증가	· 리동 및 승진기회의 증가 · 새로운 동료로부터의 자극 및 상호보완
기 업	· 리직비용의 발생(생산성 감소, 모집선발비용, 교육훈련 비용 등) · 유능한 인재의 상실로 인한 경쟁력 강화 · 조직의 불안정	· 무능한 인재의 퇴직으로 조직능력 제고 · 신규인력의 조직에 새로운 아이디어 제고 · 조직활성화 계기

잡히지 않게 되고 작업장에서 자연히 안전사고의 발생률도 높아지게 된다. 이 기간 동안에 발생하는 리직비용은 바로 낮은 생산성과 안전사고율의 증가이다.

$t_1 \sim t_2$는 리직자가 해당 기업을 떠난 후 대체인력이 채용되기 직전까지의 기간이다. 이 기간 동안에 리직자가 과거 수행했던 직무는 공석(空席)이 되거나 다른 종업원들에 의해 업무분담형식으로 수행된다. 직무가 공석으로 남아 있을 때 기업으로서는 과거 리직자가 직무를 수행하여 부가가치를 창출했던 것을 포기하게 된다. 해당 직무의 공석기간(空席期間) 동안 발생하는 리직비용은 아래와 같이 WVU法으로 계산할 수 있다.

$$\text{WVU}=\frac{\text{간접비}+\text{리익}}{\text{임금수령 종업원수}\times\text{작업일수}}$$

[그림 7-2] 리직과정과 발생비용

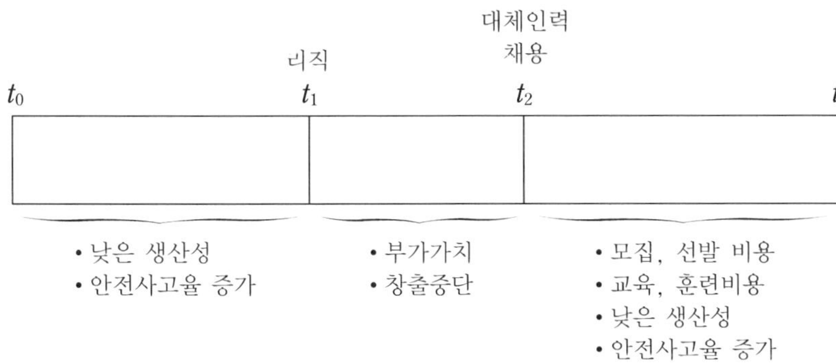

WVU法에서는 작업자가 일을 하지 않을 경우의 손실은 직접인건비(임금)로 지급되지 않으므로 간접비(례: 스탭인력비용 및 고정비)를 충당하고 리익을 창출하는데 필요한 1인 작업자의 1일 평균생산 기여분이 된다. 즉 해당 기간의 간접비와 리익을 작업자의 수와 작업일수를 곱한 값으로 나눈 값이 바로 WVU인데 이것은 공석이 된 직무에 대해 1일 발생하는 비용이 된다.

$t_2 \sim t_3$은 기업이 리직자에 대한 대체인력을 채용한 후 이 인력이 과거 퇴직한 종업원이 달성했던 성과수준을 달성할 때까지의 기간이다. 이 기간 동안 발생하는 비용은 대체인력을 모집하고 선발하는데 드는 비용, 이들을 교육·훈련시키는데 드는 비용 그리고 대체인력이 조직에 적응하는 기간 동안의 낮은 생산성 등이 되겠다. 뿐만 아니라 입사 초기에 빈번하게 발생하는 안전사고로 인한 비용도 이에 포함된다.

이상에서는 리직자가 기업에 대해 불만을 갖기 시작하여 리직하고 대체인력이 채용되어 퇴직한 종업원과 비슷한 수준의 생산성을 올릴 때까지 발생하는 비용을 살펴보았는데, 실제로 기업현실에서 이러한 비용이 예상했던 것보다도 훨씬 높다는데 문제의 심각성이 있다. 따라서 아래에서는 자발적 리직에 대한 비용을 줄이기 위해 기업이 수립해야 할 리직대책에 대해 살펴본다.

(3) 리직원인

과도한 리직률이 조직유효성을 저하시킬 때 기업은 우선 리직원인을 규명하여 이를 개선함으로써 리직률을 낮출 수 있다. 아래에서는 리직의 원인을 외부환경요인, 조직전체요인, 작업환경요인, 직무내용요인 그리고 개인특성요인 등으로 구분하여 살펴본다.

1) 외부환경요인

종업원 개인이 어떤 이유에서든 기업에 대해 불만을 갖고 있을 때 이 불만이 리직으로 연결되는 데에는 당시의 로동시장의 환경이 결정적 역할을 한다. 즉 리직의도를 가진 종업원이 리직을 결정하는 데에는 '그가 선택할 수 있는 조직의 수'가 영향을 미치는 것이다. 실업률이 매우 높은 로동시장의 상황에서는 종업원이 설사 기업에 불만을 갖고 있다하더라도 리직을 선택하는 데는 상당한 위험부담이 따르게 된다.

2) 조직전체요인

리직에 대한 조직전체요인으로서 기업의 임금 및 복리후생, 승진정책 등을 들 수 있다. 종업원들은 임금 및 복리후생, 승진의 공정성이 결여되었거나 기대감이 충족되지 않은 경우에 실망하여 리직을 결정하게 된다. 임금인상액이나 승진기회는 그 자체로서 중요한 의미를 가지지만, 이것이 종업원의 기대수준, 종업원 자신이 지각하는 공헌수준(contribution)과 함께 고려되지 않으면 별 의미가 없어지게 된다.

3) 작업환경요인

작업환경요인으로서 감독자의 리더십스타일, 동료집단과의 상호작용 내지 인간관계 그리고 작업조건 등을 들 수 있다. 감독자가 부하를 보다 많이 배려하고 원만한 인간관계를 촉진시키는 작업집단에서는 리직률이 낮게 나타나며, 또한 동료집단 간의 인간관계가 원만하고 집단응집력이 높은 곳에서의 리직률 역시 낮다. 먼지, 소음, 열, 작업상의 위험도 등 작업조건 역시 리직에 영향을 미친다. 즉 작업조건이 나쁘면 나쁠수록 종업원의 불만족은 증가하며 이것이 리직으로 연결된다.

4) 직무내용요인

종업원이 현재 수행하고 있는 직무가 어떻게 설계되어 있느냐는 리직과 매우 중요한 관련을 갖게 된다. 특히 지나친 직무전문화로 인한 일상 작업생활에서의 단조로움, 권태감, 작업에 대한 의미상실 등은 작업자에게 직무스트레스 내지 소외감을 가져다주어 이것이 리직으로 연결되는 것이다. 뿐만 아니라 작업량이 많아 정신적, 육체적으로 견디기 어렵다든지, 직무수행에 있어서 자율성(autonomy)이 매우 낮거나 역할 모호성(role ambiguity)이 높을 경우 리직률이 높아지게 된다.

5) 개인특성요인

리직과 관련되는 개인특성요인은 종업원의 연령, 근속년수, 가족부양책임, 교육정도 등이 있다. 리직과 연령은 매우 높은 부정적 관계가 있는데 이것은 젊은 종업원의 리직률이 나이 많은 종업원의 리직률 보다 훨씬 높다는 것을 의미한다. 종업원의 근속년수 역시 리직에 대해 연령과 유사한 경향을 보여 주고 있다. 또한 종업원의 부양가족수가 적을수록 그리고 교육수준이 높을수록 리직률이 높게 나타난다.

04부

생산관리분야

Chapter

01 생산관리의 전략적 의의

제 1 절 연구대상으로서 생산활동과 그의 성격

일반적 생산관리에서의 연구대상은 모든 유형의 기업이 수행하는 생산활동1)이라고 규정할 수 있다.

1970년대 후반까지만 하더라도 생산관리는 'production management'2) 만으로 표기하여 왔다. 그러나 오늘날에는 거의 그렇게 표현(기)하고 있지 않다. 그 대신에 'production and operations management(POM)'3) 또는 'operations management(OM)'4)로 표기한다. 이렇게 생산관리에 대한 표기가 변화하게 된 가장 큰 리유는 연구대상의 변화에서 찾아볼 수 있다. 과거에는 생산관리의 주된 연구대상을 좁은 뜻에서의 생산활동, 즉 제조기업에서 제품을 생산함으로써 얻는 물질적인 가치창출 활동으로 그 범위를 정하였다. 그러나 오늘날에는 단순한 제품생산을 통한 물질적인 가치 즉, 눈에

1) 생산이란 천연자원 등의 원재료를 가공하여 인간생활에 필요한 물건으로 만들어 내는 일을 말한다. 생산에는 제품을 포장하는 일, 운반하는 일, 저장하는 일 등 공간적, 시간적인 변화까지도 포함된다 물건의 효용을 높이는 모든 활동을 생산활동이라고 하는데 사람에게 만족을 주는 행위도 생산활동에 포함된다.

2) 생산관리.

3) 생산운영관리.

4) 운영관리.

보이는 가치의 창출이라는 좁은 범위에 그 의미를 두지 않는다.

극장에서는 영화나 연극을, 병원에서는 진찰을, 차사업소에서는 수송을, 그리고 회사에서는 판매를 통하여 가치를 창출한다. 즉, 다양한 서비스[5]를 창출하고 있으며, 경제구조가 고도화될수록 이와 같은 기업의 비중은 더욱 크다고 할 수 있다. 따라서 생산관리 리론의 연구대상은 기업의 모든 가치창출 활동이라고 할 수 있다. 오늘날 생산관리 리론은 과거에서와 같이 제조기업의 공장관리 내용과는 매우 다르며, 모든 기업의 구체적인 활동을 리해하고 설명할 수 있는 리론으로 체계화되고 있다.

생산활동은 력사적, 사회적 측면에서 볼 때 자기 생산, 주문 생산, 그리고 시장 생산으로 발전되어 왔다. 자기생산기능이란 한 가족 또는 한 민족이 그 구성원 스스로의 소비욕망 충족을 위해 수행하는 생산기능이며, 주문생산기능은 가장 단순한 교환경제에서 전형적으로 찾아볼 수 있는 생산기능이다. 상품생산기능이라고도 하는 시장생산기능은 현대기업에서 볼 수 있는 가장 전형적이며 지배적인 생산기능이다. 이 생산기능의 특징은 자기의 소비욕망충족을 위해 생산기능을 전개하는 것이 아니라 시장의 수요를 예측하고 불특정다수 고객을 위해 비교적 적은 종류의 제품을 기술적인 생산방법으로 대량생산한다는 것이다.

이처럼 오늘날의 생산기능은 원칙적으로 다른 이의 욕망충족, 즉 소비를 위해 이루어지는 것으로서 결코 대가를 받지 않고서는 다른 사람을 위해 이루어지지 않는다는 데 그 특징이 있다. 다시 말하면 생산에 리용된 비용 이상으로 제품이 판매되여 적당한 리득을 얻을 수 있는 경우에만 일반적으로 생산이 이루어진다는 것이다.

그러므로 개별기업에서의 생산활동은 수익성에 의해 이루어지며, 이것은 또한 생산의 일차적인 목적이 된다고 할 수 있다. 따라서 생산활동은 리익과 관련이 깊으며, 이는 필연적으로 목표의 경제적 달성을 위해 관리활동을 필요로 하게 되는 것이다.

---

5) 생산된 물건을 운반・배급하거나 생산・소비에 필요한 로동을 제공하는 것으로 남을 위하여 돕거나 시중을 드는 행위도 포함된다. 봉사.

제 2 절 생산시스템의 구조와 생산관리론의 체계

1. 생산시스템의 구조

(1) 시스템의 일반적인 개념

앞에서 생산이란 모든 유형의 기업(제조기업과 봉사기업)이 가치를 창출하는 활동으로 규정한 바 있다. 가치를 창출하는 그 구조를 일반적으로 생산시스템(production system)이라고 부른다.

시스템이란 개념은 결코 조직의 개념도 아니며 기구의 개념도 아니다. 그러므로 우리말의 번역어도 그대로 시스템으로 사용하고 있다.

우선 시스템의 특징적인 성격을 규명하기 위하여 몇 개의 정의를 들어보자.

첫째로 시스템이란 여러 개의 부분으로 구성되어 있다. 례를 든다면 가위와 자동차는 물론 언어, 인체 그리고 방정식 등도 여기에 포함된다. 그리고 이는 일반적으로 부분이 아닌 항상 전체로서 일컬어지고 있으며 부분으로서는 아무런 의미를 찾아볼 수 없는 유기체[6]로 규정하고 있다. 둘째로 생존과 활동을 위해서 독립된 부분이 상호의존관계[7]를 가지고 있는 전체로 규정하기도 한다.

시스템에는 다음과 같은 네 가지의 특징을 찾아볼 수 있다

---

6) 많은 부분이 일정한 목적 아래 통일 · 조직되어 그 각 부분과 전체가 필연적 관계를 가지는 조직체.

7) 여러 경제 요소가 서로 맞물려 각기 다른 요소의 원인이 되기도 하고 결과가 되기도 하는 관계.

① 시스템은 목표를 가지고 있다.
② 시스템은 여러 개의 독립된 부분으로 구성되어 있다.
③ 시스템은 독립된 부분만으로는 목표를 성취할 수 없다.
④ 시스템은 항상 전체로서만 의미가 있으며 생존할 수 있다.

오늘날 우리는 눈에 보이고 만질 수 있는 시스템(례를 들어, 자동차, 가위 등)과 눈에 보이지는 않지만 체계를 갖추고 있는 시스템(례를 들어, 행정시스템, 관리시스템 등)을 접하면서 생활하고 있다. 그러므로 현대는 이른바 '시스템 시대'로 규정할 수 있을 만도 하다. 나아가서 기업이 보다 좋은 생산활동을 수행하기 위해서는 보다 좋은 관리시스템을 설계해야만 한다는 것은 너무나도 당연하다.

(2) 생산시스템 모형

앞에서 생산시스템은 기업의 가치창출활동이 이뤄지는 기초라고 규정하였다. 그러나 이를 보다 넓은 의미로 정의한다면 "투입[8])된 생산요소를 보다 쓸모 있는 것으로 전환시키는 데에 필요한 설계적 과정"으로 규정할 수 있다. 여기에서 설계적 과정이란 생산목표를 달성하기 위하여 조직된 여러 단계를 의미한다. 따라서 생산시스템을 간단하게 단계별로 분석한다면 다음과 같다.

첫째로 투입단계에서는 가치창출을 위하여 로동력, 관리, 기계와 설비, 원료, 봉사, 토지, 에너지와 같은 것들을 투입한다.

둘째로 조업과 변환단계에서는 조업활동을 통하여 변형, 변질, 조립, 가공, 연산 등을 하여 보다 크고, 새로운 가치를 창출한다.

셋째로 산출단계에서는 원하는 재화[9])나 봉사를 확보한다.

---

8) 필요로 하는 사람이나 물자 따위를 넣음.
9) 재화란 사람들의 욕구나 이상을 만족시켜 주는 것으로 꽃, 공책, 가방, 식탁 등과 같이 주변에서 흔히 눈으로 볼 수 있고 만져지는 것을 뜻한다.

[그림 1-1] 생산시스템의 구조

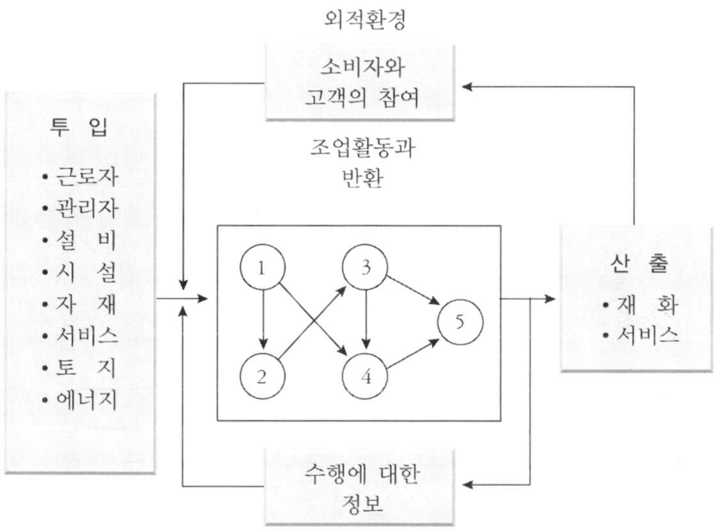

이상과 같은 생산시스템을 도표로 정리한다면 [그림 1-1]과 같다.

[그림 1-1]에서 굵은 선으로 련결된 것은 물리적 흐름을 의미하고, 점선으로 련결되여 있는 것은 정보의 흐름을 의미한다. 이와 같이 물리적 흐름뿐만 아니라 정보의 흐름이 생산시스템에 포함되는 것은 중요한 의미를 갖는다.

2. 생산관리론의 체계

생산관리론은 생산시스템에 관한 관리론 체계라고 규정할 수 있을 것이다. 그리고 관리를 그의 기능을 중심으로 분석한다면 계획화, 통제 그리고 조직화로 나누어 볼 수 있다.

따라서 이차적으로 생산관리론을 규정한다면 생산시스템에 대한 계획화, 통제 그리고 조직화에 관한 리론체계라고 할 수 있다. 이를 보다 구체적

[그림 1-2] 생산관리론의 체계

• 투입에 관한 관리

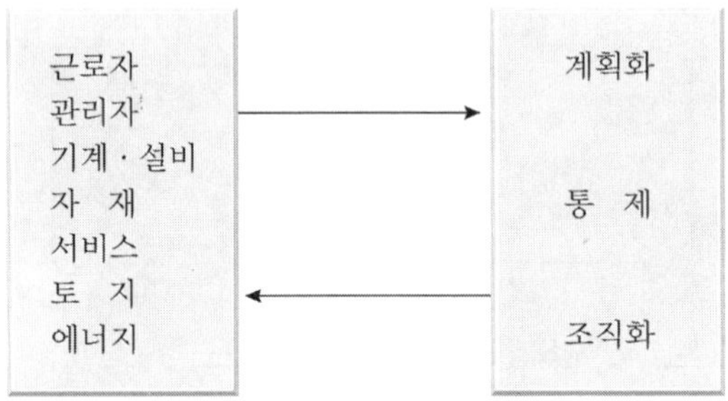

• 조업과 변환(operations and transormation)에 관한 관리(그림 1-1 참조)
• 산출에 관한 관리

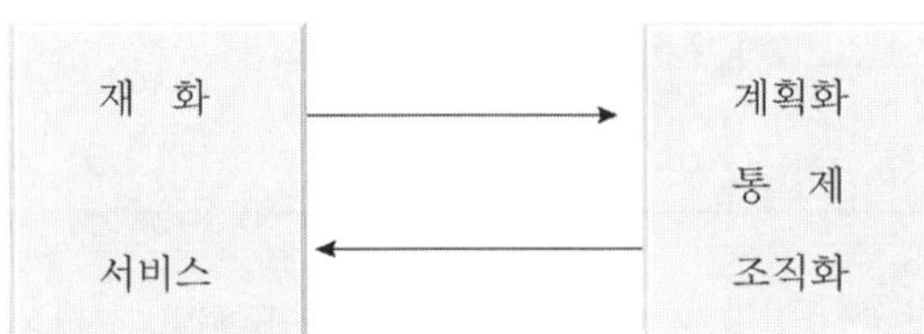

으로 정리한다면 [그림 1-2]와 같다.

제 3 절 생산관리의 발전과정

인간의 욕구를 충족시키는 데 필요한 재화와 봉사를 만들어내는 활동을 생산이라 정의한다면, 생산은 인류의 출현과 동시에 시작되었다고 할 수 있다. 여기에서는 생산관리의 발전과정을 통해 생산관리의 내용을 이해하고 생산관리와 관련된 새로운 변화를 살펴봄으로써 생산관리의 발전방향을 알아보고자 한다.

1. 시초－장인, 도제[10)]

르네상스 기간(1300~1600)은 유럽에서 지적, 생산적 활력이 넘치는 기간이었다. 이 기간에는 어둠의 시대가 지나가고 예술가의 성취가 빛을 발하는 시기였고 생산은 수작업으로 이루어져 생산량은 적은 량이었다.

산업혁명이 시작되기 전 기술자들은 적절한 도구로 기본적인 수작업을 위해 훈련과 장인정신의 자부심을 강조했다. 구두제조업자의 자녀들은 그들의 부모로부터 구두제조법을 배웠다. 이 시대에는 공정기법이 세대에서 세대로 전수되었다.

변환의 관점에서 보면 이는 로동의 투입이 훌륭하게 관리되었다. 도제의 사용은 장인공장에서 생산성을 향상시켰는데, 이는 기술이 적은 도제는 대부분 기초적인 작업만을 수행했기 때문이다.

2. 호환성[11)] 부품－생산리론의 첫 번째 단계

휘트니(Eli Whitney)가 1780년경 권총제작을 위해 호환성 부품의 개념을 도입했다. 이는 산업혁명 초기와 거의 같은 시대이다. 호환성 부품의 개념은 생산변환을 위한 새로운 방법의 개발을 촉진시키는 역할을 하였다. 호환성 부품의 개념은 각 부품을 표준화하여 호환조립을 가능케 함으로써 조립작업의 생산성을 향상시킨 개념이다.

10) 직업에 필요한 지식, 기능을 배우려고 남의 밑에서 일하는 사람.

11) 서로 맞바꿀 수 있음. 다른 회사의 제품에도 내가 갖고 있는 부품이 리용가능함.

3. 과학적 관리－생산리론의 두 번째 단계

미국은 남북전쟁 직후인 1880년대 당시 불황, 가격경쟁, 로사분규[12] 및 쟁의[13] 등으로 시달린 경영자들은 경영관리를 조직화하려는 로력을 보이기 시작하였다. 생산활동의 경제적 관리적 문제를 연구한 대표적인 사람은 테일러(F. W. Taylor)였다. 테일러는 19세기 말에서 20세기 초에 걸쳐 과학적 관리법(scientific mana-gement method)이라는 새로운 관리체계를 만들어 경영과 생산관리의 큰 변화를 가져왔다. 그 당시 로동자는 자기마음대로 작업방법을 만들어서 작업하였으므로 작업기준도 없이 생산량은 로동자의 기분에 따라 변동하였다. 테일러는 이와 같은 비능률에서 벗어나려면 관리이념의 혁신이 필요하다고 생각하고 테일러 시스템이라 불리는 과업관리, 차별적 성과급제, 과학적 관리법 등을 개발하였다.

일찍 생산활동의 관리적 측면에 관심을 가졌던 사람은 영국의 경제학자 아담 스미스(Adam Smith)로 그는 국부론에서 분업의 원리를 주장하였고, 그 후 작업설계와 공정설계의 기본원리로서 널리 적용되어 생산성의 획기적인 향상을 가져왔다.

과업관리는 조직적 태업[14]을 해결하기 위하여 고안된 것이다. 로사 간의 분쟁이 생기는 근본원인은 객관적인 작업표준(하루의 공정한 작업량)이 없기 때문이다. 그리하여 테일러는 시간연구라는 기법을 적용하여 작업표준을 과학적으로 결정하였다.

차별적 성과급제는 과업관리를 보완하는 한 방법이다. 한 과업에 대하여 높은 임금과 낮은 임금을 설정하여 작업자의 경제적 동기를 자극함으로써 생산능률을 올릴 수 있다고 생각한 것이다.

과학적 관리법은 테일러 시스템의 근간을 이루는 관리철학이다. 테일

---

12) 로사 간의 리해나 주장이 뒤얽혀서 말썽이 많고 시끄러움.

13) 로동자와 사용자 사이에 품삯, 로동시간, 로동조건 따위의 문제로 일어나는 다툼.

14) 맡은 일을 게을리 함.

러는 "과학적 관리법은 능률을 자극하기 위한 방법이 아니며, 또한 시간연구, 성과급제도, 기능식 직장제도도 아니다. 이들은 과학적 관리법의 부속물에 불과하다. 과학적 관리법의 본질은 로사협력의 바탕위에서 쌍방이 과학적 지식과 조사를 근거로 하여 사실을 판단하고 실천하는 것"이라 하였다. 테일러의 관리리념은 "모든 관리문제의 해결에는 과학적 방법이 적용되어야 한다"는 것으로 요약할 수 있다.

길브레드(F. B. Gilbreth) 부부는 동작연구뿐만 아니라 효과적인 훈련, 작업방법의 개선, 환경 및 도구의 향상, 그리고 건강한 심리적 사고방식을 통해 인간의 잠재능력을 최대한도로 발전시키는 데 관심을 가졌다. 한편 간트(H. Gantt)는 직무수행에 있어서 경영자가 계획업무와 실제업무의 상황을 쉽게 비교할 수 있는 간트 차트(Gantt Chart)를 고안한 사람으로서 테일러의 측근 가운데 한 사람이다. 간트는 또한 로동자에 대한 교육훈련의 책임이 경영자에게 있다고 말하였으며, 리윤보다는 서비스를 강조하는 등 기업의 책임사상을 심어주었다.

[그림 1-3] 과학적 관리법의 체계

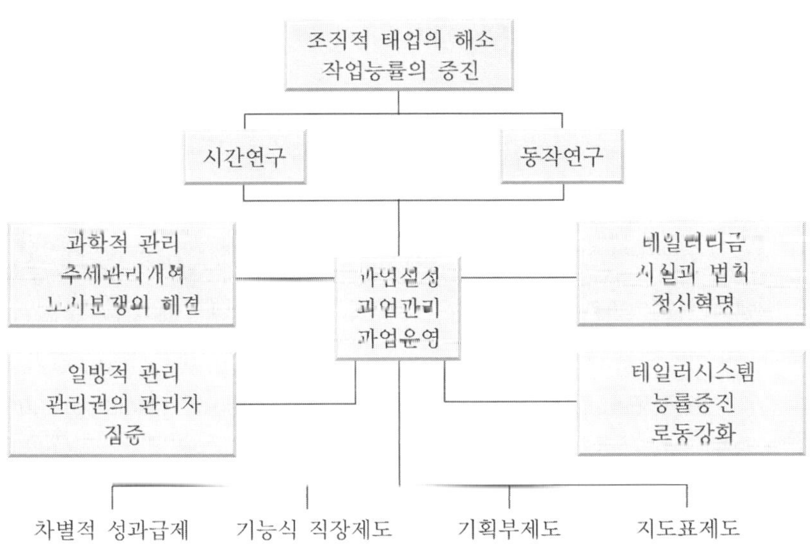

과학적 관리의 체계를 정리해보면 [그림 1-3]과 같다.

4. 연속조립-생산리론의 세 번째 단계

과학적 관리법의 뒤를 이어 1912년 헨리 포드(Henry Ford)는 유명한 포드시스템(Ford system, Fordism)을 주창하여 련속조립방식을 통해 생산관리를 더욱 발전시켰다. 포디즘[15]의 핵심을 이루는 것은 1913년에 포드자동차회사에서 개발된 이동조립법이다. 이동조립법은 생산의 표준화를 전제로 하여 컨베이어[16]와 작업자가 동작의 속도를 맞추어 작업을 하는 동시관리 방식이다. 테일러는 개별적인 과업의 개선에 주력하였는데 반해 포드는 전체적 작업시스템의 합리화를 추진한 것이다.

포드시스템은 기업경영을 일반대중에 대한 봉사활동으로 간주하였다. 여기서 봉사란 가격을 인하하고 임금을 인상함으로써 가능하다고 생각하였다. 그러므로 포드의 경영이념인 포디즘은 봉사주의 또는 저가격과 고임금의 원리를 중심으로 하고 있다.

5. 통계적 품질관리(SQC)-생산리론의 네 번째 단계

품질관리 문제에 통계적 기법을 처음 적용시킨 사람은 슈하트(Walter A. Shewhart)이다. 통계적 품질관리에서 흔히 리용되는 기법으로는 도수분포법, 파레토도법, 관리도법, 샘플링검사법, 그리고 실험계획법 등을 들 수 있는 데, 이 중 가장 보편적이고 핵심적인 기법은 관리도법이다. 미국 학자인 데밍과 주란(Deming & Juran)도 또한 SQC(Statistical Quality Control)의

---

15) 컨베이어 벨트를 도입한 일관 작업 방식. 미국의 포드자동차 회사에서 처음 개발하였다.

16) 재료·짐 따위를 수평 또는 아래위층으로 나르는 띠 모양의 기계장치.

리론 개발에 참여하였고 SQC 구현에 결정적인 역할을 하였다.

SQC를 처음 사용한 국가는 미국이었으며 그 이후 일본기업들이 사용하기 시작하였으며 SQC사용으로 인하여 원가절감을 이루었다는 보고서가 많이 나왔다. 1980년대에 들어와 품질지향적인 일본기업들의 압력에 의하여 미국회사들은 SQC를 발전시키어 전사적 품질 경영(Total Quality Management: TQM)활동이라는 광범위한 개념으로 SQC를 발전시켰다.

모토로라[17]나 제록스[18]같은 조직은 TQM 발전의 선구자 역할을 했다. TQM 접근은 생산성과 품질의 목표를 통합시키는 생산변환시스템에 적용된다.

6. 린 생산시스템－생산리론의 다섯 번째 단계

1970~1990년대 동안 토요다(도요다), 마쯔다, 닛산, 혼다, 미쯔비시같은 일본 회사들은 린 생산시스템(lean production system)이라는 새로운 종류의 생산방식을 개발했다. 이 시스템은 수공업생산방식과 대량생산방식의 장점을 결합한 것으로 수공업생산방식에서 오는 원가상승 및 대량생산방식의 유연성부족 문제를 해결하기 위해 다기능작업자 조를 편성하여 유연성 있는 자동화기계를 사용하여 다양한 제품들을 적정량씩 생산하는 방식이다.

린 생산방식이 추구하는 근본적인 목표는 생산비용의 절약이다. 린 생산방식의 공장조직은 첫째, 최대한의 업무책임을 작업자들에게 넘겨주는 제도이고 둘째, 작업자 스스로 작업현장의 결함을 발견하여 마지막 공정까지 가지 않고 시정하는 일이며 셋째, 정보의 공유화를 위해 안돈(경고등 제도)이라는 제도가 있다는 점이며 넷째, 고용이 안정되어 있으며 작업조가 창의력을 가지고 작업에 참여하게 하기 위해 작업장 배치 전 충분한 교육이

17) Motorola, 반도체와 통신 기기, 각종 첨단 전자부품 등을 개발, 생산하는 미국정보통신기술 회사.

18) Xerox, 미국의 사무용 복사기 제조회사에서 발전하여 컴퓨터소프트웨어, 군사 및 항공우주 분야의 첨단기술 분야로 사업을 확장시킴.

이루어진다는 점이다.

7. 유연생산시스템(FMS)－생산리론의 여섯 번째 단계

고객들은 값이 싸고 다양한 제품을 요구한다. 이러한 고객요구를 충족시켜주기 위해 기업은 하나의 생산설비에서 여러 종류의 부품이나 제품을 생산해야만 하고, 이는 여러 번에 걸쳐 생산설비의 전환을 필요로 한다. 그런데 생산설비를 전환하는데 필요한 준비과정이 오래 걸려서 전환이 많을수록 생산성이 떨어져 결국 생산비의 증가를 가져온다. 따라서 낮은 생산비로 다양한 부품이나 제품을 생산하기 위해서는 생산설비의 빠른 전환이 필수적이다.

컴퓨터의 활용은 생산설비의 빠른 전환을 가능하게 하였다. 생산분야에서 많은 계획 및 통제시스템은 컴퓨터가 없다면 불가능하다. 더욱이 현대의 많은 제품과 공정관련 기술들이 컴퓨터에 기초하고 있다. 컴퓨터 수자조종 공작기계, 공작기계의 작업물을 자동적으로 붙이거나 떼어내는 자동장치 또는 로봇과 이 작업물을 나르는 자동반송장치 그리고 이들을 총괄적으로 관리하는 컴퓨터로 구성된 생산시스템이 유연생산시스템(Flexible Manufacturing System: FMS)이다. FMS는 1980년대부터 주로 미국에서 도입되었으며 저원가로 다양한 제품을 생산할 수 있도록 설계된 것이다.

8. 세계적 경쟁－2000년대 생산리론의 일곱 번째 단계

모든 산업의 변화가 그랬듯이 생산관리의 혁명도 기업의 전통적인 모습을 거부하고 새로운 방향으로 나아가도록 강요하고 있다. 정보의 신속한 수집, 처리, 공유가 무엇보다도 중요하고 기업의 경계가 점점 류동적이고 모호하게 변화하고 있다. 따라서 미래에 생산관리가 관심을 두어야 할 부문은 다음과 같다.

첫째, 최종소비자의 반응이 끊임없이 생산자에게 전달될 것이다. 시간 단위의 통제는 완성품에 대한 기존 개념을 바꾸어 놓을 것이다.

둘째, 세계적인 경쟁력을 확보하는 것은 우수 공급사들과 높은 수준의 신뢰와 협력관계를 어떻게 확립하고 유지하는가에 달려 있다. 동업자로서의 긴밀한 관계를 유지할 때 얻은 리득은 기업이 부딪히게 되는 위험을 상쇄하고도 남는다.

셋째, 국제적인 공급사슬망을 관리하려면 문화적 차이를 극복하고 새로운 차원의 신뢰를 구축해야 한다. 진정한 협력관계를 이루려면 고객과 공급자는 기업비밀로 취급되던 신제품의 설계, 사업계획, 장기전략 등을 서로 교환해야만 한다. 생산자들이 효율적인 관리를 위하여 공급자의 수를 줄이기 시작함에 따라 친밀하고 신뢰도가 높은 공급사를 제외한 나머지는 관계가 끊어질 가능성이 높아졌다. 이렇게 공급자 수를 줄이려는 경향은 앞으로도 계속될 전망이다. 생산자는 공급자의 관계를 형성하는 데 있어 비밀을 결코 유지할 수 없을 것이다. 공급자들이 생산자의 제품전략에 관여하는 일이 매우 흔해질 것이기 때문이다.

넷째, 짧은 제품수명이 특징인 치렬한 경쟁 속에서 장기고객을 확보하는 것이 기업의 리윤추구에 핵심요소가 될 것이다. 고정손님을 확보하고 그들과 공동운명관계를 형성・유지하는 것은 미래 기업이 수행해야 할 중요한 과업이다. 소비자와 생산자의 결합관계는 복잡한 전자제품의 경우에 그 강도가 더욱 강하게 나타날 것이다. 례를 들어 컴퓨터의 구매자는 제품을 구매하자마자 생산자에게 크게 의존하게 된다. 컴퓨터구매자는 장비의 작동, 주변기기들과의 련결방법, 프로그램에 관한 지식 등을 습득해야 하는데 이 경우 그들은 생산자의 컴퓨터교육에 의존할 수밖에 없다.

다섯째, 손님의 기대에 부응하기 위해 기업이 선택할 수 있는 최선의 방법은 품질이다. 지난 20년 동안 수천 개 기업을 대상으로 실시한 조사에서도 품질이야말로 기업생존에서 가장 중요한 요소라는 사실이 일관되게 나타났다. 고품질제품은 투자수익, 리익, 생산성, 시장점유율, 종업원들의 근로의욕 등과 직접 관련이 있는 것으로 나타났다. 미래에도 품질향상 만큼 더 강력한 원가절감은 없을 것이다. 품질은 제품완성시간 축소에 필수 선결 과제이다. 품질은 고객만족을 위해 필요한 핵심요소로 고객만족이라는 목표를 달성하기 위한 척도로 작용할 것이다.

여섯째, 변화하는 사업환경과 그것에 더 잘 적응하는 새로운 경쟁자 때문에 미래가 위협을 받고 있다. 대량생산방식은 이제 더 이상 아무런 효용가치도 없을 뿐 아니라 오히려 기업에게 해롭기까지 하다. 대량개별화 패러다임[19]이라는 새로운 개념이 탄생하였다. 경쟁은 더 이상 국내에 한정되지 않고 국제적이다. 세계 각국의 많은 기업이 새로운 개념을 발견했고 이미 유연성과 빠른 대응력으로 다양성과 개별화라는 복잡한 원리를 추구하고 있다.

제 4 절 생산전략의 개발과 구현

1. 생산전략의 개념과 중요성

생산전략은 기업의 목표와 전략의 테두리 속에서 전체적으로 조화되는 생산능력을 개발하고 전개하는 것을 포함한다. 생산전략은 기업의 장기적인 경쟁전략을 최대로 지원함과 동시에 기업의 생산자원을 사용하기 위한 광범위한 정책 및 계획을 설정하는 것과 관련되어 있다.

적절한 생산전략이 없으면 운영상의 위험이 따르게 된다. 생산전략은 기업의 목표를 달성하는 수단이다. 따라서 생산전략은 생산기능 부문의 강점을 경쟁수단으로 하여 효과적으로 사용하며 경영목표 및 기업사명을 달성하는 수단이 되어야 한다.

19) 생각 · 인식의 틀.

생산조직의 잠재력을 파악하는 선행조건은 기업이 실제로 지향하고 있는 목표를 이해하고 그것이 생산부문의 의사결정에 어떠한 의미를 주는지를 파악하는 것이다. 따라서 생산기능부문의 역할은 단순히 여타 기능부문에서 개발한 기능전략들을 수행하는 데 도움을 주는 데 그치지 않고 기업이 추구해야 하는 경쟁우위를 달성하기 위해 보다 적극적인 역할을 수행하는 데 있다. 오늘날 생산전략에 대한 관심은 환경변화가 빨라지고 경쟁이 치렬해짐에 따라 더욱 커지고 있다.

스키너(Wickham Skinner)는 생산전략의 의사결정요소를 공장과 설비, 생산계획과 통제, 인력계획, 제품설계, 조직구조 등 다섯 가지로 분류하였다. 이들은 서로 상쇄관계[20]를 갖는다. 의사결정의 일관성이 클수록 전략사업단위의 바람직한 경쟁우위를 지원하는 정도는 커지게 된다.

이러한 생산전략을 달성하기 위한 생산과업은 공장에서 특히 잘 수행해야 하는 과업으로서 내적인 일관성이 있고 수행가능하며 성과를 제고시키기 위해 반드시 수행해야 하는 우선순위에 초점을 맞춘 것이라고 하겠다. 일반적으로 기업들은 생산과업으로 품질, 원가, 유연성, 신뢰성을 들고 있다.

(1) 품 질

제품의 품질은 여러 가지 생산과업 요소 가운데 가장 중요한 요소이다. 왜냐하면 비록 고객이 요구하는 다양한 제품과 봉사를 저렴한 가격으로 신속하게 제공한다고 하더라도 만족할 만한 품질수준을 제공할 수 없다면 그 기업은 경쟁우위를 확보할 수 없기 때문이다.

품질에 관한 정의를 정확히 내리는 것은 매우 어려운 일이지만 일반적으로 생산자 관점에서는 품질을 규격에 대한 적합성으로 정의하고 소비자 관점에서는 사용 적합성으로 정의하고 있다. 어떤 기업이 지속적으로 경쟁력을 높이고자 한다면 그 기업은 최우선적으로 품질향상에 로력을 기울여야 하며 이와 같이 향상된 품질의 토대 위에서 다른 생산과업을 향상시켜

20) 상반되는 것이 서로 영향을 주어 효과가 없어지는 관계.

나가야 할 것이다.

(2) 원 가

생산원가에는 재료비, 로력비 및 간접비가 포함된다. 재료비는 모든 재료의 구입원가이다. 로력비는 생활비와 관련된 비용이며, 간접비는 제품의 생산에 공통적으로 소요되는 비용을 의미한다. 간접비의 예로는 동력비, 소모품비, 간접로력비, 공장임대료, 보험료, 재산세, 감가상각비, 공장감독관급료 등을 들 수 있다.

(3) 유 연 성

유연성은 변화에 대한 대응능력을 의미하고, 이러한 변화는 외적요인과 내적요인 모두에 의해서 발생되는데, 유연성의 네 측면은 다음과 같다.

- 제품설계의 변경: 생산된 제품이 시장에서 판매된 후 사용과정에서 발생하는 설계를 변경하는 것으로 기존의 제품이 시장수요의 욕구변화에 설계변경으로 대응하는 기술적 능력이다.
- 신제품의 신속한 도입: 고객의 욕구는 항상 변화되므로 제품의 수명주기가 단축되고 있는 추세이다. 따라서 다양하고 변화하는 고객의 욕구에 부응하기 위해서 새로운 제품을 신속히 개발하여 공급할 수 있는 능력이다.
- 생산수량 변동의 폭: 시장수요는 항상 변동적이다. 따라서 고객이 요구하는 수량이나 시장의 판매량은 변동적이다. 이러한 변동하는 시장수요에 맞게 공급할 수 있는 능력이다.
- 제품혼합의 폭: 고객의 욕구가 다양하기 때문에 다양한 제품을 하나의 생산시스템에서 생산해야 한다. 따라서 최소의 비용으로 한 생산공정에서 수요의 수량에 맞추어 여러 가지 제품을 생산할 수 있는 능력이다.

(4) 신 뢰 성

신뢰성은 납기, 즉 시간과 관련된 목표로서 고객의 납기욕구를 일관성 있게 충족시킬 수 있는 능력을 의미한다. 일반적으로 관리자들은 두 가지 유형의 납기성과에 대해 관심을 갖는데, 첫째는 납기속도로서 리드타임이라고도 하는데 고객으로부터 주문을 받고 제품이나 서비스를 고객에게 인도할 때까지 소요되는 시간을 의미한다. 둘째는 납기신뢰성으로 약속된 인도시간을 엄수하는 빈도, 즉 실제납기가 예정납기일에 얼마나 근사한가를 의미하며 적시납기라고도 한다.

Chapter

02 서비스[1] 운영관리

제 1 절 서비스 시대

우리가 생활하고 있는 현대사회의 가장 중요한 변화 중의 하나는 경제의 주체가 제조중심에서 봉사중심으로 바뀌고 있다는 점이다.

미국을 비롯한 일부 선진국의 경우 부가가치 기준으로 서비스(봉사) 산업이 전체 경제에서 차지하는 비중이 80%에 달하고 있으며, OECD[2] 국가 대부분이 70%를 넘어서고 있다. 서비스 산업의 경제에 대한 기여도가 증가함에 따라 많은 국가들이 서비스 산업의 경쟁력을 강화하기 위해 서비스 산업의 혁신 또는 생산성 증대에 많은 로력을 기울이고 있다. 2003년 기준으로 전체 고용에서 서비스 산업이 차지하는 비중이 미국은 78.8%, 영국 78.3%이며 한국은 2006년 기준으로 73%에 달한다.

전 세계적으로 산업 고도화가 이루어지면서 천연자원개발부문의 비중이 지속적으로 감소되어온 반면에 제조업부문과 서비스부문의 비중은 계속 상승하여 왔다. 최근 들어 제조부문의 고용비중은 낮아졌으나 서비스부문

1) 서비스는 service 즉 북한의 용어로 봉사라고 한다. 서비스에 대한 내용은 본 장에서 자세하게 다룬다.

2) 경제협력개발기구. 경제발전과 세계무역 촉진을 위하여 발족한 국제기구. 2007년 현재 미국, 일본, 프랑스, 독일, 영국, 한국 등 30개의 국가가 가입되어 있다.

은 크게 높아지고 있다.

이러한 통계로 보아 세계경제는 서비스 경제라 말할 수 있다. 이와 같이 서비스는 우리 사회에서 중요한 부분을 차지하고 있으며 이 부문에 대해 심도 있는 연구가 필요하다.

훌륭한 서비스는 우연히 발생하는 것이 결코 아니다. 훌륭한 서비스는 뛰어난 종업원이 특정손님을 만족시키기 위해 로력한 결과가 아니다. 훌륭한 서비스는 서비스의 설계단계에서부터 전달단계까지, 그리고 효율적인 운영의 유지에서부터 서비스 품질이 높은 수준이며 일관성 있다는 것을 확신시켜주는 것까지의 모든 단계가 반드시 계획되고 관리되어야 한다.

제 2 절 서비스의 본질

1. 서비스의 정의

제조업은 원자재를 가공하여 부가가치를 만들고, 중간재를 완성된 최종 상품으로 변형시키는 반면에 서비스업은 이러한 제조업의 생산을 촉진시키며, 상품을 유통시키고 우리의 개인생활에 가치를 부과한다.

재화와 반대루 눈에 부이지 않는 것을 서비스(서비스)라고 한다. 그럼, 우리가 서비스로 생각하는 것에는 어떤 게 있을까? 가전 제품매장에서 텔레비죤을 사면 집으로 배달해준다. 텔레비죤이라는 재화를 사는 데 필요한 돈만을 지불했는데도 배달을 해주는 것은 기업이 손님에게 로동의 서비스를 제공한다고 볼 수 있겠다. 또한 텔레비죤이 고장이 났을 경우 제조회사에서 기술자를 보내주어 고장 난 부분을 수리해주는 것도 또 다른 서비스를 제공해주는 것이다.

서비스는 시간, 장소, 형태 또는 심리적인 효용을 생산하는 경제활동으로 정의될 수 있다. 가정부의 서비스는 손님을 집안일로부터 벗어나게 해주어 손님의 시간을 벌어준다. 백화점이나 식료상점은 한 곳의 편리한 장소에서 각종 물건을 손님에게 제공한다. 근사한 음식점에서의 저녁식사는 바쁜 일상생활 속에서 심리적인 기분전환을 하게 해준다.

서비스는 또한 제품에 반대되는 개념으로 정의될 수 있다. 제품이란 먼저 만들어지고 나중에 판매되거나 사용될 수 있는 유형의 산출물이다. 반면에 서비스는 무형이며 소멸된다. 서비스는 생산과 소비가 거의 동시에 이루어진다. 하지만 제품과 서비스 간의 구별이 항상 명료한 것만은 아니다. 례를 들어, 우리가 자동차를 구매한다고 할 때 우리는 자동차 제품을 구매하는 것인지 아니면 교통을 위한 서비스 제품을 사는 것인가? 텔레비죤은 생산품이지만 텔레비죤 방송서비스가 없다면 무슨 소용이 있겠는가?

실제로 거의 모든 제품의 구매는 촉진서비스를 포함하고 있으며, 거의 모든 서비스 구매에는 또한 촉진 제품이 수반된다. 즉, 제품의 구매는 어떤 편리한 서비스 때문에 구매되고(례를 들면, 저장의 간편성), 서비스의 구매는 촉진 제품에 의해 구매되므로(례를 들면, 음식점에서의 음식) 제품과 서비스를 구별하는 것은 어렵다. 따라서 제품과 서비스는 이 두 가지가 완전하게 구분되는 것이 아니다. 손님은 제품과 서비스의 다양한 비율의 조합으로 구매한다고 할 수 있다.

2. 서비스 운영의 특성

많은 연구자들은 서비스를 특징짓기 위해 하나 또는 그 이상의 기준을 사용해 왔다. 그들의 연구에 기초하여 서비스 기준들을 요약하여 정리해 보면 다음과 같다.

- 서비스는 무형의 산출물을 생산한다.
- 서비스는 변동적이며 비규격화된 산출물이다.

· 서비스는 소멸한다, 즉 서비스는 재고로 남을 수 없고, 생산 중에 소비된다.
· 서비스 과정에 걸쳐서 손님과의 접촉이 많다.
· 손님은 서비스 제공의 과정에 참여한다.
· 서비스 기술은 직접적으로 손님에게 판매된다.
· 서비스는 대량 생산될 수 없다.
· 서비스는 수행하는 개인에 의한 개인적인 판단이 많다.
· 서비스 기업은 로동집약적이다.
· 비집중화된 시설이 손님 가까이에 있다.
· 효과성의 측정은 주관적이다.
· 품질관리는 주로 과정 통제에 제한된다.
· 가격선택은 아주 다양하다.

모든 서비스가 이상과 같은 특징을 모두 가지고 있지는 않지만 최소한 어느 정도의 이러한 특징을 가지고 있다. 이상의 서비스 기준들에 대해 보다 더 자세히 설명해보기로 한다.

(1) 무형의 산출물

법률상담과 같은 서비스는 유형의 산출물이 아니다. 그러나 서양식당, 주유소, 또는 실내장식 등과 같은 서비스는 유형의 산출물과 무형의 산출물이 혼합되어 있다. 제조기업의 산출물도 또한 무형적인 것(보증, 기술정보 및 소유권리 등)을 포함하지만 제조기업의 중요한 산출물은 언제나 불리적인 유형의 생산품이다.

다음의 인용문은 서비스의 무형성의 영향을 설명하고 있다.

서비스가 무형성을 '제외'하고 나면 제조생산품과 똑같다고 하는 것은 잘못된 것이다. 그것은 사과는 '사과성'을 제외하면 귤과 똑같다고 하는 얘기와 같다. 무형성은 바꾸어지는 것이 아니라 상태이다. 무형성은 유형적인 것과 함께 할 수도 있지만 서비스의 특징인 경험(례를 들어, 영화), 시간(례를 들어, 컨설팅[3]), 또는 과정(례를 들어, 세탁서비스)과 같은 무형성의 물리적인 소유권은 돈이 얼마가 있더라도 살 수 없는 것이다. 서비스는 경험되는 것이다. 서비스는 저장할 수 있는 것이 아니며, 만질 수도, 맛볼 수도, 또는 크기에 맞는지 입어볼 수도 없는 것이다.

서비스의 무형적인 특성은 손님에게 문제점을 주기도 한다. 제품을 구매할 때 손님은 보고, 느끼며, 구매 전에 성능을 시험할 수 있다. 그러나 서비스를 구매할 때는 주로 서비스기업의 평판에 의존한다. 많은 서비스 영역에서 정부는 허용할 만한 서비스를 보증하는 데 개입한다. 등록, 면허, 규제 등을 통하여 정부는 손님에게 어떤 표준에 합당한 서비스를 제공하게 할 수 있다. 또한, 건축계획은 등록된 전문가에 의해 승인되며, 의사는 면허가 있어야 하고, 전화회사는 설립이 제한된다. 그러나 지금까지 정부는 주로 혁신억제, 진입장벽, 경쟁감소 등 소비자 보호를 위한 표면상의 로력에 치중해왔다.

(2) 변동적이며 비규격화된 산출물

미용실, 양복점, 채용기관 등은 개별손님에 따라 다양한 서비스를 제공한다. 불가능한 일이 아니라도 그러한 산출물을 규격화시키기는 어렵다. 왜냐하면 손님 개개인은 서비스의 수행 전이나 수행 기간 동안 그 서비스에 대해 바라는 바가 다르기 때문이다. 더욱이 많은 서비스는 로동집약적이며, 여러 서비스 제공자들이 생산한 산출물은 대부분 규격화되기 어렵다.

(3) 소 멸 성

대부분의 서비스는 생산되는 동시에 소비되기 때문에 소멸하며, 재고

---

3) 전문적인 지식을 가진 사람이 경영전반에 관련하여 의뢰인들에게 상세히 상담을 하여주고 해결안을 제시해주는 일.

화 할 수 없다. 시간이 제한되어 있는 서비스 전화를 리용하는 사람은 정확한 시간이 소모되는 동안에 서비스가 제공되고 있다는 것을 알게 된다. 호텔 객실, 비행기나 극장의 좌석, 그리고 변호사의 상담시간 등은 저장될 수 없고 나중에 다시 사용할 수 없다.

반면에 소멸성은 손님의 관점에서 보면 다를지도 모른다. 손님은 서비스가 생산된 이후에 그 서비스를 집에까지 가져올 수 없지만, 손님은 서비스를 구매한 후 오랫동안 그 '효과'를 음미할 수 있다. 례를 들어, 외과의사가 환자에게 심장이식 수술을 하면 그것은 단지 한 번의 의료서비스가 아니라 그 혜택은 환자의 평생 동안에 걸쳐 계속되는 것이다. 영화의 경우, 영화상영이 끝난 뒤에도 계속 회고되거나 또는 시간의 차원을 넘어서 교육적인 혜택을 준다.

서비스의 소멸성은 수요의 변화에 대처하기 위해 재고에 의존했던 전통적인 생산방식의 적용을 어렵게 한다. 제조업은 재고를 리용하여 산출물이 일정 수준을 유지하게끔 할 수 있다. 제조기업에서 재고는 또한 제조단계를 련결하는데 사용된다. 서비스 기업에서는 손님의 대기시간을 통해 연결된다. 따라서 재고통제가 제조업에 있어 가장 큰 문제가 되지만 서비스 기업에 있어서는 손님의 대기시간이 중요한 관리의 쟁점이다.

서비스는 생산과 소비가 동시에 일어남에 따라 품질관리를 위한 많은 기회를 상실하게 된다. 제품이 수송되기 전에 검사되는 제조업과 달리 서비스 기업은 일정 수준의 서비스 산출을 위해 다른 척도가 리용되어야 한다.

(4) 서비스 공정상 손님과의 많은 접촉

서비스는 일반적으로 서비스 과정에 걸쳐 손님과 많은 접촉을 하게 된다. 그러나 손님과의 접촉범위는 제공되는 서비스의 유형에 따라 상당히 광범위하다. 따라서 다음과 같은 손님접촉 방식의 구분이 유용할 것이다.

① 서비스 과정에 걸쳐 지속적인 물리적인 접촉이 요구된다.

② 서비스 과정 동안 지속적인 의사소통 접촉이 요구된다. 그러나 손님

은 멀리 떨어져 있을 수도 있다.

③ 간헐적인[4] 간격으로 물리적인 손님과의 접촉이 필요하다.

④ 서비스과정 중에 간헐적으로 손님과의 대화가 요구된다.

⑤ 손님과의 접촉은 물리적으로 또는 대화에 의해 서비스의 시작 전과 초기, 그리고 말기에 요구된다.

<표 2-1>은 제조기업과의 비교를 통해 서비스기업의 손님접촉 정도의 례를 보여준다. 손님과 서비스 제공자 사이의 완충자가 부족하기 때문에 서비스 종사자들은 손님과의 효과적인 상호작용을 하기 위해서 주의깊게 선별되고 훈련받아야 한다.

〈표 2-1〉 서비스과정에서 서비스 제공자와 고객과의 접촉 유형

생산공정상의 접촉	서 비 스	제 조
· 지속적인 물리적 접촉	리발, 맛사지, 유람선	없음
· 지속적인 의사소통	핫 라인	대규모 무기시스템
· 간헐적인 물리적 접촉	경영 컨설팅, 성형수술, 레스토랑	가발제조, 의류업
· 간헐적인 의사소통	경영 컨설팅, 법률 서비스, 공공사업(전기, 수도, 가스 등)	인쇄, 공구 및 염색업체
· 과정 전, 초기, 말기의 물리적 접촉	양복점, 드라이 클리닝, 이사짐 운반업체	부엌가구 제조업체
· 과정 전, 초기, 말기의 의사소통	주식거래를 하는 주식중개업, 자동차 대여업	해외 생산 양복 제조업체, 우편판매를 리용하는 제조업체

4) 얼마 동안의 시간 간격을 두고 되풀이하여 일어나는 것.

(5) 손님 참여

서양식당, 운동, 투자 및 부동산업 등과 같은 서비스에 있어서 손님참여는 광범위하고 다양한 형태를 나타낸다. 례를 들어, 집에 전화기가 있어서 필요할 때마다 언제나 전화서비스를 사용할 수 있는 사람의 경우처럼 서비스 손님은 서비스의 회원 또는 가입자일 수 있다. 다른 한편으로 서비스는 당사자가 서비스의 공식적인 가입자가 아닐지라도 지속적으로 서비스를 받을 수도 있다. 이는 경찰의 보호와 같은 대부분의 공공 서비스를 말한다. 또한 서비스는 대중교통과 같은 불연속적인 시점에서만 일반 대중에게 가능할 수도 있다. <표 2-2>는 서비스의 지속적인 전달과 특정시점에서의 전달, 그리고 손님과 서비스 조직과의 공식적, 비공식적 관계를 보여준다. 손님참여의 정도와 형태는 서비스 설계에 있어서 중요한 고려사항이어야 한다.

대개 손님은 서비스 창출과정에 참여하므로 서비스 공정설계를 하는데 주의가 요구된다. 일반적으로 손님은 깨끗한 대리점에서 자동차를 구입하게 되므로 자동차가 더럽고 시끄러운 공장에서 만들어지는 것에 관심을 갖지 않는다. 그러나 공정에 손님이 참여해서 관찰하고 있으면 서비스 시설의 물리적 환경에도 주의를 기울여야 한다. 이때 서비스는 손님에게 서비스 시설의 환경에 대한 경험이 된다. 서비스 시설이 손님의 요구대로 설계된다면 서비스의 질은 향상될 것이다. 내부장식, 가구배치, 시설배치, 소음, 동일한 색조가 손님의 지각에 영향을 미칠 것이다. 우리가 뻐스 정거장에 있을 때와 공항에 있을 때의 우리를 비교해보라. 물론, 승객은 공장과 같은 환경에서 운영되는 뻐스 정거장 사무실은 출입할 수 없다(례를 들어, 려행용 수하물 취급장소). 그러나 혁신적인 서비스를 제공하는 기업은 서비스의 촉진을 위해 일반인에게 사무실까지 출입할 수 있게 한다. 례를 들어, 음식점에서 주방을 공개한다든지, 자동차 정비소의 대기장소에서 창문을 통해 정비과정을 볼 수 있게 한다든지 등이다.

서비스를 제공하는 데 고려해야 할 중요한 고려사항은 손님이 서비스

〈표 2-2〉 서비스 전달성격에 따른 서비스조직과 고객과의 관계

서비스조직과 고객과의 관계 유형		
서비스 전달의 성격	'회원제' 관계	비공식적인 관계
서비스의 지속적인 전달	보험 전화가입 대학등록 은행 자동차협회	라디오 방송 경찰의 보호 전기회사 고속도로
서비스의 특정 시점에서의 전달	가입자 전화를 통한 장거리 통화 영화 시리즈물의 시청 가입 컴퓨터를 리용한 티켓구입으로 여행	자동차 임대 우편서비스 통행료 지불 고속도로 공중전화 영화관 공공 교통수단 레스토랑

공정에서 활발히 역할을 할 수 있도록 하는 것이다. 손님의 지식, 경험, 동기부여, 심지어 진실성까지 이 모두가 서비스 시스템의 성과에 직접적으로 영향을 주고 있음을 다음의 몇 가지 례에서 알 수 있다.

① 잡화상점과 눅게 파는 상점이 손님에게 인기 있는 것은 손님이 소매과정에서 기꺼이 활발한 역할을 맡기 때문이다.

② 환자의 정확한 진료기록은 의사의 진료효과성에 큰 영향을 미칠 수 있다.

③ 학생의 교육은 학생자신의 로력과 기여에 의해 크게 좌우된다.

(6) 손님에게 직접적으로 판매되는 기술

주택 도장, 배관 수리, 조경, 미용, 또는 정신과 치료 등과 같이 많은 서비스의 경우에 손님이 서비스 제공자의 기술을 구매한다. 또한 많은 다른 서비스의 경우에는 기술적인 면은 손님과 분리된 핵심이기도 하다. <표 2-3>에 나와 있는 손님과 서비스 전달자와의 회원제 관계가 대부분 이런 성격을 띠고 있다. 서비스의 설계, 서비스의 공정, 서비스의 마케팅[5]도 모두 서비스의 어떤 기술이 제공되는가에 따라 영향을 받는다.

(7) 대량 생산

과거에 서비스를 구별했던 관점은 서비스는 대량 생산될 수 없다는 것이었다. 대부분의 경우 이 말은 옳다. 왜냐하면 서비스에 대한 손님의 요구사항은 각기 다르기 때문이다. 그러나 어떤 서비스는 실제로 대량 생산의 차원을 넘어서 대량 소비를 위해 동시에 생산된다. 례를 들어, 라지오나 텔레비죤 프로그램에는 문의하는 전화에 답을 하는 전문가가 있을 수도 있다. 이러한 즉각적인 답변은 수천만의 사람들에게 서비스하는 것이다. 이와 유사하게 신용카드 서비스는 지속적으로 대량 서비스를 제공한다.

(8) 서비스 제공자의 높은 개인적인 판단

많은 서비스에 있어서 서비스의 설계는 조언자, 부동산 중개업자, 또는 미용사 등과 같이 그 서비스를 실제로 제공하는 사람에 의해 결정된다. 서비스의 개별제공자는 서비스를 제공하면서 그 손님의 요구에 부응해야만 한다. 따라서 어떤 경우에는 서비스 제공자에게 높은 판단력을 요구한다. 그러나 패스트푸드점[6]과 같은 다른 유형의 서비스 제공에는 거의 개별적인

5) 제품을 생산자로부터 소비자에게 원활하게 이전하기 위한 기획활동. 시장조사, 상품화 계획, 선전, 판매촉진 등.

판단이 필요 없다. 판단력은 분명히 개별적인 서비스의 정도와 관련이 있다. 이러한 관계의 례가 <표 2-3>에 나타나 있다.

〈표 2-3〉 서비스 전달에서의 개별화와 판단력

고객을 접촉하는 서비스 제공가자 개별고객의 요구에 부응하기 위해 행사하는 판단력의 정도	서비스 특징이 개별화되는 정도	
	높다	낮다
높다	· 법률 서비스 · 의료 서비스/수술 · 건축 설계 · 채용 기관 · 부동산업소 · 세금 서비스 · 미용 서비스 · 배관 서비스 · 교육(개인지도)	· 교육(대규모 강의) · 예방 의학 프로그램
낮다	· 전화 서비스 · 호텔 서비스 · 은행 서비스 (대출 제외) · 좋은 레스토랑	· 공공 교통수단 · 일상 가정용품 수리 · 패스트푸드점 · 영화관 · 관람용 스포츠

례를 들어, 교육은 높은 수준의 개별적 판단을 필요로 하지만, 개별 학

6) 패스트푸드란 주문하면 곧 먹을 수 있다는 뜻에서 나온 말로써 대표적으로 미국의 맥도널드 햄버거를 꼽을 수 있다. 음식을 담는 용기를 일회용품을 사용하고 료리 방법 또한 간단하여 적은 인원으로 많은 수의 주문에 신속하게 응할 수 있다. 또한 패스트푸드점에서는 종업원이 음식을 손님에게 갖다 주는 것이 아니라 손님이 음식을 주문하면서 계산을 하고 바로 음식을 직접 가져가는 방식을 리용함으로써 종업원의 일손을 크게 줄일 수 있다.

생에게는 개별화되지 않는다. 보건의료의 경우 역시 의사의 입장에서 높은 판단을 요구하며, 환자에게도 역시 개별화된다. 반면 공공 교통수단은 서비스 제공자나 손님 모두에게 낮은 판단력을 요구한다.

(9) 로동집약도

서비스 기업이 로동집약적인가 아니면 자본집약적인가의 문제는 중요한 영향을 시사한다. 자본집약은 장비비용이 유지된다면 지속적인 생산성 향상을 약속해준다. 사람들이 서비스가 근본적으로 로동집약적이라고 생각하는 경향이 있지만 이것이 항상 옳은 것은 아니다. 일부는 로동집약적이지만 또 다른 일부는 로동집약적이지 않다. 치과의료는 자동화의 전망이 거의 없다. 왜냐하면 치과치료에는 사람에 따라 문제의 형태가 무한정할 뿐만 아니라 정신적 및 물리적인 작업이 요구되기 때문이다. 그러나 이와는 반대로 교육, 은행 서비스, 자동차 임대, 또는 호텔 서비스는 점차 자동화되어질 수 있다.

[그림 2-1]과 [그림 2-2]는 제조기업과 서비스기업이 모두 자본집약에서 로동집약까지 여러 형태로 존재할 수 있다는 것을 보여준다. 례를 들어, 화학제품은 고도로 자동화된 제조환경에서 생산된다. 반면 시계공과 조각가들은 그들의 생산품을 만드는데 자신의 개인적인 기술에 의존한다. 이와 유사하게 서비스에서도 자동판매기는 자동화된 서비스를 대표하는 한편 경영 컨설턴트[7]는 고도로 전문화되고 개인적인 서비스를 제공한다.

장비와 자본집약도는 언제나 명확히 구분되어 있는 것은 아니다. <표 2-5>는 장비사용의 정도와 인력사항의 다양한 서비스를 보여주며, 일부 서비스는 자본 및 장비 사용의 정도에 있어서 높을 수도 또는 낮을 수도 있다는 것을 보여준다. 례를 들어, 특급 호텔과 병원에는 훌륭한 여러 시설들이 있지만 사람의 서비스 또한 요구된다. 다른 한편 '손쉽게 청취할 수 있는' 라디오 방송은 장비나 개인적인 개입이 거의 필요 없다. 대학교육은 중간 정

7) 기업경영에 관한 기술상의 상담에 응하는 전문가.

[그림 2-1] 자본집약도와 로동기술에 의한 제조기업의 분류

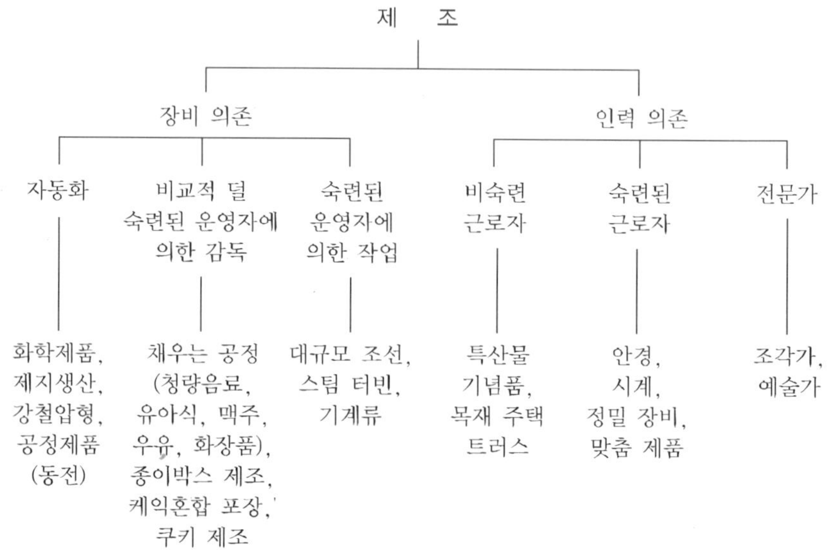

[그림 2-2] 자본집약도와 로동기술에 의한 서비스기업의 분류

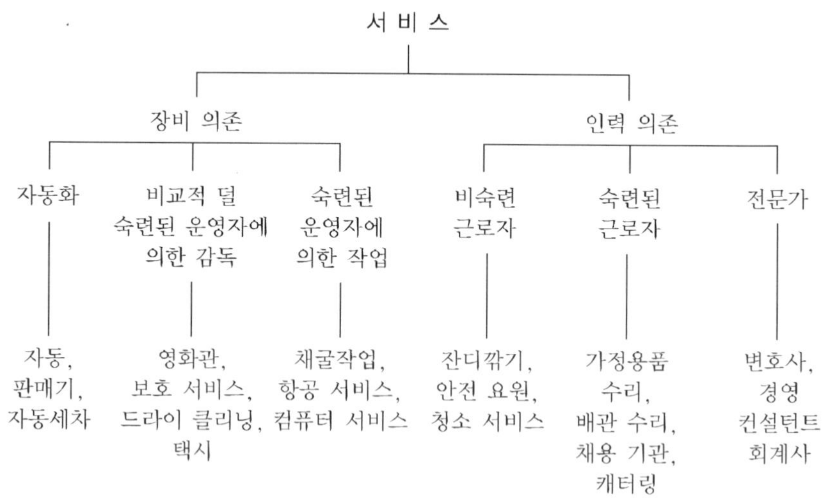

〈표 2-4〉 서비스 산출물의 특징에 대한 이해

서비스 산출물에 대한 장비/시설의 기여도*	서비스 산출물에 대한 인력의 기여도**		
	높음	중간	낮음
높음	특급호텔 병원	여객 항공기 자동차 대여업	지하철 은행업(자동지급기)
중간	치과 연극상영 대학 교육	은행업 (창구 직원)	화물 운송 영화관
낮음	기업 금융 경영 컨설팅 공인 회계	세무	'듣기 쉬운' 라디오 방송***

* 식품 및 음료와 같은 물리적인 기여도 또한 포함함.
** 서비스 인력, 다른 고객 또는 이 두 가지가 모두 될 수 있음.
*** 장비(라디오 수신기)가 방송 청취를 위해 필요하지만 이것은 서비스 자체의 일부가 아님.

도 수준의 장비사용을 필요로 하지만 개인적인 접촉은 많이 요구된다.

(10) 손님 주변의 비중앙집중화된 시설

일반적으로 서비스 시설은 물리적으로 손님 가까이에 위치해야 하며 제조 공장은 원료나 공급자 가까이에 위치해야 한다고 알려져 있다. 이로 인해 소규모의 비중앙집중화된 서비스기업은 지리적으로 손님 서비스지역에 걸쳐 분산되어 있고, 대규모의 중앙집중화된 제조공장은 손님과는 다소 거리를 두고 위치해 왔다.

손님과의 물리적인 접촉이 있는 서비스(잔디 다듬기, 지붕 수리, 은행, 식료품점, 또는 기타 소매상점)에게 있어서 손님과의 근접성과 잠재 손님의 집중은 서비스기업이 손님의 주변에 위치해야 한다는 것을 중요하게 만든다. 반면에 일부 은행 서비스, 우편 주문업, 보험회사, 통신대학 등의 기타 다른 서비스는 손님에게 아주 먼 거리에서 전화, 우편, 방송으로 완전히 서비스를 전달할 수 있다.

(11) 주관적 효과성 측정

서비스 조직의 산출물에 대한 측정은 여러 가지 이유로 인해 어렵다. 례를 들어, 서비스의 품질은 수치로 나타낼 수 없기 때문에 서비스를 받은 손님의 수로 계산해서는 안 된다. 비영리 서비스조직(례를 들어, 병원, 대학, 정부)은 리익 극대화와 같은 한 가지 목표만 가진 것이 아니기 때문에 측정의 문제는 더 복잡할 것이다. 더 중요한 것은 서비스 시스템이 동일한 투입을 가정했을 때 산출만으로 평가가 가능한가 하는 것이다. 서비스의 가장 명확한 평가는 각각의 손님에게 투입에서부터 산출에 이르기까지 전체 공정의 변화를 측정해야 한다.

많은 사람들은 서비스의 효과성이나 서비스 수준의 측정은 주로 주관적인 것이라고 믿고 있다. 우리가 어떻게 교수의 강의, 외과의사의 치료, 또는 경찰의 보호의 효과성을 측정할 수 있겠는가? 개별손님들이 서비스의 품질에 대해 어떻게 판단하는지를 파악하는 것이 매우 어렵다.

(12) 과정통제 위주의 품질관리

제조에서 품질관리는 기본적으로 두 가지 형태, 즉 제조공정의 통제와, 손님에게 전달되기 전에 완성품의 샘플링 검사[8]로 이루어진다. 이와는 대조적으로 대부분의 서비스에는 손님이 어떤 방식으로든 개입되어 있기 때문에 서비스는 제공자에 의해 검사되거나 탈락되기 이전에 손님에게 전달된다.

보다 극단적인 예로 성형외과 의사가 환자의 얼굴을 성형했다고 생각해보자. 붕대를 풀고 얼굴이 드러났을 때 이전 얼굴과 상처가 그대로 남아서 환자를 기가 막히게 한다. 이보다는 조금 덜 한 경우로 이발사가 손님의 머리를 고객이 생각한 것보다 너무 많이 자를 수도 있다. 이러한 례의 서비

8) 많은 상품의 품질을 검사할 경우, 몇 개만을 뽑아내어 검사하고, 그것으로 전체의 품질을 추정하는 방법.

스는 서비스 과정의 이전에 또는 진행 중에 통제되어져야 한다.

그러나 어떤 서비스는 통제를 적절하게 사용할 수 있고 점점 더 통제가 증가하고 있다. 례를 들어, 건축가는 손님에게 서비스를 전달하기 이전에 가정용 집기가 코드에 맞는지 확인하고 구조적인 잘못이 있는지를 알아보기 위해 도면을 몇몇 사람들에게 검토하도록 할 수 있다.

(13) 다양한 가격 기준

제조에서는 최첨단 무기 시스템이나 맞춤생산 및 신부옷 생산과 같은 높은 서비스 비중을 가진 생산품을 제외하고는 상품단위의 가격은 사전에 정해진다. 그러나 서비스의 경우에 가격결정은 보다 어렵고 류동적이다.

항공사 요금이 아마도 서비스가격 중에서 가장 복잡한 예일 것이다. 차별화된 상품 제공과 치열한 경쟁으로 인해 항공 요금 또한 수시로 변경된다.

3. 서비스의 분류

서비스분류는 서비스관리에 대한 논의를 조직화하는 데 도움을 줄 수 있고, 학습의 공유에 방해가 되는 산업장벽을 허물 수 있게 해준다. 제조업에서 련속생산(례를 들어, 정유), 공정생산(례를 들어, 자동차 조립공장), 배치생산(례를 들어, 양조장(술공장)), 잡샵생산[9](례를 들어, 인쇄소), 계획생산(례를 들어, 우주 정거장 건설) 등과 같은 생산공정의 분류는 세소시식체계의 구축을 위한 도구로 사용되어 왔다. 가령, 자동차산업에서 처음으로 수행된 공정균형화에 대한 연구는 다른 부품 조립공장에도 적용되었다.

연구자들은 서비스를 어떻게 분류하느냐에 이견을 보이고 있지만 서비

9) 잡샵생산(Jobshop): 공정이 연속적으로 이어지는 것이 아니라 단절적인 공정들의 집합체로 구성된 생산형태.

〈표 2-5〉 기능에 따른 서비스분류

① 류통서비스 물리적 및 정보류통	
② 소매 및 도매, 무역 서비스	
③ 비영리 서비스	
④ 생산자 서비스:	⑤ 소비자 서비스
· 금융	· 의료 서비스
· 보험	· 교육
· 부동산	· 개인 서비스
· 비즈니스 서비스	· 자동차 수리, 주유소 및 기타 보수 유지
· 법률 서비스	· 호텔/모텔 서비스
· 회원제 조직	· 레저 서비스
· 기타 전문 서비스	· 가정부 서비스

스기업을 운영하는 데 있어서 류사성 및 이질성을 구분하기 위하여 서비스를 연구할 때에는 일부 분류방법을 선택하는 것이 유용하다. 한 가지 례로 <표 2-5>에서는 서비스 기능에 기초한 서비스 분류법을 보여준다.

<표 2-5>에서 류통서비스에는 통신이나 정보처리 산업에 의한 정보의 류통뿐만 아니라 운송산업에 의한 제품이나 사람의 물리적인 류통도 포함된다. 소매 및 도매, 무역 서비스는 물리적인 제품의 모든 상업활동을 대표한다. 비영리 서비스는 각종 정부기관과 개인적 리득을 목적으로 하지 않는 공공을 위한 공공 및 사분야 조직으로 이루어진다. 생산자 서비스는 기본적으로 중간 서비스부문으로 제조 지향이든 서비스 지향이든 간에 기업분야에 제공되는 것으로, 여기에는 기업내에서 주로 '간접' 분야로 분류되는 다양한 서비스군이 포함된다. 소비자 서비스는 대부분의 경우에 생활의 질을 향상시키기 위하여 개인에게 제공되는 광범위한 사회 및 개인 서비스를 말한다.

<표 2-5>의 분류에 의하면 생산자 서비스와 소비자 서비스의 시장이 아주 달라서 서비스의 설계와 마케팅에 다른 접근방법이 요구된다고 할 수

있다. 이와 유사하게 소매 및 도매, 무역은 예측 및 재고기법에 대한 광범위한 지식이 요구된다. 비영리 및 공공서비스 조직들 또한 특별한 연구가 필요하다. 이러한 조직의 권위, 자금조달 및 조직 성격의 원천은 영리조직과는 구분된다. 마지막으로, 기술의 발전이 다른 서비스 부문보다 류통서비스 부문에 더욱 극적인 영향을 끼치고 있다.

서비스 과정을 제시하는 다른 접근방법은 [그림 2-3]에 나와 있다. 이 서비스 과정 행렬은 서비스 활동의 관리적인 모델을 나타낸다. 그리고 이 모델에서서는 서비스 분류에 따라 서비스 관리자들에게 당면한 과제를 규명하고 있다. 서비스 과정 행렬은 서비스를 분류하기 위해 다음과 같은 두 가지의 측정도구를 사용하였다.

· 시설 및 장비의 가치에 대한 로동비용의 비율로 정의된 로동집약도의 정도
· 손님이 서비스와 상호작용하는 정도, 그리고 손님을 위한 서비스 개별화 정도

로동집약도가 낮고, 손님의 상호작용/개별화 정도가 낮은 서비스를 '서

[그림 2-3] 서비스 프로세스 매트릭스

노동집약도 \ 상호작용과 개별화	낮음	높음
낮음	서비스 공장 • 항공사 • 트럭운송 • 호텔 • 여가 및 휴양시설	서비스 샵 • 병원 • 자동차 정비 • 기타 정비 서비스
높음	대량 서비스 • 소매상 • 도매상 • 학교 • 은행업	전문 서비스 • 의사 • 변호사 • 회계사 • 건축사

비스 공장'이라고 부르며, 여기에는 항공사, 화물차운송 회사, 호텔 및 휴양소가 포함된다. 로동집약도는 낮지만 높은 손님 상호작용/개별화인 경우에는 '서비스(서비스) 샵'이라고 하며 병원과 수리 서비스점 등이 여기에 속한다. 소매업, 도매업, 은행업 및 교육과 같은 '대량 서비스'는 로동집약도는 높지만 상호작용/개별화의 정도는 낮다. 마지막으로 '전문 서비스'는 의사, 변호사, 회계사와 같이 로동집약도와 개별화 정도가 모두 높은 서비스이다.

[그림 2-4]는 서비스 과정 행렬에 따라 분류된 서비스 산업들이 공통된 관리문제들을 갖고 있음을 보여준다.

로동집약도가 높은 서비스기업의 관리자는 로동력의 관리와 통제에 많은 시간과 로력을 쏟는다. 이러한 서비스는 또한 비 중앙집중화의 경향을 띠고 있고, 서비스 기업이 종종 지역적으로 서로 다른 곳에 위치하기 때문에, 관리자들은 새로운 지역에 시스템을 소개해야 하는 것뿐만 아니라 몇 개의 서비스지역을 동시에 관할해야 한다.

로동집약도가 낮은 서비스의 관리자는 이와는 다른 종류의 문제를 가진다. 그들은 현재의 공장 및 장비에 대한 감독과 새로운 기법에 대한 평가에 더 많은 관심을 둔다. 이처럼 장비지향의 서비스는 로동집약적 서비스보다 덜 유동적이기 때문에 이들은 서비스 전달의 일정을 보다 정확하게 잡아야 하며, 서비스 수요의 성수기를 연장시키고, 비수기에는 촉진책을 활용하는 등 수요를 조절해야 한다.

손님 상호작용/개별화가 낮은 서비스라면 관리자는 서비스가 부드럽고 서비스 시설이 매력적이 되도록 마케팅[10]에 많은 관심을 기울여야 한다. 이는 또한 운영절차를 정하고 엄격한 관리 위계질서를 가지는 서비스의 유형이기도 하다.

높은 손님 상호작용/개별화 서비스의 경우에는 관리자는 비용절감을 위해 로력해야 하는 한편 높은 품질 수준을 지속시키는데 관심을 기울려야 한다. 서비스 종사자들은 서비스 기업의 성공에 보다 큰 영향을 미치고 있

10) 생산자가 상품 또는 서비스를 소비자에게 류통시키기 위한 모든 경영활동. 시장조사・상품계획・선전・판매 등

[그림 2-4] 서비스 관리자들의 도전과제

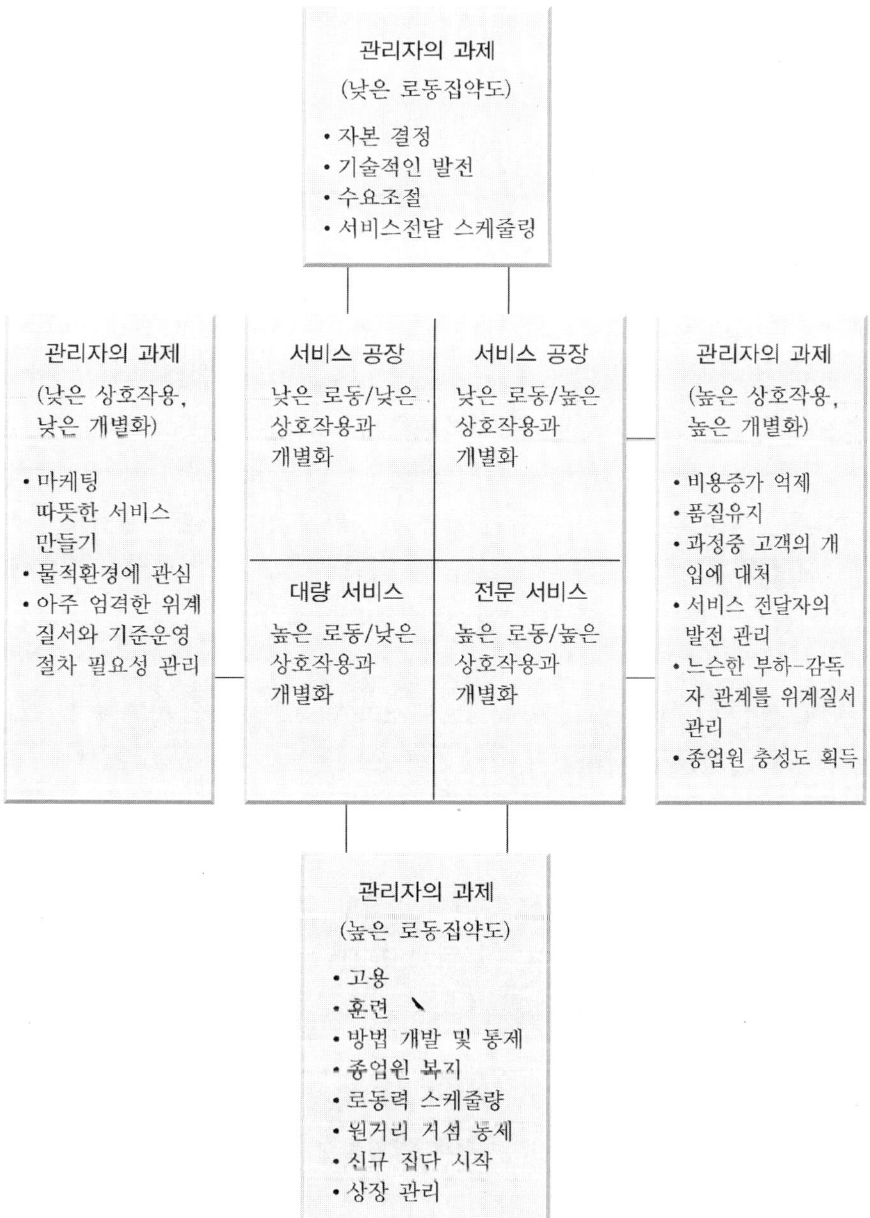

으며, 잘 훈련되고 조심스럽게 다루어져야 할 필요가 있다. 또한 관리자와 부하의 관계는 덜 엄격한 경향이 있다.

제 3 절 서비스 패키지

서비스 관리자가 자신의 생산품의 본질을 밝히는 데는 어려움이 있다. 이러한 문제의 원인은 부분적으로 서비스의 무형성 탓으로 볼 수 있다. 그러나 더 중요한 이유는 전체 서비스 경험을 창출하는 과정에 손님이 개입한다는 것이다. 다음의 례를 생각해 보자. 많은 사람들이 친구들과 함께 어울리기 위해 식사를 하기 때문에 음식점의 분위기는 음식만큼이나 중요하다. 또한 은행의 손님은 대기 시간이 짧거나 행원이 친절하기를 원한다.

서비스 패키지는 어떠한 환경에서 제공되는 제품과 서비스의 묶음으로 정의된다. 이 묶음은 다음의 네 가지 요소들로 구성된다.

① 지원시설: 서비스가 제공되기 이전에 서비스 장소의 물리적 자원을 말한다. 례를 들어, 골프 코스, 스키 리프트, 병원, 항공기 등이다.

② 촉진제품: 구매자가 구입하거나 소비하는 자재, 또는 손님에 의해 제공되는 품목을 말한다. 례를 들어, 골프 클럽, 스키, 음식 차림표, 자동차 교환부품, 법률문서, 의료기기 등이 이에 속한다.

③ 명시적 서비스: 감각으로 쉽게 관찰할 수 있고, 서비스의 핵심적 특징으로 이루어지는 효익을 말한다. 례를 들어, 치과 치료 후의 통증 감소, 자동차 정비 후의 부드러운 주행성, 소방서의 출동시간 등이 이에 속한다.

④ 묵시적 서비스: 서비스의 부차적인 특징으로 느끼는 심리적인 효익을 말한다. 례를 들면, 대출의 비밀보장, 걱정 없는 자동차 정비 등이 이에 속한다.

이상의 네 가지 요소들은 모두 손님들이 경험하는 것이며, 서비스 지각의 기초를 이룬다. 서비스 관리자가 손님이 바라는 서비스 묶음을 경험하도록 하는 것은 매우 중요하다. 늙은 호텔을 례로 들어보자. 지원시설은 소박한 가구를 갖춘 콘크리트 건물이다. 촉진제품은 최소한의 비누와 휴지이다. 명시적 서비스는 깨끗한 방과 편안한 침대이다. 묵시적 서비스는 접수 안내원의 친절함과 밝은 조명의 주차장 안전성을 포함한다. 호텔 관리원을 두는 등의 서비스 묶음 변화는 늙은 인상을 실추시킬 것이다. <표 2-7>은 서비스 묶음을 평가하는 기준의 목록을 보여주고 있다.

서비스 묶음에서 촉진제품은 순수 서비스에서 다양한 혼합 서비스에 이르기까지 서비스를 분류하는 데 리용될 수 있다. 례를 들어, 촉진제품이 없는 정신과 상담은 순수 서비스로 간주된다. 자동차 정비는 리발보다 더 많은 촉진제품을 필요로 한다.

서비스 본질에서의 그러한 변동이 있을 때 서비스관리에 대해 일반적으로 설명하기는 어렵다. 그러나 서비스환경의 독특한 특징의 이해는 서비스 관리자가 직면하고 있는 문제를 충분히 인식하는 데 중요하다.

제 4 절 서비스산업의 동향

오늘날 서비스산업의 동향을 요약해 보면 다음과 같다.

① 서비스가 나타나야만 비로소 손님이 인식하는 혁신적인 서비스: 이러한 서비스는 종종 새로운 기술에 기초한다. 최근의 례로는 인터넷을 통한 홈쇼핑, 전자식 은행지급기, 원격 화상회의, 순간 사진현상, 자동차가 고장났을 때 가장 가까운 경찰소와 련락을 취하게 해주는 무선전화기 등이 있다.

② 서비스 운영에 손님 참여의 증가: 최근의 예로 손님이 조립하는 포장 상품, 세탁하고 곧 입을 수 있는 재료의 의류로 손님이 직접 세

탁하는 것 및 영화관을 대체하는 가정용 비데오의 리용 등을 들 수 있다.

③ 서비스의 사전포장: 여기에는 자체학습 과정, 사전에 준비된 리혼 서류, 혈압 및 암 측정을 할 수 있는 가정용 의료 기기, 전화로 듣는 사전에 준비된 치료법, 상담, 또는 정보 서비스가 포함된다.

④ 서비스 비중이 증가된 소비자 상품: 례를 들어, 한곳에서 자동차 관련 서비스를 모두 받을 수 있는 자동차수리공장, 배달주문 음식점, 은행 서비스의 혼합, 부동산 중개업의 전산 서비스 증가 등이 있다.

⑤ 서비스의 국제화: 대량 서비스와 소규모 집단 서비스의 두 가지 분야 모두에서 서비스의 국제화가 이루어지고 있다.

의심할 나위 없이, 새로운 서비스의 도입(례를 들어, 컴퓨터 프로그램의 사용 증가), 기존 서비스의 자동화(례를 들어, 로보트를 리용한 가정 청소 및 잔디깎기), 그리고 서비스 과정에 손님의 참여 증가(례를 들어, 스스로 리발할 수 있는 장비)를 통하여, 미래의 우리 사회에는 보다 많은 서비스가 제공될 것이다.

〈표 2-6〉 서비스 패키지의 평가기준

지원시설	
① 건축상의 적합성: 대학캠퍼스의 르네상스식 건축 독특하게 인식되는 푸른색 지붕 도심지 은행의 거대한 화강암의 외관 ② 내부장식: 적절한 분위기가 연출되는가? 가구의 질과 조화	③ 설치배치: 소통이 원활한가? 대기 장소는 적합한가? 불필요한 이동 혹은 추적이 있는가? ④ 지원장비: 치과의사가 기계드릴을 사용하는가? 또는 에어드릴을 사용하는가? 항공기의 기종과 사용년수는 어떠한가?

<table>
<tr><th colspan="2">촉진제품</th></tr>
<tr><td>① 일관성:
프렌치 후라이의 바삭바삭한 상태
부분통제
② 수량:
소, 중, 대 크기의 피자
무료 체크</td><td>③ 선택:
교환 머플러의 다양성
이용가능한 메뉴품목
임대스키</td></tr>
<tr><th colspan="2">명시적 서비스</th></tr>
<tr><td>① 서비스 인력의 훈련
국가가 공인한 자동차 정비공인가?
숙달된 조수의 활용범위는?
일류 의과대학출신의 외과의사인가?
② 종합성:
패스트푸드점 대 카페테리아
종합병원 대 개인 클리닉
전문대학 대 종합대학교
회의실, 레스토랑, 수영장을 갖춘 모텔</td><td>③ 일관성:
항공기의 정시도착 기록
④ 이용가능성:
24시간 뱅킹 서비스
소방서의 위치</td></tr>
<tr><th colspan="2">묵시적 서비스</th></tr>
<tr><td>① 서비스 인력의 태도
친절한 승무원
재치있는 경찰관
퉁명스런 음식점 종업원
② 기밀보호 및 안전성:
변호사 사무실에서 법률상담
모텔방의 마그네틱 열쇠
③ 편리성:
예약이용
무료주차
④ 분위기:
레스토랑 실내장식
표준화된 양식사용
잘 정돈된 것보다는 혼잡한 감</td><td>⑤ 대기:
드라이브인 뱅킹
통화대기
레스토랑의 칵테일 바
⑥ 지위:
명문대학의 졸업장
스포츠 행사의 특등석
⑦ 행복감:
대형 여객기
밝은 조명의 주차장</td></tr>
</table>

Chapter

03 품질경영

제 1 절 품질의 개념

오늘날 품질의 개념은 시간의 변화와 함께 변화하며, 매우 복잡한 요인으로 구성되어 있는 복합적인 특성을 지닌다. 품질은 기업의 성장과 발전에 직접적인 영향을 미치는 전략적 수단으로 볼 수 있다.

미국 하버드대학교 교수인 가빈(D. A. Garvin)은 “품질을 단순히 생산과정의 통제를 위한 수단으로만 좁게 보지 말고, 소비자들의 요구와 선호도를 평가하는 기준으로 삼아야 한다”라고 품질의 개념을 규정하고 있다. 그는 품질을 구성하는 요인을 차원이라 하고 다음과 같이 여덟 가지를 제시하고 있다.

· 성능
· 특징
· 신뢰성
· 표준과의 일치
· 내구성
· 서비스 가능성
· 기호
· 인식도

1. 성 능

성능이란 제품의 기본적인 특성을 말한다. 례를 들면 자동차의 경우는 가속능력, 주행속도 그리고 승차감과 같은 것을 의미하며, 텔레비죤의 경우 음향, 화질, 색상 그리고 원거리 수신능력과 같은 것을 말한다. 또한 간이음식점이나 항공사와 같은 경우는 신속한 서비스와 같은 것이다. 그러므로 이들은 대부분이 객관적으로 측정 가능한 성격을 지니고 있다. 그러나 이들이 소비자들이 추구하는 요구와 관련이 없다면 매우 어렵게 될 것이다.

례를 들어 전구의 경우 오직 밝기가 높다는 것만으로는 우수한 성능이라고 할 수 없다. 왜냐하면 작업의 특성에 따라 요구되는 밝기가 다르기 때문이다. 그러므로 '우수한 성능'이란 작업의 특성에 따라 변동적이라고 할 수 있다. 이상에서와 같이 성능의 차이가 환경적인 선호에 의하여 결정되지만 이는 기호가 아니라 기능적 요구에 기초를 두고 있는 것이다.

2. 특 징

특징이란 제품과 서비스의 기본적인 기능을 추가적으로 보완하여 주는 기능을 의미한다. 례를 들면 항공기에서 제공되는 무료음료, 텔레비죤에 부착되어 있는 각종 조정장치가 바로 그것이다. 따라서 현실적으로 기본적인 기능과 특징을 명확하게 구별한다는 것은 쉬운 일이 아니다.

그리고 특징은 개인적인 요구에 따라서 매우 변동적이다. 가구점에서 다양한 구조와 색상을 제품에 도입함으로써 '우수한 특징'을 확보하는 것은 좋은 례이다. 오늘날 이와 같은 특징을 확보하기 위해서 이른바 유연생산시스템(flexible manufacturing system: FMS)을 활용하고 있는 경우도 많다.

3. 신 뢰 성

신뢰성이란 특정 기간 내에 적정한 보존활동이 있음에도 불구하고 고장이 나거나 제대로 기능을 발휘하지 못할 확률과 관련된다. 즉, 신뢰성은 1에서 이 확률을 뺀 값이 된다. 그리고 신뢰성을 측정할 수 있는 척도로는 최초의 고장이 발생할 때까지의 평균시간, 고장과 고장 사이의 평균시간 그리고 특정단위시간당 고장률과 같은 것들이다. 이와 같은 것들은 일반적으로 제품을 일정 기간 사용한다는 전제하에서 유효한 것들이며, 즉시 소비되는 제품이나 서비스와 같은 경우에는 전혀 유효하지 않다고 할 수 있다.

그리고 신뢰성은 농기계와 같이 유지비용은 많이 들고, 휴지기간은 매우 길며, 상대적으로 사용기간이 수확기간으로 제한되기 때문에 짧다고 할 수 있는 경우에는 매우 민감한 문제가 될 수 있다. 특별히 최근의 한 조사에 의하면 자동차의 경우에 젊은 녀성층에게는 자동차에 있어서는 높은 신뢰성이 가장 바람직한 요인이 되고 있음이 밝혀졌으며, 또한 무기와 같은 경우에도 많은 수리비가 요청될 뿐만 아니라 사용하지 않는 기간이 길고, 사용기간이 매우 짧기 때문에 이의 구매계약과 같은 문제에는 역시 신뢰성이 가장 중요한 요인이 될 수 있다고 생각할 수가 있다.

4. 표준과의 일치

이 요인은 제품의 설계와 기능이 설정된 기준에 어느 정도 일치되는가를 의미한다. 이는 미국의 학자, 주란(Juran)에 의하여 소개된 요소이며 품질의 전통적인 요소 중의 하나라고 할 수 있다.

일반적으로 모든 제품과 서비스는 일정한 규격을 가지고 있다. 제품에 있어서 새로운 설계와 모형이 개발된다면 그 다음에는 자재를 위한 부품의 순도나 표준이 설정되게 된다. 이들을 보통 표적 또는 중심이라고 하며 이를 벗어나는 오차는 일정한 범위 내에서만 허용된다.

5. 내 구 성

제품의 내구성은 일반적으로 제품수명의 척도로서 경제적인 것뿐만 아니라 기술적 측면을 모두 포함하고 있다고 할 수 있다. 기술적으로 내구성이라면 제품이 사용될 수 없을 때까지 얻을 수 있는 총사용량을 의미한다고 할 수 있다. 례를 들어 전구의 경우 오랜 시간을 사용한 후에는 필라멘트[1]가 연소되어 제품을 교체해야만 한다. 이때에는 전혀 수리가 불가능하다.

그러나 일반적으로 소비자들은 항상 새로운 제품이 시장에 출현한다면 제품에 대한 투자 및 운영비 그리고 장래 지출해야만 할 수리비 및 개인의 불편 등 예상비용을 현재 보유하고 있는 제품과 비교해 볼 것이다. 이러한 관점에서 볼 때 내구성의 개념은 제품이 완전히 못 쓰게 되어 수리하는 것보다 새로이 교체하는 것이 유리할 때까지 제품으로부터 얻을 수 있는 총사용량을 의미한다고 할 수 있다. 이와 같은 내구성에 관한 새로운 접근방법은 다음과 같은 두 가지의 중요한 의미를 지니고 있다고 할 수 있다.

첫째, 내구성은 신뢰성과 매우 밀접한 관계를 가지고 있다. 일반적으로 자주 고장을 일으키는 제품은 보다 신뢰성이 있는 제품보다 일찍 폐기될 수 밖에 없다. 왜냐하면 이는 많은 수리비용을 요구하기 때문에 다른 경쟁제품을 사는 것보다 불리하게 되기 때문이다. 둘째, 일반적으로 제품의 수명연장은 기술의 진보나 재료의 수명이 연장되었다는 것뿐만 아니라 경제적 환경의 변화를 감안해야 한다. 따라서 내구성에 관한 특성은 매우 신중히 해석되어야만 한다.

례를 들어 미국의 자동차들은 지난 10여년 이상 수명을 크게 연장시켜 평균적으로 약 14년 정도까지 내용련수를 확장시켰다. 이는 기술과 자재의

---

1) 백열전구나 진공관의 내부에서 전류를 통하여 열전자를 방출하는 실처럼 가는 금속 선.

변화뿐만 아니라 연료비가 증가하고, 취약해진 경제와 같은 환경문제 때문이라고 할 수 있다.

또한 내구성은 상표에 따라서 많은 차이가 있다. 미국에서 1981년 가전제품에 대한 수명조사에서 다음과 같은 것들이 밝혀지고 있다. 즉 냉장고의 경우 웨스팅하우스(Westinghouse)사의 제품은 9.9년, 프리지데어(Frigidaire)사의 제품은 13.2년으로 밝혀지고 있다. 그리고 세탁기의 경우는 깁슨(Gibson)사의 제품은 5.8년, 매이텍(Maytag)사의 제품은 18년으로 밝혀졌다. 또한 건조기의 경우 몽고메리와드(Mongomeryward)사의 것은 6.6년, 매이텍사의 것은 13.5년이었다. 그리고 진공청소기의 경우는 시어즈(Sears)사의 것은 6년, 커비(Kirby)사의 것은 17년이었다.

이와 같이 제품의 수명이 다양한 것은 내구성에 추가되어 보완할 수 있는 여러 가지의 품질적 특성이 매우 많음을 설명하는 것이라고 할 수 있다.

6. 서비스 가능성

서비스 가능성이라 함은 수리와 수선에 있어서 신속성, 친절, 우수성 그리고 용이성을 총칭한다. 그리고 서비스들은 실질적으로 다음과 같은 것에 대해서도 매우 큰 관심을 가지고 있다.

· 수리와 수선이 이루어지기까지의 대기시간
· 수리와 수선의 성격
· 수리와 수선의 빈도
· 해결되지 못하는 서비스의 빈도

이상과 같은 문제들은 기업의 불만해소 절차에 따라 해결될 수 있기 때문에 기업의 평가에 크게 영향을 미친다고 할 수 있다. 그러나 서비스가능성 중에 상당한 부분은 서비스를 받아들이는 사람의 개인적인 차이에 따라 매우 큰 변동을 유발하고 있다. 례를 들어 신속한 수리와 짧은 휴지시간과 같은 것은 높은 품질로 보고 있는 반면 친절에 대한 평가와 전문적인 행동과 같은 요소들은 소비자의 개인적 인식과 해석에 큰 영향을 미치고 있지 못하다고 할 수 있다.

또한 소비자들의 휴지시간에 대한 반응 역시 매우 다양하다. 일반적으로 이는 어떤 특정한 상황하에서 어떤 한계점을 넘어서는 경우만 신속한 서비스가 중요해지기 시작한다. 례를 들어 미국의 경우 한 조사에 의하면 농부들은 수확기에 종합탈곡기와 같은 기계에서 1~6시간 정도의 고장시간은 용납하고 있지만 그 이상의 고장시간이 발생한다면 새로이 기계를 구입한다든지 또는 기계를 임차하여 수확하려고 한다. 이와 같은 경우라면 우수하고 신속한 서비스는 가장 강력한 판매수단이 될 것이다. 따라서 캐터필러(Caterpillar)사의 경우는 어느 곳에서나 48시간 이내에 부품을 공급하겠다는 보장을 하고 있으며, 다른 경쟁업체에서는 수확기간과 같이 중요한 시기에 고장이 난다면 다른 기계구입 자금을 리자 없이 제공하겠다는 약속을 하고 있다.

때로는 애프터서비스[2)]를 받은 후에도 만족스럽지 못한 상태로 남아 있는 경우가 있다. 이와 같은 경우 그러한 불평과 불만을 어떻게 처리하는가는 역시 품질에 매우 중요한 영향을 미칠 수 있다. 미국의 경우 1976년 소비자들에 대한 조사에 의하면 문제해결을 위한 서비스를 요청한 주부들의 약 40% 이상이 그 결과에 관하여 여전히 불만을 나타내고 있음이 보고되고 있다. 그러나 서비스의 문제가 아직도 철저하게 인식되지 못한 우리나라의 경우에는 이보다도 훨씬 심각하다.

이상에서와 같이 불평의 해소와 만족의 정도가 궁극적으로 소비자들의 재구매에 매우 중요하게 영향을 미치고 있다. 따라서 많은 기업들은 이를 위하여 다양한 수단을 강구하고 있다. 그러나 몇몇 기업들은 법률적인 절차를 밟거나 침묵으로 일관하여 소비자들을 경시하기도 한다. 그러나 최근 미

2) 상품판매를 효과적으로 하기 위한 사후 서비스, 자동차를 판매한 후 점검 서비스를 제공하는 것 등이 이에 포함된다.

국에서는 이와 같은 문제를 해결하기 위하여 무상직통전화를 가설하는 추세이다.

7. 손님의 기호

손님의 기호는 매우 주관적인 품질요소라고 할 수 있다. 례를 들어 어떻게 보이는가, 어떻게 느껴지는가, 어떻게 들리는가, 어떠한 맛이 나는가, 어떠한 냄새가 나는가와 같은 것들이다.

이상과 같은 것들은 모두가 개인적인 판단과 선호를 그대로 반영하고 있다고 할 수 있다. 례로서 맛의 경우에 미국의 조사에 의하면 식품류에서는 풍부한 맛, 자연 그대로의 맛, 신선한 맛으로 순서가 정해지고 있으나 우리나라의 경우는 이와는 다를 것이다. 따라서 이 요소에 있어 일반적으로 모든 사람을 모두 만족시킨다는 것은 거의 불가능하다고 할 수 있다.

8. 인 식 도

오늘날 제품과 서비스의 품질은 '숨겨진 품질'이라 한다. 왜냐하면 소비자들은 전문가가 아니기 때문에 완전한 정보를 가지고 있지 못하기 때문이다. 그러므로 이들은 상표와 같은 간접적인 척도를 활용하는 것이 일반적이다. 례를 들어 내구성의 경우 직접적으로 관찰할 수 없으며 일반적으로 유형, 무형의 여러 가지 측면으로 유추될 수밖에 없는 것이다. 따라서 때로는 사실보다도 상상, 광고 그리고 상표와 같은 것으로 추측하는 것이 더욱 중요할 수가 있다.

례를 들어 일본의 혼다(Honda)사가 미국 오하이오주 매리스빌(Marysvill)에 위치한 공장에서 생산된 자동차에 대해서, 소니(Sony)사가 미국 캘리포니아주 샌디에고(San Diego)에 위치한 공장에서 생산된 제품에 대해서 이러한 제품이 일본 밖에서 생산되었음을 밝히지 않으려는 것도 좋은 례라고 할 수 있다.

특별히 명성은 인식도에 매우 중요한 영향을 미친다. 일반적으로 소비자들은 오늘의 제품은 과거의 제품과 매우 비슷하다고 인식하고 있기 때문이다. 례를 들어 미국의 메이텍(Maytag)사는 본래 신뢰성 있는 세탁기와 건조기를 생산하는 것으로 매우 높은 명성을 유지하고 있었다. 이 회사는 그 후 1980년대 초에 새로이 접시닦는 기계를 생산하였는데, 이것 역시 매우 좋은 성과를 거두었다고 한다.

이상에서와 같이 현대적인 품질의 개념은 전통적인 것과는 매우 다르며 특별히 다양한 요소를 포함하고 있다. 따라서 현대적인 품질전략을 구상함에 있어서도 매우 중요한 차이가 발생한다.

제 2 절 품질통제, 품질관리 그리고 품질경영

1. 품질통제와 품질관리 그리고 설정된 과제

일반적으로 관리(management)라는 개념은 영어를 사용하는 나라에서도 통일된 의미로 사용되지 못하였다. 그러나 최근에 이르러서 개념상의 혼돈은 명확하게 정돈되어 가고 있다.

다양하게 규정되어 온 관리의 개념을 정리해 보면 다음과 같이 두 개의 흐름으로 요약할 수가 있다. 첫째는 조직 또는 조직계층의 개념으로 규정하는 것, 둘째는 특수한 자격을 가지는 사람들이 일으키는 행위의 개념으로 규정하는 것이 그것이다. 그러나 일반적으로는 후자와 같이 행위의 개념으로 채용하고 있다고 할 수 있다. 이는 특별히 관리론 중심적인 미국 경영학에서는 지배적이라고 할 수 있다.

그러면 관리란 어떠한 기능을 포괄하고 있는가? 많은 사람들은 역시 매우 다양한 기능을 제기하고 있지만 계획화, 조직화 그리고 통제의 기능 등 세 가지로 구분하는 삼분법(三分法)이 가장 보편적인 것이라고 할 수 있다.

첫째로, 계획화란 계획의 행위개념이므로 라틴어의 'planum'에서 유래했다고 할 수 있고, 이는 '평탄한 평면'을 뜻한다. 이것이 영어에 들어 온 것은 17세기에 이르러서다. 당시에는 청사진이나 지도 위에 무엇을 그린다는 의미로 사용하였다고 하나 오늘에 이르러서는 인간행동 전 영역에 걸쳐 매우 광범위하게 사용되고 있다.

계획화란 '장래활동을 미리 예정하는 행위'로 규정할 수 있으며, 이는 위험을 완벽하게 제거할 수 있는 것도 아니며, 장래에 대한 정확한 청사진도 아닌 것이다. 오로지 계획을 마련하는 행위일 뿐이다.

둘째로, 조직화를 매우 고전적인 관점에서 정의해 본다면 "목표달성에 필요한 여러 직능을 마련하며, 부여된 각 직능의 집행에 부과된 권한과 책임의 표시"로 규정하고 있다. 그러나 오늘날과 같이 보편적인 관점에서 정의해 보면 "각종의 직무를 기업목표달성에 가장 합리적으로 편성하는 과정과 그 직무를 실제로 수행할 사람을 합리적으로 배치하는 과정"이라고 할 수 있다. 그러나 매우 최근에 이르러서는 인간의 조직적 행동을 더욱 강조하는 경향이 뚜렷하다.

셋째로, 통제란 본래가 행위개념이므로 통제화란 어휘를 채택하고 있지 않다. 고전적인 관점에서 통제란 "계획에 합치되는 과업의 수행을 확인하는 행위"로 규정하고 있다. 따라서 통제란 계획과 비교하여 실적을 평가하고, 실제로 계획과 실적과 편차가 발생한다면 그 원인을 규명하여 계획에 따라 목표달성이 이루어지도록 시정 조치하는 활동이다. 그러므로 계획화가 없다면 통제가 있을 수 없으며, 통제가 없다면 계획된 것이 이루어질 수 없는 관계가 있다.

전후 일본에서는 전쟁으로 인하여 극도로 파괴되었던 산업을 재건하기 위하여 품질 좋은 제품을 만들 수 있는 지혜를 산업선진국들로부터 적극적으로 배우기 시작하였다. 이를 위하여 일본과학기술연맹에서는 외국의 전문가를 초빙하여 관련 리론과 기법을 배우기로 결정하였고, 최초로 초빙되어 온 인사가 바로 데밍(W.E. Deming)이었다. 이는 그들에게 주로 간단한 통계학적 수단을 활용하는 이른바 통계학적 품질통제(Statistical Quality Control: SQC)를 전수하였다. 이것이 바로 오늘날 일본형 품질통제의 출발이 되었고, 발전을 거듭한 결과 그들의 산업부흥에 가장 중요한 역할을 수행했다고 알려지고 있다.

품질통제는 가장 바람직한 품질적 특성을 지닌 재화를 표준으로 책정하고, 이러한 표준과 꼭 같은 즉 균일성을 지닌 재화를 제조하는 것을 목표로 삼고 있다. 그러나 품질관리는 재화의 균일성을 확보하려는 품질통제와는 달리 표준을 바꿔 품질을 개선하고, 향상시키는 일, 즉 품질에 대한 계획화와 조직화를 포함하는 보다 큰 개념이라고 할 수 있다.

Chapter

04 제품 · 서비스의 설계와 개발

제 1 절 제품 설계와 개발의 의의

신제품의 설계와 개발은 기업의 중요한 과제들의 하나로서 향후 이루어질 기업의 생산, 조달, 물류, 판매과정에 많은 영향을 미치게 된다는 점에서 전략적이고 체계적인 접근이 요구된다. 신제품에 관한 내용이 확정이 되면 제품의 기술적인 특성에 따라서 생산공정이 재배치되고 필요한 부품조달에 관한 내용이 다시 계획되어야하며 마케팅 활동 또한 다시 조정되어야 할 수도 있을 것이다. 이러한 변화는 다음 제품이 개발될 때까지 유지될 것임으로 새로운 제품의 영향은 공간적으로 넓고 시간적으로 길게 미친다. 이러한 다른 부서와의 련관성과 영향의 지속성 때문에 제품개발과정에서 다양한 의견교환은 필수적이며 이 과정을 얼마만큼 효과적으로 수행할 수 있는지가 제품개발과정의 주요 관리사항이 된다.

기업의 신제품 개발능력은 기업의 성장가능성을 예측할 수 있는 주요한 지표가 된다. 신기술개발의 속도가 빨라지고 소비자의 기호가 다양해짐에 따라 제품의 수명주기는 점차 짧아지는 추세이다. 새로운 제품을 연속적으로 시의 적절히 개발할 수 없는 기업은 점차 도태될 수밖에 없으며 이를 피하기 위하여 제품개발과정의 전략적 관리가 요구된다.

신제품의 설계와 개발은 구분되어야 할 개념으로서 설계는 제품개발과정의 한 단계로 이해될 수 있다. 제품개발과정이 아이디어[1] 창출과 시장성 검증, 필요한 기술의 선택 및 개발, 원형의 개발과 생산가능성 검증으로 요약된다면, 보다 나은 설계는 시장성과 생산가능성을 높여줄 수 있어야 한다. 선택된 아이디어를 바탕으로 마케팅 부서는 시장성을 염두에 두고 설계에 임하는 반면 생산 부서는 제안된 설계가 비교적 원활히 생산될 수 있는지를 고려한다. 복잡한 설계는 생산과정에서의 비용을 높여 가격경쟁력을 떨어트릴 수 있다. 때문에 설계과정에서 마케팅과 생산 부서간의 긴밀한 의사교환은 필수적이다.

새로운 제품이나 서비스의 개발을 위한 아이디어 창출은 대략 두 가지 경루를 통해 이루어진다. 마케팅 부서가 소비자의 충족되지 않은 욕구를 이해하는 것이 그 하나인데 이는 마케팅 부서가 기존 제품에 대한 소비자의 경험을 이해하는 데서부터 시작된다. 다른 하나는 기업의 연구 · 개발과정에서의 새로운 기술이 신제품을 가능하게 한다. 모든 신기술이 신제품으로 연결되는 것은 아니지만 성공적인 연구개발 경우를 보면 신제품으로의 전환가능성이 높은 기술을 우선적으로 투자, 개발하는 전략적 연구개발은 우연한 기회에 발견된 신기술을 리용한 신상품개발과는 다름을 알 수 있다. 새로운 기술의 개발은 제품기술과 제조기술의 두 가지 형태를 띤다. 동일한 제품생산에 쓰일 새로운 제조기술의 개발이라도 비용절감과 품질 향상으로 이어질 경우 시장성과 가격경쟁력을 높일 수 있다.

제 2 절 제품개발의 과정

기업에 따라서 신제품을 개발하기 위하여 사용하는 접근방법은 다양하지만, 신제품의 개발과정은 일반적으로 네 가지 단계를 거친다. 전통적

1) 어떤 일에 대한 착상, 발상, 창안, 고안.

으로 제품의 개발과정에서의 단계들은 기업내 개별부서에서 순차적으로 수행된다.

[그림 4-1]에서 보는 바와 같이, 기존 제품의 개선 혹은 신제품에 대한 아이디어는 여러 원천으로부터 창출된다. 이들 아이디어를 수집하고 제품 개념을 정의하여 제품을 선정하며, 선정된 제품의 타당성을 조사하는 것은 일반적으로 마케팅 부서에서 수행된다. 선정된 제품이 특정시장 및 경제적 기대를 충족시켜 주면 제품에 대한 성능명세서가 개발된다. 이러한 성능명세서는 설계기술자에게 보내져서 예비적인 기술명세서와 세부적인 설계명

[그림 4-1] 제품설계의 과정

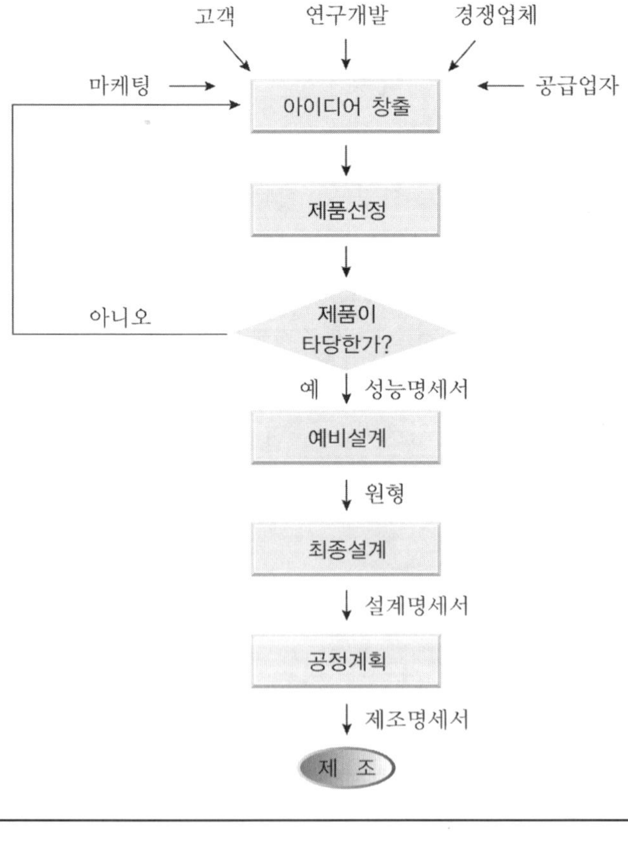

세서가 개발된다. 이 설계명세서는 제조기술자에게 보내어지고, 이들은 장비, 도구 등에 대한 구체적인 요건과 관련된 공정계획을 개발한다. 이러한 제조명세서는 공장현장의 생산부서로 보내어지는데, 여기서 신제품생산에 대한 일정계획이 수립된다.

1. 아이디어 창출

제품혁신의 아이디어는 손님의 충족되지 않은 욕구를 이해하는 것으로부터 시작한다. 소비자에 대한 이해는 여러 경로를 통해 이루어지는데 현재 시장에 있는 상품을 사용해본 손님과의 대화, 소비자 상담을 통하여 접수된 불편사항, 경쟁사 제품의 분석 등은 아이디어 창출에 도움이 된다. 어떤 아이디어는 기존 제품의 간단한 수정이나 새로운 기능의 추가 등으로 실현될 수 있는 반면 어떤 아이디어는 전혀 새로운 제품의 개발을 요구하기도 한다. 이러한 아이디어들은 때론 제조기술의 변경 혹은 신기술의 개발로 연결되기도 한다. 신제품에 대한 아이디어는 때론 기업내부에서부터 이루어지기도 한다. 리용가능한 기술 혹은 신기술의 개발은 생산공정과 제품 모두에 영향을 미침으로 같은 제품을 보다 신속하고 저렴하게 혹은 전혀 새로운 제품의 출시 등으로 연결된다.

2. 제품개념 선정

새로운 아이디어가 모두 신제품으로 개발되는 것은 아니다. 일반적으로 마케팅 부서는 개발과정의 첫 단계에서 창출된 아이디어로부터 대략적으로 제품개념을 정의한다. 아이디어는 대강 추려낸 내용일 수 있지만 개념은 어떤 식으로 이를 실현할 것인지 보다 구체적이어야 한다. 외형, 기능성, 크기 등에 대해서도에 대체적 윤곽을 정의한 다음, 가장 유망한 개념에 대해서는 시장분석으로부터 시작하여 여러 가지 분석이 수행되고 타당성 조사가 실시된다. 제품개념은 적어도 세 가지 검사, 즉 시장 잠재력, 재정적 타당성 및 생산 적합성을 충족시켜야 하는데, 이를 위해 마케팅 부서의 주도아래, 재정 및 회계, 생산 부서들이 제품선정에서부터 의견을 제시하는 것이 바람직하다. 제품선택을 위한 분석의 목적은 제품의 생산과 출시에 대한 최종 결정이 아니지만 이러한 검사들이 보다 구체적이고 효과적이기 위해서는 실물에서부터 제작하여 사용하는 것이 바람직하다.

3. 예비설계

타당성 조사를 통과하여 개발이 승인된 제품개념은 설계기술부서로 보내져 예비 및 세부설계가 개발된다. 예비설계는 신제품 개념을 구체적인 제품으로 전환하는 것이다. 제품선정단계에서는 제품에 대한 정의가 개략적으로 이루어지는 반면에, 예비설계단계에서는 제품을 완전히 규정하고, 보다 나은 시장성, 수익성, 생산가능성을 위해 끊임없이 설계변경을 한다. 이 과정에서 여러 단계의 모형제작이 이루어지게 되는데, 원형제작은 각 원형으로부터의 시장성, 수익성, 생산가능성 예측에 큰 도움이 된다. 도면상의 설계를 실물로 만들어 봄으로써 원가, 대량생산시 예측되는 문제점들을 생각해볼 기회가 된다. 원형의 제작목적은 외형검사와 기능검사로 구별될 수 있는데, 외형검사는 제품의 외관 즉 크기, 형태 등을 주로 고려하는 반면, 기능검사를 위한 원형제작은 구체적인 기능설계를 요구한다.

4. 최종설계

일단 예비설계가 합의되면 최종설계가 개발되는데, 최종설계단계에서는 제품의 설계도와 명세서가 개발된다. 원형시험의 결과로서 설계변경이 요구되면 이는 최종설계에 반영된다. 만일 변경이 이루어지면 최종제품의 성능을 다시 한 번 확인하기 위해 재시험을 할 수도 있다. 그런 다음 생산에 착수할 수 있도록 설계명세서를 완전히 결정한다. 최종설계단계는 세 가지 설계, 즉 기능설계, 형태설계 및 생산설계를 거쳐서 예비설계를 개선시키고, 문서화하며, 세부적으로 완성한다.

· 기능설계: 기능설계는 제품이 어떠한 성능을 지니며 이 성능들이 어떻게 작동될 것인가를 규정하는 과정이다. 기능설계의 목적은 고객에 대한 사용 적합성을 위하여 마케팅 부서로부터 제시된 성능명세서를 충족시키는 것이다. 이 단계에서는 신뢰성과 유지보수성이 우선적으로 고려된다. 신뢰성은 생산된 제품이 명시된 수명기간 동안에 의도된 기능을 수행할 확률을 의미하며, 유지보수성은 서비스 용이성이라고도 하는데, 이는 제품의 수리 및 보수가 얼마나 저렴하고 용이하게 될 수 있는지를 의미한다.

· 형태설계: 형태설계에서는 제품의 물리적 외양 즉 기능의 배열, 모양, 색깔, 크기 및 형태를 결정한다. 제품의 형태는 제품이 갖고자하는 기능의 내용에 따라서 달라질 수 있으므로 기능설계와 밀접한 연관이 있다.

· 생산설계: 생산설계에서는 제품을 생산하는데 있어서의 용이성과 그로 인한 비용의 절감을 주안점으로 한다. 보기에 좋은 형태라도 생산능력에 대한 고려가 없다면 생산하기에 지나치게 까다로워서 품질유지가 힘들고 생산비용을 올릴 수 있으므로 생산설계는 형태설계와 밀접한 관련이 있다. 생산설계를 위해서 일반적으로 사용되는 접근방법에는 단순화, 표준화 및 모듈화설계가 있다.

(1) 단 순 화

단순화는 제품을 생산하는데 필요한 부품, 중간 조립품의 수를 줄이는 것이다. 단순화는 부품간의 결합과 새로운 재료의 사용 등을 통하여 이루어지는데, 줄어든 부품의 수는 생산과정의 단순화를 통한 품질 향상의 가능성을 열어주며 재고관리를 단순화시킴으로써 부품의 손실과 파손을 줄여줄 수 있다.

(2) 표 준 화

표준화는 부품의 크기, 모양 성능 및 기타의 특징들을 규정하는 과정을 의미한다. 표준화된 부품은 여러 완제품에 사용됨으로서 부품 설계시간의 절감, 부품의 대량생산과 구매로 인한 비용절감, 구매와 자재취급의 용이, 품질검사로력의 절감 등의 효과가 있을 수 있다.

(3) 모듈화 설계

모듈화 설계는 제품계열에 있는 여러 가지 상이한 제품에 사용될 수 있는 기본적인 부품(모듈)을 설계하는 것이다. 이러한 모듈들은 그 자체로 제품의 한 부분을 구성하기도 하고, 때론 하나의 제품은 이러한 모듈들의 조합만으로 만들어지기도 한다. 모듈화 설계는 각 제품에 사용될 유사기능의 부품을 하나씩 별도로 설계하는 번거로움을 줄일 뿐만 아니라, 생산 부서는 제한된 수의 기본 모듈만을 생산함으로써 공정과 장비의 단순화와 효율적인 대량 생산이 가능해진다.

제 3 절 제품설계와 개발과정에서의 관리적 고려사항

제품설계 및 개발과정에서는 제품수명주기, 적절한 자원배분기능 및 제품책임 등과 같은 관리적 측면들이 고려되어야 한다.

1. 제품수명주기의 관리

새로운 제품 및 서비스를 계속적으로 개발, 도입하지 않는 기업은 오늘날과 같은 경쟁 상황에서 뒤지게 되고 결국은 파산하게 될 것이다. 특정제품을 통해 얻을 수 있는 판매액과 리익은 시간이 흐름에 따라 감소할 것이므로, 경영진은 기존의 제품이 절정에 이르기 전에 신제품을 개발해야만 한다. 따라서 제품의 설계, 개발 및 개선에 대한 성패를 결정하는 가장 중요한 요인은 신제품의 시장도입시기라고 할 수 있다.

제품수명주기는 다음 [그림 4-2]에서 보는 바와 같이 하나의 제품이 신제품으로 출시되어 시장에서 쇠퇴하기까지의 과정을 나타낸다. 제품수명주기는 계획기, 도입기, 성장기, 성숙기 및 쇠퇴기로 구분되며, 각 단계에서의 판매액과 리익의 변화를 보여준다. 따라서 오늘날의 제조기업은 그들이 생산하고 있는 제품이 수명주기상의 어떤 위치에 있느냐를 항상 주시하고 고려해서, 이에 적합하도록 제품을 개선하거나 신제품을 개발해야 할 것이다.

제품계획기에서는 신제품 혹은 서비스에 대한 아이디어가 창출되고 선정되어지는 과정을 거쳐서 최종설계가 이루어진다. 이 단계에서는 아직 제품이 출시되지 않았기 때문에 제품이나 서비스에 의한 리익은 음(－)이 된다. 비록 수입은 없다고 할지라도 개발과 관련된 비용이 발생한다.

도입기에서는 판매가 시작되고, 그 결과 리익이 음(－)에서 양(＋)으로 변하기 시작한다. 이 기간에는 제품의 출시에 이은 소비자의 반응이 당초 예상과 일치하는지를 확인하고 미흡한 부분들이 추가되며 제품의 대량 생산에 따른 문제점이 있을 경우 보완이 이루어진다. 초기의 제품설계가 완선할수록 추가 및 보완이 적어지므로 보다 원만한 시장도입이 가능할 것이다.

성장기에 이르게 되면 제품이나 서비스의 매출이 극적으로 증가하게 되고 리익 역시 증가한다. 이 단계에서 제품개발조직은 기존 제품의 단순화 또는 다양화를 통해 시장점유율을 높일 수 있는지의 여부도 고려하게 된다. 그러나 이 시기에는 종종 생산능력이 시장의 요구를 맞추지 못해 적절한 시기에 제품의 공급을 할 수 없는 경우가 있다. 이러한 경우 해결방법의 하나는 생산과정의 일부 또는 전부를 하청[2]주는 것이다. 이것은 생산설비 확장을 위한 단기 직접투자를 피하고 시장수요의 변화를 지켜보면서 대응책을 마련할 수 있는 장점이 있다.

성숙기에 이르면 판매는 안정적으로 되고 리익은 감소하기 시작한다. 새로운 경쟁자가 진입하게 됨으로써 가격경쟁이 심화되어 단위당 리익률이 둔화되는 문제에 직면하게 된다. 따라서 마케팅 부서에서는 제품이나 서비스를 차별화 하는 데 로력을 집중하여 이러한 문제에 대응해야 하며, 생산부서는 효율성을 강조해야 한다. 생산 부서는 대량 생산에 따른 원가절감효과를 극대화 할 수 있도록 생산기술의 개선에 집중하게 된다.

결국 제품이나 서비스는 쇠퇴기에 접어들고 나중에는 시장에서 사라지게 된다. 즉 기존 제품에 대한 수요는 없어지거나 또는 보다 품질이 우수하고 값이 눅은 제품으로 대체된다. 따라서 매출과 리익은 기업이 궁극적으로 제품을 포기하기 전까지 계속적으로 감소할 것이다. 이 단계에서는 제품개발 조는 기존 제품에서 이어지는 신상품이나 파생상품의 가능성을 적극적

[그림 4-2] 제품수명주기

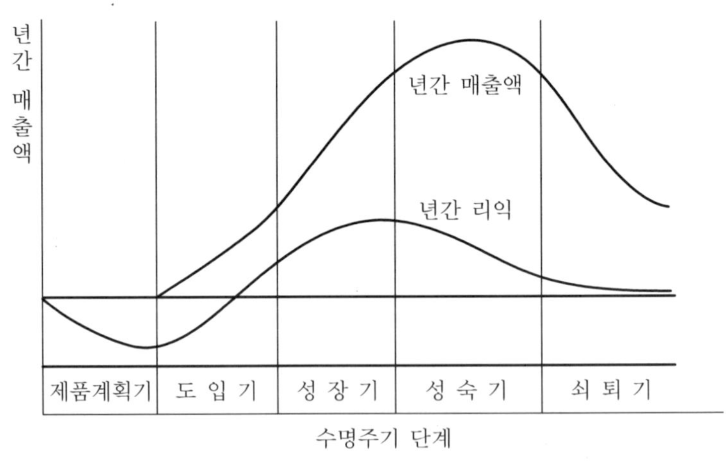

2) 맡은 일의 전부나 일부분을 다른 회사에게 넘기는 것.

으로 탐색하여 쇠퇴기가 새로운 제품 주기의 시작으로 끊임없이 이어지도록 로력해야 할 것이다.

2. 적절한 자원배분기능

신제품을 설계하고 개발하는 데 소요되는 자금은 기업의 자본예산으로부터 얻어지기 때문에 이를 위해서는 타당성 검사가 반드시 선행되어야 한다. 재무적인 관점에서 볼 때, 이러한 계획으로부터 얻을 수 있는 예상수익은 그 기업이 기대하는 최저수익을 초과해야 할 것이다. 특히 이와 같은 예상수익을 계산하는 데 있어서 고려해야 할 요소는 예정된 정상적인 생산비는 물론 설계 및 개발에 관련된 여러 비용과 시장상황을 포함한다.

설계와 개발작업에 대한 계획은 그 성질상 매우 어려운 과업이긴 하지만 반드시 이루어야 할 과제이다. 일반적으로 제품개발은 다양한 프로젝트[3]들이 모아져 이루어지기 때문에 전략적 차원에서 다루어져야 한다. 그 프로젝트들은 제품속성의 개선과 같은 비교적 단순한 것에서부터 차세대 제품에 쓰일 신기술의 개발과 같은 복잡하고 성공 여부가 불확실한 것까지 포함할 수 있다. 전략적 제품개발은 이러한 다양한 프로젝트의 관리를 통하여 지속적인 신상품개발 및 시장도입을 성공적으로 하고자하는 것이다. 제품개발 관리자는 자본뿐만 아니라 기술적으로 숙련된 개발인력을 여러 가지 계획에 적절하게 배분해야 하는데, 이들 자원은 량적 · 질적인 측면에서 한정되어 있기 때문에 적절한 배분의 문제는 더욱 중요하다. 또한 잘 짜인 제품개발전략은 생산설비의 무분별한 투자와 재투자로 인한 원가의 부담을 줄여 주어 제품의 가격경쟁력과 기업의 수익성을 높일 것이다.

한편 신제품의 설계 및 개발에 있어서 랑비적인 물질적, 시간적 자원의 배분은 혁신주기를 연장할 뿐만 아니라, 시장에서의 막대한 기회상실을 가져오는 결과를 초래할 것이다. 이와 같은 랑비를 없애고 관리적인 통제를

3) 연구나 사업 따위의 계획 · 설계. 또는 연구과제.

강화하기 위해서는 그 제품개발계획에 대한 시간적, 비용적 산출치에 대한 표준을 설정하는 것이 매우 유용하다. 왜냐하면 현실성이 있는 표준치는 여러 가지 계획과 관련된 자원배분의 유효성을 개선하는 데 매우 효과적이며 이는 효과적인 통제를 위한 기초를 제공할 수 있기 때문이다.

3. 제조물책임

제조물책임이란 제품의 생산・류통・판매 등 일련의 과정에 관여한 자가 그 제품의 결함에 의하여 발생된 생명・신체・재산 및 기타 권리에 대한 침해로 인해 생긴 손해에 대해서 최종소비자나 리용자 또는 제3자에 대해 배상할 의무를 갖는 것을 뜻한다. 제조물책임은 제품의 결함으로 인하여 신체상・재산상의 손해가 발생한 경우에 그 책임을 지게 된다. 이러한 제조물책임은 결함의 개념과 유형에 따라 설계상의 결함, 제조상의 결함 및 경고상의 결함으로 구분된다.

제조기업은 제품이 그 용도에 적합하도록 사용하거나 혹은 일반적으로 예상되는 용도 이외의 사용에 있어서 위험이 발생하지 않도록 설계하여야 한다. 그리고 설계 또는 계획단계에서 제품의 목적에 적합하지 않은 사용이나 무리한 사용도 고려하여야 한다. 특히 기계제품의 경우에는 소비자의 부주의한 취급을 고려하여야 하며 반드시 그에 대비한 안전장치를 갖추어야 한다.

또한 제조기업은 모든 위험방지 가능성을 동원하여 제품을 설계하여야 하는데, 이는 기업이 신제품을 생산할 때 제품의 리용자를 실험의 대상 또는 희생물로 삼는다는 것은 용납될 수 없기 때문이다.

제품을 안전하게 설계해야 하는 제조기업의 의무는 제품에 의해 일어날 수 있는 모든 예측가능한 위험에 이르기까지 광범위하다. 따라서 제조물책임과 관련된 문제는 조직전체적인 관점에서 이루어진 의사결정에 의해 결정되며, 그러한 의사결정을 내리는 경영자들은 제품안전이나 제조물

책임 측면에서 최적 의사결정을 내릴 수 있는 시각과 권한을 갖추고 있어야 한다.

Chapter

05 공급능력계획 및 입지 선정

제 1 절 공급능력계획과 입지선정의 의의

공급능력계획은 기업의 공급능력을 장기적인 관점에서 확정하는 것이다. 따라서 공급능력계획은 생산시스템의 구조에 관한 전략적 의사결정을 하는 것이기 때문에 공급능력 의사결정이라고도 한다. 공급능력 의사결정은 기업의 규모나 형태에 관계없이 매우 중요하며, 기업이 수행해야 하는 일차적 의사결정 중 하나이다. 만약 어떤 기업이 공급능력을 너무 많이 보유하고 있다면, 이 기업에서는 재고수준이 증가하게 되거나 주어진 로동력과 장비를 충분히 리용하지 않게 되는 결과를 가져올 것이다. 반면에, 공급능력을 너무 적게 보유하고 있다면, 경쟁업체에 손님을 빼앗기거나 하청을 리용할 수밖에 없게 된다.

일반적으로 공급능력을 갖추는 데는 많은 자본이 소요될 뿐만 아니라 공급능력의 소요량이 감소할 경우에는 막대한 손실을 유발할 수 있기 때문에, 공급능력 의사결정은 신중하게 이루어져야 한다. 례를 들어 공급능력을 증가시키기 위해서 새로운 공장을 신축하고자 하는 결정을 한다면, 새로운 공장과 장비에는 많은 자금이 소요될 것이다. 만약 추가적인 공급능력의 요구가 발생하지 않는다면, 과잉공급능력으로 인하여 손실을 발생하는 결과를 가져올 것이다. 품질과 생산성을 향상시킴으로써 공급능력을 증가시킬 수도 있지만, 그러한 향상 역시 추가적인 지출이 따른다.

공급능력계획의 목적은 기업의 장기적인 경쟁전략을 최대로 지원해 줄 수 있도록 자원 즉 설비, 장비 및 로동력에 대한 전반적인 공급능력수준을 확정하는 것이다. 이와 같이 확정된 공급능력수준은 기업의 수요대응능력, 비용구조, 재고정책 및 관리 등에 중대한 영향을 미친다.

공급능력에 대한 정의는 산업에 따라 다양하다. 가장 일반적으로, 공급능력이란 조직이 일정 기간 동안에 달성할 수 있는 설비의 최대생산량 혹은 공정의 최대산출률이라고 정의한다. 생산관리자는 생산능력을 결정할 때, 자원의 투입과 제품의 산출을 동시에 고려할 필요가 있다. 계획을 목적으로 하는 경우에, 실제 혹은 유효공급능력은 생산될 제품에 따라 달라지기 때문이다. 례를 들면 다수의 제품을 생산하는 기업은 일정 수준의 자원을 투입해서 다른 기업보다 한 종류 이상의 제품을 생산할 수 있다.

생산관리자는 공급능력의 시간적 측면을 강조하기도 한다. 이것은 장기, 중기 및 단기의 공급능력계획을 구분할 때 분명히 나타난다. 끝으로 공급능력계획은 생산부서내의 다양한 계층에 따라서 서로 다른 의미를 갖는다.

한편 공급능력계획을 얼마나 생산할 것인가를 결정하는 문제로 분류하다면, 시설물의 입지선정은 생산시스템에서 설비와 건물을 어디에 위치시킬 것인지 장소를 결정하는 문제로 볼 수 있다. 시설물의 입지선정문제는 새로 시작하는 기업의 경우 실제적인 기업활동의 출발이라고 할 수 있으며, 기존 기업의 경우에도 시설물의 입지선정문제는 계속적으로 다루어져야 하는 의사결정문제이다. 이러한 시설의 입지선정문제는 기업활동에 있어 중요한 의사결정문제인데, 그 이유는 나음과 같다.

첫째, 입지선정은 미래의 불확실성에도 불구하고 대규모의 자본투자가 이루어지는 장기적 의사결정문제라는 점이다. 오늘날에는 많은 기계와 설비를 리용하여 생산활동이 수행되므로 시설물의 입지가 선정되어 시설투자가 이루어지면 이를 이전한다거나 확장하는 것은 매우 어렵다.

둘째, 시설물의 입지가 선정되면 관계법규, 로동시장, 지역사회, 시장범위 등과 같은 조건들이 반영구적으로 생산시스템에 영향을 미치게 된다. 특히 이러한 문제는 최근에 기업이 외국에서 생산활동을 수행하는 경우가 많아짐에 따라 더욱 중요한 문제가 되고 있다.

셋째, 시설물의 입지선정은 제품의 생산비, 류통비 등에 중대한 영향을 미친다. 례를 들어 입지선정이 적절하지 않으면 수송비, 로동비용 등이 증가할 수 있다.

시설의 입지선정 문제는 매우 중요한 의사결정 문제임으로 입지선정은 보다 장기적 관점에서 전략적·분석적으로 이루어져야 한다. 즉, 시설물의 입지선정은 기업전략, 생산전략, 마케팅 전략과 밀접한 관계가 있으므로 이와 관련된 전략적 분석이 이루어져야 하고, 이는 리익·비용의 관점에서 분석적으로 평가되어야 한다. 의사결정의 유효성 측면에서 보면, 시설물의 입지선정에 대한 문제는 법률적, 경제적, 기술적, 사회적, 정치적 환경의 동적인 변화를 고려하여 경쟁기업과의 경쟁적 위치를 분석하고 이에 따라 정기적으로 검토하는 것이 바람직하다. 이것은 제조시설뿐만 아니라 소비자와 직접 접촉하는 상점, 은행, 식당 같은 서비스시설의 경우도 마찬가지이다.

제 2 절 공급능력의 측정 및 주요 개념

1. 공급능력의 측정

공급능력에 대한 정의는 다양하며, 그 척도 역시 상황에 따라 다양하다. 어떤 시스템이 단위기간 동안에 달성 가능한 최대생산량을 그 시스템의 공급능력이라고 할 때, 시스템의 공급능력은 측정기준에 따라 그 값이 다르게 된다. 따라서 공급능력의 측정을 위해서는 척도나 조건이 명확하게 정의되어야 한다.

단일품목을 생산하는 시스템의 경우에는 공급능력의 척도를 결정하는데 어려움이 없다. 즉 전자제품이나 자동차회사는 대수, 제철이나 제당공장은 톤수를 척도로 사용하면 된다.

그러나 다수품목을 생산하는 시스템의 경우에는 공통적으로 사용되는 척도가 없기 때문에, 시스템의 전체적인 공급능력을 측정하는 데 어려움이 있다. 또한 서비스산업의 경우에도 시스템의 산출량을 측정하는 데 어려움이 있다.

이와 같은 어려움이 있기 때문에 단일품목을 생산하는 시스템의 경우는 산출척도로 공급능력을 측정하고, 다품목을 생산하는 시스템이나 서비스시스템은 산출척도 대신에 투입척도 즉, 서비스를 제공하기 위해서 투입되는 자원의 양으로 공급능력을 측정하는 경우가 많다. 례를 들면 병원은 병상의 수, 항공사나 식당, 극장의 경우는 좌석수로 공급능력을 측정할 수 있다.

2. 공급능력계획과 관련된 주요 개념

(1) 공급능력 리용률

공급능력계획을 수립하기 위해서는 현재의 공급능력과 공급능력 리용률을 알아야 한다.

일반적으로 공급능력을 설비의 최대생산량 혹은 공정의 최대산출률이라고 정의할 때, 최대공급능력을 결정하는 방법에는 여러 가지가 있다. 생산관리자는 설계공급능력에 관심을 가지는 경우가 많은데, 이것은 생산설비가 설계되는 시점에서의 목표산출률 혹은 최대공급능력을 의미한다.

다른 일반적인 용어로는 유효공급능력이 있는데, 이것은 주어진 품질표준, 일정상의 제약, 기계의 유지보수, 로동력의 능력 및 제품혼합 하에서 달성가능한 최대산출률을 의미한다. 이러한 공급능력은 정상적인 작업조건을 반영해서 설계공급능력을 감소시킨 것이다. 따라서 유효공급능력은 설계공급능력을 초과할 수 없으며 일반적으로 설계공급능력 이하가 될 것이다.

또한 실제공급능력 혹은 실제 산출률은 생산설비가 실제로 달성하는 산출률을 의미한다. 일반적으로 이것은 유효공급능력 이하가 되는데, 그 이유는 기계고장, 작업자의 결근, 자재의 불량 및 자재 혹은 중간조립품의 고갈 등이 발생하기 때문이다.

한편 기업들은 생산시스템의 효과성을 평가하는 데 유용한 공급능력 측정방법을 조사한다. 이들은 생산시스템의 효과성을 평가하는 데 다음과 같은 두 가지 척도를 사용한다.

공급능력리용률 = 실제산출률/설계공급능력
공급능력효율성 = 실제산출률/유효공급능력

이러한 척도는 퍼센트(%)로 표현되며, 분모와 분자는 같은 단위와 기간으로 측정되어야 한다. 공급능력리용률은 기업이 설계공급능력 즉 최적조업도에 얼마나 근사하게 공급능력을 리용하고 있는가를 나타내 준다. 공급능력효율성은 기업이 생산시스템을 얼마나 잘 리용하고 있는가에 대한 단기 및 중기의 척도로서, 이것을 시스템능률이라고도 한다.

(2) 최적조업도

공급능력은 달성가능한 산출률을 의미하지만, 이것은 산출률이 지속되는 기간에 대해서는 설명해주지 못한다. 따라서 어떤 공장의 공급능력이 20,000단위라고 한다면, 이것이 하루의 최대생산량인지 혹은 6개월 평균생산량인지를 알 수 없다. 이러한 문제를 해결하기 위해서 사용되는 개념이 최적조업도이다. 최적조업도는 공정을 설계하는 시점에서의 목표공급능력 수준이다. 따라서 최적조업도는 단위당 평균원가가 최소로 되는 산출량이

[그림 5-1] 최적조업도

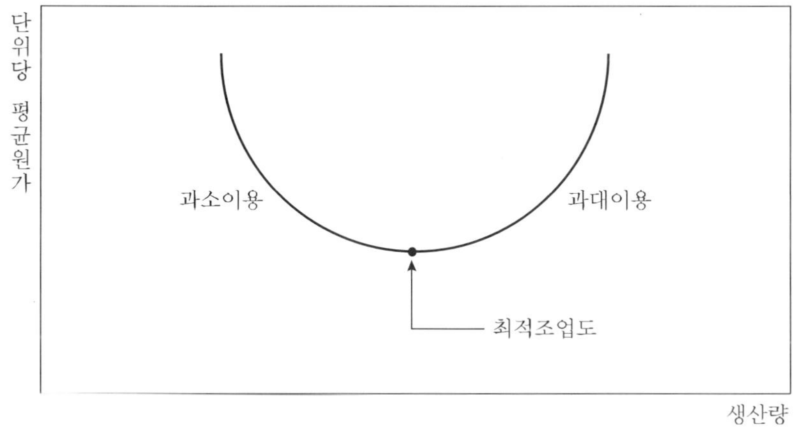

다. 설비가 매우 적게 리용되어서 산출량이 이러한 최적조업수준 이하로 떨어지는 경우에는, 단위당 고정비가 상승하기 때문에 단위당 평균원가가 증가한다. 반면에 설비가 너무 많이 리용되어서 산출량이 최적조업수준 이상일 경우에도, 잔업, 장비마모의 증가 및 불량률의 증가로 인해서 단위당 평균원가가 증가하게 된다. 이러한 관계가 [그림 5-1]에 제시되어 있다.

(3) 규모의 경제

전통적으로 많은 기업들은 공급능력 의사결정을 할 때, 규모의 경제라는 개념을 리용해 왔다. 설비의 규모가 커지고 생산량이 증가하게 되면, 추가적인 생산량이 고정비를 흡수하게 됨으로써 단위당 고정비가 줄어들게 되어 단위당 평균원가가 감소하게 된다. 단위당 평균원가의 감소는 설비의 규모가 너무 커져서 복잡성, 의사소통의 장애, 자재흐름에 대한 조정의 어려움 및 충원문제 등이 제기될 때까지 계속된다. 어떤 생산량 수준에서는 설비의 규모가 너무 커져서 규모의 비경제가 발생한다. [그림 5-2]는 규모의 경제와 규모의 비경제를 보여주고 있다.

[그림 5-2] 규모의 경제와 규모의 비경제

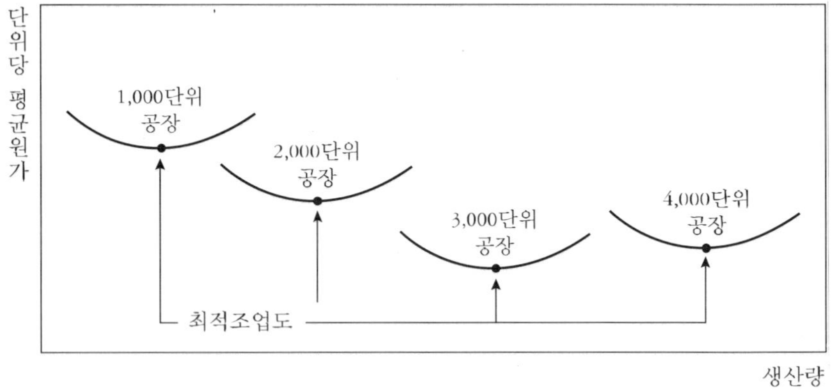

위의 [그림 5-2]에는 연간 생산량이 각각 1,000단위, 2,000단위, 3,000단위, 4,000단위인 공장의 최적조업도가 제시되어 있다. 생산량이 1,000단위에서 3,000단위로 이동함에 따라 최적조업도에서의 단위당 평균원가가 감소하고 있음을 볼 수 있다. 규모의 경제의 관점에서 3,000단위인 공장이 가장 선호되고 있다. 한편 생산량이 3,000단위에서 4,000단위로 확장되면, 최적조업도에서의 단위당 평균원가가 증가함으로써 규모의 비경제가 발생한다.

제 3 절 공급능력계획의 절차 및 조정전략

1. 공급능력계획의 절차

공급능력계획은 시장수요를 충족시키기 위하여 공급능력의 규모를 확정하는 것이다. 일반적으로 기업들은 다음과 같은 다섯 가지 이유 때문에 공급능력계획을 추진한다.

① 수요증가: 기업들은 시장점유율을 높이고자 하는데, 이것이 공급능력계획을 추진하는 가장 일반적인 리유이다.

② 수요감소: 수요가 감소하는 경우에, 공급능력을 검토하기 위해서 공급능력계획을 리용하는데, 이것은 공장을 폐쇄하거나 매각하게 되는 과정이다.

③ 기술변화: 중요한 기술변화가 이루어지면, 기업은 공장의 설비를 대체하거나 개선하고자 하는 변화를 계획하게 된다.

④ 상황변화: 정부의 규제 혹은 경쟁여건의 중대한 변화 등과 같은 기업의 외부환경이 변화하면, 그러한 도전에 대응하기 위해서 공급능력계획을 추진하게 된다.

⑤ 기회포착: 경쟁우위를 추구하는 기업은 제시된 기회를 리용하기 위해서 공급능력계획을 추진한다.

공급능력계획을 효과적으로 수립하기 위해서는 일반적으로 다음과 같은 단계를 거친다.

(1) 단계 1: 기존공급능력의 측정

이 단계의 중요한 목적은 개별설비 및 기업전체의 공급능력을 확인하고 측정하는 것이다. 이러한 단계는 이들 설비에 리용되는 기술이 성능특성과 비용구조를 고려해서 포괄적으로 이루어져야 한다.

(2) 단계 2: 공급능력소요량의 예측

기업은 보통 이 단계를 첫 번째 단계와 병행해서 실행한다. 이 단계는 기술, 제품 혹은 시장 및 지역별로 미래의 소요량을 예측하는 단계로서, 내부요소뿐만 아니라 외부요소도 고려해야 한다. 이 단계에서의 중요한 결정은 공급능력계획의 수립과정에 적합한 기간을 선정하는 것이다. 공급능력계획은 일반적으로 장기적(1년 이상)이다. 그러나 기업은 장기공급능력계획을 보다 단기의 다른 계획들과 련계시켜야 한다.

(3) 단계 3: 공급능력 조정대안의 개발

이 단계는 공급능력소요량을 충족시키기 위한 여러 가지 대안을 개발하는 단계이다. 단순히 기존의 공급능력을 확장하는 대안 이외에 잔업, 임시고용, 하청 등과 같은 다른 대안들도 고려해야 한다. 따라서 이 단계는 창의성과 독창성을 요구한다.

(4) 단계 4: 대안의 평가 및 선택

일단 대안이 확인되면, 회수기간법, 투자수익률법, 순현가법 및 내부수익률법 등과 같은 재무적 기법을 리용하여 이들 대안을 평가해서 최선의 대안을 선택해야 한다. 또한 이 단계에서는 위험 및 전략적 효과와 같은 정성적 문제들도 평가해야 한다.

2. 공급능력의 조정전략

공급능력전략은 개별적이고 단기적인 공급능력 의사결정을 장기적 관점에서 고찰할 수 있도록 제시해준다. 기업은 전형적으로 기술혁신, 장기적 마케팅 및 경쟁업체의 행태에 관한 일련의 가정과 예측을 토대로 공급능력전략을 결정한다. 공급능력전략은 기업의 전반적인 생산전략의 핵심요소이다. 따라서 본 절에서는 공급능력전략으로 여유공급능력과 공급능력확장에 관해서 설명하고자 한다.

(1) 여유공급능력의 리용전략

일반적으로 기업들은 높은 공급능력리용률을 추구하지만, 공급능력리용률이 100%에 근사하게 되면 위험에 직면하게 된다. 실제로 대부분의 기업들은 공급능력리용률을 80~85%수준으로 유지해 나간다. 공급능력을 85% 이상으로 리용하게 되면, 품질과 생산성이 하락하거나 주문이 취소되는 등의 부정적인 결과를 가져올 수도 있다. 많은 기업들이 여유공급능력을 리용하는데, 이것은 평균리용률이 100%로부터 떨어진 정도라고 정의된다.

여유공급능력(%) = 100 − 평균리용률

여유공급능력은 산업에 따라 다르며, 동일산업에 속해 있다고 하더라도 기업에 따라 다르게 유지된다. 자본집약적 산업에서는 전형적으로 10% 이하의 보다 적은 여유공급능력을 보유한다. 한편 전력회사의 경우는 자본집약적이지만, 정전과 같은 사태를 방지하기 위해서 15% 이상의 여유공급능력을 유지한다.

(2) 공급능력의 확장전략

수요가 안정적으로 증가하게 되면, 기업은 공급능력의 확장을 고려하게 된다. 이때 기업은 다음과 같은 세 가지 공급능력 시기전략을 리용할 수 있다.

1) 전략 1: 수요를 예상하고 이끄는 전략

이것은 확장주의전략이라고 하는데, 공급능력의 확장을 자주하지는 않지만 큰 규모로 하는 전략이다. 이러한 전략을 리용하는 기업은 정(+)의 여유공급능력을 유지한다. 이것은 공격적인 전략이다. 이러한 전략은 기업으로 하여금 공급능력이 제한된 경쟁업체의 손님을 끌어 올 수 있도록 하거

[그림 5-3] 수요선도전략

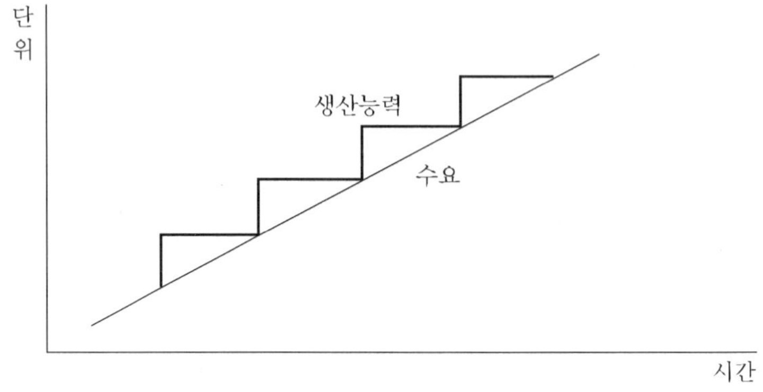

나, 성장시장에서 경쟁업체로부터 시장점유율을 유지할 수 있도록 해준다. 이러한 전략이 [그림 5-3]에 제시되어 있다.

2) 전략 2: 수요를 추종하는 전략

이 전략은 공급능력과 수요예측을 련계시켜서, 시간의 흐름에 따라 적절한 규모의 공급능력을 유지하고자 하는 전략이다. 예컨대 이러한 전략을 추구하는 기업은 추가적인 공급능력의 요구에 정확하게 대응해서 새로운

[그림 5-4] 수요추종전략

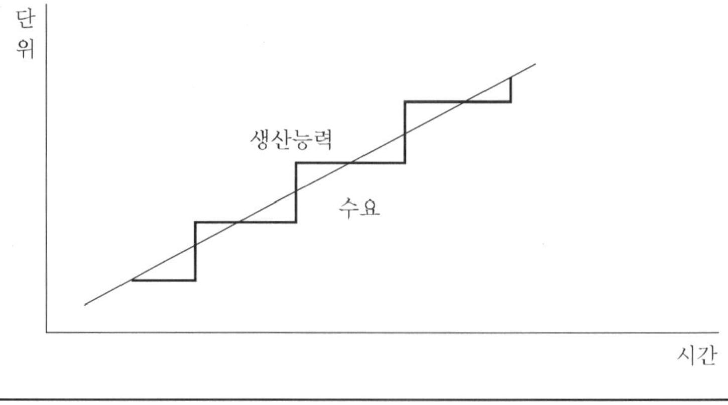

공장의 건설시기를 조절한다. 이러한 전략이 [그림 5-4]에 제시되어 있다.

3) 전략 3: 수요를 지연시키는 전략

이것은 두고 보기 전략으로서 보수적인 전략이다. 이러한 전략을 사용하는 기업은 부(−)의 여유공급능력을 추구한다. 이러한 전략을 사용하면 공급능력리용률과 투자수익률을 높일 수 있다. 이것은 미국기업의 전형적인 전략으로서 기존 공급능력을 과소리용하게 되는 위험을 최소화할 수는 있지만, 장기적으로는 시장점유율을 하락시키게 된다는 비판이 있다. 이러한 전략이 [그림 5-5]에 제시되어 있다.

[그림 5-5] 수요지연전략

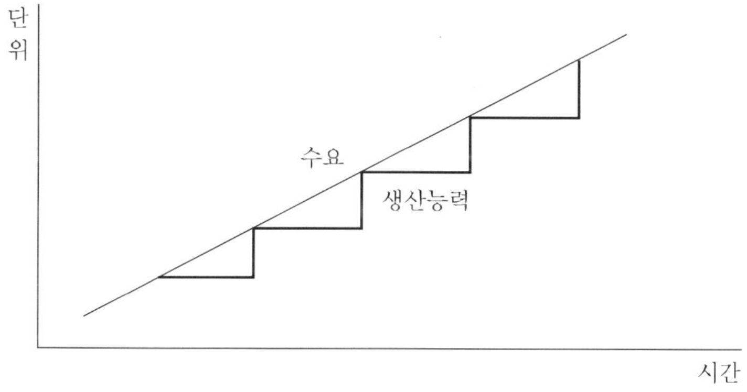

제 4 절 입지선정과정

기업의 입지선정과정은 시설의 성격, 크기에 따라 다르나 대부분 체계적으로 입지를 선정을 하게 된다. 입지를 선정할 때에는 시설입지와 기업의 전략적 목표와의 관계 그리고 시설입지가 다른 관리적 기능에 미치는 영향

[그림 5-6] 입지선정의 과정

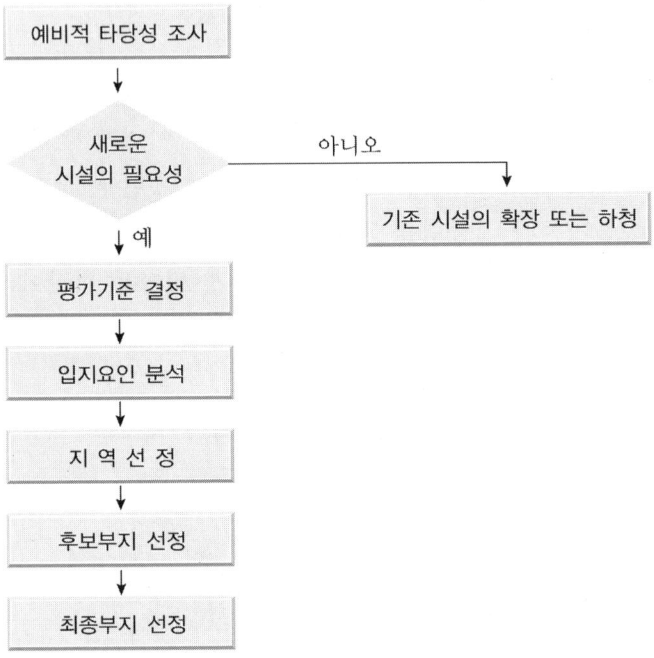

을 검토하여야 한다. 일반적인 입지의사결정과정은 [그림 5-6]과 같이 단계적으로 진행된다.

1. 타당성 조사

수요증가 또는 새로운 시장진입에 따른 시설의 필요성이 인식되었을 때, 예비적인 타당성 조사를 실시하여 입지문제의 발생가능성을 검토한다.

2. 새로운 시설의 필요성 검토

생산량의 증가가 예측될 때 생산량을 증가시킬 수 있는 다음과 같은 대안을 검토한 후 새로운 시설의 신설이 필요한 경우 입지문제의 발생을 확인한다.

① 기존 시설의 확장
② 새로운 시설의 신설
③ 하청확대

3. 평가기준을 설정

입지대안을 평가하기 위하여 평가기준을 설정한다. 일반적으로 사용되는 평가기준은 입지에 따른 비용이나, 입지에 따라 증가하는 수익 또는 서비스 등을 들 수 있다.

4. 입지요인 분석

시설물의 입지에 영향을 미치는 요인들을 분석하고 이러한 요인 중에서 대안적인 입지장소에 서로 다르게 영향을 미치는 요인들을 찾는다. 입지에 영향을 미치는 요인은 아래에서 별도로 설명하고자 한다.

5. 입지대안을 개발

① 지역의 선정: 지역선정은 시설물의 성격에 따라 입지에 결정적인 영향을 미치는 자연적, 법률적, 정치적인 주요인에 의하여 입지가능한 넓은 범위의 지역을 선정한다.

② 부지의 선정: 입지가능한 지역내에서 부지가 선정되는데 각 대안적인 부지는 경제적 평가가 가능하여야 한다.

6. 최종부지 선정

제 5 절 입지요인

입지요인이라 함은 입지선정에 영향을 미치는 요인을 말한다. 일반적으로 입지선정은 넓은 범위의 지역을 선정하는 첫 번째 단계와 선정된 지역내에서 부지를 결정하는 두 번째 단계로 나눌 수 있다. 지역을 선정하는 데 중요한 요소로는 인구밀도, 자연적 조건, 수송비와 관련된 요소를 들 수 있고, 특정부지선정에 있어 중요한 요소는 시설물을 운영하는 데 필요한 기본요소(례를 들어 주유소 시설은 도로변에 위치)와 운영의 성과에 영향을 미칠 것으로 생각되는 주관적 요소 및 객관적 요소를 들 수 있다. 본 절에서는 입지결정에 영향을 미치는 입지요인 중에서 중요한 몇 가지만 설명하고자 한자.

1. 자연자원

광업이나 수산업과 같이 육지나 바다에서 원재료를 확보한다든지, 조선업처럼 조업을 위해서 해안에 위치하여야 하는 경우, 자연자원은 결정적으로 입지선정에 영향을 미친다. 자연자원은 선결조건으로서 입지선정에 영향을 줄 수 있을 뿐만 아니라 상대적 조건으로서 입지선정에 영향을 미칠 수 있다. 례를 들어 중량이 무거운 원료를 대량으로 투입해야 한다든지 부패·변질되기 쉬운 원료를 소요로 할 때나 자재의 수송 중에 중량이 감소하는 경우에는 원료산지 인근에 입지선정을 함으로써 비용을 줄일 수 있으므로 자연자원은 중요한 입지요인이 된다. 자연자원 중에 용수능력, 수질, 그리고 최근에 와서는 환경오염에 대한 통제가능성 등이 중요한 자연자원으로 인식되고 있다.

2. 인 구

인구는 수요의 원천인 동시에 로동력의 공급원으로 매우 중요하다. 입지를 선정할 때에는 인구수의 변화뿐만 아니라 소비시장과 관련된 인구변수의 변화도 함께 고려하여야 한다. 인구의 지역적인 이동과 년령구성의 변화는 기업의 활동에 큰 영향을 미친다.

3. 로 동 력

기업에서 리용가능한 로동력의 유무는 입지선정에서 중요하다. 기업활동을 함에 있어 리용가능한 로동력의 규모, 기술 및 교육정도, 전반적인 임금수준, 로동조합의 특성 등은 매우 중요하다. 례를 들어 다량의 로동력 확은 특정한 기술인력을 필요로 하는 기업에게는 적절한 로동시장에의 근접성이 입지선정의 주요인이 된다. 즉, 로동집약적인 조립공정공장은 로동력이 풍부한 대도시나 그 근교에 입지하려는 경향이 있다. 최근 기업활동이 해외로 이동함에 따라 제조업의 경우 로동력이 풍부하고 임금이 비교적 눅은 국가로 진출하고 있다. 기업활동을 해외로 확장하는 경우 단순한 기능인력뿐만 아니라 자국에서 보낼 수 있는 상위관리자의 수도 문제가 될 수 있다. 국가에 따라서는 관리자도 현지국 내의 인력을 채용하기를 요구할 수도 있기 때문이다.

4. 세금과 보조금

세금은 지역에 따라 다를 수가 있기 때문에 입지결정을 하기 전에 분석하여야 할 필요가 있다. 입지예정지역이 자유무역지역이든지, 공단지역일 경우에 세금의 혜택이 있을 수 있기 때문에 기업에서 입지를 선정할 때 고려하여야 한다. 또한 지방자치단체에서 공장을 유치하기 위하여 세금을 내지 않는 지역을 설정한다든지 보조금을 지급하는 경우가 많으므로 입지를 선정할 때 이를 반드시 검토하여야 한다. 례를 들어 일본의 자동차회사인 닛산, 혼다, 마쯔다가 새로운 공장을 미국의 테네시, 오하이오, 미시간주에 입지시킴으로써 많은 세금혜택을 받아 GM[1]의 경쟁력에 영향을 미치고 있다는 보고도 있다.

5. 수 송 비

새로운 시설의 입지를 선정할 때는 입지에 따른 수송비용은 매우 중요한 요소이다. 시설입지에 따른 수송비용은 공급지와 시장 사이의 거리, 수

1) 미국 자동차 회사인 제너럴 모터스의 약자.

송수단 그리고 수송되는 상품의 성격에 의하여 결정된다. 공급지와 시장 사이의 거리는 실제적 거리를 리용하는 경우와 지도상의 거리를 리용하는 경우로 나눌 수 있다. 입지가능한 후보장소를 미리 정해 놓고 그 중에 하나의 장소를 선정하는 경우는 실제거리를 리용하는 것이 대부분이다. 그러나 입지가능한 장소를 미리 선정한 후 선정된 장소에 대해서만 평가하는 것이 아니라 지도상에서 입지장소를 찾아가는 경우는 지도상의 거리를 리용하게 된다. 지도상의 거리는 수송하는 상품의 성격과 수송경로의 성격에 따라 실제적 거리를 리용하지 않고 수송비용을 가장 잘 반영하는 거리를 리용한다.

6. 에 너 지

대부분의 제조 및 유통시설은 전기 또는 다른 에너지 자원을 필요로 하기 때문에 입지를 선정할 때는 리용가능한 에너지원과 그 비용에 대하여도 관심을 가져야 한다. 례를 들어 알루미늄산업이나 철강산업은 막대한 에너지를 필요로 하며 이러한 경우에는 전력・연료의 공급이 쉬운 지역을 선택하여야 한다.

7. 기 타

기타 입지선정에 영향을 미치는 요인으로 사회문화적 여건, 생활환경, 지역기술수준, 자사 및 경쟁사의 기존 설비위치, 새로운 기업에 대한 주민의 태도, 공해에 대한 규제 등을 생각할 수 있다. 례를 들어 시설물이 소음을 내거나 악취를 내는 공정이 사용되는 경우에는 주거지에서 멀리 떨어져 입지하여야 한다.

세계화 시대에 생산시설을 어느 국가에 설치하여야 할 것인가 하는 문제는 매우 중요하다. 입지분석에서 국가를 선정할 때 고려하여야 할 요소는 앞에서 언급한 기준 등을 포함하여 다음과 같은 사항을 고려하여야 한다.

경제적 기준: 화폐금융제도, 운송시스템, 산업구조, 과학기술의 수준 등

사회적 기준: 제품과 서비스에 대한 인식 및 수요, 정부의 정책, 경제수준 등

정치적 · 법적 기준: 해외투자자에 대한 정책 및 정책의 일관성, 기업경영에 영향을 미치는 법적제약 등.

Chapter

06 공급사슬경영(SCM)

제 1 절 공급시슬경영의 개요

1. 공급사슬경영의 필요성

최근의 기업환경은 치열한 경쟁과 세계화로 인해 보다 강도 높은 기업혁신을 요구하고 있다. 제품 및 서비스에 대한 손님의 기대는 높아지고 있으며 고품질, 저가격의 필요성이 그 어느 때보다도 높다.

일반적으로 제품 및 서비스의 제공은 공급자, 제조사, 유통, 그리고 판매사를 거쳐 손님에게 전달된다. 손님기대에 따라 경쟁력을 확보하기 위해서는 공급사슬[1] 전반에 대한 효율적 관리가 필요한데 그 리유는 다음과 같다.

첫째, 제조과정 이외에서 발생되는 부가가치가 높다.

손님에게 전달되는 제품 및 서비스의 부가가치는 공급사슬 내에서 자금, 인력, 자원의 투입에 의해 조립, 가공, 산출, 그리고 운송되어 그 부가가치를 창출하게 된다. 그러나 연구결과에 의하면 이러한 부가가치는 60~

1) 공급사슬이란 제조업체와 공급업체 및 고객 등이 마치 사슬처럼 엮어져 서로 긴밀한 협조체제를 이루어 공동운명체를 형성하는 것.

70%가 제조과정 이외에서 발생되며 리드타임[2]의 경우도 제조과정 이외에서 소요되는 시간이 길다는 것이다. 또한 제조업의 경우 매출원가의 10~15%를 물류[3]비용이 점유하고 있다는 것이다. 따라서 공급사슬 전반에 대한 관리가 필요하다.

둘째, 수요변동 등 불확실성이 높아진다.

손님의 수요는 시간의 흐름에 따라 변동한다. 이같이 변동하는 수요는 과거 수요에 근거하여 예측된 수요정보를 활용하여 대처하므로 수요변동과 이에 따른 주문변동과 납기의 불확실성, 품질과 수량의 변동폭이 점차 커지기 마련이다. 그러나 이러한 문제들을 단순히 제조과정 중에서 개선시키는 데는 한계가 있다. 따라서 공급사슬전체 내에서 이 같은 불확실한 요인을 개선시키지 않고는 불확실성에 관련된 문제들을 해결할 수 없다.

셋째, 공급사슬구조가 확대되고 복잡하게 되었다.

공급자, 류통, 판매사의 증대, 세계화 등은 공급사슬 구조를 확대시키고 복잡하게 한다. 따라서 이 같은 복잡하고 확대된 공급사슬은 이전과 다른 효율적인 경영을 필요로 한다.

넷째, 손님의 대량개별화 요구가 증대되었다.

손님의 다양한 요구에 부응하여 경쟁력을 유지하기 위해서는 대량개별화[4]가 필요하다. 이를 위해서는 다양한 제품을 공급해야 하며 따라서 공급사슬 내에 이전보다 많은 재공품 재고나 완성품 재고가 필요하게 된다. 또한 동시에 보다 낮은 가격에 공급하기 위해서는 관련 비용을 감소시켜야 된다. 그러나 이 같은 전략은 공급사슬 중의 다른 부분에 너무 많은 재고를 만들어낼 수 있다. 이렇게 될 경우 이 재고는 비용으로 계산되어 공급사슬 내에 있는 기업들의 현금흐름에 나쁜 영향을 미치게 된다. 따라서 손님의 다양한 요구에 부응하여 대량 개별화를 추구하면서 동시에 저가격, 짧은 생

---

2) 주문을 받거나 생산을 계획하여, 생산에 착수하는 시점부터 제품이 완성되어 완제품 창고에 입고되거나, 완성된 제품이 출고되는 시점까지의 기간.
3) 생산자로부터 소비자에게 제품·재화를 효과적으로 옮겨주는 기능 또는 활동.
4) 다수의 고객을 대상으로 그 각각에게 개별화된 제품이나 서비스를 제공한다는 의미.

산 주기의 제품 및 서비스 공급을 위해서는 공급사슬 전반에 대한 효율적인 경영이 필요하다.

다섯째, 공급사슬 내 복잡한 정보흐름을 지원할 수 있는 기반기술이 발전하였다.

그동안 리론상에서 논의되었던 전체 공급사슬 정보를 지원할 수 있는 기반기술인 정보기술이 발전하여 복잡한 정보흐름을 모두 다룰 수 있는 기반기술이 확보되었다.

2. 공급사슬경영의 기본개념

공급사슬(supply chain)은 공급자, 제조, 운송 및 보관, 류통 및 판매, 그리고 최종소비자의 연쇄구조를 의미한다. [그림 6-1]은 제조사의 공급, 제조, 분배, 그리고 최종손님에게 전달되는 일반적인 공급사슬 련결망을 보여

[그림 6-1] 타이어제조사의 공급사슬

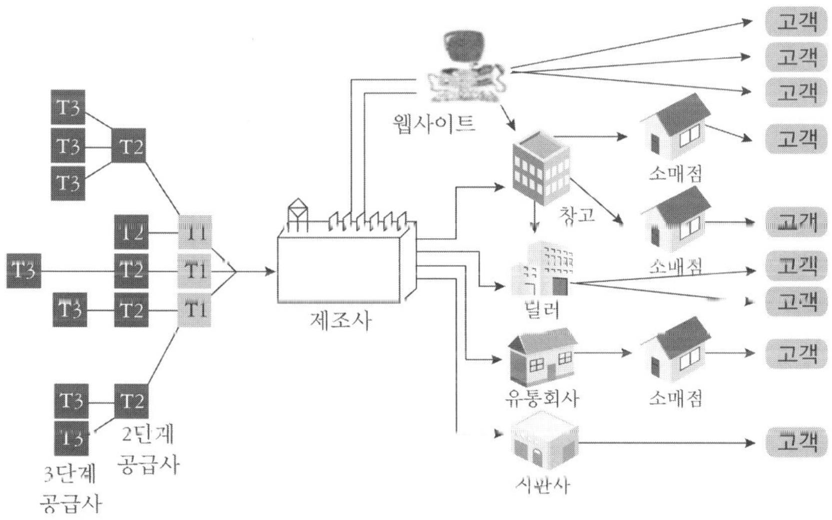

주고 있다.

공급사슬경영(supply chain management: SCM)은 이 같은 공급사슬의 각 부문들을 하나의 통합된 개체로 보고 물류, 정보, 그리고 자금의 흐름을 전체적으로 관리하여 공급사슬의 최적화를 추구하는 경영개념이다. 이제까지 부문별 최적화, 기업별 최적화에 머물렀던 물류, 정보, 그리고 자금에 관련된 업무의 흐름을 공급사슬전체의 관점에서 재검토하여 정보의 공유화와 공급사슬 흐름의 개선을 통해 공급사슬전체의 효율을 향상시키고자 하는 것이 공급사슬경영의 목적이다. 따라서 공급사슬경영은 공급사슬 개체에 있어서 자재 및 정보의 흐름을 계획, 통제, 디자인, 그리고 관리기능까지 포함한다.

제 2 절 SCM의 구성요소

1. SCM 프로세스[5)]

SCM 프로세스는 공급자 측면의 프로세스와 손님 측면의 프로세스로 분류할 수 있다.

공급자 측면에서의 프로세스는 공급사로부터 제조사까지의 공급사슬의 프로세스로서, 이 프로세스의 효율성을 위해서는 원자재 및 부품을 공급사로부터 적시에 효율적으로 조달하여 좋은 품질의 제품 및 서비스를 적시에 저렴한 비용으로 생산해야 한다. 이를 위해서는 물류 및 운송비, 시간 등을 고려한 적절한 공급사와의 연결망 구성과 입지선정, 그리고 제조사와의 정보공유, 전략적 제휴가 중요하며 동시에 제조사 측면에서는 표준화, 모듈화 등을 고려한 사전, 혹은 사후 제품설계 및 생산설계, 크로스 도킹, 자동

5) process. 일이 처리되는 경로나 공정. 경과, 과정, 절차.

발주시스템 등이 중요하다. 여기서 크로스도킹은 배달된 상품을 수령하는 즉시 배송지점으로 배송하는 것을 말한다.

손님 측면의 프로세스 관리는 손님으로부터 제조사까지의 공급사슬 내에 대한 관리 프로세스로서 이 프로세스의 효율성을 위해서는 효과적인 유통전략, 판매점의 련결망 구성과 입지선정, 주문방법, 손님 수요 변동에 대한 예측, 정보공유를 위한 전략적 제휴, 그리고 판촉활동의 최적화 등이 중요하다.

이러한 요소들을 고려하여 전체 공급사슬 프로세스를 효율적으로 운용할 때 리드타임의 단축과 비용절감 등을 통해 전체 공급사슬 내의 현금흐름을 높일 수 있게 된다.

2. SCM 프로세스의 특징

공급사슬경영 프로세스 중 중요한 것은 우선 손님의 수요변동에 대한 능동적인 대응이다. 이 같은 손님 수요변동은 각종 수요예측기법을 활용하여 대응할 수 있다. 즉, 거시적 영향 변수인 경제관련 지표, 관련 업종의 동향, 원자재 동향 등과 함께 미시적 영향요인 관련 제품의 수명주기, 계절적 수요변화 특성 등을 고려하여 적절한 예측기법을 활용하여 대처할 수 있다.

그러나 이러한 예측가능한 부분의 변동에 대한 대처는 가능하나 단기적 불규칙 변동요인 등 예측 불가능한 변동에 대한 느린 대응이 문제가 되는 것이다. 최종 소비자의 단기적 불규칙 수요에 변동폭은 적다하더라도 소매점, 도매점, 혹은 제조사 등으로 갈수록 그 변동폭은 커지게 된다. 즉 공급사슬 내에서 반대로 거슬러 올라갈수록 불확실성 때문에 그 변동폭은 커지게 된다.

[그림 6-2]는 미국 Procter & Gamble사의 소매점, 도매점, 제조회사, 공급회사에 대한 아기용 기저귀 제품에 대한 수요변화의 례이다. 최종소비자의 수요변화는 작다. 그러나 소매점이 이 수요변화에 부응하기 위해 혹은

[그림 6-2] 공급체인 내 각 개체들의 주문변동 증가

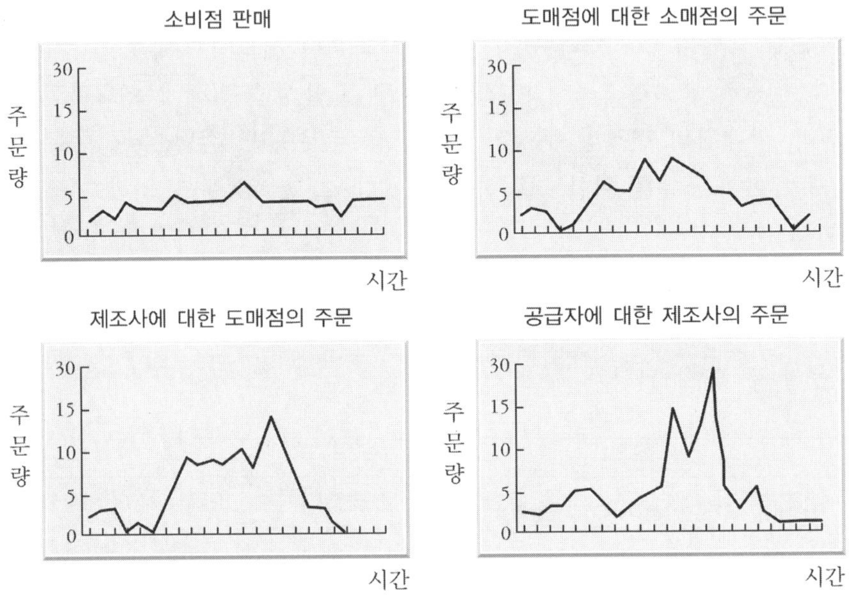

수요증가에 대한 불안심리, 안전재고 확보욕구, 제품도착 리드타임의 불안요인 등으로 인해 도매점에 대한 주문은 더 많은 변동을 가져오게 된다. 도매점에서는 이러한 다수의 소매점 수요와 도매점 자체의 불안심리, 안전재고 확보욕구, 그리고 제품도착 리드타임의 불안요인 등에 의해 제조회사에 대한 주문량은 더 큰 변동을 가져오게 되며, 제조회사의 공급회사에 대한 주문변동은 극적으로 확대된다. 따라서 공급사슬 내 각 개체들은 불필요한 과다재고를 보유하게 되며 이로 인해 주문지체, 지연 등으로 인해 리드타임이 길어지게 되고, 재고 과다보유는 결국 전체 공급사슬의 현금흐름을 악화시키게 된다.

이 같은 공급사슬 내에서 소비자로부터 생산자로 갈수록 수요변동폭이 확대되는 것을 채찍효과라 한다. 소를 몰 때 쓰는 긴 채찍의 경우 손잡이 부분에서는 작은 힘이 가해져도 끝 부분에서는 큰 힘이 생기는 것과 마찬가

지로 공급사슬 내에 최종소비자 수요의 작은 변동이 제조업체에 전달될 때는 크게 확대된다.

수요변동에 대해 공급이 부응하지 못하게 되면 공급사슬 내 여러 개체와 단계에 재고가 누적되게 되며, 재고부족, 주문지체 등이 발생하게 된다.

이 사례는 공급사슬에 관한 세 가지 주요 사항을 설명하고 있다.

① 공급사슬은 아주 높은 상호작용시스템이다. 공급사슬 내에 있어 각 부문의 결정은 다른 부문에 영향을 미친다.

② 수요변화에는 채찍효과가 있다. 상위부문 개체는 진짜 수요변화가 아닌 하위부문 개체로부터의 과장된 주문에 과잉반응하지 않도록 주의하여야 한다. 모든 수준에서 완벽한 정보가 있더라도, 리드타임 때문에 공급사슬에 있어 채찍효과가 있을 수 있다.

③ 공급사슬을 향상시키는 데 있어 가장 좋은 방법은 전체 리드타임을 줄이고, 모든 개체가 실제 수요정보를 피드백[6]하는 것이다. 공급사슬 내에 있어 시간지체는 수요와 재고의 급한 변동을 오히려 도울 뿐이다.

이 사례에서 가장 큰 문제는 공급사슬 내 급격한 수요변동에 대한 불확실성으로부터 발생되는 각 개체별 과잉반응이다. 이 문제에 대한 효과적인 관리방법은 불확실성을 제거하기 위하여 실시간 정보를 공유함으로써 전체 공급사슬이 전략적 제휴시스템이 되도록 하는 것이다. 이것이 공급사슬 내의 갑작스런 수요변화에 빠르게 대응하도록 할 것이고, 안전재고 등을 감소시켜 전체 재고를 감소시키게 할 것이다. 물론 보다 효율적인 예측방법은 각 개체에 도움을 줄 수 있을 것이다. 그러나 수요변화를 정확히 예측한다는 것은 매우 어렵다. 따라서 전체 공급사슬의 실시간 정보공유를 통한 전략적 제휴 시스템이 필요하며 이러한 정보공유에 의해 전체 시스템의 효율성 추구는 불필요한 지체, 지연을 감소시켜 리드타임의 단축을 가져오게 한다.

공급사슬 내에 있는 모든 개체들은 정보를 공유하여 물 흐르듯이 흘러가야 한다. 즉 공급사슬 내의 모든 개체들은 동기화[7]되어야 한다. 그러기

6) 어떠한 행동에 대하여 적절한 반응을 보이는 일.

위해서는 공급사슬 내에 있는 개체들이 하나의 통합된 주체에 의해 운영되듯이 정보를 공유하여, 서로 도움을 주고받는 전략적 공동협력 체제가 필요하다.

[그림 6-3]은 공급사슬 프로세스를 파이프라인[8]으로 비유하고 있다. 여기서 파이프라인 중간에 깨진 금은 이 파이프라인이 서로 다른 개체들이 전략적으로 연결되어 하나의 파이프라인을 구성함을 의미한다. 전략적으로 더 잘 연결될수록 파이프라인에서 새는 물이 없게 될 것이다.

[그림 6-3]에서 보는 바와 같이 공급사슬 내의 여러 개체들이 공동협력에 의해 제조, 물류, 판매에 있어 새는 구간이 없이 흐르는 물처럼 운영되면 전체 리드타임의 단축뿐만 아니라 각 개체 혹은 개체 내 각 부문에서 필요재고가 아예 없거나 최소한의 재고만을 가지게 된다. 따라서 고객요구와 시장변화에 능동적으로 대처할 수 있으며 또한 재고로 인한 불필요한 자금보유를 축소시켜 현금흐름을 제고시킬 수 있는 것이다. 또한 흐름의 연속성 때문에 대한 납기약속을 정확히 지킬 수 있으며, 납기제시도 명확히 할 수 있게 되는 것이다.

[그림 6-3] SCM 프로세스

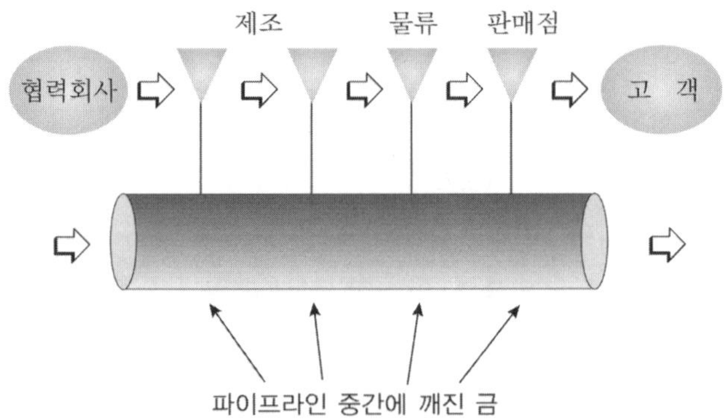

7) 작업들 사이의 수행시기를 맞추는 것. 사건이 동시에 일어나거나, 일정한 간격을 두고 일어나도록 시간의 간격을 조정하는 것을 이른다.

8) 석유나 천연가스 따위를 수송하기 위하여 매설한 관로.

05부

회계원리분야

Chapter

01 회계란 무엇인가

제 1 절 회계의 본질

회계는 의사결정자들이 경제적 의사결정을 합리적으로 할 수 있도록 경제실체(주로 기업)에 관한 재무정보를 측정·기록·전달하는 정보시스템으로 정의된다. 회계는 상징적으로 기업의 언어라고 일컬어지기도 한다. 왜냐하면 회계에 대한 기본지식이 없이는 기업활동을 효율적으로 수행하기 위한 의사소통을 할 수 없기 때문이다. 과거에는 회계를 단순히 장부를 처리하는 기능에 초점을 맞추어 정의하였다. 그러나 현대에서의 회계란 의미는 회계정보를 필요로 하는 사람들(예컨대 주주,[1] 채권자[2])에게 필요한 정보를 제공하는 정보시스템으로서 단순 장부정리기능보다는 훨씬 폭넓은 령역을 차지하고 있는 것으로 받아들여지고 있다. 그러므로 회계담당자들은 거래를 기록하기 위한 기계적인 장부처리뿐만 아니라 다양한 목적으로 회계정보를 리용하는 의사결정자의 계획 및 통제활동, 그리고 문제해결에까지도 관심을 가져야 한다.

1) 주주란: 개인이 소유할 수 없는 회사에서 그 회사에 대해 소유한 몫만큼 권리를 행사할 수 있는 사람.
2) 채권자란: 돈을 빌려준 사람.

대부분의 사람들은 회계와 부기를 동일한 것으로 오인하고 있다. 부기[3]는 회계의 한 과정으로서 경제적 사건을 기록하고 보관하는 기법에 불과하며, 그것은 반복적이고 기계적이라는 특성을 지니고 있다. 반면에 회계[4]는 정보를 산출할 뿐 아니라 산출된 정보를 의사결정의 목적을 위해 분석하고 해석하며 활용하는 령역까지 포함한다. 따라서 회계의 령역 속에는 리용자의 욕구에 맞추어 정보시스템을 설계하는 일에서부터 제공된 회계정보가 의사결정에 미친 영향을 파악하는 문제까지도 모두 포함한다.

위에에서 논의된 회계의 정의를 요약하면, 회계는 경제실체의 활동과 의사결정자를 련결시키는 교량역할을 한다. 회계라는 정보시스템은 기업의 경제활동을 측정대상으로 한다. 회사의 회계담당자는 다양한 경제활동을 측정・기록・요약하여 대차대조표, 손익계산서, 현금흐름표 등 재무제표의 형태로 회사에 관한 의사결정을 내리는 다양한 리익집단에게 기업에 관한 재무정보를 제공한다. 이들 리익집단들은 재무제표와 기타정보를 근거로 기업에 관한 의사결정을 내리게 되며 이들의 의사결정은 다시 기업의 경제활동에 영향을 미치게 된다.

제 2 절 회계학의 분야

거의 모든 사람이 현재나 미래의 회계 정보리용자라고 할 수 있는데, 회계정보리용자는 크게 기업내부에서 의사결정을 내리는 내부리용자와 기업외부에서 기업에 관한 의사결정을 내려야 하는 외부리용자로 분류된다. 주된 내부리용자는 기업활동을 하면서 기업에 관한 영업, 투자 및 재무에 관한 의사결정을 내려야 하는 경영자가 가장 중요한 집단이다. 외부리용자는 기업에 투자하는 투자자와 돈을 빌려주는 채권자가 가장 대표적인 집단

3) 부기는 주산으로 공장의 자금을 계산하고 기록하는 것.
4) 회계는 경리와 같은 일을 담당하는것.

이다. 이들 외에도 회사에 납품하는 거래처,[5] 회사의 제품을 구입하는 고객, 그리고 정부기관이 기업외부에서 기업과 관련된 의사결정을 내려야 하는 집단이다.

1. 재무회계와 관리회계

회계의 령역을 정보리용자 집단인 내부리용자와 외부리용자에 따라 구분하기도 한다. 기업내부의 경영자에게 유용한 정보를 제공하는 회계의 기능을 관리회계(Management accounting)라고 하고 기업외부의 다양한 리용자에게 정보를 제공하는 기능을 담당하는 회계분야를 재무회계(Financial accounting)라고 한다. 정보리용자의 성격이 다른 만큼 관리회계와 재무회계는 보고되는 정보의 내용, 준비방법 그리고 강조점 등에 있어서 차이가 난다.

관리회계는 회사 내에서 경영자들이 영업, 투자 및 재무활동과 관련된 의사결정을 내리는 데 주로 사용된다. 영업활동이란 기업의 주된 업무와 관련한 일상적인 활동으로 상품을 구입, 판매하는 과정에서 발생하는 일련의 활동을 뜻한다. 경영자들이 결정해야 할 사항으로는 회사에서 제조하는 제품의 원가계산, 임직원의 업적평가와 보수결정, 공장의 신설이나 기계의 구입 같은 투자결정, 년간 자금조달 및 사용계획을 수립하기 위한 예산편성 등이 있다. 이 중에서 제품의 원가계산, 예산편성 및 업적평가 같은 것은 비교적 주기적으로 반복되는 일상적인 업무라고 할 수 있다. 그러나 회사에서 자동차 사업 같은 신규사업에 진출하거나 별로 리익이 나지 않는 사업부문을 처분하는 것과 같은 의사결정은 중장기적인 전략적 의사결정에 해당한다. 관리회계란 이처럼 내부의 다양한 의사결정의 특성에 따라 그 목적에 가장 적합한 정보를 준비, 제공하는 기능이라고 할 수 있다. 따라서 관리회계에서는 내부보고용의 특수 목적의 보고서가 나오며, 이것은 어디까지나

5) 거래처란: 물건을 팔거나 만들기 위하여 고정적으로 거래하는 것.

내부용이므로 정보를 준비하는 형식이나 방법에 구애될 이유가 별로 없다.

재무회계의 기능은 관리회계와 달리 기업외부에서 기업의 경영에 직접 참여하지 않는 다양한 투자자 집단과 이해관계자들이 기업에 관한 의사결정을 내릴 수 있도록 정보를 제공하는 것이다. 이들 리용자 집단에는 현재의 투자자뿐만 아니라 미래의 잠재적인 리용자까지 모두 포함되므로 이들은 그 특성이나 리용목적에 따라 매우 다양하다. 례를 들어 어느 회사에 투자하려는 투자자가 돈이 아주 많은 부자일 수도 있고 여유자금을 간신히 마련한 소액투자자일 수도 있다. 어느 투자자는 위험을 즐겨 도박하듯이 전재산을 한 회사에 투자할 수도 있고 어느 투자자는 위험을 회피하기 위해 여러 기업에 분산투자할 수도 있다. 또한 여러분처럼 회계공부를 열심히 하여 회계에 대한 전문지식이 어느 정도 있는 투자자가 있는가 하면 회계나 경영에 대한 전문지식은 전혀 없이 항간의 소문만 믿고 투자하려는 사람이 있다.

재무회계에서 가장 바람직한 방법은 이들 다양한 정보리용자의 다양한 정보욕구에 따라 맞춤 보고서를 제공해주는 것이지만 현실적으로는 너무 복잡하고 비용이 많이 들기 때문에 불가능하다. 따라서 재무회계에서는 회부의 다양한 리용자들이 공통적으로 갖고 있는 정보에 대한 기본욕구를 충족시킬 수 있도록 일정한 방법과 형식에 따라 준비한 정보를 제공하는데 이를 일반목적의 재무제표라고 한다. <표 1-1>에서는 재무회계와 관리회계의 차이를 간단히 정리하였다.

〈표 1-1〉

	재무회계	관리회계
주된 리용자	외부의 투자자	내부의 경영자
작성방법	일반적으로 인정된 회계원칙 준수	일정한 형식이나 방법을 따를 필요 없음
사용목적	일반목적	특수목적

2. 세무회계와 회계감사

회계분야는 정보리용자에 따라 구분되는 재무회계와 관리회계 분야 외에도 세무회계나 회계감사 등의 분야가 있다. 례를 들어 정부의 국세청에서는 개인이나 기업으로부터 세금을 걷어 정부의 각종 예산집행을 위한 재원을 마련한다. 소득이 많은 개인이 소득세[6]를 많이 내듯이 리익을 많이 낸 기업은 세금을 그만큼 많이 내고 손실을 본 기업은 세금이 면제되기도 한다. 조세당국에서 기업에게 공평한 세금을 부과하려면 객관적인 기준이 있어야 하는데 회계정보가 이러한 역할을 한다. 세금을 내기 위해 세법에 의한 정확한 리익을 계산하는 절차를 다루는 회계분야를 세무회계라고 한다. 세무회계는 재무회계가 그 근간이 되기는 하지만 정부 당국에서는 기업의 바람직한 행동을 유발하기 위해 재무회계와는 다소 다른 원칙을 적용하는데 이를 세법이라고 한다. 예컨대 기업의 연구개발활동을 촉진하기 위해 연구개발활동에 소요된 비용에 세금혜택을 준다든지 하는 것이다. 따라서 세무회계분야에서는 재무회계기준과 세법과의 차이를 조정하는 것 등에 대해 공부하게 된다.

회계감사란 기업이 준비한 재무보고서의 신뢰성을 높이기 위해 회계에 대한 전문지식을 갖춘 자격 있는 전문가가 객관적이고 공정한 입장에서 기업의 재무보고서를 검토하여 의견을 제시하는 기능을 뜻한다. 외부감사를 하는 전문인을 공인회계사(Certified Public Accountant; CPA)라고 하는데 공인회계사가 되려면 국가에서 실하는 시험에 합격하여 정부로부터 공인을 받아야 한다. 회계감사는 내부나 외부에서 감사업무를 수행하기 위한 지침, 원칙 및 기법 등에 대해 공부하는 회계학의 한 분야이다.

'회계원리'하면 일반적으로 재무회계의 기본원리에 대해 공부하는 분야를 뜻한다. 따라서 이 책의 주된 초점은 어떻게 하면 외부리용자들의 의사

---

6) 자신이 가진것 만큼에 대하여 세금(국가나 지방의 공익을 위하여 강제적으로 돈을 내는것)을 부과 하는 것.

결정에 유용한 회계정보를 준비하고, 보고하며 분석할 수 있는가에 맞추어져 있다.

제 3 절 재무회계의 환경

재무회계는 기업외부의 정보리용자를 대상으로 일반목적의 재무보고서를 제공하는 기능이라고 설명하였다. 재무회계와 관련하여 재무회계의 환경을 구성하는 중요한 집단이 몇 개 있다. 우선 재무상태와 영업성과에 관한 재무제표를 일정한 원칙에 의해 외부리용자에게 제공하는 회사가 있고, 회사가 준비한 재무제표를 감사하는 외부의 공인회계사, 재무제표를 리용하는 정보리용자, 그리고 회계원칙을 제정하는 규제기관이 있다. 재무회계의 환경을 정리한 것은 [그림 1-1]에 있다.

[그림 1-1] 재무회계의 환경

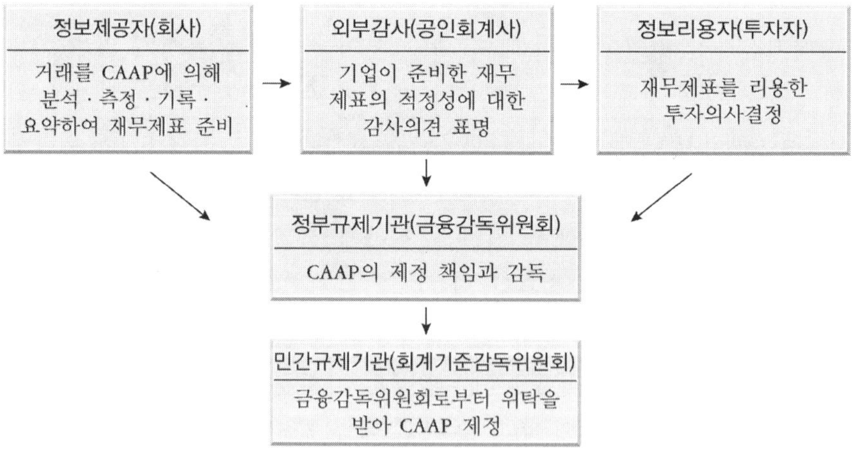

1. 일반적으로 인정된 회계원칙

지금까지 우리는 회계정보의 유용성을 개인 차원인 정보리용자 측면에서 설명하였다. 그러나 회계의 기능은 생각보다 훨씬 중요하다. 공정하고 투명한 회계제도야말로 자원의 효율적인 배분을 위해 효율적 자본시장이 갖추어야 할 가장 기본적인 기간구조라고 할 수 있다. 1930년 미국의 대공항이나 1997년에 아시아 경제위기로부터 촉발된 세계 경제위기는 상당 부분 기업들이 준비한 불투명한 회계정보 때문이라는 지적이 있다. 즉, 왜곡된 회계정보 때문에 투자자나 금융기관의 자금이 자격이 없는 부실기업에 투자되어 결국 이들 기업에 자금을 제공한 주주가 막대한 피해를 보고 금융기관마저 동반 부실화되어 경제위기가 발생했다는 것이다.

재무보고서의 작성을 회사에게만 전적으로 맡기면, 회사는 회사에게 유리한 정보만 제공하고 불리한 정보는 숨긴다거나, 될 수 있으면 리익을 많이 내는 방향으로 회계처리하는 등 회계정보를 왜곡할 가능성이 높다. 따라서 대부분의 국가에서는 외부보고를 위한 재무보고서의 투명성을 확보하기 위해 재무제표를 작성하는 데 필요한 규정과 지침을 정부의 규제기관에서 책임지고 만들고 있으며 이를 “일반적으로 인정된 회계원칙”(Generally Accepted Accounting Principles: GAAP)이라고 한다. 일반적으로 인정된 회계원칙은 회계정보의 신뢰성과 비교가능성을 높여 정보리용자의 효율적인 의사결정을 돕는 역할을 한다.

투자자가 기업에 관한 의사결정을 내릴 때 특정시점에서 한 기업의 재무제표만을 분석하는 것은 별 의미가 없다. 례를 들어 어느 개인이 여유자금이 있어 주식에 투자하려 한다고 가정해 보자. 합리적인 투자자라면 소문만 듣고 아무 기업에나 투자하는 것이 아니라 기업이 속한 업종의 전망은 어떤지, 과거 리익은 계속 내고 있는지, 부채는 너무 많은 것이 아닌지 등에 대해 관심을 가질 것이다. 이를 위해 그 기업의 과거부터 현재까지의 실적을 비교 분석하거나 같은 업종에 속은 다른 기업과 비교분석하는 것이 필요하다. 그런데 동일한 경제현상에 대해 회사가 적용하는 회계방법을 아무 때나 바꾼다거나 회사마다 사용하는 방법이 다르다면 투자자 입장에서는 분석하기가 매우 어렵다. 그러므로 외부보고용 재무제표는 일정한 형식과 원칙을 따라서 준비되어야 재무제표간의 비교가능성이 높아져 정보리용자들의 효율적인 의사결정을 도울 수 있는 것이다.

2. 정보의 생산자-회사

재무회계의 환경에서 회사는 정보생산자의 역할을 한다. 정보의 생산을 위해서는 회계에 대한 전문지식이 있는 인력이 필요하기 때문에 회계정보 역시 다른 재화나 경영자의 합리적인 의사결정을 위해서도 어차피 회사에서 발생하는 모든 거래를 분석, 기록하여야 한다. 따라서 제3자가 기업의 외부에서 발생하는 모든 거래를 분석, 기록하여야 한다. 따라서 제3자가 기업의 외부에서 기업에 관한 재무제표를 만드는 것보다는 훨씬 낮은 비용으로 스스로에 대한 정보를 제공할 수 있다. 그러나 앞서 설명했듯이 회사에만 정보제공의 역할을 맡겨 놓으면, 회사는 스스로에게 유리한 정보만 제공하고 불리한 정보는 감춘다는지 할 우려가 있기 때문에 회사는 일반적으로 인정된 회계원칙에 따라 거래를 기록하고, 요약하여 재무제표를 준비해서 주주나 채권자들에게 제공하여야 한다.

현대 경제사회의 특징 중의 하나는 기업의 소유와 경영이 분리되어 있다는 것이다. 돈이 많은 사람이 반드시 경영능력이 뛰어난 것이 아니기 때문에 회사의 소유주인 주주는 전문경영인을 고용하여 회사의 운영을 맡김으로써 스스로 경영할 때에 비해 자신의 재산을 더욱 늘릴 수 있다. 이런 의미에서 회사의 경영자는 주주로부터 대가를 받고 주주의 재산을 맡아 운영하는 대리인(Agent)의 역할을 한다고 볼 수 있다. 경영자의 임무는 회사의 운영을 책임 맡아 자신의 리익이 아닌 주인(Principal)의 리익을 극대화하려는 수탁책임을 수행하는 것인데 경영자도 사람이다 보니 주주의 리익보다는 자신의 리익을 먼저 추구하려는 경향이 있다. 따라서 주주는 재산을 경영자가 얼마나 잘 관리했는지를 평가하고 감독하기 위해서 경영자에게 정기적인 재무보고를 요구하게 되며 이러한 회계정보의 역할을 수탁책임의 평가라고 한다.

3. 외부감사-공인회계사

재무회계의 환경에서 공인회계사가 필요한 리유는 물론 기업이 준비한 재무제표의 신뢰성을 높이기 위해서이다. 회사는 아무렇게나 재무제표를 준비하는 것이 아니라 일반적으로 인정된 회계원칙에 의해 준비해야 한다고 설명했다. 그러나 회사가 준비한 재무보고서가 과연 일반적으로 인정된 회계원칙을 지켰는지를 회사에만 맡기기에는 재무제표의 중요성이 너무 크기 때문에 공인회계사가 필요한 것이다.

공인회계사란 회계에 대한 전문지식과 륜리강령에 의거하여 기업이 준비한 재무제표가 과연 일반적으로 인정된 회계원칙에 따라 준비되었는지 아닌지에 대한 전문가적 의견을 제시하는 공인된 전문가를 뜻한다. 공인회계사는 법정감사 외에도 컨설팅, 기업자산부채 실사 등 다양한 업무를 수행하고 있다.

공인회계사는 특정기업에 대한 감사를 실시한 후 전문가로서의 견해를 감사보고서라는 형식을 통해 나타낸다. 회사의 재무제표가 일반적으로 인정된 회계원칙에 의해 제대로 준비되었다면 적정의견(Unqualified opinion)을 제시하고, 일부항목에 대해 위반사항이 있을 때는 한정의견(Qualified opinion)을 제시하며, 대다수항목에 대해 심각한 위반사항이 있으면 부적정의견(Adverse opinion)을 제시한다. 그리고 회사의 문제가 너무 심각하여 존속이 의심스러울 때는 의견거절(Disclaimer of opinion)을 하기도 한다.

주의할 것은 공인회계사가 적정의견을 제시했다고 해서 그 회사에 마음 놓고 투자해도 된다는 뜻은 아니다. 엄밀한 의미에서 적정의견이라는 것은 공인회계사가 외부감사한 재무제표가 일반적으로 인정된 회계원칙에 의해 준비되었다는 것 이상도 아니다. 예컨대 수천억 원의 리익을 내고도 그것을 보고한 회계방법이 회계원칙에 위배되는 것이라면 한정의견을 받을 수 있고 수백억 원의 손실을 보고하고도 손실을 보고한 방법이 회계원칙을 제대로 지킨 것이라면 적정의견을 받을 수 있는 것이다. 그러나 현실적으로 문제가 많은 부실기업일수록 회계방법을 조작하여 손실을 리익으로 바꾸거나 손실을 줄이려는 경향이 있기 때문에 이런 기업들이 한정의견을 받을 가능성이 높다. 한정의견이 투자자에 의해 좋지 않게 인식된다는 것을 아는 경영자들은 가능한 적정의견을 받기 위해 로력한다.

4. 정보리용자－투자자와 채권자

기업 외부의 정보리용자 집단으로는 투자자, 채권자, 정부기관, 거래처, 고객 등 매우 다양한 층이 있다. 외부리용자 중 가장 대표적인 집단인 투자자나 채권자는 투자대상이 되는 기업의 위험과 수익성을 평가하여 투자수익은 극대화하면서 투자위험은 최소화하려는 투자를 계획한다. 그러나 세상에 공짜는 없기 때문에 일반적으로 높은 투자수익을 얻기 위해서는 높은 위험을 감수하는 수밖에 없다. 따라서 투자자나 채권자는 자신이 원하는 목표수익을 얻기 위해 감당해야 할 수준 이상으로 위험을 부담하지 않기 위해 정확한 회계정보를 필요로 한다고 볼 수 있다.

그렇다면 구체적으로 정보리용자에게 회계정보가 유용하다는 것을 어떻게 판단할 수 있을까? 만일 어느 회계정보를 리용한 의사결정이 그 정보가 없었을 때와 비교해 달라진다면 그 회계정보는 유용한 것이다. 례를 들어 어느 기업의 주식을 보유한 투자자가 그 주식을 계속 보유하려다 그 기업의 최근 재무제표를 분석한 후 주식을 처분했다면 재무제표는 그 투자자에게 유용한 정보의 역할을 한 것이다. 이처럼 정보리용자의 의사결정에 차이를 가져오는 정보의 속성을 목적적합성(Relevance)이라고 한다. 유용한 정보가 갖추어야 할 또 하나의 중요한 속성은 신뢰성(Reliability)이다. 회계정보의 신뢰성이란 정보에 오류나 편의(bias)가 없고 객관적으로 검증가능한 속성을 뜻한다. 아무리 목적적합한 정보라도 그 신뢰성에 문제가 있다면 정보리용자가 사용하는 데 한계가 있기 때문이다. 목적적합성과 신뢰성을 바람직한 회계정보가 갖추어야할 질적 속성이라고 한다.

5. 규제기관-금융감독위원회와 회계기준위원회

미국, 일본 등 대부분의 국가에서 일반적으로 인정된 회계원칙을 제정하는 책임은 정부기관인 금융감독위원회에 있다. 회계기준제정에 대한 책임을 회계학자들의 단체인 공인회계사 단체인 공인회계사회에서 지지 않고 금융감독위원회에서 지는지 의아해 할 수 있다. 금융감독위원회는 주식이나 회사채 등 모든 증권의 발행과 류통이 원활하게 이루어지도록 하는 것을 비롯하여 금융기관 전반의 건전성을 감독할 책임을 지고 있는 정부기관이다. 정부당국은 증권시장에서 회계정보가 충분히 공표되어 증권의 발행과 류통이 적절한 가격에 이루어지도록 하여야 한다. 또한 증권시장에 참여하는 투자자들이 투자의사결정을 할 때 신뢰성 있는 정보를 적시에 공급받아 피해를 보는 일이 없도록 투자자보호에 만전을 기해야 한다. 이런 맥락에서 효율적이고 공정한 증권시장의 하부구조로서 필요한 회계기준을 제정하는 책임을 정부에서 맡게 된다.

회계기준제정에 관한 책임과 권한은 궁극적으로 정부기관인 금융감독위원회에 귀속되지만 회계기준을 제정하는 임무는 상당한 수준의 전문성을 요구한다. 또한 회계기준제정을 공공부문에 맡기면 공공부문의 속성상 유연성과 전문성이 결여되고 정치적 압력에 취약하다는 문제점도 있다. 따라서 많은 국가에서 회계기준제정 임무를 중립적이고 전문적인 민간기구에 이양하고 정부당국은 이에 대한 감독을 철저히 하고 있다.

제 4 절 재무회계 개념체계

일반적으로 인정된 회계원칙은 회계관행상 관련된 리익집단으로부터 다수의 지지를 받고 수용된 회계원칙을 의미한다. 그런데 회계원칙은 수학이나 물리학의 법칙처럼 불변의 진리가 아니라 현실세계에서 경제활동을 수행하는 기업을 대상으로 하기 때문에 기업환경이 변화함에 따라 변화해야 한다. 앞서 설명했듯이 규제기관에서 회계기준을 제정하는 과정에서 리익집단의 리익을 반영하는 절차가 수반된다. 이들 다양한 리익집단의 리익을 반영할 때 단순히 상대적인 힘의 논리만 따른다면 기업의 재무상태와 영업성과를 적절하게 보고할 수 없게 된다. 따라서 회계기준을 제정하는 과정과 제정된 회계기준을 실무에 적용하는 과정에서 합리성과 정당성을 판달

[그림 1-2] 재무회계 개념체계

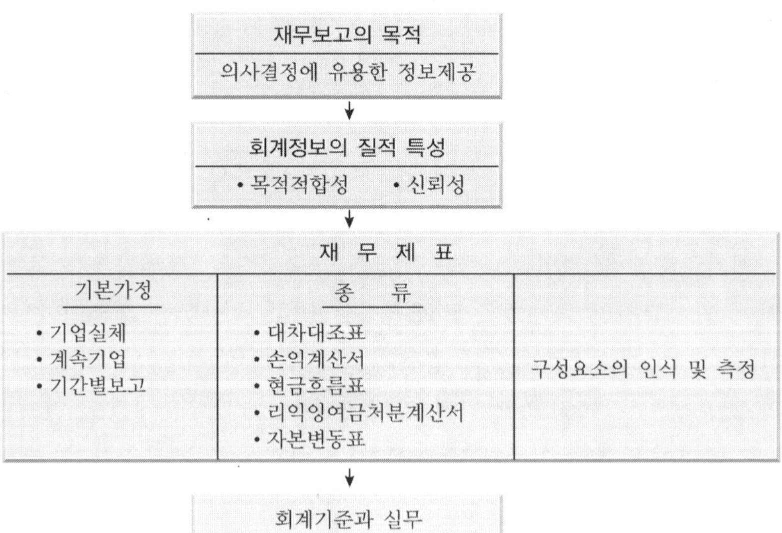

할 객관적인 리론이나 개념이 필요한데, 이를 재무회계 개념체계(Financial accounting conceptual frame-work)라고 한다.

재무회계 개념체계는 [그림 1-2]와 같이 정리될 수 있다. [그림 1-2]를 보변 재무회계개념체계는 상단의 재무보고의 목적이라는 추정적이고 리론적인 개념으로부터 하단의 회계기준과 실무라는 좀더 구체적이고 현실적인 개념으로 내려가고 있음을 알 수 있다. 여기에서는 재무보고의 목적, 회계정보의 바람직한 질적 특성, 그리고 재무제표의 기본가정에 대해서 약술한다. 다음 단계인 재무제표 구성요소의 인식과 측정의 기준은 제 2 장 재무제표에서 기술한다.

1. 재무보고의 목적

개념적 체계의 상단에 위치한 재무보고의 목적은 기업에 대한 투자 및 신용의사결정에 유용한 정보를 제공하는 것으로 요약될 수 있다. 투자자와 채권자들은 기업에 자본을 제공하는 역할을 한다. 이들은 기본적으로 기업의 미래 현금흐름에 관심이 있다. 투자자는 주식거래를 통해 시세차익과 배당금 수취라는 현금흐름에 관심이 있고 채권자는 원금과 리자의 회수라는 현금흐름에 관심이 있다. 따라서 재무제표는 미래 현금흐름의 금액, 시기, 불확실성에 관한 판단을 내릴 수 있는 정보를 제공해야 한다. 미래 현금흐름에 관한 정보는 기업의 재무상태와 경영성과를 종합적으로 판단하여 얻을 수 있다. 또한 재무제표는 경영자의 수탁책임 평가에 유용한 정보를 제공한다.

2. 회계정보의 질적 특성

재무제표 정보의 질적 특성이란 정보리용자의 의사결정에 유용하기 위하여 회계정보가 갖추어야 할 주요 속성으로 정의할 수 있다. 주요 질적 특성으로는 목적적합성과 신뢰성이 있다. 회계기준은 이러한 질적 특성을 확보할 수 있도록 제정되어야 하며, 기업실체가 회계기준에 따라 작성한 재무제표는 일반적으로 기업실체의 재무상태, 경영성과 및 재무상태의 변동을 진실하고 적정하게 표시하고 있는 것으로 받아들여질 수 있다.

목적적합한 정보란 의사결정 시점에서 과거 및 현재 사건의 평가 또는 미래 사건의 결과예측에 도움을 주거나, 과거의 평가를 확인 또는 수정함으로써 미래리용자의 경제적 의사결정에 차이를 가져올 수 있는 정보를 말한다. 재무제표 정보의 질적 특성으로서 목적적합성은 의사결정에 유용한 예측 및 피드백 가치를 가지고 적시에 제공될 때 확보될 수 있다. 정보가 유용하기 위해서는 신뢰할 수 있어야 한다. 신뢰성 있는 정보란 나타내고자 하는 대상을 충실하게 표현하고 있어야 하고, 객관적으로는 검증가능하여야 하며, 편의 없이 중립적이어야 한다. 회계정보가 중립적이라 함은 의도된 결과를 유도할 목적으로 회계기준을 제정하거나 재무제표에 특정정보를 표시함으로써 정보리용자의 의사결정이나 판단에 영향을 미쳐서는 안 된다는 뜻이다.

위에서 언급한 정보의 질적 특성 간에 상충(Trade-off)관계가 생기는 수가 있다. 례를 들어 분기재무제표는 보다 적시성 있는 정보를 제공하여 목적적합성은 높일 수 있지만 단기간에 많은 추정을 하기 때문에 신뢰성은 떨어진다. 반면에 년차재무제표는 신뢰성은 높지만 목적적합성은 다소 떨어진다. 따라서 각 상황에 맞게 재무보고 목적을 최대한 충족시킬 수 있는 방향으로 회계정보가 제공되어야 한다.

3. 재무제표의 기본가정

회계는 가상세계가 아니라 현실세계의 실제 기업을 대상으로 하기 때문에 기업이 활동하고 있는 환경에 의해 제약을 받을 수밖에 없다. 기업환경은 법적, 경제적, 사회적 요인이 복합적으로 작용하여 매우 복잡할 뿐 아니라 통신기술의 발달 등으로 인해 매우 빠른 속도로 변화하고 있다. 리상적인 회계원칙은 현실세계의 모든 요인을 고려하고 설명할 수 있는 것이어야 하지만 그러한 회계원칙을 제정하는 것은 불가능하기 때문에 기업환경에 대한 기본가정을 리론적 론리체계에서 증명 없이 참으로 받아들이는 일련의 명제를 뜻한다. 개념체계에서 재무제표를 작성하기 위한 회계환경에 대한 기본가정으로는 기업실체, 계속기업, 그리고 기간별 보고가 있다.

(1) 기업실체(economic entity)

기업실체의 가정이란 기업실체를 그 소유주나 다른 기업실체와는 독립적으로 존재하는 회계단위로 간주하고 이 회계단위의 입장에서 그 경제활동에 대한 재무정보를 측정·보고하는 것을 말한다. 이는 특정실체가 작성하는 재무제표는 그 실체에 관한 정보만을 포함하여야 함을 의미하는 것이다. 따라서 특정실체가 재무제표를 작성함에 있어 그 재무제표에 포함시켜야 할 정보의 범위를 결정하는 기준이 된다. 또한 기업실체는 법적 실체와는 구별되는 개념이다. 지점이 여러 개 있는 은행의 경우 각 지점이 별개의 회계단위가 되어 지점별 재무제표를 따로 작성할 수 있다. 또한 법적으로는 독립되어 있는 지배회사와 종속회사의 경우 법적으로는 독립되어 있지만 지배회사와 종속회사를 합친 경제단위가 실질적으로는 지배회사의 통제를 받는 단일 경제실체라는 경제적 실질을 중시하여 하나의 연결재무재표를 준비하기도 한다.

(2) 계속기업(going-concern entity)

계속기업의 가정이란 기업실체는 일반적으로 목적과 의무를 이행하기에 충분할 정도로 장기간 존속한다고 가정하는 것이다. 즉 기업실체는 그 경영활동을 청산하거나 중대하게 축소시킬 의도가 없을 뿐만 아니라 그러한 필요성도 없다고 가정한다. 그러나 기업실체의 중요한 경영활동이 축소되거나 기업실체 자체를 청산시킬 의도나 필요가 있어 계속기업을 가정하기 어려운 경우에는 계속기업을 전제로 한 기준과는 다른 기준을 적용하는 것이 타당할 수 있으며 이때 그 적용된 회계처리방법은 적절히 공시되어야 한다.

(3) 기간별 보고(periodicity)

기간별 보고의 가정이란 한 기업실체의 존속기간을 일정한 기간단위로 분할하여 각 기간에 대해 경제적 의사결정에 유용한 정보를 보고하는 것을 말한다. 기업실체의 이해관계자들은 지속적으로 경제적 의사결정을 해야 하므로 적시성이 있는 정보를 요구한다. 이러한 요구를 충족시키려면 기업실체의 경영성과를 주기적으로 보고되는 특정회계기간에 귀속시켜야 할 필요가 있다. 따라서 기업실체의 존속기간을 일정 기간으로 구분하고 각 회계기간에 대한 재무제표를 작성하여 기간별 재무상태, 경영성과 및 재무상태의 변동내역에 대한 정보를 제공함으로써 회계정보의 유용성을 높이고자 한다. 례를 들어 기업들은 상법에 의해 1년 단위로 결산을 하여 연차보고서를 공시한다. 상장기업의 경우 연차보고서뿐만 아니라 적시성 있는 정보를 제공하기 위해 분기보고서를 의무적으로 공시하여야 한다. 분기보고서는 연차보고서에 비해 적시성 있는 정보를 제공함으로써 목적적합성은 제고되지만 짧은 기간에 많은 추정을 해야 하므로 신뢰성은 상대적으로 저하되는 문제가 있다.

Chapter

02 재무제표

제 1 절 기업의 활동과 재무제표

재무제표란 기업외부의 정보리용자에게 유용한 정보를 제공하는 재무회계의 핵심적인 보고형식으로서 한 회계기간 동안 기업의 영업, 투자 및 재무활동을 요약한 일련의 재무보고서를 뜻한다. 각 재무보고서의 특징을 이해하기 위해 기업의 다양한 활동을 설명할 필요가 있다. 례를 들어 자동차 회사를 생각해 보자. 자동차 회사는 소유주와 채권자로부터 자금을 조달하여, 공장을 세우고 필요한 기계 및 설비를 설치한 후, 원재료 등을 구입하여 생산직원이 자동차를 생산한 후 판매직 사원들이 고객에게 판매한다.

기업의 자금조달, 부채상환,[1] 배당금[2] 지급 등 기업에게 자금을 제공하는 주주나 채권자와의 거래를 재무활동이라고 한다. 주주와 채권자로부터 조달한 자금을 갖고 기업이 필요로 하는 자산을 구입하는 것을 투자활동이라고 한다. 영업활동이란 투자활동을 통하여 마련한 공장, 설비, 사무실 등의 자산을 기반으로 하여 제조에 필요한 원재료, 부품 등을 구입하고 이를 생산현장에 투입하여 생산직 사원들이 생산한 제품을 마케팅[3] 활동을 통해

1) 부채상환: 빌린 돈을 갚아 주는 것.

2) 배당금: 리익을 분배하는 것.

판매하고, 외상대금을 회수하는 등 일상적이고 반복적인 기업의 활동을 뜻한다.

대차대조표는 일정 시점에서의 기업의 재무상태를 나타내는 재무보고서인 반면 손익계산서, 현금흐름표, 리익잉여금처분계산서 및 자본변동표는 한 회계기간 동안의 기업의 활동을 요약, 보고하는 재무보고서이다. 손익계산서는 기업의 영업활동을 통해 자원을 얼마나 벌어들이고, 얼마나 썼는지를 요약하는 재무보고서이고 현금흐름표는 기업의 영업활동뿐만 아니라 투자 및 재무활동으로부터 현금을 얼마나 조달하고 사용했는가를 보여주는 재무보고서이다. 리익잉여금처분계산서는 대차대조표의 자본항목 중의 하나인 리익잉여금의 변동을 설명하는 표로서 손익계산서와 대차대조표를 연결하는 교량역할을 하는 보고서이다. 자본변동표는 대차대조표의 구성항목인 자본의 변동내용을 설명하는 재무보고서이다.

제 2 절 대차대조표

1. 대차대조표의 의의

대차대조표는 특정일 현재 기업의 재무상태를 보고하는 데 그 목적이 있다. 재무상태란 특정일 현재의 자산, 부채 그리고 자본 각각의 구성내용 및 그 금액을 의미한다. 대차대조표는 이와 같이 재무상태를 나타내기 때문에 재무상태표라 부르기도 한다. 대차대조표의 기본양식을 공식으로 나타내면 다음과 같다.

3) 마케팅: 제품을 생산자로부터 소비자에게 원활하게 이전하기 위한 기획활동, 시장조사, 상품화계획, 선전, 판매 촉진 등이 있다.

자 산	=	부 채 + 자 본
경제적 자원		경제적 자원에 대한 청구권
투자활동		재무활동

위의 등식은 대차대조표등식 또는 회계등식이라고 한다. 이 등식에 의하면 기업이 소유하고 있는 자원(자산)의 합계는 이들 자산에 대한 청구권(부채와 자본)의 합계와 같아야 한다. 자산의 종류와 금액은 자금조달원천과는 상관없이 기업이 주어진 자금을 어떤 자산에 투자했는가를 보여주므로 기업의 투자활동의 결과를 보여준다고 할 수 있다. 반면에 부채와 자본항목은 기업이 자산을 구입하기 위한 자금을 어떤 방식으로 조달하였는가를 보여주는 것이므로 재무활동의 결과를 요약한 것이라고 볼 수 있다. 부채는 기업의 채권자가 제공한 자금의 크기를 나타낸다. 그리고 자본은 소유주가 직접 출자한 자금과 기업이 벌어들인 리익 중 아직 기업주에게 배분하지 않은 금액의 합계로서 소유주에게 귀속되는 부분이다. 경제학이나 재무관리에서는, 자본은 그 출처와 상관없이 기업의 재무적 자원전체를 지칭하지만 회계에서는 자본이라는 용어는 협의로서의 재무적 자원인 소유주지분을 뜻하는 것이 보통이다.

2. 대차대조표의 형식

<표 2-1>은 태진주식회사의 20×7년 12월 31일 현재이 대차대조표를 예시하고 있다. 표를 보면 우선 대차대조표라는 재무보고서의 명칭, 기업의 명칭, 그리고 대차대조표일이 머리부분에 나타난다. 특히 대차대조표일은 특정일 현재라는 점에서 차후에 논의될 손익계산서의 특정기간과 대조된다. 머리부분 밑을 보면 왼쪽에는 회사가 소유하고 있는 자산의 구성항목과 그 금액이, 그리고 오른쪽에는 부채 및 자본의 구성항목과 그 금액이, 그리고 오른쪽에는 부채 및 자본의 구성항목과 그 금액이 나타나 있다.

〈표 2-1〉 대차대조표(계정식)

대차대조표					
태진주식회사					20×7년 12월 31일
자 산			부채와 자본		
류동자산:			류동부채:		
현 금	₩12,200		매입채무	₩7,000	
유가증권	6,000		단기차입금	5,600	
매출채권	10,000		류동부채 계		₩12,600
재고자산	8,600		비류동부채		
류동자산계		₩36,800	사채		10,000
비류동자산:			부채계		22,600
토 지	15,000		자본:		
건 물	5,400		자본금	23,000	
기계장치	5,000		리익잉여금	16,600	
비류동자산계		₩25,400	자본계		39,600
자산총계		₩62,200	부채와자본총계		₩62,200

대차대조표의 양식에는 두 가지 종류가 있는데 <표 2-1>과 같이 왼쪽에는 자산에 속하는 항목을, 오른쪽에는 부채와 자본에 속하는 항목을 나타내는 방식을 계정식이라 하며, 이와는 달리 자산은 위에, 부채와자본은 그 아래에 연이어 나타내는 방식을 보고식이라 한다. <표 2-1>에 예시된 대차대조표에는 편의상 소수의 과목만을 나타내 보이고 있는데 실제에 있어서는 훨씬 많은 과목들이 사용되고 있다. 자산은 현금화가 빠른 항목부터 배열하고, 부채는 빨리 갚아야 하는 것부터 배열하는데 이를 류동성 배열이라고 한다.

3. 인식과 측정의 기준

제 1 장에서 소개한 재무회계 개념체계에서 재무제표의 인식과 측정에 대한 기본원칙이 있다. 인식(recognition)이라는 용어는 거래를 공식적으로 장부에 기록·보고하는 행위를 뜻하며 측정(measurement)이란 용어는 거래를 얼마에 기록하는가를 뜻한다. 이 중 대차대조표와 관련된 것이 자산과 부채의 평가에 대한 역사적 원가원칙이다. 역사적 원가원칙은 취득원가주의라고도 하는데, 이 원칙에 의하면, 자산, 부채, 자본의 취득, 그리고 관련 수익[4]·비용[5]의 발생은 취득일자의 교환가격인 취득원가로 평가된다. 따라서 거의 모든 회계정보는 취득시의 교환가격인 취득원가를 기초로 기록하게 된다. 취득원가는 현재 똑같은 자산을 구입한다면 지불해야 할 금액인 현행 원가 같은 평가기준에 비해 신뢰성이 높다는 장점이 있지만 현행 원가에 비해서는 목적적합성이 떨어진다는 단점이 있다.

최근 들어 객관성만 어느 정도 확보된다면 취득원가가 아닌 공정가치(fair value)를 사용하여 자산[6]을 평가하는 것이 세계적인 추세로 자리잡고 있어, 역사적 원가원칙이 모든 자산에 적용되지는 않는다. 따라서 취득원가는 주로 류형자산이나 무형자산의 평가에 리용되고 회계기말 현재 객관적 시가의 사용이 가능한 유가증권 등의 자산에는 공정가치인 시가를 적용한다. 또한 가치가 영구적으로 손상된 재고자산[7]이나 비류동자산[8]은 하락한 가액으로 조정해 주어야 한다

4) 수익: 리익, 리득.
5) 비용: 돈이 나가는 것.
6) 자산: 자기가 가지고 있는 돈과 빚을 총털어서 자산이라고 한다. 즉 돈이 될 수 있는 모든 것.
7) 재고자산: 자신이 가지고 있는 재산이나 돈.
8) 비류동자산: 움직일 수 없는 재산.

4. 대차대조표 구성항목

(1) 자 산

자산이란 특정기업이 과거에 발생한 거래의 결과로 획득하여 통제할 수 있는 미래의 경제적 효익으로 정의된다. '과거에 발생한 거래'란 기업이 앞으로 발생하리라고 기대되는 거래에서가 아니고 이미 발생된 거래에 의해 구체적으로 자산의 소유를 증빙할 수 있어야 한다는 뜻이다. '통제할 수 있다'는 것은 해당 기업이 아닌 타인이 자산을 사용하는 것을 배제할 수 있다는 배타적 리용권이라는 법적 권리가 있어야 함을 뜻한다. '미래의 경제적 효익'이란 미래에 자산을 처분함으로써 현금이 들어오거나, 현금의 지출을 대신할 수 있음을 뜻한다. 따라서 재고상품처럼 미래에 받을 효익에 대비하여 미리 현금을 지급함으로써 미래의 현금지출을 불필요하게끔 하는 항목도 자산인 것이다.

자산의 례로서는 기계와 건물 등과 같이 그 수명이 긴 것도 있고 소모품[9] 등과 같이 그 수명이 짧은 것도 있다. 또한 특허권,[10] 상표권, 매출채권과 같이 무형적인 것도 있다. 여기서는 대한민국의 기업회계기준에 따라 자산을 분류하여 설명하고자 한다. 기업회계기준에서는 자산을 크게 류동자산과 비류동자산으로 분류한다. 류동자산은 1년 또는 정상적인 영업주기 이내에 현금화되거나 영업활동에 사용될 자산을 뜻하며, 비류동자산은 1년 또는 정상적인 영업주기를 초과하여 투자하거나 영업활동에 리용할 자산을 뜻한다. 한편 물리적 형태가 있는 자산을 유형자산이라 하고 물리적 형태가 없는 자산을 무형자산이라고 한다. <표 2-2>에는 기업회계기준에 의한 자산의 분류와 주요 항목을 설명하고 있다.

---

9) 소모품: 쓰면 닳아서 없어지는 물건들, 즉 연필이나 지우개 등.

10) 특허권: 어떤 사람이 어떤 것을 연구하여 발명했을 때 그것을 나라에서 인정해주고 그것에 대한 권리를 주는 것.

〈표 2-2〉 자산의 분류

분 류	의 의
Ⅰ. 류동자산	1년 또는 정상적인 영업주기 이내에 현금화되거나 영업활동에서 사용될 자산
(1) 당좌자산	류동자산 중 현금화가 비교적 빠른 자산
현금과 현금등가물	통화, 타인발생수표, 예금 및 현금으로의 전환이 쉬운 현금등가물
단기매매증권	일시보유 목적의 시장성 있는 주식, 사채, 국공채, CD 등
매 출 채 권	외상매출금, 받을어음 등 일반적인 상거래에서 발생한 채권
선 급 비 용	차기에 효익을 얻기 위해 미리 지급한 비용
(2) 재고자산	차기에 제조에 투입되거나 판매될 재화
상 품	판매를 목적으로 외부에서 구입한 재화
제 품	판매를 목적으로 내부에서 생산된 재화
재 공 품	생산공정 중에 있는 재화
원 재 료	생산활동에 투입될 재화
Ⅱ. 비류동자산	1년 또는 정상적인 영업주기를 초과하여 투자하거나 영업활동에 사용될 자산
(1) 투자자산	장기간 투자하거나 시장성이 없는 자산
만기보유증권	만기까지 보유할 목적으로 취득한 사채
투자부동산	투자 목적의 부동산
(2) 유형자산	영업활동에서 장시간 사용되고 물리적 형태가 있는 자산
토 지	영업활동에 사용되는 토지
건 물	사무용이나 생산용 건물
기계장치	생산활동에 사용되는 기계와 장치
(3) 부형자산	물리적 형태가 없는 특정의 권리
산업재산권	상표권, 특허권 등 일정 기간 법적으로 보상된 독점적·배타적 리용권
개 발 비	특정신제품이나 신기술의 개발과 관련하여 발생한 비용
(4) 기타비류동자산	투자자산, 유형자산, 무형자산에 속하지 않는 비류동자산

1) 류동자산

류동자산이란 현금과 그 밖의 재산 중에서 1년 또는 정상적인 영업주기 이내에 현금화되거나 또는 그 효익이 소멸될 것으로 기대할 수 있는 자산을 말한다. 류동자산을 다시 세분하면 당좌자산과 재고자산으로 나뉜다. 당좌자산은 류동자산 중에서 가장 빨리 현금화될 수 있는 자산으로서 재고자산에 속하지 않는 모든 류동자산 항목이 여기에 들어간다. 당좌자산에는 현금과 현금등가물, 단기금융상품, 단기매매증권, 매출채권, 그리고 단기대여금 등이 있다. 재고자산은 류동자산 중에서도 현금화되는 속도가 비교적 느린 원재료, 재공품, 상품 등이 이에 속한다.

2) 비류동자산

비류동자산은 1년 또는 정상적인 영업주기를 초과하여 현금화되거나 영업활동에 사용되는 자산을 말하며 그 특성에 따라 다시 투자자산, 유형자산, 무형자산 그리고 기타비류동자산으로 분류된다. 투자자산은 기업의 정상적 영업활동에 사용되지 않으면서 1년 또는 정상적인 영업주기 이내에 현금화시킬 계획이 없는 장기투자 성격을 가진 자산이다. 이에는 장기투자를 위한 유가증권, 미래에 사용할 목적으로 보유하고 있는 토지, 다른 회사를 지배할 목적으로 출자한 출자금 등이 포함된다.

유형자산과 무형자산은 기업이 정상영업활동을 수행하는 데 1년 또는 정상적인 영업주기를 초과하여 사용될 수 있는 자산으로서 물리적 형태의 유무에 따라 분류한 것이다. 유형자산에는 토지, 건물 그리고 설비 등의 물리적 형태가 있는 자산이 포함된다. 무형자산이란 물리적 형태는 지니지 않았지만 소유자에게 독점적 리용권 등의 가치를 부여하는 장기성 자산이다. 이의 례로는 특허권, 저작권, 상표권 등이 있다. 산업혁명 이후 기계와 설비를 리용한 제품의 대량 생산시대에는 무형자산에 비해 유형자산의 비중이 컸지만 이제 정보지식 경제사회로 전환됨에 따라 무형자산의 비중이 점차 커지고 있다. 유형자산과 무형자산은 효익이 계속되는 기간에 걸쳐 조직적이고 합리적인 방법에 의해 수익창출에 사용된 만큼 그 비용으로 인식하여야 하는데 이 과정을 감가상각[11]이라 한다.

기타 비류동자산은 투자자산, 유형자산 그리고 무형자산 이와의 비류동자산으로 장기매출채권, 보증금, 장기선급비용 등이 포함된다.

류동자산과 비류동자산의 구분은 단순히 그 자산 자체의 특성에 의해서만 이루어지는 것은 아니다. 례를 들어 똑같은 시장성 유가증권이라 할지라도 기업의 보유목적에 따라 류동자산으로 분류되기도 하고 비류동자산으로 분류되기도 한다. 즉 유휴자금의 일시적 투자수단으로 시장성 유가증권을 취득하여 1년 이내에 처분하려는 것이 기업의 의도라면 이는 류동자산중 당좌자산으로 분류된다. 반면에 장기투자목적이나 타기업의 지배권을 획득할 목적으로 시장성 유가증권을 취득한 경우에는 비류동자산 중 투자자산으로 분류된다.

(2) 부 채

부채란 과거 거래로 인해 발생된 것으로 회계실체가 자산을 이전하거나 또는 용역을 제공함으로써 미래에 청산해야 하는 의무를 뜻한다. 부채는 대부분 약정에 의해 일정한 액수의 현금으로 상환되어야 하나 일부 부채는 현금이 아닌 재화나 용역을 제공함으로써 청산된다. 부채는 상환시기에 따라 류동부채와 비류동부채로 구분된다. <표 2-3>에 부채의 종류와 주요 항목이 정리되어 있다.

1) 류동부채

류동부채는 1년 또는 정상적인 영업주기 이내에 상환기일이 도래하는 부채로서 매입채무, 단기차입금, 미지급비용 그리고 선수수익 등이 포함된

11) 김가상각: 처음에 새로 물건을 사서 쓰다가 다시 팔자고 하면 쓴 것만큼의 가격을 계산하여 샀던 가격보다 낮은 가격으로 파는데 이때 쓴 것만큼의 가격을 감가상각이라고 할수 있다.

다. 매입채무는 기업의 주된 영업활동에서 원자재나 상품 등을 외상으로 구입함으로써 발생하는 기업의 채무이다. 기업이 거래처로부터 상품 등을 외상으로 구입할 때 어음이란 채무증서를 발행하기도 한다. 어음이란 그 어음의 발행인이 소지인에게 일정 금액을 어음의 만기일에 지급하겠다는 증서이다. 외상으로 상품 등을 구입하면서 어음을 발행하면 지급어음이라는 채무가 발생하고 어음을 발행하지 않으면 외상매입금이라는 부채가 발생하는데 대차대조표에는 둘다 매입채무로 보고한다.

단기차입금이란 은행 등의 금융기관이나 개인으로부터 단기간 차입한 금액을 뜻한다. 미지급비용은 기업이 종업원이나 거래처 등으로부터 서비

〈표 2-3〉 부채의 분류

분 류	의 의
Ⅰ. 류동부채	1년 또는 정상적인 영업주기 이내에 상환기일이 도래하는 부채
매 입 채 무	정상적인 영업활동에서 발생한 외상매입금과 지급어음
단기차입금	금융기관이나 개인으로부터의 차입금
미지급비용	영업활동에서 발생된 비용으로 지급되지 아니한 것
미 지 급 금	영업활동 외의 활동에서 발생한 채무
선 수 수 익	현금을 미리 수취하여 발생한 미래에 재화나 용역을 제공할 의무
Ⅱ. 비류동부채	1년 또는 정상적인 영업주기를 초과하여 상환기일이 도래하는 부채
사 채	증권시장에서 일반대중을 상대로 채무증권을 발행하여 차입한 금액
장기차입금	금융기관이나 개인으로부터의 차입금
퇴직급여충당부채	임직원이 퇴직시 지급하여야 할 의무가 있는 금액

스를 제공받은 후 그에 상응하는 대가를 지급하지 않은 경우에 나타난다. 반면에 선수수익이란 부채항목은 회사가 재화나 용역을 제공하기 전에 고객으로부터 현금을 미리 받았을 경우 기록된다. 즉 현금을 받은 만큼 미래에 재화나 용역을 제공할 의무가 발생되기 때문에 부채가 기록되는 것이다.

2) 비류동부채

비류동부채는 상환기일이 1년 또는 정상적인 영업주기 이후에 도래하는 부채로서 사채, 장기차입금 및 퇴직급여충당부채 등이 있다. 사채는 회사가 거액의 자금을 장기간 사용하기 위해 증권시장에서 일반대중에게 회사채라는 채무증권을 발행함으로써 발생한 부채를 뜻한다. 장기차입금[12)]은 단기차입금과 마찬가지로 금융기관 등에서 차입한 부채인데 단지 상환기일이 1년 또는 정상적인 영업주기에 도래한다는 점에서 류동부채인 단기차입금과 구별된다. 퇴직급여충당부채란 종업원의 퇴직금과 관련하여 발생하는 부채이다. 퇴직금의 지급은 종업원이 회사에서 퇴직할 때 이루어지지만 퇴직금이 지급되는 리유는 과거부터 당해년도말까지 종업원이 일한 대가로 지불되는 것이다. 회사는 회계기말 현재 전직원이 퇴직한다고 가정했을 경우 지급하여야 할 퇴직금 총액을 퇴직급여충당부채라는 부채로 대차대조표에 보고해야만 퇴직금과 관련된 회사의 의무가 대차대조표에 적절히 반영된다.

(3) 자　　본

자본은 회사자산에 대한 소유주의 청구권을 나타내는데 소유주가 출자한 재무적 자원인 납입자본과 기업이 벌어들인 리익 중 소유주에게 돌려주지 않고 류보시킨 리익잉여금의 합계액으로 보고된다. 자본은 자산에서 부채를 차감한 후에 남는 잔여지분이라고도 한다. 잔여지분이란 배당이나 청

---

12) 장기차입금: 돈 물어줄 기한을 길게 잡고 돈을 빌리는 것. 즉 장기간 물어야 할 빚이 있다는 것.

산시 주주의 권리가 채권자의 권리보다 하위에 있음을 뜻한다. 주주에 대한 배당은 채권자에 대한 리자지급 후에야 이루어지고 회사가 청산되는 경우에도 부채에 대한 상환이 이루어지고 난 후 남은 것이 있어야 주주 몫으로 돌아가게 된다. <표 2-4>에 기업회계기준에 의한 자본의 분류와 주요 항목이 정리되었다.

자본은 크게 자본금, 자본잉여금, 리익잉여금, 기타포괄손익누계액 그리고 자본조정으로 구분된다. 자본금[13]은 회사가 주주에게 발행한 주식의 액면가에다 주식발행 수를 곱한 금액을 나타내며, 자본잉여금은 주주가 회사에 출자한 금액 중에서 자본금을 제외한 금액을 뜻한다. 리익잉여금은 영업활동을 통해 창출한 리익을 주주에게 배당으로 지급하지 않고 사내에 유보시킨 부분이다.

〈표 2-4〉 자본의 분류

분 류	의 의
Ⅰ. 자본금	회사가 발행한 주식의 총액면가
Ⅱ. 자본잉여금	자본금 외에 주주가 회사에 출자한 금액
주식발행초과금	회사가 발행한 주식의 발행가에서 액면가를 차감한 금액
기타자본잉여금	기타의 자본잉여금
Ⅲ. 리익잉여금	영업활동을 통해 창출한 리익을 주주에게 배당으로 지급하지 않고 사내에 유보시킨 부분
Ⅳ. 기타포괄손익 누계액	매도가능증권평가손익 등
Ⅴ. 자본조정	자본 전체에 가산되거나 차감되는 항목
주식할인발행차금	액면가에서 발행가를 차감한 금액(차감항목)
자기주식	회사가 자사주식을 일시보유 목적으로 구입한 것(차감항목)

13) 자본금: 빚을 내놓고 현재 소유하고 있는 순수한 재산이나 돈.

자본금과 자본잉여금은 주주가 회사에 직접 출자한 자본으로 사내에서 발생된 리익잉여금과 구분하기 위해 납입자본이라고 부르기도 한다. 자본조정 항목은 자본 전체를 증가시키거나 감소시키는 성격의 항목인데 차감항목으로 주식이 액면가보다 낮게 발행되는 경우 그 차액으로 기록되는 주식할인발행차금과 회사가 일시보유 목적으로 구입한 자기회사의 주식인 자기주식 등의 항목이 있다. 기타포괄손익누계액은 대차대조표일 현재의 기타포괄손익의 잔액으로 매도가능증권평가손익, 해외사업환산손익 등이 포함된다. 기업회계기준에서의 자본의 분류는 상법이나 세법 등의 법률적인 측면에서 상당한 영향을 받은 것이기 때문에 경제적·회계적 의미는 별로 없다.

제 3 절 손익계산서

1. 손익계산서의 의의

손익계산서는 한 회계기간 동안의 기업실체의 경영성과를 보고하는 재무보고서이다. 경영의 성과는 리익의 크기로 압축되는데 순리익이란 일정기간 동안 기업에서 벌어들인 수익과 수익을 창출하기 위해 발생된 비용간의 차이를 말한다. 이 관계를 식으로 나타내면 다음과 같다.

수익 − 비용 = 순리익

<표 2-5>는 태진주식회사이 20×7년도 손익계산서를 예시하고 있다. 대차대조표는 일정 시점에서의 재무상태를 보고하는 데 반해 손익계산서는 일정 기간 동안의 영업성과를 보고하기 때문에 손익계산서의 머리부분에는

특정일이 아니라 특정기간이 표시된다. 머리부분 아래 나타나는 손익계산서의 구성항목은 수익, 비용 그리고 리익의 구성요소를 세분화시키지 못하기 때문에 정보효과가 감소되는 단점이 있다. 이에 반해 손익계산서의 유용성을 제고시키기 위해서 이들 구성항목을 기능별로 세분시켜 영업리익, 법인세비용차감전 순리익 등의 다양한 리익으로 보고하기도 한다. 이와 같이 여러 종류의 리익을 보고하는 방식을 다단계식이라 한다. <표 2-5>의 단일단계식 손익계산서를 다단계식 손익계서로 작성하면 <표 2-6>과 같다.

〈표 2-5〉 손익계산서(단일단계식)

손 익 계 산 서			
태진주식회사		20×7년 1월 1일 ~ 20×7년 12월 31일	
수 익 :			
	매 출	₩50,000	
	리자수익	2,000	₩52,000
비 용 :			
	매출원가	₩20,750	
	급 여	10,000	
	임 차 료	9,000	
	광 고 비	1,050	
	감가상각비	600	
	리자비용	300	
	법인세비용	8,000	49,700
당기순리익			₩2,300
(주당순리익: ₩1.03)			

〈표 2-6〉 손익계산서(다단계식)

손 익 계 산 서		
태진주식회사		20×7년 1월 1일~ 20×7년 12월 31일
매 출		₩50,000
매출원가		20,750
매출총리익		₩29,250
판매비와 관리비:		
급 여	₩10,000	
임 차 료	9,000	
광 고 비	1,050	
감가상각비	600	20,650
영업리익		₩8,600
영업외수익:		
리자수익		2,000
영업외비용:		
리자비용		300
법인세비용차감전순리익		₩10,300
법인세비용		8,000
당기순리익		₩2,300
(주당순리익: ₩1.03)		

2. 인식과 측정의 기준: 발생주의

손익계산서의 구성항목인 수익과 비용인식을 언제, 얼마루 기록하느냐 하는 것이 수익과 비용의 인식과 측정에 관한 문제가 된다. 수익과 비용을 인식하는 데는 발생주의와 현금주의라는 두 가지 접근법이 있다. 현금주의

회계에서는 영업활동과 관련된 현금의 수입(지출)시에 수익(비용)을 인식한다. 그러나 발생주의회계에서는 반드시 현금을 수취하거나 지출하지 않더라도 수익이나 비용의 발생을 거의 확실시해 주는 결정적인 중요한 사건이 발생했을 때 수익이나 비용을 인식한다. 현행회계는 수익과 비용이 비교적 정확하게 대응이 된다는 리점 때문에 발생주의회계를 채택하고 있다.

(1) 수익인식의 원칙

수익인식의 원칙은 대응의 원칙과 아울러 발생주의회계의 근간을 이룬다. 이 원칙에 의하면 수익은 가득되고(earned), 실현된(realized) 기간에 인식된다. 수익이 가득되었다 함은 기업이 수익을 획득하기 위해 재화나 용역제공 등의 임무를 수행했음을 뜻한다. 수익이 실현되었다 함은 기업이 재화나 용역을 제공한 대가로 현금 또는 현금청구권을 수취하였음을 뜻한다. 현금판매가 이루어지는 경우에는 수익의 인식시점과 현금의 수입시점이 일치된다. 그러나 현대 경제사회에서는 많은 거래가 신용을 기초로 한 외상거래의 형태로 이루어진다. 외상판매의 경우에 판매시점에서, 수익이 가득되고(상품판매가 이루어짐), 실현되었기(현금청구권 수위) 때문에 수익인식의 원칙에 따라 판매시점에서 수익이 인식된다. 이처럼 발생주의회계에서는 판매시점이 수익인식의 시점이 되는 것이 일반적이나 거래의 특수성에 따라 판매시점 전이나 후에 수익이 인식되는 경우도 있다.

(2) 대응의 원칙

대응의 원칙이란 수익·비용대응의 원칙이라고 하는데 비용인식의 근간이 되는 원칙이다. 대응의 원칙이란 간단히 말해 “비용은 수익을 따라 다닌다”는 뜻이다. 즉 비용은 그 비용을 발생시킴으로써 가득된 수익이 인식되는 기간에 같이 인식되어야 한다는 뜻이다. 따라서 비용의 인식시점은 그 비용에 관련된 현금의 지출시점과 반드시 일치하지는 않는다. 례를 들면 감가상각비를 들 수 있는데 감가상각비는 현금의 지출과는 전혀 관계없이 자산의 취득원가를 내용년수에 걸쳐 체계적으로 배분하여 비용으로 인식하는 과정을 통해 기록된다.

대응의 원칙을 준수하기 위해서는 추정의 문제가 있게 된다. 례를 들면 12개월간 품질을 보증하는 조건으로 가전제품의 매출이 이루어졌으면 매출수익은 판매가 이루어진 당해 회계년도에 인식된다. 뿐만 아니라 수익·비용 대응의 원칙에 의해 그 수익을 얻기 위해 미래에 지출되리라 예상되는 제품보증비용도 매출원가와 함께 당해 회계년도에 보고되어야 한다. 따라서 회계년도말에 이르러 회계담당자는 예상되는 제품보증비용을 추정·기록함으로써 당기에 보고되는 수익에 대한 비용의 대응이 적절히 이루어진다.

3. 손익계산서의 구성항목

(1) 수익과 비용

수익이란 일정 기간 동안 기업의 영업활동으로부터 나타난 자산의 증가(또는 부채의 감소)를 의미한다. 다단계식 손익계산서에서는 수익을 영업수익, 영업외수익으로 구분하고 있다. 영업수익은 기업 본래의 주된 영업활동으로부터 나타난 자산의 증가를 말하며, 그 대표적인 예로서는 매출수익이 있다. 발생주의 회계에서 매출수익은 외상매출이든 현금매출이든 고객에게 재화나 용역을 제공하는 시점에서 인식되는 것이 일반적이다. 영업외수익은 기업 본래의 주된 영업활동 이외의 활동으로부터 나타나는 순자산의 증가로서 성격상 비경상적이거나, 비반복적인 항목들이 포함된다. 리자수익, 유형사산처분리익, 유가증권처분리익 등이 이에 포함된다.

비용은 회사의 영업활동으로부터 나타난 자산의 감소(또는 부채의 증가)를 말한다. 다단계식 손익계산서에서는 비용을 매출원가, 판매비와 관리비, 영업외비용, 법인세비용으로 분류하고 있다. 매출원가는 판매된 상품의 구입원가 또는 제조원가를 뜻하며, 판매비와 관리비에는 급여, 감가상각비, 임차료, 보험료 등 판매 및 일반관리업무에서 발생된 비용들이 포함된다. 영업외비용은 영업활동 이외의 활동으로부터 발생되는 비용으로서 리자비용, 유형자산처분손실, 유가증권처분손실 등이 포함된다. 법인세비용은 법인격이 획득한 소득에 대해 국가가 부과하는 조세이다.

(2) 리 익

회계에서의 리익은 기업활동으로 발생된 영업수익 및 영업외수익과 그 수익을 획득하기 위해서 발생된 영업비용 및 영업외비용 간의 차이로 정의된다. <표 2-6>의 다단계산 손익계산서를 보면 유사한 성격을 띤 수익과 비용을 계속하여 대응시키면서 여러 종류의 리익이 보고되고 있다. 매출총리익은 매출에서 매출원가를 차감한 금액이며, 매출총리익에서 판매비와 관리비를 차감하면 영업리익이 산출되는데 이는 주된 영업활동의 성과를 나타내 준다. 영업리익에서 영업외수익을 가산한 뒤 영업외비용을 차감하면 법인세비용차감전 순리익이 산출된다. 법인세비용차감전 순리익을 바탕으로 계산된 법인세비용을 차감하면 손익계산서의 최종항목인 당기순리익이 나온다.

(3) 주당순리익(Earning Per Share: EPS)

투자자들이 기업간 비교를 위해 손익계산서의 당기순리익을 비교할 때 당기순리익의 절대수치만 놓고 본다면 왜곡된 정보를 얻을 수 있다. 례를 들어 갑이란 기업과 을이란 기업이 각기 10억 원의 당기순리익을 보고하였다고 하자. 당기순리익의 크기만 보면 두 회사의 실적이 같다고 할지 모른다. 그러나 갑의 자본은 100억 원이고 을의 자본은 50억 원이면 을의 업적이 상대적으로 우수함을 알 수 있다. 기업의 규모를 통제한 성과지표로서 당기순리익을 유통주식수로 나눈 주당순리익을 많이 리용한다.

제 4 절 리익잉여금처분계산서

리익잉여금처분계산서는 대차대조표의 자본항목 중의 하나인 리익잉여금의 변동을 설명해 주는 재무보고서이다. 리익잉여금처분계산서의 내용을 식으로 표시하면 다음과 같다.

기초리익잉여금 + 당기순리익 − 배당금 = 기말리익잉여금

여기에서 주목할 점은 리익잉여금은 대차대조표의 자본항목이고 당기순리익은 손익계산서항목이므로 리익잉여금처분계산서는 대차대조표와 손익계산서와 일정한 관계로 연결되었음을 보여준다는 것이다. 배당금은 대차대조표나 손익계산서와는 상관없이 리익잉여금의 처분상황을 나타내는 것으로서 리익잉여금처분계산서에만 나타나는 고유항목이다. 따라서 리익잉여금처분계산서야말로 손익계산서와 대차대조표를 연결시켜 주는 교량역할을 하고 있음을 알 수 있다.

재무제표는 서로 독립적으로 작성되는 것이 아니라 상호간의 일정한 구조에 의해 긴밀하게 연결되어 있다. 이 점은 다음 장부터 설명될 회계순환과정을 공부하고 나면 더욱 확실해질 것이다. 참고로 <표 2-7>에는 가장 간단한 형태의 리익잉여금처분계산서를 예시하였다. 여기서는 단지 리익잉여금처분계산서가 손익계산서와 대차대조표의 교량역할을 한다는 것만을 이해하도록 하자. <표 2-7>의 당기순리익 ₩2,300은 손익계산서에서 나온 정보이며, 또한 리익잉여금은 대차대조표의 작성에 사용되는 계정이다.

〈표 2-7〉 리익잉여금처분계산서

리익잉여금처분계산서	
태진주식회사	20×7년 1월 1일~20×7년 12월 31일
기초리익잉여금	₩208,000
당기순리익	2,300
차감: 배당금	(300)
기말리익잉여금	₩210,000

제 5 절 자본변동표

자본변동표는 한 회계기간 동안 발생한 자본의 변동에 관한 정보를 제공하는 재무보고서로서, 자본을 구성하고 있는 자본금, 자본잉여금, 자본조정, 기타포괄손익누계액 그리고 리익잉여금의 변동에 대한 포괄적인 정보를 제공한다. 자본변동표에는 자본금, 자본잉여금, 자본조정, 기타포괄손익누계액, 리익잉여금의 각 항목별로 기초잔액, 변동사항, 기말잔액을 표시한다. <표 2-8>은 가장 간단한 형태의 자본변동표를 예시하고 있다.

〈표 2-8〉 자본변동표

자 본 변 동 표						
태진주식회사				20×7년 1월 1일~20×7년 12월 31일		
	자본금	자본 잉여금	자본 조정	기타포괄 손익누계액	리익 잉여금	총계
기초잔액	₩100,000	₩0	₩0	₩	₩208,000	₩308,000
유상증가	250,000					250,000
당기순리익					2,300	2,300
배당금					(300)	(300)
:						
기말잔액	350,000	0	0	0	210,000	560,000

제 6 절 현금흐름표

현금흐름표는 한 회계기간 동안 기업의 영업·투자·재무활동으로 류입된 현금과 류출된 현금의 내역을 보고해준다. 현금흐름표의 내용을 공식으로 나타내면 다음과 같다.

영업활동으로 인한 현금흐름
+ 투자활동으로 인한 현금흐름
+ 재무활동으로 인한 현금흐름
현금의 증가(감소)

〈표 2-9〉 현금흐름표

현 금 흐 름 표		
태진주식회사	20×7년 1월 1일~20×7년 12월 31일	
Ⅰ. 영업활동으로 인한 현금흐름	₩53,000	₩1,900
1. 매출 등 수익활동으로부터의 류입액	(56,600)	
2. 매입 및 종업원에 대한 류출액	10,000	
3. 리자수익 유입액	(4,000)	
4. 리자비용 유출액	(500)	
5. 법인세의 지급		
Ⅱ. 투자활동으로 인한 현금흐름		(2,000)
1. 투자활동으로 인한 현금류입액	20,000	
투자주식의 처분		
2. 투자활동으로 인한 현금류출액		
건물의 취득	(22,000)	
Ⅲ. 재무활동으로 인한 현금흐름		9,300
1. 재무활동으로 인한 현금류입액		
보통주 발행	15,000	
2. 재무활동으로 인한 현금류출액		
배당금의 지급	(5,700)	
Ⅳ. 현금의 증가		₩9,200
Ⅴ. 기초현금		2,000
Ⅵ. 기말현금		₩11,200

대차대조표나 손익계산서 외에도 현금흐름표를 별도로 준비하는 데 드는 로력(비용)은 현금흐름표의 유용성을 정당화시킬 수 있어야 한다. 물론 대차대조표나 손익계산서에서 기업의 재무상태와 영업실적이라는 매우 중요한 정보를 얻을 수 있는 것이 사실이지만 많은 투자자들은 이외에도 기업의 자금조달 형태나 투자전략 등을 알고 싶어한다. 특히 현금의 류입과 류출은 제때에 채무변제를 하는 데 매우 중요한 역할을 하므로 정보리용자들은 이러한 정보를 요구하게 된다.

손익계산서는 발생주의에 의해 작성되었으므로 수익과 비용은 현금수지에 관해 정확한 정보를 제공할 수 없다. 이러한 단점을 보완하기 위해 작성된 것이 현금흐름표이다. 또한 손익계산서의 수익과 비용은 영업활동에 관한 정보만을 제공한다. 반면에 현금흐름표에는 부채나 신주공모 등을 통한 새로운 자금의 유입과 부채의 상환 같은 재무활동과, 비류동자산의 취득이나 처분 같은 투자활동에 관한 중요한 정보가 제공된다. <표 2-9>는 현금흐름표를 예시하고 있다.

제 7 절 재무제표 간의 관계

1. 재무제표 사이의 연계

주요 재무제표들은 상호 독립적으로 작성되는 것이 아니라 일정한 관계에 의해 서로 연결되어 있다. 이들 재무제표 사이의 관계를 요약하면 [그림 2-1]과 같다. [그림 2-1]을 보면 리익잉여금처분계산서는 손익계산서와 대차대조표간의 교량역할을 함을 알 수 있다. 이 그림을 보다 포괄적으로 보면 손익계산서, 현금흐름표, 리익잉여금처분계산서 그리고 자본변동표는 모두 기초의 재무상태와 기말의 재무상태 간의 변화를 여러 각도에서 설명

[그림 2-1] 재무제표간의 관계

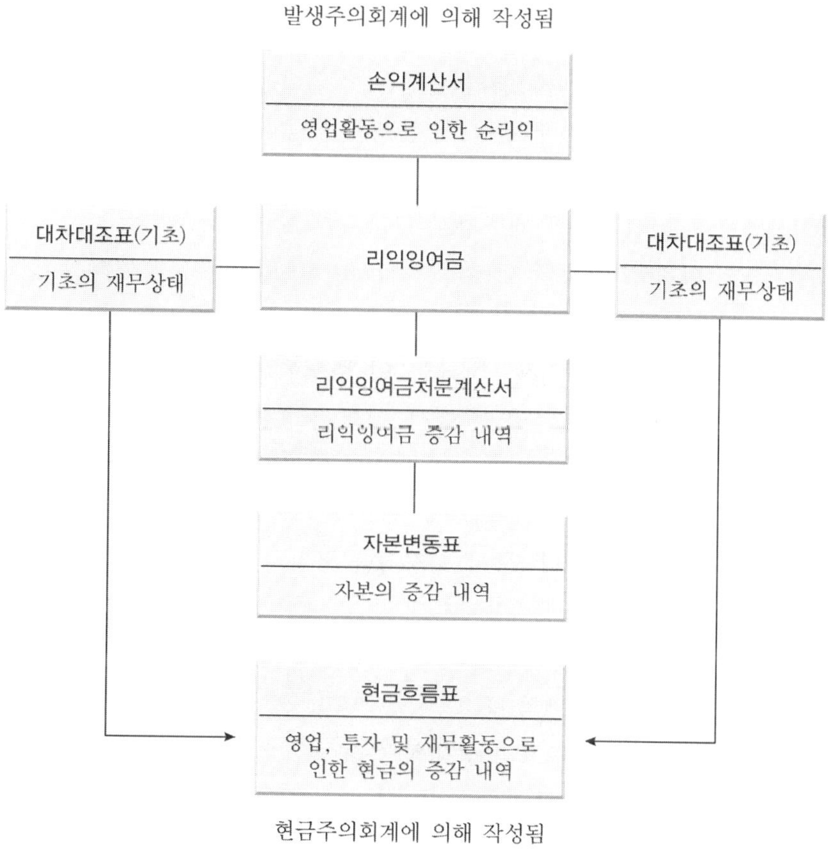

하고 있음을 알 수 있다. [그림 2-1]에서 제시된 주요 재무제표 외에도 부속명세서나 주석사항이 모두 포함되어야 완전한 재무제표의 구성이 이루어지게 된다.

2. 재무제표의 유용성과 한계

재무제표의 주목적은 기업의 활동을 매일 매일 관찰할 수 없는 외부정보리용자들의 의사결정에 유용한 정보를 제공하는 데 있다. 외부리용자들은 일반적으로 재무제표를 통해서 기업에 관한 재무적 정보를 얻고자 한다. 외부리용자를 투자자와 채권자로 국한시켜 보면 그들의 주요 관심은 기업이 만족할 만한 수익성을 달성하면서 적당한 류동성을 유지하고 있는가에 있다. 기업의 수익성과 류동성에 관한 정보는 외부리용자들의 의사결정에 중요한 역할을 하는데, 재무제표는 이 정보를 제공해준다.

손익계산서와 대차대조표 중에서 어느 재무보고서가 의사결정자들에게 더 중요한가? 어떤 사람들은 재무제표상의 단일정보로서는 순리익이 제일 중요한 정보이기 때문에 순리익을 보고하는 손익계산서가 대차대조표에 비해 더 중요하다고 말한다. 특히 호경기를 구가하던 시기에는 기업이 얼마나 빨리 성장하느냐가 외부리용자들의 주요 관심사이기 때문에 손익계산서의 비중이 상대적으로 높았다. 그러나 불경기로 경제가 침체되면 지불능력, 자금조달방법에 관한 정보의 중요성이 상대적으로 높아지게 된다. 이와 같이 손익계산서와 대차대조표의 상대적 유용성은 경제의 전반적인 상황이나 의사결정의 내용 등에 따라 달라진다. 그러나 확실한 것은 모든 재무제표에 나타난 정보를 적절하게 결합하여 종합적으로 리용함으로써 정보리용자들은 정보의 유용성을 제고시킬 수 있다는 것이다. 례를 들어 기업의 수익성을 평가해주는 정보인 투자리익률은 손익계산서의 순리익을 대차대조표의 자본으로 나눔으로써 얻을 수 있다.

외부리용자들이 재무제표를 보다 유용하게 활용하려면 재무제표의 목적, 성격은 물론 그 한계까지도 잘 이해하고 있어야 한다. 따라서 이 장을 마치기 전에 재무제표의 한계점에 대하여 살펴보기로 하자.

첫째, 회계는 객관적인 화폐가치로 측정될 수 있는 것만 보고하기 때문에 화폐가치로 측정하기 곤란한 정보는 재무제표에서 제외된다. 례를 들어 대차대조표에 반영되고 있지 않은 종업원의 자질 및 사기, 기업의 명성 등이 기업의 수익성을 높여 주는 중요한 자원이 될 수 있다. 그러나 이는 화폐가치로 평가하기가 어렵기 때문에 보고대상에서 제외된다.

둘째, 재무제표는 기업의 과거 활동의 결과를 보고하는 것이지 미래에 대한 예측치를 제공하는 것이 아니다. 투자자나 채권자는 기업의 미래 전망을 보고 의사결정을 한다. 그러므로 재무제표의 리용자는 재무제표를 리용하여 미래에 대해 합리적인 예측을 할 수 있어야 한다.

셋째, 재무제표는 추정에 의한 추정치를 포함하고 있다. 얼핏 보면 재무제표는 숫자로 표시되어 있기 때문에 매우 정확한 것처럼 보인다. 그러나 재무제표에 나타난 수치는 종종 회계담당자의 추정치를 반영하는 경우가 많다. 례를 들어 회사가 사용하는 유형자산이 사용가능한 내용년수, 매출채권 중에서 회수가 불투명한 금액 등은 합리적이고 체계적인 방법으로 추정을 해야 하나 추정 과정에서 어느 정도의 주관이 개입되는 것은 불가피하다.

넷째, 재무제표는 특정기업실체에 관한 정보를 제공하며, 산업 또는 경제전반에 관한 정보를 제공하지는 않는다. 따라서 재무제표는 투자자들이 리용하는 유일한 정보의 원천이 될 수 없다. 산업 또는 경제 전반에 관한 정보는 한국은행이나 경제연구소에서 제공하는 정보를 별도로 수집해서 재무제표와 함께 사용할 때 가장 효과적이다.

Chapter

03 기업거래의 측정과 기록

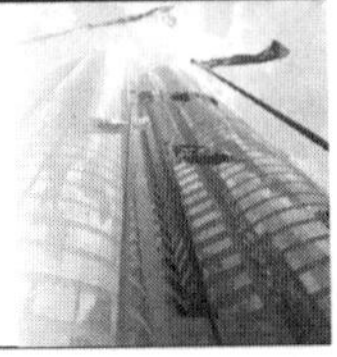

제 1 절 거래의 본질

기업은 고객들이 원하는 재화나 서비스를 제공하여 리익을 얻기 위해서 많은 활동을 하고 있다. 또한 기업활동에 영향을 주는 많은 사건들이 발생한다. 이러한 활동과 사건들 가운데서 기업의 재무상태와 경영성과에 영향을 미치는 경제적 사건들이 바로 회계장부에 기록이 되고 궁극적으로 재무제표에 반영된다. 거래의 예로는 상품 및 서비스의 구입 또는 판매, 현금의 수입과 지출 등이 있다.

회계상의 거래는 기업의 재무상태와 영업성과에 영향을 줄 뿐만 아니라 그 영향을 화폐단위로 측정할 수 있어, 회계장부에 공식적으로 기록되는 거래를 뜻한다. 례를 들어, 화재나 도난에 의한 손실 등은 일상생활에서는 거래라고 하지 않으나 이는 기업에 재무적 영향을 미치며, 또한 그 영향을 화폐가치로 측정할 수 있기 때문에 회계적 거래이다. 회사의 재무상태에 영향을 미치는 경제적 사건이라 할지라도 객관적 측정이 불가능한 경우에는 회계기록의 대상이 되는 회계적 거래가 될 수 없다. 례를 들어, 유능한 최고경영인의 퇴사, 경쟁기업의 출현 등과 같은 사건은 기업의 재무상태에 중대한 영향을 미치는 경제적 사건이지만 그 영향을 화폐단위를 사용하여 객관적으로 측정할 수 없기 때문에 회계적 거래의 대상에서 제외된다.

제 2 절 회계의 기본모형과 거래의 기록

제 2 장에서 살펴본 자산, 부채 그리고 자본 간의 관계를 나타내는 산술적 수식인 회계등식은 기업의 재무상태를 나타내는 회계의 기본모형이라고 말할 수 있다. 자본은 납입자본과 리익잉여금으로 나누어지므로 회계등식을 아래와 같이 확장할 수 있다.

> 자산 = 부채 + 자　　　　　　본
> 　　= 부채 + 납입자본 + 리익잉여금

회계등식은 항상 유지되어야 하므로 기초와 기말의 확장된 회계등식을 <표 3-1>과 같이 나타낼 수 있다. 주주가 회사에 직접 출자한 금액을 나타내는 납입자본은 주주의 추가출자(유상증자)에 의해 증가한다. 한편 리익잉여금은 제 2 장에서 보았듯이 당기순리익에 의해 증가하고 배당금에 의해 감소한다. 당기순리익은 다시 수익에 의해 증가하고 비용에 의해 감소한다. 따라서 자본전체로는 추가출자와 수익에 의해 증가하고 비용과 배당금에 의해 감소함을 알 수 있다.

〈표 3-1〉 회계등식과 자본의 변동

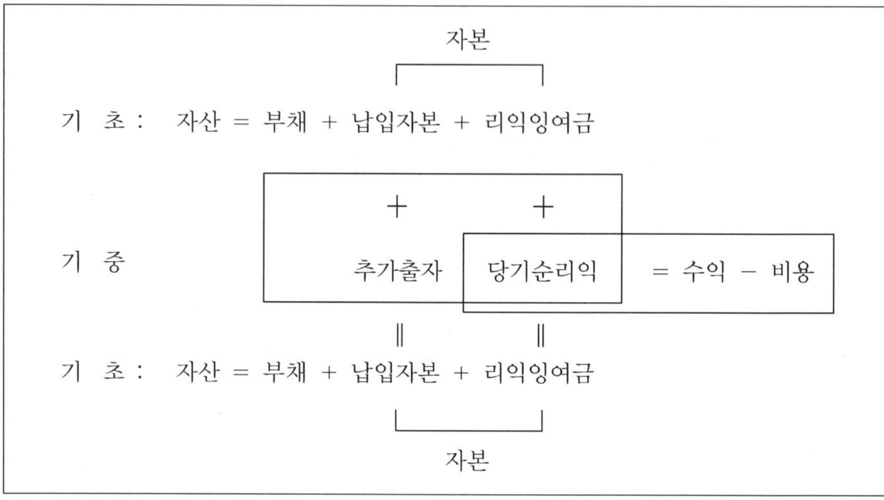

[표 3-1]에서 기말 현재의 회계등식을 다시 쓰면 아래와 같다.

자산= 부채 + 자　　　　　　본
　= 부채 + 납입자본 + 리익잉여금
　= 부채 + (기초 납입자본 + 추가출자) + (기초리익잉여금 + 수익 − 비용 − 배당금)
　= 부채 + (기초자본 + 추가출자 + 수익 − 비용・배당금)

위의 등식에서 대차대조표와 손익계산서가 리익잉여금이라는 항목을 통하여 연결되어지고 있으며 주주의 추가출자와 수익의 발생에 의해 자본이 증가하고 비용의 발생과 배당금의 지급에 의해 자본이 감소함을 다시 한 번 확인할 수 있다. 이러한 관계를 이해하면 회계등식을 리용하여 모든 회계상의 거래를 분석할 수 있다.

회계의 기본모형인 회계등식은 기업의 재무상태에 영향을 미치는 모든 거래를 기록・통합하는데 지침을 제공해준다. 즉 회계상의 거래는 반드시 회계등식이 유지되게끔 기록이 되어야 하는데 이것이 바로 복식부기의 원리인 것이다. 리론적으로 회계등식을 그대로 유지하면서 거래를 기록하는 가장 간단한 방법은 거래가 발생할 때마다 새로운 대차대조표를 만드는 것이다.

[예제 3-1] 회계의 기본모형과 거래의 기록

20×7년 1월 1일에 태진 씨는 친구 3명과 ₩2,000,000을 출자하여 서강세탁회사라는 주식회사를 설립하기로 하였다. 아래와 같은 거래를 대차대조표를 작성하는 방법으로 기록하라.

(1) 20×7. 1. 1: 현금 ₩2,000,000을 출자받아 서강주식회사가 설립되다.

(2) 20×7. 1. 2: 은행으로부터 ₩500,000을 차입하다.

(3) 20×7. 1. 3: 차량운반구를 ₩800,000에 현금으로 구입하다.

해답

20×7.1.1: ₩200,000을 출자받아 회사가 설립되다.	서강세탁회사			20×7. 1.1
	자 산		부채와자본	
	현금	₩2,000,000	자본금	₩2,000,000
	자산합계	₩2,000,000	부채와자본합계	₩2,000,000

20×7.1.2: 은행으로부터 ₩500,000을 차입하다	서강세탁회사			20×7. 1.2
	자 산		부채와자본	
	현금	₩2,500,000	차입금	₩500,000
			자본금	₩2,000,000
	자산합계	₩2,000,000	부채와자본합계	₩2,500,000

20×7.1.3: 운반용 트럭을 ₩800,000에 현금구입하다.	서강세탁회사			20×7. 1.3
	자 산		부채와자본	
	현금	₩1,700,000	차입금	₩500,000
	차량운반구	800,000	자본금	2,000,000
	자산합계	₩2,500,000	부채와자본합계	₩2,500,000

[예제 3-1]에서 보면 매 거래가 발생할 때마다 새로운 대차대조표가 작성되었으며 자산합계는 부채와 자본합계와 일치하기 때문에 회계등식이 유지되고 있음을 알 수 있다. 또한 모든 거래는 대차대조표의 적어도 2개 항목에 영향을 주고 있음을 알 수 있다. 이와 같이 거래가 발생할 때마다 새로운 대차대조표를 만들면 회계등식이 항상 유지된다는 것을 확인할 수 있지만 특정거래뿐만 아니라 과거의 모든 거래들을 누적적으로 고려해야 하므로 매우 번거로운 일이다.

좀더 간단한 방법은 회계등식을 리용하여 거래를 기록하되, 특정거래 하나만의 효과를 고려하는 것이다. 례를 들어 은행에서 ₩500,000을 차입한 거래는 아래와 같이 기록된다. 즉 이 거래로 인해 자산항목인 현금이 ₩500,000이 증가하고 부채항목인 차입금이 ₩500,000 증가하여 회계등식이 유지되게끔 기록되었음을 알 수 있다.

자 산	=	부 채	+	자 본
현금 + 500,000		차입금 + 500,000		

이제 좀더 포괄적인 예제를 통하여 거래의 기록을 살펴보기로 하자. 우리는 이러한 거래의 분석을 통하여 모든 거래는 독립적으로 기록되며, 각 거래의 기록 전 뿐만 아니라 거래의 기록 후에도 회계등식이 유지되고, 각 거래가 회계의 기본모형에 양면적인 영향을 미치고 있음을 이해하게 될 것이다. 복식부기의 특징인 거래의 양면적인 영향이라 함은 모든 거래는 자산, 부채, 자본의 세부 항목 중 적어도 2개 이상의 항목에 영향을 미침을 뜻한다.

[예제 3-2] 회계의 기본모형과 거래의 기록

태진씨와 그의 세 친구는 20×7년 1월 1일에 ₩2,000,000을 투자하여 서강세탁회사라는 주식회사를 차리고 세탁사업을 개시하였다. 1월 한 달 동안 다음의 거래가 있었다.

1. 현금 ₩2,000,000을 출자받아 회사가 설립되다.
2. 은행으로부터 ₩500,000을 차입히다.
3. 현금 ₩800,000을 지급하고 운반용 트럭을 구입하다.
4. 현금 ₩4,000,000을 받고 세탁용역을 제공하다.
5. 세탁용역 ₩400,000을 외상으로 제공하다.
6. 영업비용 ₩2,580,000을 현금으로 지급하다.
7. 차입금에 대한 리자 ₩60,000을 현금으로 지급하다.
8. ₩180,000의 배당을 선언하고 현금으로 지급하다.
9. 5번에서 발생한 외상대금 중 ₩100,000을 회수하다.
10. 차입금 중 ₩50,000을 상환하다.
11. 영업비용 ₩200,000이 발생하였으나 지급하지 못하다.

◎ 요구사항

서강세탁회사의 1월중의 거래를 회계등식을 리용하여 기록하고 손익계산서, 리익잉여금처분계산서, 그리고 대차대조표를 작성하라.

해답

〈표 3-2〉 회계의 기본모형과 거래의 기록

거 래	자산 =	부채 +	자본
1. 현금 ₩2,000,000을 출자받아 회사가 설립되다.	현금 +2,000,000		지본금 +2,000,000
2. 은행으로부터 ₩500,000을 차입히다.	현금 +500,000	차입금 +500,000	
3. 현금 ₩800,000을 지급하고 운반용 트럭을 구입하다.	현금 −800,000 차량운반구		

	+800,000		
4. 현금 ₩4,000,000을 받고 세탁용역을 제공하다.	현금 +4,000,000		용역수익 +4,000,000
5. 세탁용역 ₩400,000을 외상으로 제공하다.	매출채권 +400,000		용역수익 400,000
6. 영업비용 ₩2,580,000을 현금으로 지급하다.	현금 2,580,000		영업비용 −2,580,000
7. 차입금에 대한 리자 ₩60,000을 현금으로 지급하다.	현금 −60,000		리자비용 −60,000
8. ₩180,000의 배당을 선언하고 현금으로 지급하다.	현금 −180,000		배당금 −180,000
9. 5번에서 발생한 외상대금 중 ₩100,000을 회수하다.	현금 +100,000 매출채권 −100,000		
10. 차입금 중 ₩50,000을 상환하다.	현금 −50,000	차입금 −50,000	
11. 영업비용 ₩200,000이 발생하였으나 지급하지 못하다.		미지급비용 +200,000	영업비용 -200,000
총 계(회계기간말)	총 자 산 ₩4,030,000 =	총 부 채 ₩650,000 +	총 자 본 ₩3,380,000

〈표 3-3〉 회계의 기본모형에 의한 재무제표의 작성

손 익 계 산 서

서강주식회사		20×7년 1월 1일~20×7년 1월 31일	
용역수익	(₩4,000,000 + ₩400,000)		₩4,400,000
영업비용	(₩2,580,000 + ₩200,000)	₩2,780,000	
리자비용		60,000	2,840,000
순리익			₩1,560,000

리 익 잉 여 금 처 분 계 산 서

서강주식회사		20×7년 1월 1일~20×7년 1월 31일
	기초리익잉여금	₩0
	당기순리익	1,560,000
	배 당 금	(180,000)
	기말리익잉여금	₩1,380,000

대 차 대 조 표

서강주식회사		20×7년 1월 1일~20×7년 1월 31일
자 산		
현 금	(₩2,000,000 + ₩500,000 − ₩800,000 + ₩4,000,000 − ₩2,580,000 − ₩60,000 − ₩180,000 + ₩100,000 − ₩50,000)	₩2,930,000
매출채권	(₩400,000 − ₩100,000)	300,000
차량운반구		800,000
자산총계		₩4,030,000
부채와자본		
부 채:		

미지급비용		₩200,000	
차입금	(₩500,000 − ₩50,000)	450,000	
부채총계			₩650,000
자 본:			
자본금		₩2,000,000	
리익잉여금	[₩0(기초리익잉여금) + ₩1,560,000(순리익) − ₩180,000 (배당금)]	1,380,000	
자본총계			3,380,000
부채와자본총계			₩4,030,000

[예제 3-2]에서 기업실체의 가정에 의해 회사의 소유주인 태진 씨와 그의 친구들의 회계와는 독립적으로 서강세탁회사의 거래가 기록되고 있다. <표 3-2>는 1월 중에 발생한 서강세탁회사의 모든 거래를 회계등식을 리용하여 기록하고 있다. <표 3-3>은 <표 3-2>에 기록된 거래를 기초로 하여 손익계산서, 리익잉여금처분계산서, 그리고 대차대조표를 작성한 것을 보이고 있다.

<표 3-2>에서 수익, 비용, 그리고 배당금의 발생에 대한 거래(4, 5, 6, 7, 8, 11번 거래)에 대해서 추가 설명이 필요하다. 거래 4번에서 세탁수익의 발생으로 자산항목인 현금이 ₩4,000,000이 증가하고 세탁수익이 ₩4,000,000 발생함으로써 리익잉여금이 증가하여 궁극적으로 자본의 증가를 보이고 있다. 6번 거래는 비용이 발생한 거래인데, 영업비용을 현금지급하므로 ₩2,580,000의 자산항목인 현금이 감소하고 ₩2,580,000의 영업비용이 발생하였다. 영업비용 ₩2,580,000은 발생(증가)했지만 이 거래로 인해 리익잉여금이 감소하므로 궁극적으로 자본의 감소로 기록된 것이다. 8번의 배당금지급에 대한 거래도 리익잉여금의 감소를 통해 궁극적으로 자본의 감소를 초래한다는 점에서 비용발생 거래와 유사하다. 즉 배당금 ₩180,000이 지급됨으로써 자산항목인 현금이 ₩180,000 감소하고 배당금항목 자체는 ₩180,000 발

생(증가)한다. 그러나 배당금의 발생은 리익잉여금 감소, 나아가서 자본의 감소를 초래하기 때문에 거래분석에서 자본란에 -180,000으로 기록된 것이다.

[예제 3-2]에서 회계등식을 리용한 거래의 기록시 해결되어야 할 문제가 두 가지 있다. 첫째, 자산, 부채, 그리고 자본의 세부 항목에 관한 거래를 보다 효율적으로 기록하는 방법이 필요하다. 둘째, 거래의 기록과정에서 기록의 정확성을 검증할 수 있는 보다 체계적이고 조직적인 방법이 필요하다.

제 3 절 계 정

앞 절에서 제기된 두 가지 문제를 해결하기 위한 한 가지 수단으로 실무에서는 계정(account)이라는 형식을 사용하고 있다. 계정이란 회계상의 거래를 기록하도록 표준화된 분류항목이다. 각 계정은 왼쪽과 오른쪽 두 칸으로 나뉘어 있는데 계정의 왼쪽은 차변 그리고 오른쪽은 대변이라고 칭한다.

계정의 기본형태는 다음과 같다.

계 정 명 칭	
차변	대변

이 계정은 약식계정으로서 계정명칭이 있고 그 아래가 양변으로 나뉘어 T자 형태를 취하고 있기 때문에 T-계정양식이라고 한다.

거래는 자산, 부채, 그리고 자본의 세부항목 가운데서 최소한 두 가지 항목 이상에 변화를 초래한다. 그러므로 대차대조표의 자산·부채·자본에 속하는 모든 세부항목과 손익계산서의 수익·비용에 속하는 모든 세부항목에 대해 각각의 독립된 계정이 설정된다. 각 계정 항목을 자산·부채·자본·수익·비용 중 어디에 속하느냐에 따라 그 항목의 금액이 증가할 경우에는 왼쪽(또는 오른쪽)에 기입하고, 반대로 감소할 경우에는 그 반편인 오른쪽(또는 왼쪽)에 함으로써 계정을 통해서 모든 거래를 기록·분류·요약할 수 있다. 서강회사의 현금과 관련된 거래를 현금계정에 기록하면 <표 3-4>와 같다.

<표 3-4>와 같은 계정양식을 표준식이라고 한다. 표준식 계정은 좌·우 완전 대칭으로 왼쪽과 오른쪽에 각각 거래가 발생한 날짜를 적는 일자란, 상대방 계정과목을 적는 적요란, 분개장의 면수를 적는 분면란, 그리고 금액을 적는 금액란이 있다. 계정의 양식은 <표 3-4>와 같은 표준식 이외에도 <표 3-5>와 같은 잔액식 형태가 있다. 잔액식 계정에는 잔액란이 있어 언제라도 그 계정의 잔액을 쉽게 알 수 있는 장점이 있기 때문에 실무에서 많이 사용된다.

뒤에 자세히 설명하겠지만, 현금은 자산에 속하는 계정이기 때문에 증가를 초래하는 거래는 왼쪽(차변)에 기록된다. 서강회사의 경우 1월중의 모든 현금 거래를 기록하고 난 후 차변에 기록된 총액은 ₩6,600,000이고 대변에 기록된 총액은 ₩3,670,000이다. 이때 차변총액이 대변총액보다 ₩2,930,000이 많으므로 현금계정에 1월말 현재 차변잔액 ₩2,930,000이 있게 된다. 이는 <표 3-3>의 대차대조표에 보고된 현금잔액과 일치함을 알 수 있다. 매 기간마다 계정잔액을 구하는 절차를 마감절차라고 하는데 그 방법은 <표 3-4>에 표시된 바와 같다. 잔액을 구하는 방법은 다음과 같이 약식으로 표시하기도 한다.

〈표 3-4〉 계정(표준식)의 예

현 금 계 정

계정번호: 101

차변 / 대변

일자		적요	분면	금액	일자		적요	분면	금액
1	1	자본금	1	2,000,000	1	5	차량운반구	1	800,000
	3	차입금	1	500,000		9	영업비용	1	2,580,000
	7	용역수익	1	4,000,000		10	리자비용	1	60,000
	17	매출채권	1	100,000		15	배당금	1	180,000
						18	차입금	1	50,000
							잔액	√	2,930,000
				6,600,000					6,600,000
		잔액	√	2,930,000					

현 금

차변	대변
2,000,000	800,000
500,000	2,580,000
4,000,000	60,000
100,000	180,000
	50,000
√2,930,000	

그러면 계정을 사용함으로써 앞 절에서 제기된 두 가지 문제가 어떻게 해결되었는가를 살펴보기로 한다. 우선 계정을 사용함으로써 재무제표에 보고 되어야 할 각 분류항목별 변동금액을 효율적으로 기록하고 추적할 수 있다. 계정을 사용할 때의 또 한 가지 장점은 기록과정에서 기록의 정확성

〈표 3-5〉 계정(잔액식)의 예

현 금 계 정						
계정번호: 101						
일자		적요	분면	차변	대변	잔액
1	1	자본금	1	2,000,000		2,000,000
	3	차입금	1	500,000		2,500,000
	5	차량운반구	1		800,000	1,700,000
	7	용역수익	1	4,000,000		5,700,000
	9	영업비용	1		2,580,000	3,120,000
	10	리자비용	1		60,000	3,060,000
	15	배당금	1		180,000	2,880,000
	17	매출채권	1	100,000		2,980,000
	18	차입금	1		500,000	2,930,000

을 쉽사리 검증할 수 있다는 것이다. 전술한 바와 같이 회계등식(자산 = 부채 + 자본)은 항상 유지되어야 한다. 또한 자산항목의 잔액은 차변에, 그리고 부채와 자본항목의 잔액은 각각 대변에 나타나므로 [차변 = 대변]의 등식도 항상 유지되어야 한다. 따라서 자산, 부채, 그리고 자본의 각 세부항목마다 별도의 독립된 계정을 설정하여 회계정보를 기록하게 되면 언제든지 자산, 부채, 그리고 자본별로 잔액의 총합계를 산출할 수 있어 [자산 = 부채 + 자본]의 등식이 성립하는지를 파악할 수 있다. 또한 모든 계정은 각기 차변과 대변으로 분할되어 있어 언제라도 차변에 기록된 합계액이 대변에 기록된 합계액과 일치되는지를 파악해낼 수가 있다. 이처럼 계정의 차변과 대변을 리용하여 거래를 기록하면 회계기록에서 스스로 오류를 예방하고 검색할 수 있는 기능을 갖게 되는데 이를 복식부기의 자기검증기능이라고 한다. 모든 거래가 회계의 기본모형에 양면적인 영향을 미치고 있다는 것은 계정을 리용하여 거래를 기록할 경우, 모든 거래는 두 계정 이상에 영향을

미치며 대변기입액은 차변기입액과 항상 일치하여야 함을 뜻한다.

계정의 속성에 따른 기록방법을 요약하면 <표 3-6>과 같다. <표 3-6>에서 보면 자산과 비용항목의 증가는 차변에 기록하고 감소는 대변에 기록한다. 반면에 부채·자본·수익항목의 증가는 대변에 기록하고 감소는 차변에 기록된다. 수익의 발생은 자본의 증가를, 그리고 비용의 발생은 자본의 감소를 초래하므로 수익의 발생(증가)과 자본의 증가는 모두 대변에 기록하고 비용의 발생(증가)과 자본의 감고는 모두 계정의 차변에 기록한다.

〈표 3-6〉 계정을 리용한 거래의 기록

자 산		=	부 채		자 본	
차변	대변		차변	대변	차변	대변
증가	감소		감소	증가	감소	증가

비 용		수 익	
차변	대변	차변	대변
증가	감소	감소	증가

계 정	차 변	대 변
자 산	증 가	감 소
부 채	감 소	증 가
자 본	감 소	증 가
수 익	감 소	증 가
비 용	증 가	감 소

제 4 절 거래의 분석

회계정보처리 과정은 회계의 기본모형에 영향을 미치는 거래에 관한 자료의 수집 및 분석, 분석결과의 기록, 그리고 재무제표의 작성순으로 진행된다. 이 절에서는 거래의 분석에 관해서 다룬다. 거래의 분석이라 함은 각 거래가 회계모형에 미치는 양면적 효과를 결정하는 과정이다.

이제 [예제 3-2]의 각 거래를 분석하여 ① 기업실체에 미치는 양면적인 경제적 영향을 결정하고, ② (차변금액＝대변금액)이 항상 유지되어야 한다. 이렇게 회계상의 모든 거래는 회계의 기본모형에 양면적인 영향을 미치기 때문에 회계의 거래기록방식을 복식부기제도라고 한다. 차변에 기입하는 것을 차변기입 또는 차기라 하며, 대변에 기입하는 것을 대변기입 또는 대기라 한다.

거래를 계정에 직접기록하기도 하지만 분개라는 형식으로 기록하기도 한다. 분개란 거래를 분석하여 어느 계정의 차변에 얼마를 기입하고 어느 계정의 대변에 얼마를 기입하라는 지시를 뜻한다. 례를 들어 회사가 은행으로부터 ₩500,000을 차입한 거래는 현금(자산)의 증가이므로 현금계정의 차변에 ₩500,000을 기록하고 차입금이라는 부채의 증가를 가져오므로 부채계정의 대변에 ₩500,000을 기록하는데 이를 다음과 같은 형식으로 나타낸다.

<분개의 예>	
(차) 현　　금　500,000	(대) 차 입 금　500,000
(은행에서 차입하다)	

[예제 3-2]에서 예시한 서강세탁회사의 거래를 리용하여 각 거래를 분석하고 기본적인 기록과정을 제시하고자 한다.

[1] 현금 ₩2,000,000을 출자하여 서강세탁회사를 설립하다.

거래분석: 이 거래에서 자산인 현금이 ₩2,000,000 증가하므로 현금계정의 차변(증가)에 기입된다. 부채는 변동이 없다. 자본은 ₩2,000,000이 증가하므로 자본금계정의 대변(증가)에 기입된다. 따라서 회계과정상의 기록(분개)은 다음과 같다.

(차) 현금(자산) 2,000,000	(대) 자본금(자본) 2,000,000

이 거래를 T계정에 나타내면 다음과 같다.

현금(자산)		자본금(자본)	
차변	대변	차변	대변
[1] 2,000,000			[1] 2,000,000

정확성 검증: 자산(+ ₩2,000,000) = 부채(0) + 자본(+₩2,000,000)
차변(₩2,000,000) = 대변(₩2,000,000)

[2] 은행으로부터 ₩500,000을 차입하다.

거래분석: 이 거래결과 현금이 ₩500,000 증가되므로 현금계정의 차변(증가)에 기입되고, 부채가 ₩500,000이 증가되므로 차입금계정의 대변(증가)에 기입된다. 자본에는 변동이 없다. 따라서 분개는 다음과 같다.

(차) 현금(자산) 500,000	(대) 차입금(부채) 500,000

이 거래를 T계에 나타내면 다음과 같다. T계정에 기록할 때 주의할 점은 분개는 거래마다 독립적으로 기록되지만 T계정에는 거래가 누적적으로 기록된다는 것이다. 따라서 [2]번 거래를 계정에 기록한 후 현금의 잔액은

₩2,500,000이라는 것을 쉽게 알 수 있다.

현금(자산)		자본금(자본)	
차변	대변	차변	대변
[1] 2,000,000 [2] 500,000			[2] 500,000

정확성 검증: 자산(+ ₩500,000) = 부채(+ ₩500,000) + 자본(0)
차변(₩500,000) = 대변(₩500,000)

[3] 현금 ₩800,000을 지급하고 차량운반구를 구입하다.

거래분석: 이 거래결과 자산인 차량운반구가 ₩800,000 증가하므로 차량운반구계정의 차변(증가)에 기입되고, 현금이 감소하므로 현금계정의 대변(감소)에 기입된다. 이 거래는 한 종류의 자산이 증가하고 다른 종류의 자산이 감소하는 거래로 자산 전체에는 영향이 없다. 부채와 자본에도 변동이 없다. 분개를 표시하면 다음과 같다.

(차) 차량운반구(자산) 800,000	(대) 현금(자산) 800,000

이를 T계정에 나타내면 다음과 같다.

차량운반구(자산)		현금(자산)	
차변	대변	차변	대변
[3] 800,000		[1] 2,000,000 [2] 500,000	[3] 800,000

정확성 검증: 자산(+ ₩800,000 − ₩800,000) = 부채(0) + 자본(0)
차변(₩800,000) = 대변(₩800,000)

[4] 현금 ₩4,000,000을 받고 세탁용역을 제공하다.

거래분석: 이 거래결과 현금이 ₩4,000,000 증가되므로 자산인 현금계정의 차변(증가)에 기입된다. 부채는 아무런 영향을 받지 않는다. 수익발생의 결과 자본 ₩4,000,000이 증가한다. 따라서 자본의 대변(증가)에 기입되어야 한다. 그러나 특정수익의 기록을 유지하며 손익계산서의 작성을 용이하게 하기 위하여 용역수익이라는 별도의 수익계정을 사용한다. 분개를 표시하면 다음과 같다.

(차) 현금(자산) 4,000,000	(대) 용역수익(수익) 4,000,000

이를 T계정에 나타내면 다음과 같다.

현금(자산)		용역수익(수익)	
차변	대변	차변	대변
[1] 2,000,000 [2] 500,000 [4] 4,000,000	[3] 800,000		[4] 4,000,000

정확성 검증: 자산(+ ₩4,000,000) = 부채(0) + 자본(₩4,000,000)
차변(₩4,000,000) = 대변(₩4,000,000)

[5] 세탁용역 ₩4,000,000이치를 외상으로 제공하다.

거래분석: 세탁용역을 외상으로 제공한 결과 미래에 현금을 받을 권리인 매출채권(자산)이 증가하고 용역수익이 발생한다. 그러므로 매출채권계정의 차변(증가)에 기입된다. 부채에는 변동이 없다. 거래 [4]에서와 같이 용역수익이라는 계정의 대변(증가)에 기입된다. 분개를 표시하면 다음과 같다

(차) 매출채권(자산) 400,000	(대) 용역수익(수익) 400,000

이를 T계정에 나타내면 다음과 같다.

매출채권(자산)		용역수익(수익)	
차변	대변	차변	대변
[5] 400,000			[4] 4,000,000 [5] 400,000

정확성 검증: 자산(+ ₩400,000) = 부채(0) + 자본(₩400,000)
차변(₩400,000) = 대변(₩400,000)

[6] 영업비용 ₩2,580,000을 현금으로 지급하다.

거래분석: 이 거래로 현금이 ₩2,580,000 감소하므로 현금계정의 대변(감소)에 ₩2,580,000이 기록된다. 부채에는 아무런 변동이 없다. 영업비용의 발생으로 자본이 ₩2,580,000 감소된다. 영업비용 계정을 따로 사용하는 이유는 특정비용의 기록을 유지하여 손익계산서의 작성을 용이하게 하기 위함이다. 분개내용을 표시하면 다음과 같다.

(차) 영업비용(비용) 2,580,000	(대) 현금(자산) 2,580,000

이를 T계정에 나타내면 다음과 같다.

영업비용(비용)		현금(자산)	
차변	대변	차변	대변
[6] 2,580,000		[1] 2,000,000 [2] 500,000 [4] 4,000,000	[3] 800,000 [6] 2,580,000

정확성 검증 : 자산(− ₩2,580,000) = 부채(0) + 자본(− ₩2,580,000)
차변(₩2,580,000) = 대변(₩2,580,000)

[7] 차입금에 대한 리자 ₩60,000을 현금으로 지급하다.

거래분석: 현금 ₩60,000이 감소되므로 현금계정의 대변(감소)에 ₩60,000이 기입된다. 관련된 부채인 차입금계정에는 아무런 변동이 없다. 이자의 지급은 리자비용이라는 비용의 발생을 초래하기 때문에 자본이 ₩60,000 감소하게 된다. 손익계산서의 작성을 용이하게 하도록 리자비용이라는 별도의 비용계정의 차변에 기입한다. 분개를 하면 다음과 같다.

(차) 리자비용(비용) 60,000	(대) 현금(자산) 60,000

이를 T계정에 나타내면 다음과 같다.

리자비용(비용) 차변	리자비용(비용) 대변	현금(자산) 차변	현금(자산) 대변
[7] 60,000		[1] 2,000,000	[3] 800,000
		[2] 500,000	[6] 2,580,000
		[4] 4,000,000	[7] 60,000

정확성 검증: 자산(− ₩60,000) = 부채(0) + 자본(− ₩60,000)
차변(₩60,000) = 대변(₩60,000)

[8] ₩180,000의 배당을 선언하고 현금으로 지급하다.

거래분석: 이 거래결과 ₩180,000의 자산인 현금이 감소하므로 현금계정의 대변(감소)에 기록된다. 부채는 영향을 받지 않는다. 기업이 소유주에게 현금지급을 통해 리익을 배분했기 때문에 자본이 감소한다. 배당금이라는 독립적인 계정을 사용하여 자본 감소의 원인을 나타낸다. 배당은 비용이 아니라 리익을 소유주에게 배분하는 것이다. 분개를 표시하면 다음과 같다.

(차) 배당금(자본) 180,000	(대) 현금(자산) 180,000

이를 T계정에 나타내면 다음과 같다.

배당금(자본)		현금(자산)	
차변	대변	차변	대변
[8] 180,000		[1] 2,000,000	[3] 800,000
		[2] 500,000	[6] 2,580,000
		[4] 4,000,000	[7] 60,000
			[8] 180,000

정확성 검증: 자산(− ₩180,000) = 부채(0) + 자본(− ₩180,000)
차변(₩180,000) = 대변(₩180,000)

[9] [5]번에서 발생한 외상대금 중 ₩100,000을 회수하다.

거래분석: 현금이 ₩100,000 증가하였으므로 자산인 현금계정의 차변(증가)에 기록하고 매출채권이라는 자산이 감소하였으므로 매출채권계정의 대변(감소)에 기록한다. 이 거래로 인해 두 자산 간의 변동만이 있었을 뿐 자산 총계에는 아무런 변동이 없다. 그리고 부채와 자본에도 아무런 영향을 미치지 않았다. 분개는 다음과 같다.

(차) 현금(자산) 100,000	(대) 매출채권(자산) 100,000

이를 T계정에 나타내면 다음과 같다.

현금(자산)		매출채권(자산)	
차변	대변	차변	대변
[1] 2,000,000	[3] 800,000	[5] 400,000	[9] 100,000
[2] 500,000	[6] 2,580,000		
[4] 4,000,000	[7] 60,000		
[9] 100,000	[8] 180,000		

정확성 검증: 자산(+ ₩100,000 − ₩100,000) = 부채(0) + 자본(0)
차변(₩100,000) = 대변(₩100,000)

[10] 차입금 중 ₩50,000을 상환하다.

거래분석: 현금이 ₩50,000 감소하므로 자산인 현금계정의 대변(감소)에 기입하고 부채인 차입금계정의 차변(감소)에 기입된다. 자본의 변동은 없다. 분개를 하면 다음과 같다.

(차) 차입금(부채) 50,000	(대) 현금(자산) 50,000

이를 T계정에 나타내면 다음과 같다.

차입금(부채)		현금(자산)	
차변	대변	차변	대변
[10] 50,000	[2] 500,000	[1] 2,000,000	[3] 800,000
		[2] 500,000	[6] 2,580,000
		[4] 4,000,000	[7] 60,000
		[9] 100,000	[8] 180,000
			[10] 50,000

정확성 검증: 자산(− ₩50,000) = 부채(− ₩50,000) + 자본(0)
차변(₩50,000) = 대변(₩50,000)

[11] 영업비용 ₩200,000이 발생하였으나 지급하지 못하다.

거래분석: 자산은 변동이 없다. 비용이 발생했는데 지급하지 못하였으므로 미래에 현금을 지급할 의무를 나타내는 미지급비용이라는 부채계정의 대변(증가)에 ₩200,000이 기록된다. 특정비용의 기록을 유시하기 위하여 영업비용이라는 비용계정의 차변(증가)에 기입한다. 분개를 표시하면 다음과 같다.

(차) 영업비용(비용) 200,000	(대) 미지급비용(부채) 200,000

이를 T계정에 나타내면 다음과 같다.

영업비용(비용)			미지급비용(부채)	
차변	대변		차변	대변
[6] 2,580,000 [11] 200,000				[11] 200,000

정확성 검증: 자산(0) = 부채(₩200,000) + 자본(− ₩200,000)

차변(₩200,000) = 대변(₩200,000)

〈표 3-7〉 계정잔액의 산출

현금(부채) 101			미지급비용(부채) 202	
차변	대변		차변	대변
[1] 2,000,000 [2] 500,000 [4] 4,000,000 [9] 100,000	[3] 800,000 [6] 2,580,000 [7] 60,000 [8] 180,000 [10] 50,000			[11] 200,000 √ 200,000
√ 2,930,000				

매출채권(자산) 105			차입금(부채) 201	
차변	대변		차변	대변
[5] 400,000	[9] 100,000		[10] 50,000	[2] 500,000
√ 300,000				√ 450,000

차량운반구(자산) 110	
차변	대변
[3] 80,000	
√ 80,000	

배당금(자본) 331	
차변	대변
[8] 180,000 √ 180, 000	

영업비용(비용) 311	
차변	대변
[6] 2,580,000 [11] 200,000	
√ 2,780,000	

용역수익(수익) 321	
차변	대변
	[4] 4,000,000 [5] 400,000
	√ 4,400,000

리자비용(비용) 312	
차변	대변
[3] 60,000	
√ 60,000	

자본금(자본) 301	
차변	대변
	[1] 2,000,000
	√ 2,000,000

제 5 절 분 개 장

지금까지 우리는 직접 T계정을 사용하여 거래를 분석하였다. 그 이유는 T계정을 사용하는 것이 거래의 효과를 설명하는 데 단순하고 유용하기 때문이다. 그러나 하루에도 수없이 발생되는 기업의 거래를 직접 T계정에 기록하는 것은 번잡스러울 뿐만 아니라 오류를 범할 가능성도 높아진다. 그래서 실무에서는 회계기간중에 발생한 거래에 대한 기록절차를 다음과 같이 몇 단계로 나누어 실시하고 있다.

첫째, 기업실체에 재무적 영향을 미치는 거래에 대한 증빙서류를 수집

한다. 증빙서류의 수집은 회계정보산출과정의 가장 첫 단계라 할 수 있다. 증빙서류는 거래가 발생하는 회계기간중에 계속 수집된다. 기업외부인이 관련된 교환거래에서는 비교적 쉽게 거래에 대한 증빙서류를 수집할 수 있다. 례를 들어, 매출의 경우에는 매출전표, 판매보고서, 출고지시서 등을 그 증빙서류로 사용할 수 있다. 증빙서류는 거래를 분석하는 데 있어서 기본자료일 뿐만 아니라, 차후 거래의 기록에 오류가 발생할 경우에는 추적자료로 활용되므로 회계정보산출에 있어서 매우 중요한 역할을 한다.

둘째, 회계상의 거래로 인정된 거래에 대해 기업에 미치는 효과를 분석한다. 거래의 분석단계는 특정거래가 자산, 부채 그리고 자본(수익, 비용, 배당금) 등에 어떤 영향을 얼마만큼 미쳤는지에 대해서 회계담당자가 판단하는 과정이다.

셋째, 거래분석이 이루어지면 분개장에다 거래를 기록한다. 이는 거래가 회계시스템 내에 공식적으로 기록되는 첫 번째 단계이다. 거래를 분개장에 기록하는 일을 분개라 하는데 분개장을 예시하면 <표 3-8>과 같다.

〈표 3-8〉 분개장의 례

분 개 장

1면

일자		개정과목 및 설명	원면	차변	대변
20×7					
1	1	현 금	101	2,000,000	
		자 본 금	301		2,000,000
		(소유주가 현금 출자하다)			
	2	현 금	101	5,000,000	5,000,000
		차 입 금	201		
		(은행으로부터 차입하다)			

분개장에는 ① 거래가 발생한 날짜를 기록하는 란, ② 계정과목과 거래에 대한 설명을 기입하는 란, ③ 총계정원장에 전기할 때 원면을 기록하는 란, ④ 그리고 차변과 대변금액을 각각 기입하는 란을 구비하고 있다. 분개장의 기능을 요약하면 다음과 같다. 첫째, 각 거래를 발생한 순서대로 기록한다. 둘째, 각 거래의 모든 경제적 효과를 한눈에 볼 수 있게 한다. 셋째, 오류의 추적 및 검증자료가 된다.

이미 설명된 바와 같이 기업들은 자산, 부채 그리고 자본(수익, 비용, 배당금) 등의 각 항목에 대하여 별도의 독립적인 계정을 설정하고 있다. 이들 계정들을 모아 놓은 장부를 총계정원장이라 하며, 분개장의 거래내역을 총계정원장의 각 계정으로 옮겨 적는 일을 전기라 한다. 분개장에 분개된 정보를 원장에 전기함으로써 거래발생 순서대로 분개장에 기록된 정보가 각 계정별로 분류된다. 분개는 거래발생일에 즉시 수행하지만 원장에로의 전기는 횟수를 줄여 1주일, 2주일 또는 한 달에 한 번씩 하는 것이 보통이다.

분개장에 원면을 기록하는 란이 있는 것과 같이 원장에는 분개장의 페이지를 기록하는 분면을 비치하여 전기시 분개장과 원장의 상호대조를 가능케 하고 있다. <표 3-8>의 분개장에 기록된 1월 1일 거래를 총계정원장의 현금계정과 자본금 계정에 전기할 때 현금계정의 분면란에 자본금 계정의 분면란에 그 거래가 기록된 분개장의 면 번호인 1을 기록한다. 한편 분개장의 '현금' 옆 원면란에는 현금계정의 고유번호인 101을, '자본금' 옆 원면란에는 자본금 계정의 고유번호인 201이 기록된다. 분개장의 원면란과 계정의 분면란을 상호대조함으로써 거래의 추적이나 오류의 발견을 쉽게 할 수 있게 된다.

Chapter

04 기업리익의 측정

제 1 절 순리익의 측정

계속기업의 가정에 의하면 기업의 수명은 영구적이다. 기업의 수명이 계속되는 한 기업은 끊임없이 리익의 창출활동을 수행하게 된다. 따라서 기업이 그 수명을 다하지도 않은 시점에서 기업의 영업성과인 리익을 결정하는 일은 결코 쉬운 일이 아니다. 그러나 투자자나 채권자들은 수시로 기업에 관한 의사결정을 하기 때문에 보다 짧은 기간 동안의 리익정보를 정기적으로 원하고 있다. 기업의 주주들은 투자의사결정을 내리기 위해 리익에 대한 보고서를 원하며, 정부기관 역시 조세목적으로 분기간 또는 년간 리익을 알고 싶어한다. 기업경영자들 또한 신속한 경영의사결정을 위해 월간 또는 분기간 리익수치를 원한다. 이러한 욕구를 충족시켜 주기 위해서 회계담당자들은 일반적으로 인정된 회계원칙에 따라 기업의 수명을 인위적으로 분할하여 보다 짧은 기간 동안의 순리익을 측정한다. 이와 같이 영속적인 기업의 수명을 짧은 기간으로 분할하는 것은 기간별 보고의 가정에 그 근거를 두고 있다.

회계에서 순리익이란 일정 기간 동안 기업의 영업활동결과로 나타난 자본의 순증가분이다. 따라서 순리익은 일정 기간 동안의 수익과 비용의 차액으로 측정된다. 비용이 수익보다 크면 순손실이 발생된다.

순리익 = 수익 − 비용

수익은 일정 기간 동안 기업이 고객에게 재화나 서비스를 제공함으로써 나타나는 자산의 증가 또는 부채의 감소이다. 동시에 수익이 발생하면 자본이 그만큼 증가된다. 례를 들어, 한 기업이 고객에게 상품을 판매하는 경우 현금을 받거나 또는 가까운 미래에 현금으로 받을 권리를 취득하게 되는데 이로써 기업은 현금 또는 매출채권이라 칭하는 현금을 받을 권리를 얻게 된다. 이는 기업에 자산의 증가를 가져다 주는 것으로서 수익이 된다. 은행에서 대부를 받아서 현금이 증가되는 경우에는 그만큼 부채가 증가되는 것이지 수익이 발생되는 것은 아니다. 마찬가지로 매출채권을 회수하는 경우에도 현금이 증가하는 만큼 매출채권의 감소를 초래하기 때문에 수익은 발생되지 않는다.

비용이란 기업이 한 기간 동안 재화나 서비스를 제공하는 영업활동을 포함한 여러 기업활동을 위해 희생된 자산의 감소 또는 부채의 증가를 말한다. 즉 비용은 기업이 영업활동을 영위하는데 소요되는 대가로서 이에는 매출원가, 급여, 임차료, 광고비, 감가상각비 등이 포함된다. 비용은 수익과는 반대로 자본을 감소시키는 역할을 한다. 또한 모든 현금수입이 자동적으로 수익으로 인식되지는 않듯이 모든 현금지출이 자동적으로 비용으로 인식되는 것은 아니다. 례를 들어 부채를 갚기 위한 현금지출은 비용이 아니다. 또한 집세를 미리 지급하거나 공장자산을 취득하기 위해서 현금을 지급하는 경우에는 일단 자산으로 기록되며, 차후 기업의 활동에 이들 자산이 사용되면 이들 자산의 원가는 비용으로 전환된다. 그러므로 자산은 소멸되지 않은 원가로, 비용은 소멸된 원가라 일컬어지기도 한다.

이상에서 설명한 재하나 서비스를 고객에게 제공함으로써 수익이 발생한 거래나 또는 매출원가, 급여 등 비용이 발생한 거래를 총괄해서 손익거래라 부른다. 다시 말해서 손익거래가 발생되면 이는 수익이나 비용에 변동을 가져다 주기 때문에 반드시 순리익에 영향을 가져온다.

수익과 비용은 리익잉여금의 증가와 감소로서 자본계정에 직접 기록되어질 수 있다. 그러나 실무에서 정보리용자들은 수익과 비용의 발생에 의한 자본의 증가와 감소에 대해 보다 상세한 정보를 원하고 있다. 이러한 이유때문에 기업은 보통 각 수익과 비용항목별로 별도의 계정을 설치하여 해당금액을 누적시킨다. 손익계산서를 작성하는 데 필요한 수익과 비용계정은 일정 회계기간에만 잔액이 누적되기 때문에, 이들 계정은 임시계정 또는 명목계정이라 불리운다. 임시계정은 한 회계기간 동안 수익과 비용 누계액을 보여준다. 회계기간말에 이들 계정의 잔액은 리익잉여금이라는 자본계정으로 옮겨진다. 따라서 매 회계기간의 임시계정의 기초잔액은 항상 0이다. 반면에 자산, 부채, 자본 등 대차대조표계정은 회계기간이 끝나도 계속 잔액이 유지되므로 영구계정 또는 실질계정이라 불리운다.

제 2 절 회계기간에 대한 가정

재무회계에서는 정보리용자들의 욕구를 보다 시기적절하게 충족시켜 주기 위해서 기업의 활동을 일련의 동일한 기간개념에 의해 분할시킬 수 있음을 가정하고 있다. 이를 기간별 보고의 가정이라 한다. 일반적으로 1년을 한 회계기간으로 간주한다. 어떤 기업들은 12월말로 끝나는 1년을 회계기간으로 정하기도 하고 또 어떤 기업에서는 당해 기업의 자연적 순환과정과 상응하는 1년(례를 들면 7월 1일부터 다음 년도 6월 30일까지의 기간)을 회계기간으로 정하기도 한다. 대부분의 도소매업체(례를 들어 백화점)들은 연간매출 중 상당한 액수가 추석, 년말년시, 민속의 날 등의 기간에 이루어진다. 그렇다면 이들 업종의 회계년도는 복잡한 연말을 피해 가령 3월 말일에 끝나도록 정하는 것이 영업활동 순환과정과 보다 일치하게 될 것이다. 언제부터 1년을 회계기간으로 정하든지 간에 회계상의 1년을 회계년도라 한다.

기업들은 일반적으로 년간재무제표에 중점을 두게 되나, 필요에 따라서 월별·분기별(3개월간) 또는 반기별(6개월간) 재무제표를 작성·보고하기도 한다. 아무튼 기업의 영업활동결과로 나타나는 수익과 비용 등을 특정월, 분기 또는 년이라는 짧은 회계기간에 정확히 보고하는 것이 문제로 대두된다. 왜냐하면 모든 회계상의 거래가 쉽게 특정회계기간에 할당되는 것이 아니기 때문이다. 례를 들어 건물이나 기계의 취득은 수년간 기업의 영업활동에 영향을 미치게 된다. 따라서 회계담당자들은 유형자산의 내용년수와 잔존가치를 추정한 후 매년 얼마만큼의 취득원가를 비용으로 인식할 것인지를 결정해야 한다.

제 3 절 수익과 비용의 기간대응

1. 현금주의와 발생주의

수익과 비용은 각각 현금의 수입과 지출을 기점으로 기록될 수도 있는데 이를 현금주의회계라 부른다. 이런 방법을 사용하게 되면, 수익은 영업활동과 관련하여 현금이 회사에 들어오는 기간에 획득한 것으로 보고되며 비용은 현금이 지급된 기간에 보고된다. 현금주의회계는 영세상점이나 개인에게는 적합할 수도 있지만 내나수 기업의 영업성과를 측정하는 데는 미흡한 점이 많다. 가령 수익은 현금이 들어오는 기간과는 다른 기간에 가득되어질 수도 있으며, 비용도 현금이 지급된 기간과는 다른 기간에 발생될 수 있다. 순리익을 보다 적절하게 측정하려면 수익과 비용은 적합한 회계기간에 할당되어져야 한다. 회계담당자는 수익과 비용의 기간대응을 적용함으로써 이러한 문제를 해결한다.

수익과 비용의 기간대응을 적용하기 위해서 발생주의회계의 개념이 생겨났다. 발생주의회계의 주안점은 현금의 수입이나 지출시기와는 상관없이 수익이 실질적으로 발생한 기간에 수익을 인식하고 이에 대응시켜 비용을 인식함으로써 한 회계기간 동안의 업적평가가 적절히 이루어지도록 하려는 데 있다. 례를 들어 외상으로 상품을 판매한 경우 현금의 수입은 없어도 매출이란 수익이 인식된다. 마찬가지로 급여가 미지급상태에 있거나 전력사용에 대한 청구서를 받은 경우 아직 현금의 지출이 이루어지지 않았더라도 발생주의회계에 의하면 종업원의 서비스와 전력사용의 혜택을 당기에 받았으므로 급여나 전력사용료라는 비용이 인식된다. 이와 같이 발생주의회계는 수익과 비용을 적절히 대응시켜 한 기간의 영업성과를 정확히 평가하기 위해 생겨난 시스템이다. 발생주의회계에서 순리익을 적정하게 측정하기 위해서는 수익과 비용을 적절한 회계기간에 배분해야 한다. 이러한 문제를 해결하기 위해 발생주의회계에서는 수익인식원칙과 대응원칙을 적용한다. 회계기록과정에서 수익인식원칙은 대응원칙을 적용한다. 회계기록과정에서 수익인식원칙은 대응원칙에 우선한다. 즉 재화나 용역의 제공에 의하여 가득된 기간수익이 인식된 다음 기간수익을 창출하기 위해 소모된 자산의 원가인 비용을 인식하기 위하여 대응원칙을 적용한다.

2. 수익의 인식시점

수익인식의 원칙에 의하면 수익은 현금의 수입시점과는 상관없이 가득되고(earned), 실현된(realized) 기간에 인식된다. 여기서 수익이 가득되었다 함은 기업이 수익창출을 위해 수행해야 하는 재화나 용역이 제공되었음을 뜻하고, 수익이 실현되었다 함은 재화나 용역을 제공한 대가로 현금 또는 현금 청구권을 획득하였음을 뜻한다. 수익인식의 원칙은 실현주의라고도 한다.

(1) 판매시점

수익인식의 두 가지 조건인 수익의 가득과 실현이 이루어지는 시점은 업종의 형태에 따라 다르게 나타난다. 대부분 제조업이나 판매업에서는 판매시점에서 재화나 용역이 제공되고(가득) 현금이나 현금청구권이 획득되므로(실현) 판매시점에서 수익을 인식한다.

(2) 생산도중이나 완료시점

수익인식이 판매시점 이전인 생산도중이나 완료시점에서 이루어지는 경우도 있다. 건설업체는 많은 경우 건설공사를 시작하기 전에 고객과 계약을 체결하여 비교적 장기간 동안 건설공사를 수행한다. 장기건설공사에서 시공자인 건설회사는 건설에 소요되는 비용을 합리적으로 추정할 수 있고, 공사수익에 해당하는 공사대금은 계약에 명시되었을 뿐 아니라 공사의 진척 정도에 따라 정기적으로 대금을 수취한다. 따라서 수익인식의 조건인 재화의 제공(가득)과 현금의 수취(실현)에 대한 불확실성이 심각하지 않기 때문에 생산기간 중이라도 전체 공사수익의 일부와 이에 대응되는 공사원가를 당해 회계기간의 공사진척도에 따라 인식할 수 있다.

그러나 공사대금 회수에 대한 불확실성이 크거나 건설회사의 공사진행능력에 문제가 있다면 공사가 완료되는 시점까지 기다렸다 공사전체에 대한 수익과 비용을 인식해야 한다.

(3) 현금회수시점

상품의 판매나 서비스의 제공이 장기외상판매로 이루어지는 경우에는 회수불가능의 위험이 상대적으로 높기 때문에 수익의 인식이 현금회수시점으로 지연될 수 있다. 일부 장기할부판매의 경우 ① 판매시점에서 현금수취금액이 총판매액의 극히 일부이며, ② 지급기간이 비교적 장기이고, ③ 판매인은 매수인이 판매대금 전액을 납부할 때까지 판매상품에 대한 제한적인 권리를 보유하며, 또한 ④ 판매시점에서 회수불가능으로 초래할 대손액을 합리적으로 추정하기가 어렵다. 이러한 장기할부판매의 경우, 수익의 인식조건 중에서 판매시점에서 상품이 인도되었으므로 가득의 조건은 만족하나 현금회수에 불확실성이 높아 실현의 조건을 충족하지 못하므로 현금이 회수될 때까지 기다렸다 수익을 인식하는 것이다.

3. 대응원칙

대응원칙은 당해 기간 동안에 인식한 수익에 적절한 비용을 대응시키는 데 중점을 두고 있다. 대응원칙은 매 기간마다 수익을 창출하기 위해 소모된 자산의 원가인 비용을 당해 기간에 인식된 수익에 대응시키는 것이다. 수익과 관련된 비용을 측정·대응시킴에 있어서 비용이 발생되는 리유에 대해 관심을 기울여야 한다. 만약 그 발생리유가 특정수익을 직접 창출하기 위한 것이라면 그 수익이 인식되는 기간에 당해 비용을 특정수익에 대응시켜야 한다. 매출의 직접적인 비용인 매출원가가 그 례이다. 그러나 비용 중에는 특정수익과 직접적으로 대응시킬 수 없는, 즉 직접적인 인과관계가 성립되지 않는 비용이 있다. 이들 비용은 특정수익보다는 특정기간에 대응시킨다는 표현이 더 적절하다. 이러한 비용은 다시 두 가지 종류로 구분할 수 있다. 즉 판매비와 관리비처럼 발생하는 기간에 전액을 비용으로 처리하는 유형이 있고 유형자산이나 선급비용처럼 일단 자산으로 기록하였다가 사용기간에 걸쳐 조직적이고 합리적인 방법으로 기간에 배분하는 유형의 비용이 있다.

제 4 절 수정분개

두 회계기간 이상에 걸쳐서 기업에 경제적 영향을 가져다 주는 거래에 대해 발생주의회계를 적용하기 위해서 회계기간말에 관련계정의 잔액을 조정해 주는 분개를 수정분개라 한다. 수정분개는 발생주의회계를 적용하여 한 기간중에 발생된 수익과 비용을 정확하게 산출하는 데 그 목적이 있다. 실제로 기업은 시간의 경과에 따라 지속적으로 경제적 영향을 받게 되지만 편의상 수정분개는 회계기간말에 한 번만 이루어진다. 례를 들어 은행에서 자금을 차입하면, 차입금에 대한 리자비용이 매일 발생한다. 발생주의회계에서는 현금의 지출이 없어도 리자비용을 매일 인식할 수 있다. 그러나 이런 회계처리는 매우 번거롭고 오류가 발생하기도 쉽다. 따라서 회계기말에 당해 기간 동안에 발생하였으나 미지급된 리자비용에 대한 분개를 일괄적으로 하는데, 이것이 바로 수정분개인 것이다.

수정분개는 다음과 같은 세 가지 특징을 지니고 있다. 첫째, 적어도 하나 이상의 손익계산서에 속하는 계정(수익이나 비용)잔액에 변화를 초래한다. 둘째, 이와 동시에 적어도 하나 이상의 대차대조표에 속하는 계정(자산이나 부채)잔액에 변화를 초래한다. 셋째, 수정분개는 회계기간말에 기록된다.

수정분개가 필요한 거래의 유형을 살펴보면 <표 4-1>과 같다. 회계기간중 일상적인 분개가 이루어지고 난 후 회계기간말에 회계담당자는 위에서 예시한 바와 같은 수정분개가 요구되는 상황이 존재하는가를 파악하기 위하여 기록과 증빙서류를 세밀히 조사하여야 한다. 만약 필요한 수정분개를 하지 않게 되면 그 기간의 수익이 부정확하게 측정되어질 뿐만 아니라 비용도 당해 기간에 가득된 수익에 적절히 대응되지 않게 된다. 이렇게 되면 손익계산서와 대차대조표는 부정확하게 측정된 금액을 반영하게 된다.

〈표 4-1〉 수정분개가 필요한 거래의 유형

수익(수익인식원칙이 적용됨)
(1) 선수수익: 판매나 용역제공이 이루어지기 전에 그 대금을 미리 회수한 경우 회계기간말 현재 가득된 수익에 대하여 적절한 수정분개가 필요하다. 례)건물의 임대기간 전에 임대료를 미리 받은 경우.
(2) 미수수익: 회계기간말 현재 대금이 회수되지는 않았으나 가득된 수익이 있으면 이는 수익으로 기록되어야 한다. 례) 건물을 임대해 주고 당해 기간말까지 임대료를 받지 못한 경우.
비용(대응원칙이 적용됨)
(3) 선급비용: 재화나 용역을 제공받기 이전에 그 대금을 미리 지급한 경우에는 회수기간말 현재 발생한 비용에 대한 적절한 수정분개가 필요하다. 례) 재산에 대한 보험료 2년분을 선급한 경우.
(4) 미지급비용: 회계기간에 제공받은 재화나 용역에 대한 대금을 당기말 현재 지급하지 않은 경우 이를 당해 기간의 비용으로 기록해야만 한다. 례) 당해 기간에 발생한 종업원의 임금을 지급하지 않은 경우.

제 5 절 수정분개의 예

수정분개의 네 가지 유형을 위에서 설명하였다. 이러한 유형 외에도 회계기록상의 오류를 기말에 발견한 경우에는 이를 정정하기 위한 분개를 행하여야 한다. 다음에서는 20×7년 12월 31일을 결산일로 하는 신촌 아파트회사의 거래를 중심으로 수정분개를 예시한다.

1. 선수수익

회계기말 현재, 재화나 용역의 판매로 인한 수익이 가득되기 이전에 수취한 현금이 있는 경우에는 선수수익이라는 부채항목이 대차대조표에 나타난다. 이러한 상황하에서 당해 기간의 정확한 수익과, 미래에 관련된 재화나 용역을 제공할 의무인 부채를 인식하기 위하여 회계기간 말에 수정분개가 요구된다. 수익이 가득되기 전에 미리 현금을 받는 경우, 현금수취시점에서 차변에는 현금계정이 기록되고 대변에는 부채계정인 선수임대료에 기록하는 방법(방법 1)과 수익계정인 임대료수익(방법 2)에 기록하는 방법이 있다.

례) 선수임대료 — 20×7년 11얼 1일 세입자가 3개월분(20×7년 11월 1일 ~ 20×8년 1월 31일) 임대료 ₩3,000을 납부하였다. 현금수취일에 신촌아파트회사가 실시한 분개를 두 가지 방법으로 보이고 그에 따른 12월 31일의 수정분개를 보면 <표 4-2>와 같다.

현금수취시점 현재 신촌 아파트회사가 세입자에게 용역을 아직 제공한 상태가 아니므로 현금을 받은 만큼 미래에 용역을 제공할 의무를 나타내는 부채인 선수임대료계정으로 기록하는 방법 1은 리론적인 방법이다. 20×7년

〈표 4-2〉 선수수익의 수정분개

	방법 1 : 부채로 기록	방법 2 : 수익으로 기록
11월 1일 (현금수취시)	(차) 현금 3,000 (대) 선수임대료(부채) 3,000	(차) 현금 3,000 (대) 임대료수익(수익) 3,000
12월 31일 (수정분개)	(차) 선수임대료 2,000 (대) 임대료수익 2,000	(차) 임대료수익 1,000 (대) 선수임대료 1,000

11월 1일에 수취한 현금 ₩3,000 중에서 20×7년도에 귀속되는 수익은 ₩2,000(11월, 12월 분)이고 20×8년도에 귀속되는 수익은 ₩1,000(1월 분)이다. 따라서 20×7년 12월 31일 결산일에는 20×7년도의 손익계산서에 포함될 임대료수익은 ₩2,000이 되고 20×7년 말 현재 대차대조표에 부채로 보고될 선수임대료는 ₩1,000이 되도록 수정분개를 실시한다. 그런데 수정전의 선수임대료 계정 잔액은 ₩3,000이므로 이를 ₩2,000원 줄이고 임대료수익 계정에 늘려주는 수정분개를 한 것이다.

방법 2는 용역이 제공되기도 전인 현금수취시점에서 수익을 인식한다는 점에서 리론적인 방법이라고 할 수는 없지만 실무에서 주로 리용되는 방법이다. 그 이유는 시간이 경과하면서 신촌 아파트회사가 용역을 제공함에 따라 어차피 수익으로 인식될 항목이므로 현금수취시점에서 앞당겨 수익으로 기록한다는 것이다. 이 방법을 사용하면 결산일이 되기 전에 용역제공이 만료되는 경우 회계기말에 특별히 수정분개를 할 필요가 없다는 장점이 있다. 그러나 례에서처럼 결산일 현재 용역제공이 끝나지 않은 경우에는 수정분개가 필요하다. 방법 2를 사용하더라도 20×7년도의 손익계산서에는 ₩2,000의 임대료수익이 보고되고 20×7년말 현재의 대차대조표에는 ₩1,000의 선수임대료가 부채로 보고되도록 수정분개를 실시하여야 한다. 그런데 수정분개 전의 임대료수익 계정잔액이 ₩3,000이므로 이를 ₩1,000 줄이고 선수임대료계정을 같은 금액만큼 늘리는 수정분개를 한 것이다.

2. 미수수익

당해 년도말 현재 현금이 수취되지는 않았으나 이미 가득된 수익이 있을 수 있다. 이를 미수수익이라고 하며 대차대조표에 자산으로 보고되어야 한다. 미수수익은 현금의 회수와는 상관없이 가득된 기간에 맞추어 수익으로 계상되어야 한다. 이와 같은 거래는 ① 미래에 현금회수권리를 나타내주는 자산계정인 수취채권을 인식하고, ② 당기에 실현된 수익을 인식하기 위해서 수정분개를 요하게 된다.

례) 미수임대료 — 20×7년 12월 31일에 신촌 아파트회사의 경영자가 임대료에 대한 기록을 점검하다가 거주자 1명이 12월 임대료 ₩600을 아직 지급하지 않은 사실을 발견하였다.

이 경우 ₩600의 임대료는 현금으로 수취되지 않았으나 그에 상응하는 용역은 이미 제공되었으므로 ₩600만큼의 수익은 20×7년도에 가득된 것이다. 이때의 수정분개는 다음과 같다.

20×7년 12월 31일(수정분개):

(차) 미수임대료(자산) 600	(대) 임 대 료 600
(당기말 미수수익에 대한 수정분개)	

수정분개를 하고 나면 자산(미수임대료)이 ₩600 증가됨과 동시에 20×7년도 수익(임대료)도 ₩600 증가됨을 알 수 있다. 그리고 다음 년도 1월에 임대료를 회수하였다면 이에 대한 분개는 다음과 같다.

20×8년 1월(현금회수일):

(차) 현금 600	(대) 미수임대료 600
(미수임대료라는 수취채권의 회수에 대한 분개)	

20×7년말에 행한 수정분개를 통해 다음과 같은 두 가지 목적을 달성할 수 있다. 첫째, 20×7년에 임차인에게 아파트사용권이란 용역을 제공함으로써 가득된 임대료(수익) ₩600을 기록하게 되며, 둘째, 20×8년 1월에 회수될 현금에 대한 미수임대료(자산)를 기록한다. 미수임대료는 20×7년 12월 31일 현재 류동자산으로 대차대조표에 보고된다.

3. 선급비용

당기와 차기 이후에 재화나 용역을 제공받기 위해서 그 대가를 미리 지급하는 경우가 있다. 현금지급일에 현금계정의 대변에 현금의 감소를 기록하면서 차변에는 자산인 선급비용계정에 기록하는 방법(방법 1)과 비용계정에 기록하는 방법(방법 2)이 있다.

례) 선급보험료 — 20×7년 1월 1일에 신촌 아파트회사는 아파트 건물에 대한 향후 3년분 보험료를 ₩3,600 지급하였다. 이때 두 가지 방법을 예시하면 <표 4-3>과 같다.

〈표 4-3〉 선급비용의 수정분개

	방법 1: 자산으로 기록	방법 2: 비용으로 기록
1월 1일 (현금지급시)	(차) 선급보험료(자산) 3,600 (대) 현금 3,600	(차) 보험료(비용) 3,600 (대) 현금 3,600
12월 31일 (수정분개)	(차) 보험료 1,200 (대) 선급보험료 1,200	(차) 선급보험료 2,400 (대) 보험료 2,400

미래에 제공받을 효익에 대한 대가를 미리 지급한 현금지급일에 자산을 기록하는 방법 1은 보다 리론적인 방법이고 시간이 경과하면서 어차피 효익을 제공받을 것이라는 가정하에 비용으로 기록하는 방법 2는 실무에서 많이 사용되는 방법이다. 어느 방법을 사용하든지 20×7년 말에 수정분개가 끝나고 재무제표를 작성할 때 손익계산서에는 20×7년 1년치 보험료 ₩1,200이, 대차대조표에는 미래(20×8년과 20×9년)에 효익을 제공받을 권리를 나타내는 선급보험료 ₩2,400이 보고되어야 한다.

4. 미지급비용

비용이 발생되고 발생된 기간에 기업이 그 대금을 지급하는 경우에는 수정분개를 할 필요가 없다. 그러나 비용이 발생되었음에도 불구하고 회계기간말까지 그 대금이 지급되지 않는 경우에는 수정분개를 하지 않으면 발생된 비용에 대한 기록이 당해 회계기간에 남지 않게 된다.

례) 미지급급여 — 20×7년 12월 31일에 지급되었어야 할 12월분 급여 ₩900이 회사의 자금사정 때문에 20×8년 1월 10일에야 지급되었다.

20×7년 12월 31일(수정분개):

(차) 급여(비용) 900	(대) 미지급급여 900
(아직 지급되지 않은 12월분 급여에 대한 수정분개)	

위의 수정분개는 두 가지 목적을 달성한다. 첫째, 20×7년에 발생한 비용 ₩900을 기록하며, 둘째 20×7년 말에 지급했어야 할 급여에 대한 채무 ₩900을 기록한다. 한편 미지급급여에 대한 지급일의 분개는 다음과 같다.

20×8년 1월 10일(지급일):

(차) 미지급급여 900	(대) 현 금 900
(20×7년 12월분 급여지급을 기록)	

Chapter

05 재무관리-자본구조

제 1 절 재무관리의 의의와 기능

기업은 자본, 노동, 기술 등의 생산요소를 투입하여 재화와 용역을 생산하고, 이를 판매하는 활동을 한다. 이러한 기업의 활동 중에서 자금과 관련된 활동을 연구하는 학문이 재무관리(finance)이다.

재무관리라는 용어는 두 가지 의미로 사용된다. 먼저 좁은 의미에서 재무관리는 기업재무론이라고도 하며 기업의 자금흐름과 관련된 활동을 다루는 학문이다. 따라서 자금의 조달과 운용 그리고 그와 관련된 계획 및 통제 등이 재무관리의 연구대상이 된다. 넓은 의미로서의 재무관리는 기업재무론 외에 투자론, 금융기관론 등을 포함하며 재무학이라는 이름으로 불리기도 한다.

대차대조표는 일정 시점에서 기업의 재무상태, 즉 자산과 부채·자본의 구성을 나타내는 표이다. 기업의 자산은 크게 류동자산과 고정자산으로 구분된다. 류동자산은 현금·재고자산 등과 같이 단기간 보유하는 자산이며, 고정자산은 건물·기계 등과 같이 기업이 장기간 보유하면서 영업활동에 사용하는 자산이다. 류동자산과 고정자산의 구분은 회계관행상 1년 기준을 따르는 것이 보통이다. 류동자산은 1년 이내에 현금화되는 자산이며, 고정자산은 1년 이상의 비교적 오랜 기간 동안 기업이 사용하는 자산이다.

자산을 구입하기 위해서는 자금이 필요하다. 필요한 자금을 어떻게 조달하였는가는 대차대조표 오른쪽(대변)에 나타나며, 조달된 자금은 크게 부채와 자기자본으로 구분된다. 부채는 타인자본이라 하며, 단기적 성격의 류동부채와 장기적 성격의 고정부채로 구분된다. 류동자산과 고정자산의 구분과 마찬가지로 류동부채와 고정부채의 구분은 1년 기준을 따르는 것이 보통이다. 류동부채는 1년 이내에 갚아야 할 부채이며, 고정부채는 1년 이내에 갚을 필요가 없는 부채이다. 한편, 자기자본은 주식을 발행하여 조달한 자금과 과거의 기업활동에서 벌어들인 리익을 유보한 것이며, 특정한 기한 내에 갚아야 할 의무가 없는 자금이다. 따라서 재무관리의 기능은 다음과 같다.

첫째, 어떤 자산에 얼마만큼 투자할 것인가를 결정하는 투자결정이다. 투자결정은 대차대조표의 왼쪽(차변)에 나타나 있는 항목을 다루는 것으로 기업이 자산을 가장 이상적인 형태로 가지려는, 즉 자산의 최적구성을 찾으려는 로력이다. 특히 건물・설비 등과 같이 투자수명이 긴 고정자산에 대한 투자는 기업에 오랫동안 영향을 미치게 되므로 매우 중요하다. 고정자산에 대한 투자분석을 자본예산이라고 한다.

둘째, 자금을 어떻게 조달할 것인가를 결정하는 자본조달결정이다. 대차대조표 오른쪽(대변)에 관계되는 것으로 기업이 필요한 자금을 가장 리상적인 형태로 조달하려는, 즉 최적자본구조를 찾으려는 로력이다. 타인자본과 자기자본을 어떻게 적절히 배분하여 필요자금을 조달하는가를 결정하는 것이 자본조달결정이다

셋째, 단기간의 영업활동에 필요한 현금의 류입과 류출을 관리하는 류동성관리이다. 영업활동에서 발생하는 현금의 류입과 류출은 금액과 시간적인 면에서 크게 다를 수 있다. 이러한 차이를 조정하는 일은 대차대조표의 류동자산과 류동부채의 차이인 순운전자본의 관리를 통해 이루어진다. 투자결정과 자본조달결정이 장기적 관점에서 재무관리의 과제라면, 류동성관리는 단기적 관점에서 재무관리의 과제이다.

제 2 절 내부자본조달과 외부자본조달

자본구조결정을 분석함에 있어서 자금의 내부원천과 외부원천을 구분하는 것이 중요하다. 내부자본조달은 기업의 영업으로부터 발생한다. 여기에는 류보리익, 미지급임금 또는 외상매입금 등이 포함된다. 례를 들어, 만약 기업이 리익을 내서 이를 다른 설비에 재투자한다면 이는 내부자본조달이다. 외부자본조달은 기업이 외부의 채권자나 투자자를 통해 자금을 조달할 때 발생하게 된다. 만약 기업이 새로운 설비에 투자하기 위해 채권이나 주식을 발행하게 된다면 이는 외부자본조달이 된다.

기업내에서 일어나는 의사결정과정은 내부자본조달이냐 아니면 외부자본조달이냐에 따라 달라지게 된다. 잘 조직화되고 추가적인 대규모 자금이 필요한 사업확장을 하지 않으려는 기업의 경우에 있어서 자본조달결정은 일상적으로 혹은 자동적으로 일어난다. 자본조달정책은 배당정책의 결정이나 은행과의 신용관계를 유지하는 것과 관련되어서 이루어진다. 이러한 내부자본조달 결정을 하기 위한 로력과 시간은 외부자본조달의 경우에 비해 적게 든다.

만약 기업이 사업의 확장을 위하여 외부원천으로부터 자금을 조달한다면 이때의 과정은 더 복잡하고 더 많은 시간을 소비하여야 한다. 일반적으로 자금의 외부제공자는 자금의 사용에 대해 상세한 계획을 알기 원하고 투자로 인해 미래에 충분한 현금흐름이 발생할 것이라는 확신을 갖고 싶어한다. 그들은 계획을 정밀하게 조사할 것이고, 기업 경영자보다 성공에 대한 전망을 더 비관적인 쪽으로 하는 경향이 있다.

제 3 절 자기자본(주식)에 의한 자본조달

주식은 통상 보통주를 의미하며, 출자자본의 기본단위로서 주식회사가 자기자본을 조달하기 위해 발행한다. 주식을 발행하는 경우는 주식회사 설립시 자본을 조달하기 위해 발행하거나 설립 후 필요한 자본을 추가로 조달하기 위한 경우로 나누어진다. 주식 발행을 통해 조달된 자본은 기업의 자본금이 되고 회사가 존속하는 한 영구히 기업에 귀속되어 기업활동에 사용된다. 주식이 소유자인 주주의 책임은 유한책임으로 출자한 자본액의 한도내에서 회사에 대해 경제적 책임을 진다.

기업이 보통주 발행을 통하여 자본을 조달할 경우의 장·단점은 다음과 같다. 우선 보통주의 장점에 대해 살펴보자. 첫째, 보통주의 경우 배당지급에 대한 법적 의무가 없으므로 고정비용이 수반되지 않는다. 둘째, 보통주에는 지급만기일이 없으므로 상환할 필요가 없다. 셋째, 보통주가 채권자에게는 기업의 손실에 대한 안전판역할을 하므로 보통주 발행은 기업의 신용을 증가시킨다. 넷째, 보통주는 일반적으로 채권보다 높은 수익률이 기대되고 인플레이션에 대한 헷지(hedge)수단을 제공하기 때문에 용이하게 매각할 수 있다. 한편 보통주의 단점으로, 첫째, 보통주 발행은 의결권 또는 경영지배권이 새로운 주주에게까지 확대되므로 경영지배권을 상실할 위험이 있다. 둘째, 채권의 경우에는 낮은 고정비용으로 자금을 리용할 수 있으니 보통주는 새로운 주주에게 리익분배참여권을 준다. 셋째, 보통주의 발행비용이 우선주나 사채의 발행비용보다 높다. 넷째, 보통주에 대한 배당은 법인세법상 비용으로 공제되지 않으므로 세금절감효과가 없다.

주식은 경제적 권리에 따라 보통주와 우선주로 구별된다. 보통주는 리익에 따라 배당이 단력적으로 이루어지는 주식으로 리익배당참가와 잔여재산분배에 있어 소극적 지위에 있다. 대신에 보통주는 주총에서의 의결권을 갖는다. 일반적으로 주식이라고 하는 경우에는 보통주를 의미하며 회사가 발행하는 주식의 대부분은 보통주이다. 따라서 보통주란 명칭은 다른 종류의 주식과 구별할 필요가 있을 경우에만 주로 사용된다. 보통주 소유자인 보통주주는 기업의 법적주인으로 배당청구권과 함께 그 기업의 소유권과 지배권을 가진다. 우선주는 여러 종류의 주식을 발행하는 경우 리익 또는 잔여재산의 분배에 관하여 보통주에 대해 우선적 지위가 인정되는 주식이다. 즉 우선주는 배당청구권과 분배청구권이 보통주에 우선하는 주식으로 상대적으로 안전성을 요구하는 투자자의 욕구를 충족시키기 위해 발행된다.

제 4 절 채권에 의한 자본조달

채권(bond)이란 기업이나 정부가 거액의 자금을 비교적 장기간 사용하기 위하여 일반투자자들로부터 집단적·공개적으로 자금을 차용하고 그 증거로서 발행하는 유가증권이다. 채권발행에 의해 조달된 자본은 기업측에서는 부채로 처리되며, 기업의 과도한 채권발행은 채권자들을 회수불능 위험에 빠뜨릴 염려가 있기 때문에, 채권자들을 보호하기 위하여 상법에서는 일정한 범위 이내로 채권발행을 규제하고 있다. 또한 채권에는 채권의 액면가, 리자율, 만기를 반드시 표시하도록 되어 있다.

채권을 발행하여 기업이 얻는 리점은 다음과 같다. 첫째, 채권의 자본비용은 주식의 자본비용보다 훨씬 저렴하다는 점이다. 채권은 주식에 비하여 위험이 적기 때문에 주식에 있어서의 기대수익률보다 낮은 리자율로 발행될 수 있다. 또한 채권의 리자비용은 감세효과를 가지고 있기 때문에 채권의 자본비용은 저렴하다. 둘째, 채권발행은 기존 주식의 기업에 대한 지배권에 아무런 변동을 가져오지 않는다는 점이다. 한편 채권은 사채발행은 자본구조를 악화시켜 대외신용도를 저하시키며, 경영실적에 관계없이 매기

일정 리자를 지급하여야 하므로 기업의 류동성이 악화되고, 만기에 가서는 원금[1)]을 상환하여야 하므로 자금부담이 커지게 된다. 또한 기업이 채권을 발행할 때의 계약내용에는 채권소유자를 보호하기 위하여 배당지급의 제한, 감채기금의 규정 및 일정 수준의 류동성유지 등이 포함되는 것이 일반적이다. 이런 보호조항들은 채권발행회사의 경영활동을 제약하는 요인이 된다.

채권은 그 내용이나 형식이 다양하다. 우선 국채는 국가가 공공목적을 달성하기 위하여 국채법에 따라 발행하는 채권이다. 지방채는 지방자치단체가 지방재정법의 규정에 따라 특수한 사업에 필요한 자금을 조달하기 위해 발행하는 채권이다. 특수채는 한국도로공사, 한국토지개발공사 등 특별법에 의하여 설립된 법인이 발행하는 사채의 형태이나 명시적으로나 묵시적으로 정부가 보증하는 채권이므로 회사채와는 그 성격이 다르다. 금융채는 한국은행, 산업은행 등 특수 금융기관이 장기대출자금의 조달을 위하여 발행하는 채권이다. 사채는 담보 및 보증의 유무에 따라 무담보사채와 담보부사채로 분류된다. 무담보사채는 사채발행에 있어 아무런 담보를 필요로 하지 않고 기업의 신용만으로 발해되는 사채를 말하고, 담보부사채는 원리금의 확실한 지급을 위하여 담보를 필요로 하는 사채를 말한다. 사채는 이자지급방법에 따라 쿠폰부사채(coupon bond)와 등록사채로 구분된다. 쿠폰부사채는 일정 기간마다 지급되는 소정의 리자지급액을 명기한 쿠폰이 사채권에 첨부되어 있어 사채권자는 리자지급시기가 도래하면 리자지급기관에 해당 쿠폰을 제출하고 리자를 수령하는 형태이다. 등록사채는 사채의 소유자가 일정 등록기관에 등록하도록 되어 있으며, 등록기관은 사채권자의 등록부를 작성하고 그 명단에 의거하여 리자지급기에 사채권자에게 리자 지급 통지서를 발송한다. 일반적으로 사채는 만기에 상환되나, 수의상환사채는 만기 이전이라도 발행기업이 원하는 시기에 상환될 수 있다. 사채발행시에 결정된 조건에 의하여 일정 기간 경과 후 사채권자의 희망에 따라 발행회사의 보통주로 전환될 수 있는 사채를 전환사채라 한다. 기업이 신

1) 원금: 장사에 들어간 본전.

주를 발행할 때 이를 인수할 수 있는 권한이 부여된 사채를 신주인수권부 사채라고 한다.

제 5 절 기타 자본조달의 방법

처음 사업을 시작하기 위해서는 자본이 필요하게 된다. 앞서 언급했던 것처럼 크게 외부조달과 내부조달로 구분하여 설명할 수 있다.

사업자금을 조달한다면, 가장 먼저 떠올릴 수 있는 방법은 그동안 자신이 모아두었던 돈(저축) 또는 친구, 가족, 친척들에게 자본을 빌려 사용하는 것을 떠올릴 수 있다. 하지만, 사업을 시작하는데 큰 자본금이 필요하므로 이러한 방법만으로 조달하기란 쉽지 않다.

그렇다면, 처음 사업을 시작하는 사람의 입장에서 어떠한 방법들이 있을까? 가장 손쉬운 방법은 은행을 통해 자본을 조달하는 방법과, 외국의 자본을 유치해 사업을 할 수 있는 방법이 있을 수 있다.

1. 은행을 통한 자금의 조달

은행으로부터 돈을 빌리는(대출) 형식으로 가장 대표적인 것은 단기차입금이다. 일반적으로 돈을 빌리고자 하는 사람의 신용에 근거해 대출한도액인 신용한도 내에서 대출을 받게 된다. 은행이 돈을 빌리고자 하는 사람과의 평소 거래내역 등을 기반으로 신용만으로 대출을 해주는 것을 말한다.

또 한 가지는, 가장 손쉽고 일반적인 방법으로 자신이 가지고 있는 재산을 근거로 해서 자본을 대출받는 것을 말한다. 자신이 토지나 건물과 같은 부동산을 가지고 있지만 자본금이 부족한 경우, 이들 부동산을 담보로 은행에서 대출을 받아 사업자본금을 마련할 수 있다.

시설자금대출은 기업이 시설을 구입하거나 건설하는데 필요한 자금을 지원하는 대출을 말한다. 주로 공장의 건축, 매입, 부지를 구입하는데 필요한 자금을 지원해준다. 은행에 이러한 자금을 대출받기 위해서는 사업계획서를 제출해서 은행의 기술적 · 경제적 타당성을 조사받고, 사업자금조달계획, 공사수행능력, 대출금 상환능력 등을 종합적으로 검토하게 된다.

그리고 당좌차월(bank overdraft)은 은행과 미리 당좌차월계약이라는 체결해 일정 한도액을 산정하고, 이 한도액 내에서 예금잔액을 초과해서 수표를 발행할 수 있도록 해주는 것을 말한다.

그리고 매출채권(account receivables)을 은행에 맡기고 만기일까지 자본을 조달해서 채권만기일에 결제되는 금액으로 은행에서 빌린 돈을 갚는 방식이 있다. 이러한 방법을 매출채권금융이라고 하고 대표적인 상품으로는 할인어음, 팩토링 대출, 구매자금 대출, 외상매출채권 담보 대출 등이 있다.

무역금융의 경우는 수출신용장이나 수출계약서를 바탕으로 과거 수출실적 등을 기준으로 해서 대출을 해주는 것을 말한다. 대출의 한도는 신용장 기준 대출인 경우는 수출업체가 보유한 수출신용장의 금액범위에서 최장 180일 이내이다.

2. 정부의 지원을 통한 자금의 조달

앞서 봤던 은행을 통한 자금조달이 어렵거나 불가능한 경우도 있다. 이러한 경우 정부에서 지원해주는 여러 가지 지원정책을 활용할 수 있다. 특히 자본시장이 활성화 되어 있지 않거나 자본이 부족한 국가의 경우 정부의 적극적인 지원을 통해 산업을 인위적으로 성장시킬 수도 있다. 한국의 경우도 해외에서 자본을 빌려와 정부에서 기업들에게 대출을 해주거나 보증을 해주면서 기업을 육성시켜 성공했던 사례도 있다.

이러한 것을 일반적으로 정책자금이라 부르고 있으며, 중소기업 등의 창업이나 성장단계에 있는 기업에게 자금을 지원해주는 것을 말한다. 이는 정부에서 별도로 예산을 편성해 제도적으로 지원해주고 있다. 특히 대부분의 정책자금은 시중 금융기관에 비해 금리, 상환기간, 담보 등에서 유리하게 지원해준다.

3. 국제합작투자(International Joint Venture)

숙련되고 값싼 노동력은 가지고 있지만 자금이 부족하거나, 지하자원은 가지고 있으나 자본력이 부족할 경우 합작투자도 하나의 방법이 될 수 있다. 이러한 경우 서로에게 부족한 부분을 상호보완할 수 있어 효과적으로 활용만 한다면 모두에게 효율적인 방안이 될 수 있다.

대표적으로 남한과 북한의 합작투자도 좋은 례가 될 수 있다. 남한은 자본과 기술을 가지고 있고, 북한 풍부한 노동력을 가지고 있으므로 서로가 가진 장점을 서로 합쳐 활용할 수 있다. 특히 개성공단에서 남한기업과 북한기업이 합작투자를 통해 해외에 좋은 품질의 제품을 눅은 가격으로 판매할 수 있어 두 기업 모두에게 리익이 되고 있는 것을 생각하면 쉬울 것이다.

합작투자는 두 개 이상의 기업이 소유지분을 공동으로 투자해서 소유하고 경영의사결정에도 공동으로 참여해 기업을 경영하는 것을 말한다. 서로 경영자원을 분담하는 것이므로 투자위험을 분산할 수도 있고 상호보완적인 경영자원을 결합해 더 큰 효과를 볼 수도 있다.

그리고 합작투자는 아니지만 제1부 무역분야에서 봤던 OEM(주문자상표부착방식)을 통해 해외의 기술과 자본을 바탕으로 물품을 제조하고 판매하는 방식도 생각해 볼 수 있다. 그리고 자신이 가진 상표와 자본은 취약하지만 뛰어난 기술력을 가지고 있을 경우 ODM(주문자 개발 생산 혹은 제조업자 설계생산)을 통해 생산하는 것도 하나의 좋은 방법이 될 수 있다. 자세한 내용은 제1부 무역분야 3장 3절의 기타무역거래에 자세히 소개되어 있으므로 그 부분을 참조하자.

찾아보기

〈국　　문〉

〈영 문〉

저자 소개

전 준 수

무역, 물류 분야를 쓴 전준수 교수는 서강대학교 영문과를 졸업하고 캐나다 오타와 경영대학원, 미국 뉴욕주립대학원 해상운송경영학 석사, 영국 웨일즈대학에서 해운경영학 박사를 취득하고 서강대학교에서 학생처장, 경영대학 학장을 역임하였다. 현재도 국토해양부, 외교통상부, 전국경제인연합회 정책 자문위원으로 있으며 한국 로지스틱스학회 회장직을 맡고 있다. 주요 저서로 종합물류의 이해 등 다수가 있다.

연락 email 주소는 Joonsoo@sogang.ac.kr이다.

박 경 규

인사조직 분야를 쓴 박경규 교수는 서강대학교 독문과를 졸업하고 서울대학교 경영대학원에서 경영학 석사, 독일 만하임대 대학원에서 경영학 박사를 취득하고 서강대학교에서 총무처장, 경영연구소장을 역임하였다. 그리고 한독경상학회 회장, 한국인사조직학회 회장 등을 역임하였다. 현재도 한국윤리경영학회 회장직을 맡고 있다. 주요 저서로는 신인사관리 등 다수가 있다.

연락 email 주소는 kyungkyu@sogang.ac.kr이다.

김 순 기

회계원리 분야를 쓴 김순기 교수는 서강대학교 경영학과를 졸업하고 미국 휴스턴대학에서 경영학 박사를 취득하고 서강대학교 기획처장, 공인회계사 시험출제위원, LG 생명과학 사외이사를 역임하였다. 주요 저서로는 한국의 새로운 원가관리 등 다수가 있다.

연락 email 주소는 soonkee@sogang.ac.kr이다.

하 영 원

마케팅 분야를 쓴 하영원 교수는 서울대학교 법과대학을 졸업하고, 미국 시카고대학교 경영대학원에서 마케팅전공으로 경영학 석사 및 박사학위를 취득한 뒤, 미국 럿거즈대학교 경영대학원에서 조교수를 역임하였다. 귀국한 뒤 서강대학교에서 마케팅을 연구하고 가르치고 있으며, 서강대학교 경영대학원장을 역임하였다. 한국소비자학회 회장과 한국마케팅학회 회장을 지냈으며, 현재 서강대학교 경영연구소장을 맡고 있다. 그 밖에 국내 주요 기업의 자문교수로 있으며 활발한 연구 및 저술 활동을 펼치고 있다. 주요 논문들을 '미국 소비자 연구지' 등 국내외 학술지에 발표하였으며, 저서로는 신제품 마케팅 등 다수가 있다.

연락 email 주소는 ywha@sogang.ac.kr이다.

서 창 적

생산관리, 서비스 분야를 쓴 서창적 교수는 서강대학교 물리학과를 졸업하고 서강대학교 대학원 경영학과 석사, The University of Texas에서 경영학 박사학위를 취득하였다. 현재 서강대학교 경영대학 교수로 재직 중이다. 현재 KT 경영품질자문위원, 한국산업자원부 국가품질상, 고객만족 우수상 심사위원, 한국표준협회 한국 서비스 대상 심사위원으로 있으며, 한국서비스경영학회 부회장을 맡고 있다. 주요 강의 및 연구 분야는 생산관리, 품질경영론, 서비스경영 등이다.

연락 email 주소는 cjsuh@sogang.ac.kr이다.

북한 젊은이들을 위한 경영학원론

2008年　7月　5日　初版印刷
2008年　7月　15日　初版發行

共著者　전준수 · 박경규 · 김순기 · 하영원 · 서창적

저자와 협의하에 인지첩부를 생략함

發行人　安　鍾　萬
發行處　(株) 博　英　社
서울特別市 鍾路區 平洞 13-31番地
電話 (733)6771 FAX (736)4818
登錄 1959. 3. 11. 제300-1959-1호(倫)

www.pakyoungsa.co.kr　e-mail: pys@pakyoungsa.co.kr

定　價　20,000원　　ISBN 978-89-7189-834-5